UTB

W0287535

Eine Arbeitsgemeinschaft der Verlage

Böhlau Verlag · Wien · Köln · Weimar
Verlag Barbara Budrich · Opladen · Farmington Hills
facultas.wuv · Wien
Wilhelm Fink · München
A. Francke Verlag · Tübingen und Basel
Haupt Verlag · Bern · Stuttgart · Wien
Julius Klinkhardt Verlagsbuchhandlung · Bad Heilbrunn
Mohr Siebeck · Tübingen
Nomos Verlagsgesellschaft · Baden-Baden
Orell Füssli Verlag · Zürich
Ernst Reinhardt Verlag · München · Basel
Ferdinand Schöningh · Paderborn · München · Wien · Zürich
Eugen Ulmer Verlag · Stuttgart
UVK Verlagsgesellschaft · Konstanz, mit UVK/Lucius · München
Vandenhoeck & Ruprecht · Göttingen
vdf Hochschulverlag AG an der ETH Zürich

Theologie studieren

im modularisierten Studiengang

herausgegeben von
Karlheinz Ruhstorfer, Clauß Peter Sajak, Dominik Burkard

Karlheinz Ruhstorfer (Hg.)

Systematische Theologie

Modul 3

Ferdinand Schöningh

Online-Angebote oder elektronische Ausgaben sind erhältlich unter **www.utb-shop.de**

Bibliografische Information der Deutschen Nationalbibliothek

Die Deutsche Nationalbibliothek verzeichnet diese Publikation in der Deutschen Nationalbibliografie; detaillierte bibliografische Daten sind im Internet über http://dnb.d-nb.de abrufbar.

Gedruckt auf umweltfreundlichem, chlorfrei gebleichtem
und alterungsbeständigem Papier ∞ ISO 9706

Printed in Germany.
Herstellung: Ferdinand Schöningh, Paderborn
Einbandgestaltung: Atelier Reichert, Stuttgart

UTB-Band-Nr: 3582
ISBN 978-3-8252-3582-6

Inhaltsverzeichnis

Zur Reihe

Mit der Reihe *THEOLOGIE STUDIEREN im modularisierten Studiengang* werden erstmals Lehrbücher vorgelegt, die – im Rahmen des „Bologna-Prozesses“ – den neuen Erfordernissen an den Katholisch-Theologischen Fakultäten und den Instituten für Katholische Theologie Rechnung tragen. In enger Anlehnung an die Vorgaben der Deutschen Bischofskonferenz und des Fakultätentages, die auch die Grundlage für die meisten Modulhandbücher der Fakultäten und Institute bilden, wurden 14 *Bände für Einführungs- und Basismodule* konzipiert.

Da die meisten Fakultäten polyvalente Veranstaltungen anbieten, lassen sich die in dieser Reihe vorgelegten Bände als Basisliteratur für das Theologiestudium sowohl *im Studiengang „Magister Theologiae“ (Vollstudium)* als auch *in den Lehramtsstudiengängen* verschiedener Schultypen und *in der Bachelorphase konsekutiver Studiengänge* verwenden. Darüber hinaus werden gewiss auch Mitarbeiterinnen und Mitarbeiter in der kirchlichen Pastoral sowie Interessierte an der Theologie darin reichlich Informationen und Anregungen finden.

Charakteristisch für die neue Konzeption des Theologiestudiums ist die *Modularisierung* der Inhalte. Die Themen der Theologie werden nicht mehr fach-, sondern *sachbezogen* entfaltet. Das bedeutet, dass an den einzelnen Bänden FachvertreterInnen unterschiedlicher theologischer Disziplinen mitgearbeitet haben und ein Thema somit *aus verschiedenen* Perspektiven beleuchtet wird. Je nach Modul sind vier bis sieben Fächer in einem Band vertreten. Die ersten fünf Module sind der Einführung in die verschiedenen theologischen Fächergruppen vorbehalten. Biblische, historische, systematische und praktische Theologie sowie Philosophie werden prägnant und knapp vorgestellt. Die weiteren Module entfalten die Inhalte des Glaubens – ausgehend von der Schöpfungslehre über die Gottesfrage – bis hin zu Wegen des Glaubens und dem Verhältnis zu den nichtchristlichen Religionen.

Einen Überblick über die verschiedenen Module und Teilmodule bietet das am Ende jedes Bandes abgedruckte Tableau der gesamten Lehrbuchreihe. Dies ist insofern wichtig, als die inhaltliche Ausgestaltung der Module nicht an allen theologischen Einrichtungen exakt dieselbe ist. Mit Hilfe der Übersicht ist es aber einfach, einen Modulteil, der in einem Band nicht enthalten ist, in einem anderen zu finden.

Die Bände präsentieren ihre Inhalte in ansprechender didaktischer Aufbereitung. Die Marginalien am Seitenrand erleichtern eine rasche Orientierung und diverse Bausteine (Definitionen, Tabellen, Zusammenfassungen etc.) ermöglichen eine konzentrierte Auseinandersetzung mit den Inhalten.

Unser gemeinsamer Dank gilt dem Lektor des Verlags Schöningh Dr. Diethard Sawicki, von dem die Anregung zu dieser Reihe ausging und der sie geduldig und kompetent begleitete.

Im Mai 2011

Dominik Burkard, Würzburg
Karlheinz Ruhstorfer, Landau
Claußs Peter Sajak, Münster

Vorwort

Die vorliegende Einführung in die Systematische Theologie bietet aktuelle Annäherungen an die Fächer: Fundamentaltheologie, Dogmatik, Moraltheologie, Christliche Sozialethik und Religionswissenschaften. Die einzelnen Beiträge sind grundlegend für die jeweilige Disziplin, doch geben sie auch den Stand der Forschung sowie heutige Diskussionslagen wieder.

Die Fundamentaltheologie, die hier die Theologische Erkenntnislehre beiträgt, versucht, die Rationalität des Christentums aufzuzeigen. Die „Fundamente" des christlichen Glaubens – daher der Name – werden in einer Weise gedanklich durchdrungen, dass sie vor kritischen Anfragen bestehen und in ihrem Wahrheitsanspruch den heutigen Menschen zugemutet werden können. Darüber hinaus wird der Versuch unternommen, die grundlegende Kraft der Selbstmitteilung Gottes in Jesus Christus für unsere Kultur und unsere Welt anzudeuten.

Die Dogmatik bietet einen Theologischen Grundkurs, der versucht, „den Wald erkennen zu lehren, in dem die einzelnen Bäume dann im weiteren Verlauf des Studiums zu sehen und zu verstehen sind" (Peter Walter). Grundlage der Einführung in die Katholische Glaubenslehre ist das Apostolische Glaubensbekenntnis. Dabei gilt es, zwischen Vergangenheit und Gegenwart Übersetzungsarbeit zu leisten, indem einer Auslegung des historischen Wortlauts eine heutige Deutung gegenübergestellt wird. Der trinitarische Gott, der uns in Jesus von Nazaret unendlich nahe kommt, zeigt sich als dynamischer Grund des Glaubens und Lebens der Christen.

Auf dieser Basis gibt die Moraltheologie dann Orientierung für das Handeln der einzelnen Menschen: „Im Blick auf die gegenwärtigen Herausforderungen unserer Verantwortung wird gefragt, welche Wege humanen Handelns sich hierzu aus dem christlichen Glauben heraus ergeben" (Stephan Ernst). Gemäß dem eigenen Anspruch muss christliches Handeln immer auch zuhöchst humanes Handeln sein. Die vorliegende Einführung in das Fach hat dabei auch das Ziel, die Grundlagen philosophischer Ethik mit einzubeziehen.

Im Unterschied zur Moraltheologie betrachtet die Christliche Sozialethik nicht primär das Individuum, sondern die soziale Wirklichkeit des Menschen. Sie fragt systematisch „nach der Gerechtigkeit der Institutionen der menschlichen Gesellschaft und nach deren Beitrag zu den Bedingungen eines gelingenden, guten Lebens für jeden einzelnen Menschen" (Ursula Nothelle-Wildfeuer). Gerade Moraltheologie und Christliche Sozialethik sind unverzichtbare Gesprächspartner im ethischen und gesellschaftlichen Diskurs unserer Zeit. Ihr Einfluss reicht weit über den kirchlichen Bereich hinaus.

Die Religionswissenschaften nun stellen einen Grenzfall dar, da sie zwar (häufig) innerhalb der Theologie angesiedelt sind, jedoch nach ihrem eigenen methodischen Selbstverständnis keine Vorgabe des christlichen Glaubens haben: „Die Religionswissenschaft betrachtet Religionen nicht als Offenbarungswirklichkeiten, sondern als empirisch-anthropologische Gegebenheiten und als wichtigen Teil kultureller Praxis" (Annette Wilke). Gerade deshalb kommt der Religionswissenschaft in einer globalisierten und vernetzten Welt sowohl für Theologie und Kirche als auch für Kultur und Gesellschaft eine transreligiöse Vermittlerrolle zu.

An manchen theologischen Fakultäten werden noch andere Fächer, wie etwa die Liturgiewissenschaft, Ökumenische Theologie oder Religionsphilosophie zur Systematischen Theologie gerechnet. Andererseits findet sich die Christliche Sozialethik etwa gelegentlich im Kontext der Praktischen Theologie. Die in diesem Band vorliegende Zusammenstellung lässt sich leicht rechtfertigen, bleibt jedoch auch kontingent. Mit Hilfe des angefügten *Tableaus der gesamten Lehrbuchreihe* sind die hier fehlenden Disziplinen leicht zu finden.

Mein erster Dank gebührt den Kolleginnen und Kollegen, die sich trotz vielfältiger Verpflichtungen entschlossen haben, an diesem Band mitzuarbeiten. Danken möchte ich auch den Studierenden in Freiburg, Landau, Münster und Würzburg, die das Entstehen der Manuskripte in den Vorlesungen durch Anregungen und Nachfragen begleitet haben. Schließlich gilt ein besonderer Dank den Wissenschaftlichen Hilfskräften, Mitarbeiterinnen und Mitarbeitern an den verschiedenen Universitäten, namentlich Susanne Böhm, David Leidner und Tanja Liedtke aus Landau, Carolin Asitsch und Melanie Wurst aus Freiburg, Dr. Thomas Brandecker, Sebastian Schoknecht und Michael Clement aus Würzburg sowie Lucia Traut aus Münster. Sie haben die Redaktion und Korrektur dieses Buchs und seiner einzelnen Beiträge tatkräftig und sorgfältig begleitet.

Landau im Mai 2011 Karlheinz Ruhstorfer

I. Einführung in die Theologische Erkenntnislehre

Karlheinz Ruhstorfer

Theologische Erkenntnislehre fragt nach den Prinzipien unseres Wissens von Gott: Woher wissen wir von Gott? Was bedeutet in diesem Zusammenhang „Wissen"? Die spezifische Form des Wissens, die mit theologischer Erkenntnis verbunden ist, wird „Glaube" genannt (1). Sein Gegenstand ist Gott. Insofern aber Gott hier als derjenige betrachtet wird, der sich mitteilt und zu denken gibt, wird die Sache des Glaubens auch als „Wort Gottes" bezeichnet (2). Das Christentum betrachtet Jesus von Nazaret als das maßgebliche Wort oder die Mitteilung Gottes. Er wird für die Christen zur primären Quelle theologischer Erkenntnis. Das Wissen um ihn findet seinen Niederschlag in der Heiligen Schrift (3), die deshalb als erste so genannte „Bezeugungsinstanz" oder als der erste „Ort" (*tópos, locus*) der Glaubenserkenntnis gilt. Als weitere Theologische Orte (*loci theologici*) rücken dann die „Tradition" als die geschichtliche Überlieferung des Glaubens (4) und die „Kirche" als Gemeinschaft des Glaubens (5) in den Blick. Schließlich wird die Vernunft als eigener und genuiner Ort theologischer Erkenntnis ins Spiel gebracht (6). Gerade für die Erkenntnislehre sind verschiedene Denkformen, auch wenn diese nicht vordergründig christlich sind, von zentraler Bedeutung, um das Wort Gottes zu bedenken.

1. Glaube und Erkenntnis

Obwohl die Theologische Erkenntnislehre im Grunde eine lebendige Beziehung zu Gott voraussetzt, bleibt sie dennoch für jeden Menschen nachvollziehbar, hat Glaube doch immer auch mit Denken und Einsicht zu tun. Das Wort „Glaube" kann zunächst ganz allgemein ein inniges Verhältnis des Menschen zu Gott bezeichnen, so wird denn im weiteren Sinn auch vom jüdischen, christlichen oder islamischen „Glauben" gesprochen. Man nimmt das lebendige Dasein Gottes an und hält es für das eigene Leben für relevant. Sodann gibt es aber auch eine spezielle christliche Prägung dieses Wortes. Glaube meint hier eine besondere Beziehung zu Jesus Christus als der Mitte des eigenen Lebens. Streng

Glaube als Verhältnis zu Gott

genommen betrachtet nur das Christentum sein Proprium als „Glaube". In jedem Fall ist *Glaube das subjektive Prinzip der theologischen Erkenntnis.*

Im Alten Testament bezeichnet „Glaube" das *Vertrauen* auf Gott. Das hebräische Wort *ämunah* meint die Festigkeit, Sicherheit und Zuverlässigkeit in der Gottesbeziehung. Das intellektuelle Moment steht hier im Hintergrund. In Jesaja 7,9, wo wir in der Lutherbibel und in der Einheitsübersetzung lesen, „glaubt ihr nicht, so bleibt ihr nicht", liegt eigentlich ein Wortspiel zu Grunde, das in etwa wie folgt wiedergegeben werden kann: „Wenn ihr euch nicht an mich haltet, werdet ihr keinen Halt haben" (Knapp: *Die Vernunft des Glaubens* 337). Der Glaube an Gott gibt den Menschen nach alter Überzeugung der Hebräer einen Boden unter den Füßen. Ohne diesen Boden schwebt der Mensch haltlos über einem Abgrund. In dieser Tradition steht auch der neutestamentliche Hebräerbrief, der formuliert (11,1): „Es ist aber der Glaube: Unterstand im Erhofften, Gewissheit von Nichtgesehenem" oder in der Einheitsübersetzung: „Feststehen in dem, was man erhofft, Überzeugtsein von Dingen, die man nicht sieht". Der Glaubende findet im Erhofften einen festen Stand, er unterstellt die für die Augen unsichtbare Wahrheit und ist sich in dieser Unterstellung sicher. Erhofft wird aber die Gemeinschaft mit Gott. Vor allem Paulus rückt den Glauben als das besondere christliche Gottesverhältnis in den Vordergrund. Im Glauben wird Jesus Christus zur innersten Mitte der eigenen Person (Röm 1,17; 3,23-28). Dadurch erlangt der Glaubende Gerechtigkeit, das wahre Leben und eine erneuerte Vernunft (Röm 12,1).

Glaube in der Bibel: Vertrauen

In der Geschichte wurde das Verhältnis von Glaube und Vernunft in verschiedener Weise gefasst. Augustinus (354-430) betrachtet Glaube als eine Form des Denkens (vgl. *Die Vorherbestimmung der Heiligen* 2,5). Es ist ein Denken, das seinem Inhalt frei und bewusst zustimmt: *cum assensione cogitare.* Dabei ist allerdings die Vernunft dem Glauben untergeordnet. Die Einsicht steht unter der Bedingung des Glaubens: „Wenn ihr nicht glaubt, werdet ihr nicht einsehen" (Jes 7,9 Septuaginta). Der Glaubende allerdings ist unterwegs zur vernünftigen Einsicht Gottes. Anselm von Canterbury (1033-1109) nennt dieses Verhältnis *fides quaerens intellectum* – Glaube, der Einsicht sucht. Nur scheinbar treten in der Neuzeit Glaube und Vernunft auseinander. Der Reformator Martin Luther (1483-1546) steht für einen reinen Glauben, der nicht mehr auf Vernunft angewiesen ist, während René Descartes (1596-1650) für eine vom Glauben gelöste Vernunfteinsicht steht. Doch ergibt sich tatsächlich eine dialektische Wechselwirkung zwischen Glaube und Vernunft. Dies zeigt sich vor allem in der Philosophie des Deutschen Idealismus um

Glaube und Vernunft

1800, dessen herausragende Vertreter Johann Gottlieb Fichte (1762-1814) und Georg Wilhelm Friedrich Hegel (1770-1830) sind. Hier gelten Glaube und Vernunft als zwei Seiten derselben Medaille.

Glaube als persönliche Erfahrung

Glaube kann aber auch weniger als intellektueller Akt gesehen werden. Vielmehr ist er auch als eine existenzielle Gotteserfahrung oder eine persönliche Gottesbeziehung zu verstehen. Dies hat etwa Sören Kierkegaard (1812-1855) herausgearbeitet. Diese existenzielle Beziehung verwirklicht sich in der Entscheidung für die Person Jesu als Maßgabe für das je eigene Leben. In jüngerer Zeit wird Glaube auch als vertrauensvolle Offenheit für den Anderen aufgefasst. Dann verwirklicht sich Glaube in der aufgeschlossenen Zuwendung zum anderen Menschen und mehr noch zum ganz Anderen, Gott. Generell kann der Gegenstand des Glaubens *Wort* oder *Zeichen*, aber auch *Mensch* oder *Erfahrung* und schließlich *Gedanke* oder *ideelle Wahrheit* sein.

Gemeinschaft des Glaubens

Stets hat Glaube auch die gemeinschaftliche Dimension. Die Gemeinschaft des Glaubens, die die Menschen über Zeiten und Räume hinweg verbindet, ist die Kirche. Hier wird Glaube weitergegeben, gelebt und gefeiert. Wenn Glaube das *subjektive Prinzip* theologischer Erkenntnis ist, dann kommt mit der Kirche das Moment der *Intersubjektivität* ins Spiel. Der Glaube verbindet die Menschen. Diese Verbindung benötigt aber auch ein gewisses Maß an Verbindlichkeit. So kommt es der Kirche auch zu, dem Glauben eine verbindliche Form zu geben.

Die vorliegende theologische Erkenntnislehre weiß sich der katholischen Tradition verpflichtet. Gleichzeitig plädiert sie für eine weitere Öffnung der Konfessionen füreinander. Für die Katholische Kirche stellt sich noch immer die Aufgabe, theoretisch, praktisch und strukturell die Entwicklungen der letzten 500 Jahre aufzuarbeiten. Wesentliche Momente des heutigen Katholizismus sind noch immer eng mit spätantiken und mittelalterlichen Denkformen und Strukturmomenten verbunden. Will die Katholische Kirche aber weiterhin ihrem Anspruch auf allgemeine Rationalität ihres Glaubens gerecht werden, so muss sie neuzeitliche, moderne und postmoderne Elemente *prinzipiell* in sich aufnehmen. Diese prinzipielle Herausforderung betrifft auch die Orte theologischer Erkenntnis.

Zusammenfassung

Glaube ist das subjektive Moment der theologischen Erkenntnis. Zustimmendes Denken, persönliches Erfahren und vertrauensvolles Zuwenden sind Formen, in denen sich Glaube verwirklichen kann. Sein eigentlicher Gegenstand ist das Wort Gottes.

2. Wort Gottes

Die Quelle der Gotteserkenntnis ist Gott selbst. Gott teilt sich mit. Dabei kann es sich auch um eine Mitteilung handeln, die nicht eigens geoffenbart werden muss, weil sie offenbar ist, denn Gottes Wort ist auch *lógos*. Dass es sich hierbei nicht um irgendein Wort handelt, darauf verweist die griechische Rede von *lógos*, dessen breites Bedeutungsspektrum stets um die „Logik" der Erkenntnis, die Erkennbarkeit der Wahrheit und die Wahrheit des Geistes kreist. Das Johannesevangelium macht nun aber klar, dass Gott selbst Geist, Logos und damit auch Vernunft ist, wenn auch keine bloß menschliche: „Im Anfang war das Wort, und das Wort war bei Gott, und ein Gott war das Wort" (Joh 1,1).

Gott teilt sich mit

Schon Aristoteles (384-322 v. Chr.) war der Auffassung, dass Gott nicht neidisch ist, sondern sich mitteilt (*Metaphysik* 983a). Gott gibt Anteil an seinem Sein, seinem Leben und seiner Glückseligkeit. Gott ist das wache Bei-Sich-Sein des Denkens (*Metaphysik* 1072b). Deshalb ist er für die menschliche *Einsicht* anwesend; er ist das reine Anwesen (*ousía*). Nach Aristoteles kommt der *theôría*, der Schau (lat. *contemplatio*) Gottes die zentrale Rolle zu. Dennoch befindet sich der ewige Gott *über* dem Denken der Menschen, und der Anteil der Sterblichen an der unsterblichen Vernunft ist sachlich und zeitlich begrenzt.

Griechisch gedacht: logisch

Während der griechisch gedachte Gott zwar nicht gesehen, wohl aber eingesehen werden kann, ist der Gott der jüdischen Tradition auch der unmittelbaren Einsicht entzogen. Doch auch der Gott Israels teilt sich mit. Diese Mitteilung bleibt aber, anders als die *logische* Selbstmitteilung Gottes der griechischen Philosophie, *mythisch* bzw. *geschichtlich*. Altorientalische Mythen werden in Verbindung mit der Erfahrung des Volkes Israels mit seinem Gott zu einem Komplex aus Fiktionalität und Faktizität. Das Alte Testament ist das Resultat dieser Komposition. Gott wird hier ebenfalls als der Anwesende erlebt, der für sein Volk da ist und sein Volk aus der Unfreiheit in die Freiheit führt. Der unaussprechliche Name Gottes, JHWH, steht sowohl für die Transzendenz als auch für die befreiende Gegenwart Gottes (Ex 3,14). Gott ist dem Menschen nicht zugänglich, doch gibt er durch sein Wort und sein Wirken zu denken. Während in der griechischen Tradition das Sehen/Einsehen das zentrale Organ der Wahrnehmung ist, gewinnt im jüdischen Denken das Hören/Gehorchen eine zentrale Bedeutung. Zwar kann Gott nicht gesehen und auch nicht eingesehen werden, wohl aber kann sein Wort vernommen und sein Wirken verstanden werden. In Wort und Tat teilt er seinen Willen

Hebräisch gedacht: mythisch bzw. geschichtlich

mit. Diese Mitteilungen Gottes gerinnen im Lauf der Jahrhunderte zur göttlichen „Weisung" und schließlich zur jüdischen Bibel.

Schon zur Zeit Jesu werden Teile des Alten Testaments als Heilige Schrift verstanden. Besonders die *Tora* (Weisung) bildet die Mitte zwischen Gott und den Menschen, ohne freilich selbst göttlich zu sein. Das Alte Testament wird als Mitteilung Gottes, nicht aber als Selbstmitteilung verstanden, da das Mitgeteilte nicht Gott selbst ist. Das Besondere des Christentums besteht darin, Jesus von Nazaret als Selbstmitteilung Gottes anzunehmen. Anders als im griechischen Denken wird die göttliche Vernunft, bei Johannes *lógos* genannt, selbst ein sterblicher Mensch. Das Wort Gottes wird Fleisch. Anders als im jüdischen Denken spricht der transzendente Schöpfer nicht nur durch Menschen, sondern als Mensch. Jesus ist nicht nur Prophet Gottes, sondern selbst Gott. Der rein geistige, weltjenseitige Gott wird selbst zu einem weltlichen Phänomen.

Jesus von Nazaret als Selbstmitteilung Gottes

Christlich gedacht: Das Wort Gottes wird Mensch

Der jüdische Wanderprediger Jesus von Nazaret ist und bleibt dabei voll und ganz Mensch und den Bedingungen menschlicher Existenz bis in den Abgrund seines Todes hinein unterworfen. Er ist ein Galiläer und stammt aus einer Stadt, aus der sich fromme Juden nichts Gutes erwarten: „Kann von dort etwas Gutes kommen?" (Joh 1,46). Im Kern seiner Botschaft verkündet er die Nähe des Gottesreichs, dessen Anbruch er mit seiner Person verknüpft: „Wenn ich aber die Dämonen durch den Finger Gottes austreibe, dann ist doch das Reich Gottes schon zu euch gekommen" (Lk 11,20). Er sammelt Schülerinnen und Schüler um sich. Er lehrt sie, Gott und die Nächsten gleichermaßen zu lieben. In diesem doppelten Liebesgebot sieht er das ganze Gesetz und die Propheten zusammengefasst. Bemerkenswert ist seine Wirksamkeit als Heiler. Im Bewusstsein der Nähe Gottes heilt er seelische und körperliche Gebrechen der Menschen. Dabei geht es ihm aber um die Umkehr, genauer, das Umdenken (*metánoia*) der Menschen. Sie sollen sich in Liebe Gott und einander zuwenden. Angesichts der Endzeit will er ganz Israel, repräsentiert durch die zwölf Apostel, versammeln. Jesus kritisiert die fundamentale Rolle des Tempels in der zeitgenössischen jüdischen Religiosität. Dadurch gerät er in Konflikt mit der Jerusalemer Tempelaristokratie und stirbt schließlich gefoltert, verspottet und verlassen als „Bauernopfer" in einer unbedeutenden Provinz des römischen Reichs. Sein Tod ist zunächst nur ein ganz normales menschliches Scheitern, wenn auch in besonderer Härte und Tragik.

Jesus von Nazaret

Die Anhänger Jesu allerdings betrachteten einige Zeit nach seinem Tod sein Geschick paradoxerweise als die Erfüllung aller Verheißungen der Heiligen Schrift (Mt 4,14; 12,17 u.v.a.). Die alte jüdische Einsicht, dass Gott den Seinen auch im offenkundigen Scheitern nicht verlässt, wird nun auf Jesu Tod übertragen. Den Jüngerinnen und Jüngern geht auf: Der Abgrund dieses Todes ist von Gottes Liebe umfangen. Mehr und mehr erscheint Jesus als der Sohn Gottes (Röm 1,4). Gegen die jüdische Tradition postuliert Paulus von Tarsus, dass nicht die Tora, sondern Jesus Christus die maßgebliche Mitteilung Gottes an die Menschen ist (Röm 3,19-31). Das Johannesevangelium arbeitet heraus, dass der Mensch Jesus von Nazaret das primäre und eigentliche Wort Gottes ist. Er ist aber nicht eine von Gott verschiedene Mitteilung, sondern Gott *selbst*. Er ist der anfängliche Logos, der selbst „bei Gott" ist und selbst „ein Gott" ist (Joh 1,1). Der Grund für die Selbstmitteilung Gottes ist nach christlichem Selbstverständnis die überströmende Liebe Gottes, der die Menschen zu Freunden haben wollte (Ex 33,11; Joh 15,14f.). Gott wollte an der menschlichen Natur Anteil haben, damit die Menschen der göttlichen Natur teilhaftig werden (Eph 2,18; 2 Petr 1,4). Gott, der Schöpfer und die *Ursache* von allem, wollte in *Gemeinschaft* treten mit seinen Geschöpfen. So kommt es zur *Wechselwirkung* von Gott und Mensch. Gerade die Offenbarungskonstitution des II. Vatikanischen Konzils *Dei Verbum* betont die von Christus gestiftete *Gemeinschaft* zwischen Gott und Mensch (Nr. 1, bezogen auf 1 Joh 1,2f.). Der einzelne Mensch in seiner Besonderheit, seinem individuellen Leben und seiner Endlichkeit darf sich durch Jesus mit Gott versöhnt wissen. Als Söhne und Töchter Gottes erscheinen die Menschen in einem neuen Licht.

Vermenschlichung Gottes – Vergöttlichung des Menschen

Jesus ist mit Gott ewige *Idee* (*lógos*); er ist mit den Menschen weltliches *Phänomen* (*sarx*), und er wird selbst schließlich zum *Zeichen* (*sêmeíon*; Mt 12,39) – ein Zeichen, dem auch widersprochen wird (Lk 2,34), da es selbst paradox ist: Gott am Kreuz. *Gott ist Idee, Phänomen* und *paradoxes Zeichen*. Jesus von Nazaret, die Selbstmitteilung Gottes ist *reiner Gedanke, weltliche Erscheinung* und *symbolische Wirklichkeit*. Auf diesen drei Ebenen prägt Jesus die weitere Geschichte des abendländischen Denkens und darüber hinaus die Weltgeschichte. Zeit und Welt sind Gott nicht fremd. Die Geschichte der Menschheit wird zur Geschichte Gottes, und die Welt wird zum Aufenthaltsort Gottes.

Selbstmitteilung Gottes als Idee, Phänomen und Zeichen

Zusammenfassung

Das objektive Moment der theologischen Erkenntnis ist das Wort Gottes. In Jesus von Nazaret wird die logoshafte Wahrheit Gottes selbst phänomenale Wirklichkeit und paradoxes Symbol. Deshalb wird das Wort Gottes einsehbar, erfahrbar und deutbar.

3. Heilige Schrift

Anders als im Judentum der Tanach und im Islam der Koran ist nicht die Heilige Schrift die eigentliche Offenbarung des Wortes Gottes. Im Christentum wird die Schrift zum vornehmlichen *Zeichen* und *Zeugnis* für die Selbstmitteilung Gottes in Jesus von Nazaret. Die Bibel ist die erste theologische Bezeugungsinstanz (*locus theologicus*). Denn wenn die Anwesenheit Gottes in dieser Welt nicht nur ein fernes geschichtliches Ereignis bleiben soll, dann bedarf es der lebendigen und bleibenden Gegenwart des inkarnierten Wortes Gottes. Diese ereignet sich in der christlichen Verkündigung und den kirchlichen Sakramenten, besonders aber in der Heiligen Schrift. Gerade in der Schrift verdichten sich ideale Wahrheit, phänomenale Wirklichkeit und paradoxe Symbolik und bleiben in diesem Gewebe oder Text das Präsent und das Präsens der Offenbarung. Sie gleicht einem Gedicht, das auf weltliche Erfahrung verweist und dabei geistige Einsicht in das, was wahrhaft ist, freilegt.

Gegenwart des Wortes Gottes in der Heiligen Schrift

Die Schrift selbst wird zum Anfang des Überlieferungsgeschehens, das uns mit der Offenbarung Gottes verbindet. Die Schrift ist *die* materiale Quelle, durch die das Wissen um die Offenbarung Gottes an uns kommt. Wie wir noch sehen werden, gibt es daneben keine zweite Quelle, auch nicht die kirchliche Tradition. Die Schrift ist als Grund unseres Wissens um Jesus von Nazaret ausreichend – *suffizient*. Joseph Ratzinger hält fest: „In Wirklichkeit sind uns über die Schrift hinaus keine nachweisbar auf das apostolische Zeitalter zurückgehenden Nachrichten verblieben [...]".[1]

Suffizienz der Schrift

Im abgeleiteten Sinn kann die Bibel selbst als „Wort des lebendigen Gottes" betrachtet werden, wie ja auch die katholische Liturgie formuliert. Gerade in der Liturgie, im Gottesdienst, ereignet sich im Hören auf das Wort Gottes ebenso wie im sakramentalen Geschehen der Eucharistie das Andenken an Jesus von Nazaret. Im Andenken und in der Andacht geschieht göttliche Selbstmitteilung. Wie das gebrochene Brot der geteilte Herrenleib ist, so ist das gesprochene Wort der Bibel selbst das mitgeteilte Wort Gottes. „Die Kirche hat die Schriften immer verehrt wie den Herrenleib selbst, weil sie, vor allem in der Liturgie, vom Tisch des Wortes Gottes wie des Leibes Christi ohne Unterlass das Brot des Lebens nimmt und den Gläubigen reicht" (DV 21). Die Heilige Schrift ist demnach nicht nur das Zeugnis der Selbstmitteilung

Das sakramentale Wort

[1] Ratzinger, Josef: Das Problem der Dogmengeschichte in der katholischen Theologie 19. Siehe dazu Congar, Yves: Die Tradition und die Traditionen, Bd. 1, 152-169. Auch Ratzinger, Josef: Ein Versuch zur Frage des Traditionsbegriffs, passim.

Gottes; sie ist, im *Heiligen Geist* aufgefasst, ihrerseits göttliche Selbstmitteilung.[2]

Drei Momente sind für die Frage nach dem prinzipiellen Charakter der Heiligen Schrift entscheidend: Bestimmung, Sache und Denken. Unter welcher Bestimmung steht die Schrift? Inspiration. Welches Denken ist der Schrift und der in ihr enthaltenen Bestimmung angemessen? Hermeneutik. Welches ist der materiale Umfang der Schrift? Kanon.

3.1 Inspiration

Das christliche Verständnis der Schriftinspiration beruht zunächst auf alttestamentlichen Vorstellungen. Vor allem Propheten gelten als vom Geist Gottes bewegte Mittler göttlicher Botschaften an die Menschen (Dtn 18,21f.; Neh 9,30; Jer 23,20).

Zeugnisse des AT

Unter den Propheten ragt Mose heraus. Vor allem die ihm zugeschriebenen Schriften werden als inspiriert betrachtet. Sie bilden als Tora das Herz der jüdischen Bibel. So werden schließlich biblische Bücher selbst als „Heilige Schrift", weil durch den heiligen Geist Gottes eingegeben, bezeichnet (2 Makk 8,23). Auch Jesus kann sich als frommer Jude auf die heiligen Schriften seines Volkes beziehen: „Ihr sollt nicht meinen, dass ich gekommen bin, das Gesetz oder die Propheten aufzulösen; ich bin nicht gekommen aufzulösen, sondern zu erfüllen" (Mt 5,17).

Zeugnisse des NT

Im Weiteren legitimieren sich dann die frühen Christen, die Jesus zum zentralen Inhalt ihrer Botschaft haben, durch die Autorität der jüdischen Bibel, denn mit der Offenbarung Jesu als Sohn Gottes ist nach 2 Petr 1,19 „das Wort der Propheten für uns noch sicherer geworden, und ihr tut gut daran, es zu beachten; denn es ist ein Licht, das an einem finsteren Ort scheint, bis der Tag anbricht und der Morgenstern aufgeht in eurem Herzen." Die Propheten, die auf Jesus verweisen, gelten als „vom heiligen Geist getrieben" (2 Petr 1,21). 2 Tim 3,16 bezeichnet die „heiligen Schriften", die Weisheit verleihen können, als von Gott eingegeben bzw. inspiriert (*theopneústos, divinitus inspiratus*).

---

[2] Dazu KASPER, Walter: Das Verhältnis von Schrift und Tradition. Eine pneumatologische Perspektive 367: „Die Schriftwerdung des Wortes Gottes ist also ein inneres Moment des Ein-für-allemal der Offenbarung, deshalb nimmt sie an deren Inspirierbarkeit und Kanonizität (im Sinne von Maßstäblichkeit) teil (K. Rahner). Darum bezeugt die Heilige Schrift nicht nur Gottes Wort, sie ist Gottes Wort in menschlichem Wort und durch menschliches Wort. Sie ist geistgewirkte Ur-kunde des Evangeliums, durch welche Gott im Heiligen Geist immer wieder neu zu uns spricht".

Anfänge einer eigentlichen Inspirationslehre finden sich bei Origenes (185-245). Sämtliche Autoren des Alten und Neuen Testaments betrachtet er als von Gott inspiriert (*De principiis* I *praef.* 4, vgl. II. 7). Möglicherweise ist Ambrosius von Mailand (339-397) der Erste, der Gott als „Urheber“ (*auctor*) der Heiligen Schrift begreift. Nach dem Verständnis der Kirchenväter teilt Gott durch die Bibel Dinge mit, die menschliches Begreifen übersteigen, so zum Beispiel der Prolog des Johannesevangeliums, der die Einheit von Gott und Logos sowie die Fleischwerdung des Wortes zu Wissen gibt (1,1-18). Darauf bezogen sagt Augustinus (354-430), dass nicht einmal der von Gott inspirierte Evangelist zu sagen vermag, „wie es ist“. Derartiges ist dem menschlichen Erkennen entzogen. Menschliche Gotteserkenntnis steht also unter der Bedingung göttlichen Entgegenkommens, das sich in Jesus ereignet und auch als „Gnade“ aufgefasst wird. Die Gnade bewirkt die maßgebliche Einsicht, zunächst bei den inspirierten Autoren der Schrift, dann bei den ebenfalls begnadeten Lesern. Denn nur im Heiligen Geist kann die Schrift angemessen wahrgenommen werden. Auch hier gilt: Wenn Gnade, dann Einsicht. Dieses hypothetische Verhältnis bleibt das Mittelalter hindurch bestimmend. Gott bzw. die Gnade ist für Thomas von Aquin (1225-1274) die Erstursache, die menschliche Autorschaft die Zweitursache. Im ersten Artikel der *Summa Theologiae* bezieht sich Thomas auf 2 Tim 3,16, wobei er feststellt, dass der Gegenstandsbereich der Theologie – teilweise – über der menschlichen Vernunft liegt (vgl. Jes 64,3), weshalb es einer letztlich gottgewirkten Offenbarung bedarf. Dennoch bleibt die Theologie oder „Heilige Lehre“ (*sacra doctrina*) eine Wissenschaft, nur eben empfängt sie ihr Prinzip von einer höheren Wissenschaft, nämlich der Wissenschaft Gottes und der Seligen (*Summa Theologiae* 1, 1, 2 co.). Dieses Prinzip ist die Offenbarung, gemeint ist die Heilige Schrift, die in den Artikeln des Glaubensbekenntnisses zusammengefasst werden kann. Nur wenn der Geist Gottes den menschlichen Verfasser der Offenbarungsschrift ebenso wie deren menschlichen Leser oder Hörer erfüllt, kann sich Offenbarung ereignen.

Geschichte der Inspirationslehre

Das kirchliche Lehramt schließt sich in seiner Inspirationslehre weitgehend der augustinisch-thomasischen Position an, konzentriert sich dabei aber auf die göttliche Verursachung der Offenbarungsschriften. Das Konzil von Florenz (1438-1445) nennt Gott den „Urheber des Alten und Neuen Bundes“, spricht aber auch davon, dass „die Heiligen beider Bünde unter Einhauchung desselben Heiligen Geistes gesprochen“ haben. Das Konzil von Trient (1545-1563) folgt dem einmal eingeschlagenen Weg und ergänzt, dass nicht nur die Heilige Schrift, sondern auch die mündliche Tradition von Gott inspiriert sei. Schließlich findet diese lehramtliche Linie im I. Vatikanischen Konzil (1869-1870; *Dei Filius*) einen gewissen Höhepunkt.

Auch in der reformatorischen Tradition ging man selbstverständlich von der Ursächlichkeit Gottes aus, allerdings ohne eine Zweitursächlichkeit des Menschen anzunehmen. Nach Martin Luther (1483-1546) entsteht auch die Schrift „allein aus Gnade". Ein zweitursächliches Mitwirken des Menschen lehnt er ab. Dies führt dazu, dass gerade in der altprotestantischen Orthodoxie die Lehre von der *Verbalinspiration* weite Verbreitung findet. Verbalinspiration besagt, dass der ganze biblische Text „mitsamt seinen Punkten, Buchstaben, Silben und Worten" direkt und unmittelbar von Gott den Verfassern diktiert wurde. Doch rückt in der frühen Neuzeit auch der Hörer des Wortes neu in den Blick. *Im Subjekt des Glaubenden ereignet sich Inspiration*. Dabei bleibt die Vernunft auch in der protestantischen Schriftbetrachtung nicht außen vor. Nur scheinbar trennen sich bei den Reformatoren Glaube und Vernunft, in Wahrheit kommt es zu einer neuartigen Verhältnisbestimmung.

Neuzeitliche Dialektik von göttlichem und menschlichem Geist

So entwickelt sich auch ein rationalistischer Zugang zur Bibel, der den Gedanken der Inspiration ablehnt. Die Bibel wird rein als Produkt menschlicher Autoren aufgefasst – mit allen Konsequenzen. Historische Irrtümer, vorsätzliche Täuschung und Widersprüchlichkeit der Aussagen waren plötzlich innerhalb der Bibel denkbar. Gotthold Ephraim Lessing (1729-1781) schließlich konstatierte einen „garstig breiten Graben" zwischen zweifelsfrei gewissen Vernunftwahrheiten und kontingenten, d.h. auch immer ungewissen historischen Wahrheiten, die scheinbar den Großteil der biblischen Inhalte ausmachen. Dadurch, dass der Inspirationsgedanke ausgefallen ist, wird zunächst nicht mehr derselbe Geist hinter der äußeren geschichtlichen Tatsache, hinter dem Bericht über diese Tatsache und in der reinen Vernunft angenommen. Doch zugleich entstehen immer wieder Versuche, den einen Geist Gottes in Wirklichkeit, Offenbarungsschrift und philosophischer Vernunft anzunehmen. Der protestantische Philosoph Georg Wilhelm Friedrich Hegel (1770-1831) betrachtet den inspirierenden Geist als den *Gott in uns*. Offenbarung und Vernunft erscheinen nun in einer dialektischen Wechselwirkung, beide verbindet der eine Geist. Dadurch wird die Offenbarung nicht überflüssig, wohl aber wird sie ganz in die Vernunft, die nun ihrerseits wohlgemerkt nicht mehr nur ein menschliches Vermögen ist, aufgehoben. Doch bleibt die Heilige Schrift bis in die späte Philosophie Hegels das

Philosophische Inspiration

grundlegende Buch schlechthin, das seinerseits die Philosophie inspiriert, eben weil sie vom Geist Gottes inspiriert ist: „Die Geschichte Christi ist auch von solchen erzählt, über die der Geist schon ausgegossen war" (*Philosophie der Religion*, Bd. 3, 246; 286). Der eine und selbe Geist begründet die Weltgeschichte, bewegt und belebt die Natur und bewirkt im einen Gottmenschen ein für allemal die Versöhnung von Gott und menschlichem Individuum. Auf diesen Punkt bezieht sich dann auch die absolute Irrtumslosigkeit der Schrift. Bezogen auf die Versöhnung ist sie genauso gewiss wie die gewisseste Vernunftwahrheit. Schon Hegel sah, dass Betrachtung der Schrift durch den bloß menschlichen Verstand, der den göttlichen Geist in jeder Hinsicht ausblendet, dazu führt, die Bibel nicht mehr als *Heilige* Schrift anzuerkennen. Damit aber verliert sie ihre prinzipielle Bestimmungskraft und wird zu einer bloß menschlichen Angelegenheit.

Rein anthropologische Betrachtung der Schrift

In der Moderne – nach ca. 1830 – wird sich eine rein *anthropologische* Sicht, die nicht mehr *theo-logisch* im Sinne metaphysischer Vernunft ist, ausbilden. Doch stellt sich auch für die moderne Exegese, zu der die historisch-kritischen Methoden zu rechnen sind, die Frage nach der Inspiration, Geltung und Bestimmungskraft der Bibel in eigener Weise. Zunächst aber ist festzuhalten, dass die historisch-kritische Exegese den Gedanken der Inspiration *aus methodischen Gründen* einklammert.

Verbal-, Real-, Personalinspiration

Herkömmlicherweise unterscheidet man zumindest drei Formen der Inspiration, die sich graduell unterscheiden. Die radikalste Form ist die bereits erwähnte *Verbalinspiration*, der gemäß der gesamte Wortlaut des inspirierten Textes bis in seine kleinsten Nuancen unmittelbar gottgegeben ist. Neben diesem heute problematisch gewordenen Typus des Inspirationsverständnisses werden zwei weitere Grundtypen unterschieden: die *Realinspiration* und die *Personalinspiration*. Erstere betrachtet vor allem die Sache (*res*) nicht jedoch die Form der Offenbarungstexte als inspiriert, wobei Form und Inhalt in einer Weise auseinandergerissen werden, die bedenklich ist, da auch in der Bibel, wie bei jedem sprachlichen Kunstwerk Gestalt und Gehalt zwei Seiten derselben Medaille sind. Die *Personalinspiration* geht davon aus, dass der Verfasser zwar vom Geist Gottes erfüllt war, jedoch in der konkreten Gestaltung der Schriften rein in menschlichem Ermessen lag. Auch hierbei stellt sich dieselbe Frage, wie bei der Realinspiration, nämlich, ob menschliches und göttliches Wirken sowie Form und Inhalt nicht in unzulässiger Weise getrennt werden?

Eine heutige Inspirationslehre steht vor neuen Herausforderungen. Um das inspirierte und mithin auch für die eigene Gegenwart gültige Gotteswort zu finden, bedarf es hermeneutischer Anstrengung. Stets ist die prekäre Grenze zwischen göttlicher und menschlicher Ursächlichkeit zu halten. Die Frage, wie weit im Konkreten das göttliche und wie weit das menschliche Moment reicht, muss bis zu einem gewissen Grad offen bleiben. Dadurch wird gerade die weitere Geschichte des Schriftverständnisses offengehalten.

Die Inspiration der Heiligen Schrift kann nicht nur mit Blick auf die göttliche *Verursachung* beantwortet werden. Auch bezogen auf den *Inhalt* und die *Wirkung* der Bibel ist zu differenzieren. Hier können jedenfalls drei prinzipielle Ebenen unterschieden werden:

Der inspirierte Inhalt

Die Bibel birgt ja einerseits Gedanken und mehr noch *Ideen*. Vom „geistlichen Sinn" (*sensus spiritualis*) der Kirchenväter bis zur Auslegung der Bibel im Geist der Vernunft bei Hegel reichen die Versuche, die *ideale Wahrheit* Gottes (Signifikat, *nooúmenon*) durch die Anstrengung des Begriffs herauszuarbeiten. Bei einer derartigen Betrachtung kommt dem rationalen Moment der Rede vom „Geist" eine zentrale Rolle zu. Der Sinn von Inspiration nähert sich dann dem Begriff der Vernünftigkeit an, ohne dass die biblischen Inhalte deshalb schlicht aus dem Geist abzuleiten wären. Viele Inhalte der christlichen Dogmatik gehören diesem durch die Vernunft erschließbaren Bereich an: Dasein Gottes, Trinitätslehre, Gottheit und Menschheit in Jesus Christus.

Der Geist der Schrift vermittelt inspirierte Wirklichkeit

Sodann berichtet die Schrift von erlebter Wirklichkeit (Referent, *phainómenon*). Konkrete durchaus auch historisch greifbare Ereignisse werden in der Schrift berichtet. Menschen haben in ihrem Leben die Erfahrung Gottes gemacht. Zu diesen – immer nur wahrscheinlichen – Tatsachen gehört, dass Israeliten aus dem Babylonischen Exil befreit wurden, und dass sie diese Befreiung auf ihren Nationalgott JHWH zurückgeführt haben. Auch bestimmte Ereignisse aus dem Leben Jesu sind solche Wirklichkeiten, um hier nur auf Jesu heilendes Wirken zu verweisen. Inspiration bedeutet dann soviel wie verlässliche Bezeugung eines Ereignisses über Raum und Zeit hinweg. Wobei auch diese Wirklichkeit gerade durch historische Forschung erschlossen wird.

Der Geist der Schrift inspiriert Interpretationen

Schließlich eröffnet die Bibel auch metaphorische Welten, Text- und Bildwelten (Signifikant, *chôra*), die symbolisch die jeweils konkrete Situation des Menschen veranschaulichen. Diese Metaphern sind nicht einfach zu begreifen und schon gar nicht als Wirklichkeit anzusehen. Sie eröffnen einen Raum der Imagination. Der Auszug aus Ägypten etwa wird hier unabhängig von seiner historischen Wirklichkeit oder seiner begriffenen Wahrheit zum Zeichen für die befreiende Wirksamkeit Gottes, die jede Generation neu erfahren kann. Inspiration bezeichnet dann aber die inspirierende Kraft biblischer Metaphern, die die Kreativität des Menschen ansprechen und freisetzen (vgl. Werbick: *Einführung in die theologische Wissenschaftslehre* 184). In diesem Fall bezeichnet Inspiration die begeisternde Wirkung der Schrift.

Zusammenfassung

Inspiration der Heiligen Schrift bedeutet nicht nur, dass sie Gott zu ihrem Urheber hat, sondern dass sie geisthaltige Einsichten („Ideen") vermittelt, Erfahrung des Geistes („Phänomene") berichtet und ihre Leser und Hörer durch ihre symbolische Kraft („Zeichen") begeistert.

3.2 Hermeneutik

Die Bibel ist als Heilige Schrift die erste Bezeugungsinstanz der Wahrheit und mithin muss ihr das höchste Maß an Unfehlbarkeit oder Gewissheit zugesprochen werden, doch kann dies nicht zu einem Schriftpositivismus führen, der jeder biblischen Aussage *Inerranz* (Irrtumslosigkeit) zuspricht. Nicht nur innere Widersprüche bezüglich historischer Fakten etwa in den vier Evangelien, sondern auch die Zeitgebundenheit bestimmter Aussagen führen dazu, dass die Wahrheit der Schrift in einem *hermeneutischen Prozess* stets neu aufgefunden werden muss. Doch ist die Interpretierbarkeit der Wahrheit und die Geschichtlichkeit des Verstehens durchaus kein Mangel, sondern vielmehr Ausdruck der höchsten Lebendigkeit und Frische der Selbstmitteilung Gottes, denn nur das Tote verändert sich nicht mehr. So wächst die Schrift mit den Lesenden.

Notwendigkeit der Hermeneutik

Die Auslegung der Heiligen Schrift hat verschiedene Ebenen und Facetten. Schon in der Alten Kirche unterschied man verschiedene Sinnebenen. Als Basis des Verständnisses gilt das wörtliche Verständnis (*sensus literalis*). Darauf bauen die drei geistig-geistlichen Sinne auf (*sensus spiritualis*), die als eine rationale Interpretation der Offenbarung gelten können. Der allegorische Sinn bezieht letztlich die gesamte Bibel auf Christus und bietet somit die Basis für die christliche Dogmatik. Der moralische Sinn will die Menschen zum guten Handeln führen und ist die Grundlage christlicher Sittlichkeit. Der anagogische Sinn verweist auf das letzte Ziel, zu dem die Menschen unterwegs sind. Hierbei geht es um die spekulative Erkenntnis der Vollen-

Der vierfache Schriftsinn

dung in Gott. Dieses hermeneutische Modell, das bereits in der Spätantike entwickelt wurde, kommt in jüngster Zeit zu neuem Ansehen.

Die Reformatoren wenden sich nicht nur gegen die Lehre vom vierfachen Schriftsinn, sondern auch gegen das Bedürfnis einer spekulativen Deutung der Schrift. Luther etwa hält am wörtlichen Sinn der Bibel fest und lehnt philosophierende Interpretationen entschieden ab. Er ist der Überzeugung, dass die Schrift sich selbst erkläre. Die Bibel sei ihr eigener Interpret (*interpres sui*), da sie sich durch vollkommene Klarheit (*claritas*) auszeichne (*Über den unfreien Willen, De servo arbitrio*). Doch entwickeln sich gerade im Protestantismus, der die natürliche Vernunft aus ihrer Unterordnung unter den Glauben freigesetzt hat, neue Formen der Exegese. Die Trennung von unmittelbarem Glauben und natürlicher Vernunft führt zunächst dazu, dass in der Aufklärung eine nicht-dogmatisch gebundene Interpretation der Bibel entstehen kann (Reimarus, Lessing). Diese wiederum ist die Vorform für die historisch-kritische Exegese (Oeming 42).

Klarheit der Schrift

In der jüngeren Vergangenheit hat sich die Landschaft der Schrifthermeneutik weiter differenziert und eine *Pluralität* von verschiedenen Auslegungsparadigmen ist entstanden. Im Anschluss an die „Theorie des hermeneutischen Verstehens" gliedert Manfred Oeming (*1955) diese Vielzahl der Auslegungsparadigmen in einer gewissen Analogie zur Lehre vom vierfachen Schriftsinn in vier Gruppen. Jede Gruppe hat einen eigenen Schwerpunkt, um den die Auslegung kreist (*Biblische Hermeneutik. Eine Einführung*):

Vier Paradigmen heutiger Exegese

Vier Paradigmen heutiger Exegese

1. *Die Autoren und ihre Welten*: Historisch-kritische Methode, sozialgeschichtliche Exegese, historische Psychologie, neue Archäologie
2. *Die Texte und ihre Welten*: Linguistisch-strukturalistische Methoden, new literary critizism, kanonische Schriftauslegung, Auslegung als Sprachgeschehen und Wortereignis
3. *Die Leser und ihre Welten*: Wirkungsgeschichtliche, tiefenpsychologische symbolorientierte Exegese, Bibliodrama, befreiungstheologische Exegese
4. *Die Sachen und ihre Welten*: Dogmatische Bibelauslegung, fundamentalistische Bibelauslegung, existenzialistische Bibelauslegung

Oemings Schema konzentriert sich weitestgehend auf heute übliche exegetische Modelle und bleibt damit im Wesentlichen synchron. Eine diachrone Betrachtung verschiedener geschichtlich gewachsener Modelle, die zugleich auf eine synchrone Versöhnung der Auslegungsparadigmen hinzielt, bietet jüngst Ulli Roth (*1966). Er formuliert: „Vom vierfachen zum vierfältigen Schriftsinn!" (*Die Grundparadigmen christlicher Schriftauslegung* 290). Dabei unterscheidet er das offenbarungstheologisch-dogmatische Paradigma der Spätantike und des Mittelalters (1), das freiheitliche Paradigma der Neuzeit (2), das historisch-weltliche Paradigma der Moderne (3) und das textzentrierte der Postmoderne (4). Das offenbarungstheologisch-dogmatische und das freiheitliche Paradigma haben die spekulative Vernunft und damit das Denken als Fokus gemeinsam. Das moderne Paradigma ist auf die geschichtliche Welt und damit die Sache und das postmoderne auf textuelle Strukturen und damit auf Zeichen konzentriert. Ausgehend von gegenwärtigen Fragestellungen öffnet Roth die Exegese für die Tradition des Schriftverständnisses. Die verschiedenen Paradigmen werden dabei allerdings nicht als Vergangenes aufgefasst, sondern sie sind gegenwärtige Orte (*tópoi, loci*), die für ein umfassendes Begreifen notwendig sind. In unmittelbarer Nachbarschaft zu diesem Ansatz, soll im vorliegenden Versuch die Hermeneutik zu einer Topologie geweitet werden, die über die engeren Grenzen der Schriftexegese und letztlich auch des Christentums hinausgeht (siehe hier 6. Vernunfterkenntnis).

„Vom vierfachen zum vierfältigen Schriftsinn!"

Zusammenfassung

Hermeneutik der Heiligen Schrift muss heute eine Vielfalt von Zugängen berücksichtigen. Je nach Absicht und Kriterien der Lektüren müssen Autoren, Texte, Leser, Sachen (Oeming) bzw. ideelle Wahrheit, phänomenale Wirklichkeit, metaphorische Sprache (Roth, Ruhstorfer) der Bibel in den Blick genommen werden. Jedenfalls sind gegenwärtige mit geschichtlichen Zugängen zu verbinden. Dabei ergibt sich eine Topologie der Hermeneutik, die Vielfalt und Eindeutigkeit, Verbindlichkeit und Offenheit vermittelt, und die Not-Wendigkeit der Bibel für unsere Zeit herausstellt.

3.3 Kanon

Die Frage nach dem Kanon betrifft Umfang und Struktur der Heiligen Schrift. Gerade die Bücher des Alten Testaments sind in einem Prozess entstanden, der sich über mehr als ein Jahrtausend erstreckt. Zwischen dem 8. und dem 3. Jahrhundert v. Chr. wurden die einzelnen Schriften verfasst. Darin finden sich durchaus auch noch ältere Schichten. Erste Sammlungen kursieren bereits im 7. bzw. 8. Jahrhundert v. Chr. Der Pentateuch dürfte um 400 bereits weitgehend abgeschlossen gewesen sein. Er wird zum Zentrum der jüdischen Bibel, das ihr gleichwohl als „Prinzip" vorangestellt ist. Die „Propheten" (*nebiim*) und die „Schriften" (*ketubim*) werden als eine Art Kommentar zur Tora aufgefasst. Im Verlauf des 1. Jahrhunderts n. Chr. erfolgt die endgültige Kanonbildung; er umfasst 22 bzw. 24 Schriften.

Entstehung der jüdischen Bibel

Ein völlig anderes Strukturprinzip als der TeNaK (*tora – nebiim – ketubim*) hat die griechische Bibel, die Septuaginta. Sie stellt einen geschichtstheologischen Entwurf dar, der stark in die Anordnung der hebräischen Bibel eingreift. Der erste Teil, die Geschichtsbücher, schildert die Vergangenheit des Volkes Israel. Der zweite Teil, der die Weisheitsschriften und die Psalmen umfasst, gibt Weisungen für die eigene Gegenwart. Den Schluss bilden die Prophetenbücher, welche die Zukunft verkünden. Die frühen christlichen Gemeinden bleiben der Septuaginta verbunden. Gerade die Verkündigung der Propheten wird dabei auf die zukünftige Offenbarung Gottes in Jesus von Nazaret bezogen.

Aufbau der griechischen Bibel

Die Schriften, die im neutestamentlichen Kanon enthalten sind, entstanden zwischen ca. 50 und 160 n. Chr. Späteste Schrift ist 2 Petr, dessen Entstehungszeit sehr umstritten ist. Die Kanonbildung dauerte noch bis ins 4. Jahrhundert. Während dieser Zeit werden eine Reihe von Schriften, wie z.B. das Thomasevangelium und andere eher gnostisch geprägte Texte ausgesondert. Das dualistische Weltbild der Gnosis stand im Widerspruch zur sich ausbildenden christlichen „Orthodoxie". Im Jahr 367 nennt Athanasius von Alexandrien (ca. 298-373) schließlich alle 27 Schriften des NT. Der Begriff Kanon, der im Griechischen so viel wie „Maßstab" meint und von Athanasius erstmals verwendet wird, bezieht sich nicht nur auf den Umfang der Schriften, sondern auf ihre maßgebliche Bedeutung. Die Bibel wird zum Maßstab des Glaubens. Im Zuge der Reformation wurde noch einmal das Thema des Umfangs der Heiligen Schriften aktuell, da Luther etliche, griechisch verfasste oder überlieferte Schriften des AT nicht in ihrer Kanonizität anerkannte, folgte er doch dem Kanon der Hebräischen Bibel. Seither gehören zum eigentlichen Kanon der protestantischen Bibel lediglich die Schriften, die bereits im hebräischen TeNaK erhalten sind. Die griechischen Texte des Alten Testaments (Jud, Weish, Tob, 1 u. 2 Makk u.a.) genießen allerdings als so genannte „Apokryphen" ebenfalls einen hohen Status.

Entstehung des christlichen Kanons

Im katholischen Sprachgebrauch heißen diese Schriften „deuterokanonisch“. Das Konzil von Trient (1545-1563) definiert für die katholische Kirche endgültig den Umfang des Kanons auf 73 Bücher (AT 46; NT 27). Gerade der Prozess der Kanonbildung zeigt, dass und wie Theologie und Kirche bereits in die Ausbildung der ersten und höchsten Bezeugungsinstanz hineingewirkt haben. Dadurch wird ein Biblizismus, der weitere Instanzen ablehnt, hinterfragt. Schrift und Überlieferung, Kirche und Theologie bilden ein schwer zu unterscheidendes und untrennbares Geflecht.

Katholischer und evangelischer Kanon

Zusammenfassung

Der Kanon der Heiligen Schrift aber ist die höchste Norm der Kirche und des Glaubens. Wiewohl auch die Genese des Kanons und der in ihm enthaltenen Schriften von hoher Bedeutung ist, wird letztlich der Kanon selbst gerade in seiner Vielgestaltigkeit zum Maßstab der Verbindlichkeit.

4. Tradition

Das griechische Wort *paradídômi* bzw. das lateinische *tradere* bezeichnet zuerst die Mitteilung bzw. Hingabe des Sohnes durch den Vater. Mit dem Sohn hat uns der Vater „alles“ geschenkt, nämlich sich selbst (Röm 8,32). Schon die Menschwerdung Gottes kann *traditio* genannt werden. In einem Abschnitt, in dem Paulus von den Überlieferungen (*paradóseis; traditiones*), an denen die Gemeinde festhalten soll, spricht, reiht er sich selbst in eine Überlieferungskette ein. Es geht darum, weiterzugeben, was man selbst empfangen hat (1 Kor 11,2.23). Was aber ist die mitgeteilte Gabe? Dass Jesus selbst in der Nacht, in der er ausgeliefert (*paredídeto; traditur*) wurde, das Brot nahm, es teilte und sprach: „Das ist mein Leib für euch“ (1 Kor 11,23f.). Damit werden das Abendmahl und die Passion Jesu mit dem Überlieferungsgeschehen parallelisiert. Wie Jesus ausgeliefert wurde, wie das Brot und der Wein ausgeteilt werden, so wird ein Prozess der Überlieferung in Gang gesetzt, dessen Gabe der Leib und das Blut Christi, aber eben auch das Gewusste des Offenbarungsgeschehens selbst sind.

Überlieferung – Auslieferung

Gott selbst ist die Gabe, die sich dem Überlieferungsprozess ausliefert und sich dabei der Gefahr aussetzt, in diesem Prozess misshandelt, entstellt und zerbrochen zu werden, wie dies Jesus selbst widerfahren ist. So wenig wie Gott Jesus im Tod belässt, so wenig lässt er die Entstellung der Überlieferung zu. Mit der Auferstehung erreicht die Überlieferung des Glaubens eine neue Stufe, denn das Mitgeteilte wird durch das Zerbrechen nicht zerstört. Die Macht Gottes erweist sich als stärker gerade weil und wenn sie sich dem Menschlich-Allzumenschlichen ausliefert. Die Einheit und Wahrheit Gottes bleibt in der Vielheit und der Wirklichkeit der Welt erhalten. Wie sich Jesus in der Auferstehung als eins mit dem Vater erweist, so erweist sich die in die weltliche Wirklichkeit überlieferte Selbstmitteilung immer wieder als das, was sie ist: Wort Gottes. Immer wenn das Wort Gottes als das, was es ist, vernommen wird, ereignet sich Auferstehung (Apg 2,32). Die Kirche als die Gemeinschaft derjenigen, die sich vom Wort Gottes angesprochen wissen, wird in dem Moment gestiftet, wenn offenbar wird, dass der Geist Gottes bei den Menschen das Christusgeschehen gegenwärtig hält (Apg 2,32-36).

Tradition und Auferstehung

Kirche und Tradition sind zwei Ausprägungen desselben Geschehens, denn nur in zwischenmenschlicher Gemeinschaft und in fortwährender und zugleich transformierender Überlieferung ist Offenbarung lebendig. Das erste Produkt dieses Transformationsprozesses ist die Heilige Schrift selbst. Sie entsteht im Schoß der Urkirche im Rahmen der Überlieferung des Christusereignisses. Mit der Schriftwerdung des Wortes Gottes entsteht das Grunddokument der Kirche. Entsprechend ist die Schrift der Maßstab für die Tradition und die Kirche und nicht umgekehrt. Die Schrift birgt das Wort Gottes in sich, das durch Tradition und Kirche interpretiert wird.

Tradition, Kirche und Schrift

Am Anfang des Traditionsprinzips steht die Feststellung, dass die Schrift die alleinige und ausreichende Offenbarungsquelle ist, wie bereits der Kirchenvater Augustinus formuliert (*De doctrina christiana* 2, 42, 63): „Was auch immer der Mensch außerhalb [der Heiligen Schriften] lernt, wenn es schädlich ist, wird es dort verurteilt, wenn es nützlich ist, wird es dort gefunden." Doch ergibt sich nun die Frage: Wie aber ist die Bibel zu verstehen? Die Tiefe der Schrift bewirkt, dass sie nicht alle im selben Sinn (*sensus*) begreifen, deshalb ist das gemeinsame Verständnis zu suchen. Das „allgemeine" Verstehen über die Grenzen von Raum, Zeit und Verschiedenheit der Personen hinweg nennt Vinzenz von Lérins (†450 bzw. 434) „katholisch". Dieser Ausdruck ist hier nicht im konfessionellen Sinn engzuführen, sondern katholisch ist „das, was überall, immer und von allen geglaubt wurde" (*Commonitorium II*,3). Räumliche, zeitliche und personale Universalität ist nach Vinzenz das notwendige Kriterium, um wahre Interpretationen und d.h. nun auch wahre Traditionen erkennen zu können. Obwohl die Heilige Schrift für die Erkenntnis der Wahrheit zureichend ist (*sufficiat*), wird dennoch die Autorität der kirchlichen Einsicht (*intelligentia*) notwendig (*Commonitorium* II,2). Wie

Tradition als Interpret der Schrift

schon die Rede von *„intelligentia“* nahelegt, handelt es sich um keinen blinden Autoritätsglauben, sondern eine vernunftgeleitete Glaubenseinsicht.

Basilius der Große (ca. 330-379) führte die Unterscheidung ein, dass die kirchlichen Lehren (*dógmata*) und Verkündigungsinhalte (*kêrýmata*) einerseits aus der schriftlichen Offenbarung und anderseits aus der mündlichen Tradition stammen, dass aber beide für die Frömmigkeit dieselbe Kraft haben (*De spiritu sancto* 27, 66). Als Inhalte der mündlichen Tradition sind liturgische Riten und Gebräuche gemeint, die zwar nicht ausdrücklich in der Schrift erwähnt werden, jedoch als legitime Vergegenwärtigungen des Christusgeschehens gelten. So will diese Wendung vermutlich nicht sosehr zwei inhaltlich verschiedene Quellen der Wahrheit postulieren, sondern *zwei* Ausprägungen der *einen* Überlieferung Christi. In der Reformationszeit stellen sich die Verhältnisse jedoch völlig anders dar: Der Augustinermönch Martin Luther verweist auf kirchliche Traditionen, die seiner Auffassung nach nicht mit der Schrift in Übereinstimmung zu bringen sind. Deshalb fordert er im Zuge seiner Kritik kirchlicher Praxis die Rückbesinnung auf die Heilige Schrift als alleiniges Prinzip des Glaubens. Kirchliche Traditionen, die das Zeugnis der Schrift überwuchern, werden nunmehr abgeschnitten. *Sola scriptura* – allein die Schrift – lautet Luthers Wahlspruch.

Zwei Quellen?

Allein die Schrift

Doch wie sich bei Luther die neuzeitliche *Dialektik* des Glaubens bemerkbar macht, so kommt es auch in der katholischen Welt zu einer Neubesinnung. Auch hier tritt an die Stelle des alten Ordnungsgefüges eine dialektische Gemeinschaft und zwar bezogen auf das Verhältnis von Schrift und Tradition. Aus dem recht unbestimmten „Einerseits ... andererseits ...“ des Basilius wird nun ein klar dialektisches „Sowohl ... als auch ...“ oder „teils ... teils ...“, *„partim ... partim ...“*. Dadurch wird allerdings die Vorstellung von zwei Quellen heraufbeschworen.[3] Diese Formulierung findet schließlich Eingang in einen Entwurf für das Offenbarungsdekret des Tridentinums, nicht aber in dessen endgültige Fassung. Das Konzil von Trient spricht nur von *einer* Quelle, nämlich dem Evangelium Christi (DH 1501), das *sowohl* in Schrift *als auch* in Tradition weitergegeben wird. In nachtridentinischer Zeit hat sich jedoch die Auffassung von zwei selbstständigen Quellen verbreitet.

Noch einmal zwei Quellen?

[3] Vgl. KASPER: Das Verhältnis von Schrift und Tradition 341: „Genau so war es freilich bei Basilius und in der altkirchlichen Theologie nicht gemeint. Die liturgischen und disziplinären Traditionen waren kein äußerlicher Zusatz zur Schrift, keine zweite Glaubensquelle; sie stammten vielmehr aus der einen Quelle, der einen traditio.“

Noch die Entwürfe zur Offenbarungskonstitution des II. Vatikanums *Dei Verbum* tragen den Titel „Die Quellen der Offenbarung", *De fontibus revelationis*, nämlich Schrift und Tradition (Ratzinger: *Einleitung zu Dei Verbum* 498-503). Doch auch hier spricht der endgültige Text nur mehr von *einer* Quelle, aus der sich Schrift und Tradition speisen. Es ist zu bemerken, dass das Tridentinum den Begriff *traditio* im Plural verwendet und damit konkrete materiale Überlieferungen im Leben der Kirche meint, wie die Art der Messfeier, Fasttage, Kindertaufe etc. (Ratzinger: *Kommentar zu Dei Verbum* 518). Das II. Vatikanum hingegen betrachtet *traditio* als einen formalen und abstrakten Reflexionsbegriff, der die Totalität der *einen* Überlieferung bezeichnet. Das Konzil kehrt so zu einer „ganzheitlicheren Sicht des Problems" zurück (ebd.). Festzuhalten bleibt, dass die Vorstellung einer mündlichen Sonderquelle neben der Heiligen Schrift als eine Chimäre anzusehen ist (Congar: *Die Tradition und die Traditionen* 205).

Der Traditionsbegriff ist generell ambivalent. Einerseits kann durch die Betonung der Überlieferung das Bisherige zum Korsett erstarren, das jeden Fortschritt fesselt und lähmt. Andererseits kann die Gemeinschaft von Schrift und Tradition gerade das Dynamische des Überlieferungsgeschehens zum Prinzip erheben, das auch die Schrift vor Erstarrung, Fremdheit und Traditionalismus bewahrt. Tradition ist dann „die vielschichtig-eine Gegenwart des die Zeiten durchschreitenden Christusmysteriums" (Ratzinger: *Kommentar zu Dei Verbum* 519). Entsprechend wird heute die apostolische Tradition nicht mehr als eine „Sammlung von nur mündlich weitergegebenen Geheimlehren" verstanden, vielmehr gilt: „Die im theologischen Sinn verstandene Tradition ist die in Lehre, Leben und Liturgie der Kirche geschichtlich wie geistlich ausgelegte Schrift" (Kasper: *Das Verhältnis von Schrift und Tradition* 357). Die Tradition wird damit zu einem hermeneutischen Prinzip, welches jedoch nicht nur in einer Wiederholung oder bloßen Erklärung des Schriftbefundes bestehen kann, vielmehr führt der Prozess der zunächst spekulativ-theologischen und kirchlich-autoritativen Durchdringung zu einem tieferen Verständnis und mithin zur Entfaltung der geoffenbarten Wahrheit. Tradition muss also grundsätzlich bewahrend *und* erneuernd sein (Knapp: *Die Vernunft des Glaubens* 370), mithin umfasst sie Vergangenheit und Zukunft (dazu Wiederkehr: *Das Prinzip Überlieferung*, bes. §6 *Tradition in Futur*).

Die Dynamik der Tradition

So enthält das neutestamentliche Schrifttum gewiss nicht die Trinitätslehre in expliziter Weise und doch ist diese nichts anderes als die unter bestimmten geistesgeschichtlichen Bedingungen in

Leben, Liturgie und Lehre der Kirche entstandene – verbindliche – Interpretation des Christusgeschehens selbst. Dass Jesus Christus ganz Gott und ganz Mensch ist, steht nicht ausdrücklich in den biblischen Schriften und ist doch maßgebliche Interpretation der darin enthaltenen Wahrheit. Die Deutungsgeschichte setzt Maßstäbe, die in jeder weiteren Interpretation berücksichtigt werden müssen. Dies ist ein ebenso legitimer wie unumgänglicher hermeneutischer Prozess, wobei die jeweiligen theologisch-dogmatischen Festlegungen noch einmal in ihrem geschichtlichen Kontext zu deuten sind. Das Bewusstsein der Geschichtlichkeit auch der verbindlichen Deutungen wurde katholischerseits nicht zuletzt durch die Tübinger Schule, durch John Henry Newman, Maurice Blondel, Henri de Lubac und viele andere geschärft.[4] So kann es heute als Konsens gelten, dass auch theologische Tradition und kirchliche Dogmen einer gleichermaßen kritischen und geschichtsbewussten Hermeneutik bedürfen.[5] In jeder Zeit sind sie neu zu erschließen und gegebenenfalls in ihrer zeitbedingten Gültigkeit zu begrenzen. Maßstab ist dabei die befreiende Kraft der Frohen Botschaft.

Tradition unhintergehbar?

Josef Ratzinger mahnt in seinem Kommentar zur Offenbarungskonstitution *Dei Verbum* an, dass auch die „Möglichkeit entstellender Tradition und die Herausstellung der Schrift als eines *auch* traditionskritischen Elements im Innern der Kirche" nicht vom II. Vatikanischen Konzil angesprochen wurde. Er bezeichnet dies als „eine bedauerliche Lücke" (*Kommentar* 524).Und in der Tat ist mit einem Blick auf die Kirchengeschichte festzustellen, dass besonders vom Rückbezug auf die Heilige Schrift häufig eine reformierende Kraft ausging. Und nicht jede Tradition der Kirche hat vor dieser Innovationskraft Bestand. Der nachmalige Papst betont, dass das „Traditionsproblem vielleicht der eigentliche Ansatzpunkt der Frage nach der ecclesia semper reformanda" (ebd.) sei. Eine Kirche, die mit der Tradition verbunden ist, wird sich immer neu reformieren. Dabei kann sich die Treue zur Schrift durchaus auch im Bruch mit einer vielleicht sogar Jahrtausende alten Tradition zeigen.

Entstellende Traditionen?

Von entscheidender Bedeutung ist es, Tradition nicht vorschnell ausschließlich mit kirchlicher Autorität und Lehramt zu identifizieren. Die Frage nach der *traditio* muss grundsätzlich

---

4 Siehe Newman, John Henry: An Essay on the Development of Christian Doctrine; Blondel, Maurice: Histoire et dogme (1904); Lubac, Henry de: Le problème du développement du dogme.

5 Siehe Rahner, Karl: Zur Frage der Dogmenentwicklung; ders., Dogmen- und Theologiegeschichte von gestern für morgen.

in die Frage nach der Geschichte der Wahrheit als solcher geweitet werden. Nur so kann der Anspruch des Vinzenz von Lérins erfüllt werden, demgemäß die „katholische" Wahrheit dasjenige ist, „was überall, immer und von allen" geglaubt wurde. Entsprechend sind nicht nur die dogmatischen, liturgischen und moralischen Traditionen der Katholischen Kirche im konfessionellen Sinn für die Hermeneutik der Bibel relevant. Auch die außerkatholische Bejahung der Schrift im Protestantismus und in der neuzeitlichen Philosophie wird wegweisend. Dabei geht es nicht darum, die Unterschiede der Konfessionen zu leugnen. Allerdings weiten gerade die Differenzen das Verständnis der Heiligen Schrift. Gerade weil Katholizismus und Protestantismus verschiedenen Epochen entspringen, ist ihre Differenz im Grund kein Widerspruch. Dies wird nicht zuletzt bezogen auf die neuzeitliche Denkart noch genauer zu entfalten sein. Da nun das Christentum die Religion des Todes Gottes ist, gewinnen auch die Verneinungen Gottes und des christlichen Glaubens durch verschiedene moderne Denkarten an Bedeutung, nicht zuletzt da der Tod Gottes in der Moderne eine schillernde Frucht des Christentums ist. Der protestantische Theologe Gerhard Ebeling (1912-2001) hat klar gemacht, dass die Traditionen, welche für die Schriftauslegung von Gewicht sind, „nicht nur die ausgesprochene, sondern auch die unausgesprochene, nicht nur die bewusste, sondern auch die unbewusste, nicht nur die positive, sondern auch die negative Beziehung" zu ihr umfasst (*Kirchengeschichte als Geschichte der Auslegung der Heiligen Schrift* 24). Schließlich bezeichnet der Traditionsprozess auch noch die Be-Entgrenzung des Christentums in der Postmoderne. Auch die „Schwäche" des dekonstruktiven Denkens ist ein Moment der christlichen Tradition im umfassenden Sinn.

Weitung des Traditionsbegriffs

Zusammenfassung

Tradition ist „die vielschichtig-eine Gegenwart des die Zeiten durchschreitenden Christusmysteriums" (Joseph Ratzinger). Die Tradition dient in allem der Weitergabe des in der Schrift enthaltenen Wortes Gottes. Über die Mitte der Gegenwart verbindet die Tradition Vergangenheit und Zukunft, dabei wirkt sie gleichermaßen bewahrend *und* erneuernd.

5. Kirche

Bibel und Tradition bilden – in geschichtlicher Dynamik – gemeinsam den einen „heiligen Schatz des Wortes Gottes“. Diese Gabe ist der Kirche überlassen. Wie die Kirchenkonstitution des II. Vatikanischen Konzils lehrt, ist die Kirche „gleichsam das Sakrament, das heißt Zeichen und Werkzeug für die innigste Vereinigung mit Gott wie für die Einheit der ganzen Menschheit“ (LG 1). Wie in Jesus Christus Gott und Mensch in einzigartiger Weise verbunden sind, so werden durch die Kirche die vielen Glaubenden und letztlich die ganze Menschheit in die Einheit mit Gott aufgenommen, wobei gerade dadurch ihre Pluralität und Differenziertheit bewahrt bleibt.

Kirche als personales Prinzip der Einheit und Vielfalt

Zunächst hat das gesamte Gottesvolk Anteil am „prophetischen Amt Christi“. Nicht nur das so genannte „Amt“, Bischöfe, Priester und Diakone, nicht nur die professionellen Mitarbeiter der Pastoral und Theologen sind mit der theologischen Erkenntnis, der Vertiefung und Weitergabe der Glaubenseinsicht betraut, vielmehr kommt jedem einzelnen Gläubigen und der Gemeinschaft der Glaubenden als Ganzer diese Aufgabe zu. Dies geht bereits aus dem Aufbau der Kirchenkonstitution des II. Vatikanums hervor, die zunächst vom Geheimnis der (Gesamt-)Kirche und vom Volk Gottes spricht, dem Kraft des Heiligen Geistes die Unfehlbarkeit verliehen ist (LG 12). Dabei wird eine Tradition aufgegriffen, die im Neuen Testament wurzelt, in der Alten Kirche verbreitet war, aber auch noch in der frühen Neuzeit etwa in Melchior Canos (1509-1560) *Loci theologici* zu finden war: Die Kirche im Ganzen ist personaler Träger der Offenbarung. Erst wenn dies klar und deutlich formuliert ist, können innerhalb des einen und unteilbaren Gottesvolks Unterschiede gemacht werden. Die Differenz zwischen Mitgliedern des Gottesvolks, die ein besonderes Amt innehaben, und solchen, die dies nicht haben, ist sekundär.

Kirche als Glaube trägt Offenbarung und Tradition

Zitat

„Die Gesamtheit der Gläubigen, welche die Salbung von dem Heiligen haben [vgl. 1 Joh 2,20.27], kann im Glauben nicht irren. Und diese ihre besondere Eigenschaft macht sie durch den übernatürlichen Glaubenssinn des ganzen Volkes dann kund, wenn sie ‚von den Bischöfen bis zu den letzten gläubigen Laien‘ [Augustinus] ihre allgemeine Übereinstimmung in Sachen des Glaubens und der Sitten äußert“ (LG 12).

Auch die Offenbarungskonstitution *Dei Verbum* spricht von der Kirche *als Ganzer* aus „Vorstehern" *und* „Gläubigen", der der „heilige Schatz" (*sacrum depostium*) aus Schrift und Tradition anvertraut ist. Dadurch wird die übliche Betonung des so genannten „authentischen" Lehramts, wie es vom Papst und den Bischöfen ausgeübt wird, redimensioniert. Joseph Ratzinger hat formuliert, dass die amtliche Auslegung der Schrift lediglich *ein* spezifischer Dienst sei, „der nicht das Ganze der Gegenwartsweise des Wortes umgreift, in der es eine unersetzliche Funktion gerade auch der Gesamtkirche, Bischöfe und Laien zusammen" gibt (*Kommentar* 527). Dadurch wird der *Glaubenssinn* des gesamten Kirchenvolks erneut in sein Recht gesetzt, die Heilige Schrift wieder aus der „Schutzhaft" des Lehramts entlassen und eine Entmündigung der Quellen abgewendet (ebd.).

Zusammenfassung

Kirche verkörpert die menschlich-zwischenmenschliche Gegenwart des Wortes Gottes. In der Kirche verleiblicht sich der Gottesgeist und wird zum sichtbaren Zeichen und zum erfahrbaren Werkzeug des Heils.

5.1 Glaubenssinn

Die Rede vom „Sinn der Gläubigen" (*sensus fidelium*) für die theologische Erkenntnis geht zurück auf ein Wort des Apostels Paulus, der formuliert: „Wir haben den Sinn [*nous*] Christi" (1 Kor 2,16). Gemeint ist damit die Einsichtskraft. Alle Gläubigen haben die vernehmende Einsicht, die Christus eigen ist (*genitvius subjectivus*) und die allein in der Lage ist, Christus zu erkennen (*genitivus objectivus*; Knapp: *Vernunft des Glaubens* 381). Es bedarf eines unverstellt offenen und deshalb auch lichten Geistes, um die in Jesus von Nazaret gestiftete Einheit von Mensch und Gott zu erkennen. Nicht zuletzt durch die Salbung mit dem Heiligen Geist in der Taufe wird allen Gläubigen diese innere Erleuchtung zeichenhaft zugesprochen. Die Menschen, denen dieses Licht aufgegangen ist, sollen es gerade nicht unter den Scheffel stellen, sondern weithin sichtbar leuchten lassen: „Ihr seid das Licht der Welt!" (Mt 5,14).

Die Einsichtskraft Christi

Im Verlauf der Kirchengeschichte geht diese prophetische Aufgabe allerdings mehr und mehr auf kirchliche Amtsträger, will sagen auf Bischöfe als die Nachfolger der Apostel über. Die Bischöfe und besonders die Bischöfe von Rom gelten als „Stellvertreter Christi", die in besonderer Weise das Licht und die Einsicht Christi weiterzugeben haben. Doch gab es parallel zur hierarchischen Struktur immer neue Aufbrüche des Glaubens im Volk

Gottes, um hier nur auf Franziskus hinzuweisen, der ohne jede Ordination eine breite Erneuerungsbewegung des Glaubens auf den Weg brachte. In der Neuzeit kommt es zu einer ausdrücklichen Betonung der *allgemeinen* Gegenwart Gottes in den Glaubenden. Nicht mehr nur der im Amtsträger repräsentierte „Gott unter uns" ist entscheidend, sondern der allen Gläubigen gemeinsame „Gott in uns". Dies führt zu einer neuen Unmittelbarkeit von Gott und menschlichem Individuum. Die Würde des Subjekts wird aufgewertet, und die Souveränität der individuellen Urteilskraft kommt zu einem neuen Ansehen (Knapp 280). Nicht nur im Protestantismus manifestiert sich die neuzeitliche Freiheit des Christenmenschen, sondern auch im Katholizismus, um nur auf Spiritualität und Politik der Jesuiten zu verweisen. Doch kann sich hier die epochal neue Gottesbeziehung nicht in gleicher Weise durchsetzen. Stattdessen kommt es zugleich mit dem Hervortreten des Subjekts zu einer Verschärfung des petrinischen Prinzips, da nun der Papst als absolutes „Subjekt" erscheint – durchaus dem politischen Absolutismus vergleichbar. Im Protestantismus gewinnt die epochale Neuinterpretation des apostolischen Amts die Oberhand: Jeder einzelne Glaubende verwirklicht in der Kraft des Heiligen Geistes das „allgemeine Priestertum".

Hierarchie und allgemeines Priestertum

Das II. Vatikanische Konzil leitet nun die Rezeption neuzeitlichen Denkens in der Katholischen Kirche ein, wenn es im Anschluss an Luther vom „gemeinsamen Priestertum" aller Gläubigen spricht. Zwar heißt es weiter, dass das Gottesvolk nur „unter Leitung des heiligen Lehramtes, in dessen treuen Gefolgschaft" (LG 12) Fortschritte im Glauben machen kann. Doch stellt sich die Frage, ob das zu Grunde liegende ständische Gesellschaftsmodell in demokratischen Zeiten noch im selben Maß überzeugen kann wie im Mittelalter, denn das spätantike und mittelalterliche Modell einer hierarchischen Ordnung der Dinge wurde durch die weitere Entwicklung der Menschheitsgeschichte relativiert. Die Neuzeit setzte an die Stelle einer hypothetischen Ursachenordnung eine dialektische, d.h. die *Wechselwirkung* oder *Gemeinschaft* (*communio*). Die Verursachungskette geht nicht nur von „oben" nach „unten": Jesus, Papst, Bischof, Priester, Diakon, Laie, sondern entscheidend wird die Gemeinschaft der wechselseitigen Beeinflussung. Die Verursachung muss auch in umgekehrter Richtung funktionieren. Entsprechend wird das *signifikant neue* Kirchenbild des II. Vatikanums als „Communioekklesiologie" bezeichnet. Will man dieses Innovationspotential weiter entfalten, dann bedarf es einer weiteren demokratischen Ausrichtung, damit der Geist Gottes, der in den Gläubigen ist, auch zu Wort kommen kann.

Ekklesiologie der Gemeinschaft (*communio*)

Schon John Henry Newman (1801-1890) hat in seiner Schrift *On Consulting the Faithful in Matters of Doctrine* die Möglichkeit einer Beteiligung von Laien am Prozess der Wahrheitsfindung gefordert. Die Denkart der Neuzeit macht es möglich, den Glaubenssinn der Gläubigen als Quelle theologischer Erkenntnis ernst zu nehmen. Dabei ist es wichtig, die individuelle Einsicht mit der allgemeinen zu vermitteln. Der persönliche *sensus fidei* weitet sich zum *consensus* und damit zum *sensus fidelium*, zur Einsicht aller Gläubigen. Der Geist, der sich im Einzelnen manifestiert, drängt auf das Allgemeine. Wie Jean-Jacques Rousseau, der Vater der neuzeitlichen Demokratie, den „Willen aller" als die Summe der Einzelwillen vom „allgemeinen Willen" unterscheidet, so ist auch der con-*sensus* des *sensus fidelium* mehr als die Summe seiner Teile. Der Geist Gottes wirkt im Einzelnen, im Besonderen und im Allgemeinen. Gerade wenn sich der Glaubenssinn zum gemeinsamen und so auch allgemeinen Sinn der Gläubigen (*sensus fidelium*) weitet, manifestiert sich der verbindende Geist Gottes in seiner Verbindlichkeit. Nur wenn sich die Übereinstimmung der Glaubenden aus innerer Ursache – und d.h. frei – ergibt, kommt es zu einem kirchlichen Konsens, der der Würde des Menschen entspricht. Da es derselbe Geist ist, der im glaubenden Individuum, in der Kirche und im kirchlichen Lehramt wirkt, kann es letztlich zwischen amtlichem und persönlichem Glauben zu keinem Widerspruch kommen. Freilich ist an dieser Stelle zu bemerken, dass die institutionellen Rahmenbedingungen für eine Feststellung des kirchlichen Konsenses in Glaubensdingen erst noch zu entwickeln sind. Doch dürfen die praktischen Schwierigkeiten der Auffindung der gemeinsamen Glaubenserkenntnis nicht dazu führen, dieses demokratische Moment prinzipiell zu diskreditieren.

Glaubenseinsicht als Quelle theologischer Erkenntnis

Vom *sensus* zum con-*sensus*

Die Überzeugung, dass das Kirchenvolk als solches ein Ort theologischer Erkenntnis ist, setzt voraus, dass die Glaubenden in entsprechender Weise gebildet und gefördert werden. Die Erziehung zu mündigem Christentum wird zur zentralen Aufgabe des kirchlichen Lehrens. Religionsunterricht und Katechese werden dadurch vor neue und große Herausforderungen gestellt. Denn auch hier gilt, dass Bildung die Basis der Mitbestimmung ist. Nur durch theologische Bildung kann verhindert werden, dass die Theorie vom Glaubensinn ins sektiererische Beharren auf Teil- oder Sonderwahrheiten abdriftet (vgl. Ratzinger: *Kommentar* 527). Die Feststellung der Freiheit in Glaubensfragen und damit der Souveränität des Gottesvolkes schmälert die Autorität des Lehramts in keiner Weise, sondern ist vielmehr dessen Grundlage, denn eine vor-neuzeitliche Autorität kann in Lebenszusammenhängen, die von der Neuzeit geprägt sind, nicht ungebrochen zur Geltung

Theologische Bildung Basis der Mitbestimmung

gebracht werden (Knapp: *Vernunft des Glaubens* 391). Das bloße Beharren auf formaler Autorität läuft in unseren Tagen ins Leere. Die Anerkennung von souveräner Vernunft und Freiheit durch das Lehramt jedoch stärkt dessen eigene Autorität und schützt sie zugleich vor autoritärer Verengung. So kann auch heute das kirchliche Lehramt den Gehorsam des Gottesvolkes fordern, wenn es deutlich macht, dass es derselbe Geist ist, der in den heutigen Lebenswelten weht und der den Traditionsprozess der Kirche vorwärts treibt. Wenn die Glaubenden einsehen, dass der Geist des kirchlichen Amts uns heute nichts Fremdes ist, sondern der Geist der Wahrheit und des Lebens, dann wird der Gehorsam seinerseits als ein Akt der Freiheit und Autonomie erfahren. Doch setzt dies einen Lernprozess auf beiden Seiten voraus: Das Gottesvolk muss seinerseits immer tiefer in den von Schrift und Tradition vorgegebenen Glauben eindringen, und das Lehramt muss für die Dynamik des Wandels in den Lebenswelten der Menschen offen sein. So kann aus dem wechselseitigen Hören schließlich ein vernünftiges und freies Gehorchen auf den Geist Gottes werden.

Krise der Autorität

Gehorsam und Autonomie

Schon heute gilt: Selbst wenn formal gesehen die Zustimmung der Gläubigen zur kirchlichen Autorität nicht erforderlich ist, bleibt die Hierarchie doch ihrerseits auf das Kirchenvolk und dessen Annahme der Vorgaben angewiesen, wenn es sich nicht selbst ad absurdum führen will. An einer leer laufenden kirchlichen Autorität kann niemand gelegen sein. Die Autorität muss die Herzen der Glaubenden und damit den Glaubenssinn der einzelnen Christen erreichen. Das Gelingen eines solchen Prozesses setzt von beiden Seiten eine entsprechende dialogische Kompetenz und den Willen zum Konsens voraus (vgl. Knapp: *Vernunft des Glaubens* 382, 393; Böttigheimer: *Lehrbuch der Fundamentaltheologie* 665).

Zusammenfassung

Vor jeder Unterscheidung in Amt und Nichtamt ist der Glaubenssinn der Gesamtkirche die Basis theologischer Erkenntnis. Um Freiheit und Einsichtskraft des Glaubenssinns für diese Aufgabe zu befähigen, bedarf es aber einer erneuerten und vertieften theologischen Bildung. Die Freisetzung kritischer Vernunft der Christen vermag auch die Autorität des kirchlichen Amts zu stärken.

5.2 Lehramt

Aus der einen unteilbaren Kirche als der Gemeinschaft der Glaubenden geht das Lehramt der Kirche als ein besonderer Dienst hervor. Das so genannte „authentische“ Lehramt kommt zunächst den Bischöfen zu. Sie gelten als Nachfolger der Apostel (LG 18) und als solche als „Hirten der Kirche“ (LG 20). Ihre Autorität üben sie im Namen Christi aus (LG 25), dessen besondere Stellvertreter sie sind. Deshalb stellen die Bischöfe die oberste Stufe der kirchlichen Hierarchie des Amts dar, die sich aus Diakonen, Priestern und Bischöfen zusammensetzt. Priester und Diakone haben in gestuftem Maß Anteil an der bischöflichen Fülle des Amts. Mit der Aufnahme in das Bischofskollegium werden den Hirten die drei Ämter Christi, nämlich das Heiligen, das Lehren und das Leiten, übertragen. Damit haben sie als Inhaber des *ordentlichen Lehramts* (*magisterium*) einen herausragenden Ort in der theologischen Erkenntnislehre. Auch wenn sie als Einzelne nicht unfehlbar sind, haben sie doch „das sichere Charisma der Wahrheit empfangen“ (DV 8; dazu Dulles 113-115). Ihre herausragende Aufgabe ist es, das Evangelium verbindlich auszulegen und zu verkündigen (LG 25). Auch der Papst besitzt zunächst nur eine bischöfliche Autorität. Er gilt in der dreigliedrigen Hierarchie des Amts nicht als eine eigene Stufe. Vielmehr übt er als Bischof von Rom, der ehemaligen Hauptstadt der bekannten Welt, das oberste Lehramt der Universalkirche aus. Der Papst besitzt die höchste Autorität, die, wie wir noch sehen werden, ihrerseits gestuft ausgeübt wird.

Bischöfe als Fülle des ordentlichen Lehramts

Bischof von Rom als oberster Lehrer

Dem ordentlichen, d.h. gewöhnlichen Lehramt der Bischöfe und des Papstes, das sie in ihren alltäglichen Geschäften ausüben, steht das *außerordentliche Lehramt* gegenüber. Dieses konstituiert sich zum einen in einer konkreten Versammlung aller Bischöfe der Weltkirche. Solche Versammlungen heißen Konzilien. Die katholische Zählung kennt bis jetzt 21 ökumenische (weltweite) Synoden oder Konzilien. Das Erste fand 325 zu Nikaia bei Konstantinopel statt und das bisher Letzte 1962-1965 zu Rom (II. Vatikanum). Zum andern wird das außerordentliche Lehramt der Kirche in einer definitiven Verkündigung einer Glaubenswahrheit *ex cathedra* durch den Papst allein in Anspruch genommen. Dabei ist zu bemerken, dass auch ein Konzil einzuberufen einzig dem Bischof von Rom zukommt und dass ein Konzil nur gültige Beschlüsse zusammen mit seinem Haupt, dem Papst, fassen kann. Allerdings kann der Papst sehr wohl allein, ohne jede Zustimmung der Bischöfe allein kraft seiner Autorität als Bischof von Rom, Nachfolger des Apostelfürsten Petrus und als Stellvertreter Christi eine letztverbindliche Lehre verkünden – *ex sese non autem ex consensu ecclesiae* (LG 25 im Anschluss an *Pastor aeternus* 4). Formal gesehen bedarf die Lehrautorität des Papstes keiner Zustimmung der Konzilien, Bischöfe, Priester, Diakone und Lai-

außerordentliches Lehramt

Konzilien

Kathedralentscheidung des Papstes

Papst und Kirche

en und ist somit absolut. Wohl in Analogie zum lutherischen „*sola scriptura*" kam es im neuzeitlichen (Tridentinum) und mehr noch im modernen (I. Vatikanum) Katholizismus zu einem „*solum Ecclesiae Magisterium*" – allein das kirchliche Lehramt (*Enzyklika Humani generis*, DH 3886), d.h. zur Lehre, dass allein das Lehramt, in letzter Instanz der Papst zur authentischen und mehr noch unfehlbaren Auslegung des Wortes Gottes befugt ist.

Schon die nicht-definitiven Verkündigungen einer Lehre in Glaubens- oder Sittenfragen durch die Bischöfe, sofern diese „im Namen Christi" vorgetragen werden, fordern „religiösen Gehorsam des Verstandes und des Willens" (LG 25). Umso mehr ist die „aufrichtige Anhänglichkeit" der Glaubenden dem Bischof von Rom geschuldet, auch wenn er nicht kraft höchster Lehrautorität spricht. Je nach Art eines Lehrschreibens (Konzilsdokument, päpstliche Bulle, Enzyklika, Ansprache, Erklärung), je nach dessen Urheber (Papst, ökumenisches Konzil, römische Kongregation, Regionalkonzil, Bischofskonferenz, einzelner Ortsbischof) und je nach dem Inhalt der Äußerung (Glaubenswahrheit, natürlich erkennbare Wahrheit, Folgerungen aus dem Glauben) gibt es verschiedene Autoritäts- und Verbindlichkeitsgrade, die herkömmlicherweise „theologische Zensuren" genannt werden. Eine Lehre kann daher „göttlichen Glaubens", „göttlichen und katholischen Glaubens", „definierten Glaubens", „an den Glauben grenzend", „kirchlichen Glaubens", „theologisch sicher", „allgemein vertreten", bzw. eine „fromme", „vertretbare" oder „geduldete Meinung" sein (Dulles: *Lehramt und Unfehlbarkeit* 120; Beinert: *Theologische Erkenntnislehre* 148). Diese auf den ersten Blick verwirrende Vielfalt von Graden ermöglicht genau betrachtet eine differenzierte Sicht der Dinge, da nicht jede Lehre die gleiche Autorität und Verbindlichkeit beanspruchen kann.

Grade der Verbindlichkeit

Eine unfehlbare und damit definitive Glaubenswahrheit kann auf dreierlei Weise zu Stande kommen: 1. Durch die Übereinstimmung der Bischöfe in einer authentischen Lehre, auch wenn diese nicht zu einem Konzil zusammenkommen. 2. Durch ein ökumenisches Konzil der Bischöfe in Gemeinschaft mit dem Papst. 3. Durch eine Ex-cathedra-Entscheidung des Papstes allein. Eine derartige unfehlbare, definitive und irreformable Lehre gilt als „Dogma" im engen Sinn des Wortes. Das letzte Dogma in diesem Sinn war die Lehre von der leiblichen Aufnahme Mariens in den Himmel, die von Papst Pius XII. in der „Apostolischen Konstitution" *Munificentissimus Deus* 1950 verkündet wurde. Nicht um Dogmen handelt es sich bei den Aussagen des II. Vatikanischen Konzils. Bewusst wurde hier auf die Ausübung der letzten infalliblen Au-

Unfehlbare Glaubenswahrheiten

torität verzichtet. Möglicherweise wollte man bei aller Verbindlichkeit ein Zeichen der Offenheit setzen. Generell muss eine Ex-cathedra-Entscheidung als Akt des außerordentlichen Lehramts vollkommen zweifelsfrei als solche erkennbar sein. Grundsätzlich schwierig ist die Frage der Gültigkeit bei der Feststellung der Übereinstimmung der Bischöfe und der Tradition durch den Papst, da hier gegebenenfalls offen bleiben könnte, ob ein tatsächlicher Konsens der Kirche, will sagen der Bischöfe, in einem konkreten Fall vorgelegen hat (Knapp: *Vernunft des Glaubens* 387f.; Dulles: *Lehramt und Unfehlbarkeit* 122). Schließlich ist zu bemerken, dass eine kirchliche Lehre, auch wenn sie vom Lehramt mit hoher Verbindlichkeit vorgetragen wird, durchaus auf die Rezeption durch die Gläubigen angewiesen bleibt. Eine nicht rezipierte und daher wirkungslose Lehre würde sich, wenn auch nicht formal juristisch, so doch faktisch selbst ad absurdum führen.

Grundsätzlich ist bezogen auf das unfehlbare, auf den Papst konzentrierte Lehramt der Kirche festzuhalten: 1. Es muss sich klar und deutlich um den höchsten Einsatz der apostolischen Autorität handeln. Dabei muss er als oberster Lehrer und Hirt aller Gläubigen sprechen. 2. Die Unfehlbarkeit erstreckt sich nur auf Fragen der Glaubens- und Sittenlehre (DH 3074). Sie muss also unmittelbar auf die Auslegung der Schrift und der Tradition bezogen sein (LG 25), da der Glaube und die christliche Moral durch das *„depostitum fidei"* gegründet werden. Politische, kulturelle und naturwissenschaftliche Fragen können nicht Gegenstand der Unfehlbarkeit sein. 3. Auch der Inhalt der Äußerung muss klar und deutlich definiert und umgrenzt sein (Dulles: *Lehramt und Unfehlbarkeit* 123; Böttigheimer: *Lehrbuch Fundamentaltheologie* 665). In allem bleibt der Papst an den Glauben der Gesamtkirche, der Tradition und vor allem der Heiligen Schrift, gebunden. Denn das Lehramt steht nicht über dem Wort Gottes, sondern es dient ihm (DV 10). So handelt es sich hierbei um keine zusätzliche Offenbarung, sondern um die Auslegung der Offenbarung. Entsprechend nennt man die Art des Beistandes des Heiligen Geistes *assistentia negativa*, weil der Geist keine neue Wahrheit inspiriert, sondern lediglich Falsches ausschließt.

Charakteristik unfehlbarer Lehrentscheide

Es ist nebenbei zu bemerken, dass das kirchliche Lehramt sich über Jahrhunderte vornehmlich „negativ" geäußert hat. Es wurden – weite – Grenzen gezogen, innerhalb derer die Lehrentfaltung vor sich gehen konnte. Seit dem 19. Jahrhundert allerdings kam es zu einer auffälligen Stärkung der aktiven oder „positiven" Rolle des Lehramts. Sowohl definitive als auch nicht-definitive Lehraussagen wurden in immer größerem Maß getätigt. Gegenwärtig erleben wir eine paradoxe Entwicklung, da sich im Gegenzug zum quantitativen Wachstum verbindlicher Lehraussagen unter den Gläubigen eine weitgehende Indifferenz gegenüber dem kirchlichen Lehramt abzeichnet. Dabei tut sich die Gefahr einer horizontalen Kirchenspaltung auf: Während im ‚oberen Bereich' gewisse Lehren verschärft werden, werden sie im ‚unteren Bereich' gleichgültig. Es wäre zu prüfen, ob eine neue Konzentration auf die Kerninhalte des Glaubens, die ihrerseits immer mehr zu verfallen drohen, hier nicht ein wichtiges Gegenmittel wäre? Ein Beispiel dafür hat Papst Benedikt XVI. mit seinen Enzykliken *Deus caritas est* oder *Caritas in veritate*, die Gottes liebevolles Wirken im individuellen und gesellschaftlichen Leben thematisieren, gegeben. Neben der Konzentration auf wesentliche und primäre Glaubensinhalte kann die stärkere Berücksichtigung des Glaubenssinnes der Gläubigen, der kulturellen Entwicklungen und der Vielfalt des kirchlichen Lebens dem offenkundigen Schwund lehramtlicher Autorität entgegenwirken. Gewiss ist hierbei zu bemerken, dass die weltweiten regionalen Unterschiede zu einer inneren Pluralisierung der Kirche führen würden. Doch muss dies kein Schade sein. In jedem Fall kann sich kirchliches Lehren nur im lebendigen Austausch aller Gläubigen sinnvoll ereignen.

Wachsende Lehrtätigkeit bei abnehmender Akzeptanz?

Nach dem bisher Gesagten dürfte klar geworden sein, dass kirchliches Lehramt nicht auf die Bischöfe und den Papst beschränkt sein kann. Neben der bereits erwähnten Verwurzelung des kirchlichen Lehrens in der Gesamtheit der Kirche und der Glaubenden sind hier die weiteren konkreten Orte hauptamtlichen kirchlichen Lehrens zu nennen: Professorinnen und Professoren der Theologie, Priester, Diakone, Lehrerinnen und Lehrer, Katechetinnen und Katecheten. Aber schließlich sind alle Christinnen und Christen auf Grund von Taufe und Firmung zur Teilhabe an der christlichen Glaubensverkündigung aufgerufen. Nicht zuletzt den Eltern kommt in der Auslegung und Weitergabe des Glaubens eine schwer zu überschätzende Rolle zu, ist doch die Familie als Hauskirche die primäre Keimzelle des Glaubens.

Weitere Orte des kirchlichen Lehrens

Über weite Strecken der Kirchengeschichte fand sich neben dem Lehramt der Bischöfe, das als *magisterium cathedrae pastoralis* bezeichnet wurde, das Lehramt der wissenschaftlichen Theologie, das *magisterium cathedrae magistralis*. Zwischen beiden herrschte gerade im Hochmittelalter durchaus ein ausgewogenes Verhältnis. Forschen und Lehren waren Sache der rationalen Theologie und Philosophie, während das autoritative Darlegen und Entscheiden den amtlichen Hirten zukam (Beinert: *Theologi-*

Theologie und Lehramt

sche Erkenntnislehre 136f.). Bemerkenswerterweise entstand erst im Beginn der Neuzeit mit der Abkoppelung der Katholischen Kirche von den Fortschritten der Weltgeschichte ein Übergewicht des pastoralen Lehramts, das nicht mehr voll und ganz durch das rationale Lehramt der Theologie getragen war. Freilich ist zu bemerken, dass es in dieser Phase auch zu einer Erstarrung der Theologie kam. Inwiefern in unseren Tagen die Theologie in der Lage und Willens ist, ein Gegengewicht zum Hirtenamt der Bischöfe zu bilden, bleibt eine offene Frage. Grundsätzlich ist jedoch eine Wechselwirkung oder Gemeinschaft zwischen der leitenden Kraft der Einsicht und der leitenden Macht der Autorität zu fordern (ebd. 166). „Eine Kirche ohne Theologie verarmt und erblindet; eine Theologie ohne Kirche aber löst sich ins Beliebige auf" (Ratzinger: *Wesen und Auftrag der Theologie* 41).

Zusammenfassung

Aus der Berufung durch den Geist Gottes ergibt sich eine berufliche oder auch amtliche Ausübung kirchlichen Wirkens. Vor allem den Bischöfen – unter ihnen ragt der Papst hervor – kommt es zu, amtlich zu lehren. Doch auch Katechetinnen und Katecheten, Priester, Lehrerinnen und Lehrer an Universitäten und Schulen sind besonders mit theologischer Erkenntnis und ihrer Weitergabe betraut. Letztlich aber kann keine kirchliche Autorität die freie Verantwortung des glaubenden Individuums ersetzen. *Nur aus Freiheit wächst Verbindlichkeit.*

6. Vernunfterkenntnis

Die Heilige Schrift ist die nicht noch einmal normierte Norm (*norma normans non normata*) der Gotteserkenntnis. Nur durch sie haben wir Zugang zum Wort Gottes, das sich in Jesus von Nazaret mitgeteilt hat. Man kann davon sprechen, dass der Schrift eine gewisse prinzipielle Vorgängigkeit (*a priori*) zukommt, während demgegenüber alle anderen Bezeugungsinstanzen nachträglich (*a posteriori*) sind. Das Apriori der Schrift führt dazu, dass sie letztlich die „Bedingung der Möglichkeit" aller weiteren theologischen Orte (*loci theologici*) ist. Damit ist die Heilige Schrift in gewissem Sinn „transzendental", weil sie alles „Kategoriale", Nachrangige bedingt. „Transzendental" meint hier nicht (nur) wie in der Philosophie Immanuel Kants, der diesen Begriff in besonderer Weise geprägt hat, die Vorgängigkeit einer zeitlosen, rein geistigen Idee vor der empirischen Wirklichkeit. Die Bibel birgt vielmehr auch die Erinnerungen an wirkliche Geschehnisse. Zudem

Die Schrift als transzendentale Weisung

ist sie ja, wie wir gesehen haben, durchaus das Produkt eines empirisch zumindest teilweise fassbaren historischen Entstehungsprozesses. Die Schrift enthält ein schwer zu entwirrendes Geflecht von Textschichten und -ebenen, von symbolischen, metaphorischen und fiktiven Momenten. Doch gerade als diese Komposition von *idealer Wahrheit, wirklichem Geschehen* und *zeichenhafter Metaphorik* bleibt sie das primäre Zeugnis des Wortes Gottes.

Nach christlichem Verständnis ist der Gedanke der Vereinigung von Gott und Mensch in der Person Jesu die Mitte der Bibel. Diese *Idee* hat der frühen christlichen Theologie zu denken gegeben. Sie prägt die Vernunfterkenntnis der Spätantike, des Mittelalters und der Neuzeit. Dabei ist zu bemerken, dass sich das, was hier „Vernunft" genannt wird, in der griechischen Welt schon lange vor dem Christusereignis entwickelt hat. Auch die Rede von „Idee" entstammt der platonischen Philosophie. Bereits in den vorchristlichen Zeiten des Hellenismus waren orientalische und griechische Kultur miteinander verbunden. Einerseits war der Hellenismus für das „Licht aus dem Osten" empfänglich, und andererseits hat sich das hebräische Denken auf das griechische hin geöffnet. So wurden Teile des Alten Testaments in griechischer Sprache verfasst (Weisheit, Tobit, Jesus Sirach u.a.). Darüber hinaus ist in der Bibel der Einfluss griechischer Denkformen spürbar. Gerade die Weisheitsliteratur des Alten Testaments ist griechisch inspiriert. Die Weisheitsspekulation wiederum wird zu einer entscheidenden Vorgabe dafür, dass das Christusereignis als Offenbarung des göttlichen Logos gedacht werden kann. Logos, der Zentralbegriff mittelplatonischer Philosophie, wird zu einem Schlüsselwort des Neuen Testaments. Gott ist Wort (*lógos*). Gott ist Geist (*pneúma*). Gott ist Vernunft (*nous*). Deshalb kommt gerade im Christentum der Vernunfterkenntnis kaum zu überschätzende Bedeutung zu.

Griechische und hebräische Denkformen

Die Vorgabe für die christliche Liebe zur Weisheit (*philo-sophía*) ist aber die göttliche Weisheit (*sophía*), die sich als Wort (*lógos*) Gottes selbst mitteilt. Eben deshalb ist es möglich, dass die Philo-Sophie und Theo-Logie die Offenbarung Gottes in „Kategorien" des Denkens erfassen. Das griechische Wort *katêgoría* bedeutet soviel wie Aussageform oder Sageweise, womit in unserem Kontext eine Denkweise oder Denkform gemeint ist. Seit der Verschmelzung des griechischen und des hebräischen Gottdenkens im Christlichen sind letztlich *alle* Denkformen des Abendlands von der Bibel geprägt, gleich ob sie die Bibel und ihre Wahrheit *bejahen* wie im metaphysischen Denken von Justin dem Märtyrer

Die kategorialen Verhältnisse der Vernunft

bis Hegel, ob sie deren Wahrheit *verneinen* wie im modernen Denken von Ludwig Feuerbach bis Jean-Paul Sartre oder ob sie deren Wahrheit *de-konstruieren* wie im postmodernen Denken von Emmanuel Levinas bis Jean-Luc Marion. Stets geht die transzendentale Weisung den kategorialen Verhältnissen als Bedingung ihrer Möglichkeit voraus.

Die christliche Offenbarung und mithin die Heilige Schrift geben zunächst der „reinen Vernunft" oder der „Metaphysik" zu denken. Aus der Verbindung von jüdischem und griechischem Denken geht die christliche *Onto-Theo-Logie* hervor. Sie betrachtet Gott (*theós*) als das reine Sein (*on*). Die Schrift steht dabei unter dem Primat der reinen Vernunft, deren Signum gerade die Empfänglichkeit für das Wort Gottes ist. Da die eigentliche Offenbarung des göttlichen Logos der *Mensch* Jesus ist, kommt auch der *phänomenalen Welt* der Erfahrung eine grundlegende Bedeutung zu. Zur Welt der sinnlichen Lebewesen gehört aber untrennbar deren Endlichkeit oder Tod. Daraus folgt, dass neben der Fleischwerdung auch der Tod Gottes zu den inspirierenden Grundgedanken des Christentums zählen ist. Säkularisierung, Materialismus und schließlich der Tod Gottes werden so zu immanenten Momenten innerhalb der Geschichte christlicher Vernunfterkenntnis. Die *Bio-Anthropo-Logie* tritt an die Stelle der *Onto-Theo-Logie* als prinzipieller Wissensform. Hier geht es um das weltliche Leben (*biós*) des Menschen (*ánthrôpos*). Schließlich findet sich neben dem Reich der Idee und dem Reich der Sinnlichkeit bei Platon noch der Hinweis auf eine dritte Sphäre, die er *chôra* nennt. *Chôra* meint das Einräumende, das weder Idee noch Sinnlichkeit und doch zugleich auch in gewissem Sinn Begriff und Erscheinung ist. Bei Platon bleibt diese Möglichkeit des Zwischenraums noch sehr unbestimmt. Sie bildet sich jedoch in der Postmoderne zu einer eigenen Dimension der Vernunfterkenntnis aus. Der französische Philosoph Jacques Derrida (1930-2004) verbindet den Gedanken der *chôra* explizit mit der quasi-prinzipiellen Differenz zwischen Idee und Phänomen, die er auch „die Schrift" (*écriture*) nennt. Der Primat der Zeichen (*semeía*), die einerseits materielle Wirklichkeit und andererseits geistige Wahrheit sind, prägt die dritte Dimension des Denkens. Die Zeichen aber sind in besonderer Weise medial vermittelt, deshalb kann diese Denkform *Tele-Semeio-Logie* genannt werden.

Onto-Theo-Logie

Bio-Anthropo-Logie

Tele-Semeio-Logie

Auch mit dem semiotischen Dreieck, das aus Signifikat, Referent und Signifikant besteht, kann diese Dreiheit beschrieben werden. Die Onto-Theo-Logie prägt der Primat des rein Gedachten (Signifikat), die Bio-Anthropo-Logie der Vorrang des sinnlichen Phänomens (Referent) und die Tele-Semeio-Logie wird bestimmt von der Herrschaft der medial vermittelten Zeichen (Signifikanten). Mit der *Dreiheit* von Onto-Theo-Logie, Bio-Anthropo-Logie und Tele-Semeio-Logie bzw. von Signifikat, Referent und Signifikant vervollständigt sich *eine* Konstellation der kategorialen Verhältnisse. In je eigener Weise ist die Vernunft auf die christliche Offenbarung bezogen.

Signifikat – Referent – Signifikant

Diese verschiedenen Bezogenheiten lassen sich treffend mit den Kategorien beschreiben, die Immanuel Kant in seiner *Kritik der reinen Vernunft* entwickelt hat:

Kategorien nach Kant

- Qualitätskategorien (-urteile): Realität (bejahendes Urteil), Negation (verneinendes Urteil) und Limitation (unendliches Urteil)
- Quantitätskategorien (-urteile): Einheit (Allgemeinheit), Allheit (Einzelheit), Vielheit (Besonderheit)
- Relationskategorien (-urteile): Substanz – Akzidens (kategorisches Urteil), Ursache – Wirkung (hypothetisches Urteil), Wechselwirkung oder Gemeinschaft (disjunktives, dialektisches Urteil)
- Modalitätskategorien (-urteile): Notwendigkeit (apodiktisches Urteil), Wirklichkeit (assertorisches Urteil), Möglichkeit (problematisches Urteil)

6.1 Onto-theo-logische Erkenntnis

Das metaphysische Erkennen geht vom Primat der geistigen Wahrheit oder der *Idee* aus. Auch heute ist diese Art von Denken für ein angemessenes Verstehen der biblischen Offenbarung unverzichtbar. Es ist hier zunächst zu bemerken, dass es eine vorchristliche und zwei christliche Varianten dieser Gattung des Denkens gibt. Die biblische Wahrheit wird in den beiden christlichen Weisen der Onto-Theo-Logie stets *bejaht,* da sie als *Realität* aufgefasst wird. Die Vernunft vernimmt den Sachgehalt (*res*) und birgt dessen Wahrheit in sich. Man kann hierbei auch von *spekulativer* Gotteserkenntnis sprechen, da Gott im metaphysischen Denken gleichsam im Spiegel (*speculum*) der Vernunft reflexiv erkannt wird. Die Beziehung der Vernunft zu Gott ist in jeder Epoche der Metaphysik *affirmativ*. Dabei wird Gottes Sein stets als *notwendig* angenommen. Gott ist das schlechtin *Eine* und *Allgemeine,* dessen Nichtsein nicht gedacht werden kann.

Doch können drei konkrete *Beziehungen* (Relationen) zwischen Gott und Denken unterschieden werden: 1. Gott als *Substanz* und die menschliche Vernunft als *Akzidens*. Dabei kann die Vernunft *kategorisch* sagen, wie es ist. Gott ist das Sein selbst. Die Vernunft hat Anteil am „Gott über uns". 2. Gott als *Ursache*. Dabei bleibt die Vernunft zusammen mit allem von Gott geschaffenen, d.h. von ihm *gewirkten*, ihm unterstellt. Die menschliche Vernunft kann von Gott nicht sagen, wie er ist. Gottes ewiges Sein ist jenseits unserer Zeitlichkeit. Beide Arten des Seins verhalten sich analog zueinander, d.h. es gibt Gemeinsamkeiten aber auch Unterschiede, wobei letztere überwiegen. Die Aussagen der Vernunft sind lediglich *hypothetisch*. Deshalb vermittelt der eine „Gott unter uns", der Mensch gewordene Sohn, zum Vater im Himmel. 3. Gott als *Subjekt*, das in *Gemeinschaft* mit dem menschlichen Subjekt ist. Göttliche und menschliche Geistigkeit befinden sich in einer *Wechselwirkung*. Die entsprechenden Aussagen über Gott sind *disjunktiv* oder *dialektisch* zu begreifen. Der Geist „Gottes in uns" ist die maßgebliche Vermittlung zwischen Gott und Mensch.

Zusammenfassung

Onto-Theo-Logie fasst Gott (*theós*) als das reine Sein (*on*) auf. In den drei verschiedenen Ausprägungen dieser Denkart wird einmal „Gott über uns" als höchste Substanz, sodann „Gott unter uns" als sich gebende Ursache und schließlich „Gott in uns" als freies Subjekt auf dem Weg der spekulativen Vernunfterkenntnis (*lógos*) wahrgenommen. Gott erleuchtet die Menschen. Die Bibel bezeugt diesen liebenden Gott, der sich selbst ganz mitteilen will.

6.1.1 Substanzdenken

1. Relation: Substanz – Akzidens

Das Substanzdenken entspringt der griechischen Welt. Aristoteles führt den Begriff „Substanz" (griech.: *ousía*) im Zenit der klassischen griechischen Philosophie ein. Mit der Differenzierung von Wesen (*ousía*) und Beiläufigem (*symbébekos*) gibt Aristoteles eine maßgebliche Fassung des Grund-Unterschieds, der auf mythische Ursprünge zurückgeht. Im Mythos Homers und Hesiods wird *kategorisch* zwischen den immerseienden Göttern, die stets anwesend sind, den Sterblichen, die an- und abwesend sind, und den immer abwesenden Toten unterschieden. Den Göttern bleibt nichts verborgen, und sie bestimmen den Lauf der Dinge. Als Maß aller Dinge stellt sich mehr und mehr der oberste der olympischen Götter, Zeus, heraus. Der göttliche „Vater im Himmel", der eine

„Gott über uns", bestimmt letztlich, wie es ist, und, wie es zu sein hat. Dabei zeigt der griechische Mythos gewisse Parallelen zum Alten Testament.[6] Auch JHWH ist – wie Zeus – ursprünglich ein Berg- und Wettergott, der schließlich zum einen alles bestimmenden „Gott über uns" aufsteigt. Charakteristisch für die griechische Denkart ist aber, dass der Mythos mehr und mehr im Logos aufgeht. Die Dimension des Göttlichen wird für das Denken des Menschen immer transparenter.

Der Gott über uns

Einen wichtigen Einschnitt in der Geschichte der menschlichen Erkenntnis stellen die so genannten „Physiologen" dar. Ihre Sache ist nicht mehr das gegebene Wissen des Mythos. Sie fragen nach der *phýsis* von Allem. Gemeint ist damit die eine Natur, das Wesen der Dinge und das Prinzip. *Phýsis* kann somit die gleiche Bedeutung annehmen wie *archê*. Entscheidend ist, dass die Erkenntnis des Wahren durch menschliche Beobachtung und kritisches Überlegen erreicht wird. So nimmt denn bei Thales von Milet (ca. 625-545 v. Chr.) nicht nur die Philosophie ihren Anfang, sondern auch die Naturwissenschaften und die Mathematik betrachten Thales als ihren Ahnherrn.

Beobachtung und kritisches Überlegen

Den nächsten wichtigen Schritt geht Parmenides von Elea (ca. 515-445 v. Chr.). Hier ist das Prinzip erstmals die rein geistige Wahrheit. Das Sein selbst, das eingesehen werden kann und auch sein muss, ist die parmenideische Fassung des „Gottes über uns", auch wenn Parmenides wohl in Abgrenzung von mythischen Gottesbildern das „Seiende" (*on*) nicht Gott nennt. Bei Parmenides nehmen die *Onto-Logie* und die *Logik* ihren Anfang. Kategorisch wird unterschieden zwischen dem einen vollkommenen Seienden und dem Nichtseienden. Dabei ist das Seiende die onto-logische Übersetzung des einen „Gottes über uns". Das Nichtseiende ist die Übersetzung der Toten. Die Welt der Sterblichen liegt zwischen Seiendem und Nichtseiendem, zwischen Wahrheit und Unwahrheit, zwischen Leben und Tod. Entscheidend ist, dass das Prinzip der Erkenntnis und des Seins nicht auf Grund der Beobachtung gefunden wird, sondern durch reines Nachdenken: ist – ist; ist nicht – ist nicht. Diesen Sachverhalt wird jeder als zwingend logisch einsehen. So gilt Parmenides als der Entdecker der Metaphysik, der reinen Vernunftwissenschaft.

Reines Begreifen

Parmenides: Das Seiende

Platon (427-347 v. Chr.) versucht zwischen der Sphäre des immer sich selbst gleichen Seins und dem reinen Nichtsein als dritte Sphäre das Werden zu erschließen. Die Welt der Menschen hat durch die Vernunft Anteil an der göttlichen Wahrheit, doch

[6] Zum Ganzen siehe RUHSTORFER, Karlheinz: Gotteslehre 32f., 268f., 287-306.

kommt den Menschen durch Materialität und Tod zugleich auch ein elementarer Mangel an Sein zu. Die Sterblichen sind und sind nicht und gerade dadurch *werden* sie. Sie entstehen, verändern sich und vergehen schließlich. Ihre Einsicht, in das, was (in Wahrheit) ist, ist begrenzt. Jedem kommt nur ein bestimmtes Maß an Sein und Erkennen zu. Doch vermögen die Menschen prinzipiell, die Welt der *Ideen* zu erkennen, denn die Geistigkeit des Menschen, seine Seele, kann als etwas Göttliches bezeichnet werden (*Politeia* 726a), vor allem, wenn sie der Vernunft folgt, die selbst „zu Recht Gott ist" (*Politeia* 897b). Platon differenziert die Sphäre des Seins in den Kosmos der Ideen. Alles, was im Bereich des Werdens vorkommt, hat ein Urbild im Reich der Ideen. Die höchste Idee ist die Idee des Guten. Sie gleicht der Sonne. Wie die Sonne der sichtbaren Welt Entstehen, Wachstum und Nahrung gibt, so gehen im Bereich des Geistigen und d.h. des Seienden, sowohl das Erkennen als auch die Erkennbarkeit der Ideen aus der Idee des Guten hervor. Diese *eine* Idee des Guten ist „jenseits des Anwesens" (*ousía*), d.h. „über" der *Vielheit* des geistig Anwesenden, wie die Sonne im Himmel „über" den vielen sinnlich anwesenden Dingen leuchtet (*Politeia* 509b).

Platon: Kosmos der Ideen

Die Idee des Guten

Ousía, das Wort, mit dem Aristoteles dann die *Substanz* der Dinge bezeichnet, meint ursprünglich das Dasein oder die Lebenstage eines Menschen sowie den Besitz, die Güter, Grund und Haus, eben das „Anwesen" eines Menschen, das ihm gehört. Diese substanzielle Lebensgrundlage wird in der Philosophie schließlich zur Basis der sichtbaren Welt. Wie dem Leben des Menschen sein „Anwesen" zu Grunde liegt, so liegt die *ousía* der sinnlichen Welt zu Grunde, denn sie bezeichnet das, was *ist*. Was für Platon die Ideen sind, denkt Aristoteles als „Wesen" oder „Substanzen". Sie sind die Träger der sichtbaren Akzidenzien, d.h. der sinnlichen Erscheinung. Alles Sichtbare, das sich stets verändern kann, wird von der unwandelbaren Geistigkeit der Substanz im Sein gehalten. Die höchste Geistigkeit und damit die höchste Substanz im Menschen ist der *nous*, die Vernunft. Sie ist etwas Göttliches (*Nikomachische Ethik* 1177b30). Während die Menschen als Sterbliche aber nur teilweise „bei sich sind", nur teilweise leben und nur teilweise glücklich sind, ist der *nous*, die für sich selbst bestehende Substanz Gottes, das reine Denken, immerwährendes Leben und vollkommenes Glück (*Metaphysik* 1072b14-30). Die Menschen sind in ihrem ganzen Tun und Lassen auf die Erkenntnis Gottes ausgerichtet. Sie sind beiläufig. Gott ist wesentlich. Die Wesentlichkeit Gottes ist das letzte Ziel der Menschen.

Aristoteles: Die höchste Substanz

Zusammenfassung

Die klassische griechische Onto-Theo-Logie begleitet in jeweils neuer Verwandlung und Aktualisierung die weitere Denkgeschichte. Nicht zuletzt als „natürliche Vernunft“ wird sie zur Grundlage aller Rationalität. „Natürlich“ meint hier, dass die bloße Vernunft in der Lage ist, das Wesen (*ousía*, *substantia*) des „Gottes über uns“ zu erkennen, ohne auf die Offenbarung zurückgreifen zu müssen. Als „natürliche“ Theologie bleibt das Substanzdenken Grundlage für die weitere Entwicklung der theologischen Erkenntnislehre.

6.1.2 Ursachendenken

Diese Denkart, die Gott als höchste Ursache von Allem vorstellt, beginnt in den ersten Jahrhunderten unserer Zeitrechnung. Das Besondere des Ursachendenkens ist, dass die erste Ursache schlechthin *transzendent* ist. Die *Einheit* und *Einzigkeit* Gottes geht zwar jedem Denken voraus, doch da menschliches Denken immer nur an Gegensätzen und Unterschieden erkennt, ist eine direkte Erkenntnis Gottes unmöglich. Dennoch muss das Sein Gottes vorausgesetzt werden. Wie jeder Vielheit oder Zweiheit auch die Einheit vorausgeht, und die Eins in gewissem Sinn die Ur-Sache für die Zwei ist, so geht Gott allem Sein voraus, ohne selbst vom reflexiven Denken erfasst werden zu können. Augustinus (354-430) beschreibt diese Erfahrung mit großer Anschaulichkeit. Er schildert einen Aufstieg von der äußeren, körperlichen Wirklichkeit über die empfindende Seele (*sentiens anima*) zur wahrnehmenden Seele, die die sinnlichen Eindrücke empfängt. Über der Seele findet sich noch die Urteilskraft des Verstandes (*ratiocinans potentia*). Doch auch diese geistige Kraft erfährt sich noch als wandelbar und sie richtet sich auf zur reinen Selbstdurchdringung. Die Reflexion des Denkens auf sich selbst ist die höchste Form menschlicher Einsicht. Augustinus nennt sie Vernunft (*intellegentia*). Ihre Sache sind nicht mehr die Vorstellungen (*phantasiae*) der sinnlichen Dinge, sondern der Begriff und die Einsicht in das, was ist. Die Vernunft begreift, dass über allem Wandel das Unwandelbare *ist*. Doch auch sie bleibt bei Augustin letztlich wandelbar, jedoch berührt sie die Grenze zum unwandelbaren Sein Gottes:

2. Relation: Ursache – Wirkung

Gott als notwendige Voraussetzung

Transzendenz Gottes

Zitat

„[...] und ich drang durch zu dem, das *ist* im Augenschlag des zitternden Anblicks. Da aber schaute ich ‚dein Unsichtbares durch das, was geschaffen wurde, als Vernünftiges' [Röm 1,20], aber die Schärfe meines Blicks daran festzumachen, vermochte ich nicht. Ich kehrte wegen meiner Schwäche zurückgeschlagen ins Gewöhnliche zurück, trug nichts mit mir als die liebende Erinnerung und hatte gleichsam Sehnsucht nach dem Duft einer Speise, die zu essen ich noch nicht fähig war" (*Confessiones* 7, 17, 23).

Gott erscheint als der Schöpfer der Welt. Der geistige Schöpfer ist die *jenseitige Ursache* von allem, auch der Geistigkeit des Menschen. Anders als im griechischen Kontext ist die Vernunft des Menschen hier an seinen wandelbaren Leib gebunden. Er ist als Leib-Geist-Wesen Geschöpf und damit *Wirkung* Gottes. Menschliche Vernunft hat nicht mehr Anteil am *Anwesen* der göttlichen Vernunft, dennoch kann der Mensch Gott einerseits als erste *Ursache* erkennen, indem er von der *Wirkung* auf die *Ursache* zurückschließt, wie in Röm 1,20 angedeutet. Diese Stelle im Römerbrief wird zum klassischen Ort der Begründung für die natürliche Gotteserkenntnis als hypothetischer Rückschluss.

Spekulative Gotteserkenntnis als hypothetischer Rückschluss

Andererseits kann die erste Ursache auch indirekt – wie im Spiegel (*speculum*) – erkannt werden. Weil sich der dreifaltige Gott, das geistige Urbild, in der ebenfalls dreifaltigen Geistigkeit (*mens*) des Menschen, spiegelt, kann der Mensch Gott „spekulativ" erkennen. Vater, Sohn und Geist spiegeln sich nach Augustinus in Gedächtnis, Vernunft und Willen. Im Hintergrund steht 1 Kor 13,12: „Wir sehen jetzt durch einen Spiegel ein dunkles Bild; dann aber von Angesicht zu Angesicht. Jetzt erkenne ich stückweise; dann aber werde ich erkennen, wie ich erkannt worden bin."

Gott, die übersubstanzielle Ursache, kann nur noch in gewisser Analogie als *essentia* (Wesen) bezeichnet werden. Was Gott „ist", bleibt ein Rätselbild (*aínigma*). Ein kategorisches Urteil wird unmöglich. Die unendliche Distanz von Schöpfer und Geschöpf oder eben Ursache und Wirkung kann der Mensch von sich aus nicht überbrücken. Nur noch hypothetische Urteile sind möglich.

Glaube: durch Gnade bedingtes Denken

Das entsprechende hypothetische Denken ist der Glaube. Er wird bedingt von der freien Verursachung Gottes, die Gnade genannt wird und die wiederum die freie Annahme durch den Menschen bewirkt. Glaube ist die gottgewirkte Empfänglichkeit für Gott.

Maßgeblich wird der Satz des Paulus: „Wer also unterscheidet dich? Was aber hast du, das du nicht empfangen hättest? Wenn du es aber empfangen hast, was rühmst du dich als hättest du es nicht empfangen?" (1 Kor 4,7). Glaube ist ein gegebenes Denken. Seine Sache ist Jesus Christus. So fährt Augustinus an besagter Stelle fort:

Die Gegebenheit von Allem

Zitat

„Ich suchte den Weg, die geeignete Kraft zu gewinnen, um dich zu genießen, und ich fand sie nicht, bis ich ‚den Mittler zwischen Gott und Menschen, den Menschen Jesus Christus' [1 Tim 2,5] umfing, ‚der ist über allen Dingen Gott, gepriesen in Ewigkeit' [Röm 9,5]" (*Confessiones* 7, 18, 24).

Deutlich zeigt sich hier, wie der „Gott unter uns" zum „Gott über uns" vermittelt. Doch das menschliche Wissen über Jesus wird seinerseits durch die Heilige Schrift vermittelt. So fällt an den beiden Zitaten Augustins die häufige Verwendung von Schriftworten auf. Die Bibel wird damit zur Vor-Gabe des Denkens und des Glaubens. Sie gibt zu denken: *Tolle lege!* „Nimm und lies!" – heißt es in der Bekehrungsszene des Augustin, die für die gesamte patristisch-scholastische Epoche zum Paradigma wird. Augustinus folgt dieser Anweisung, schlägt die Bibel auf und findet darin Jesus Christus als seine Bestimmung (*Confessiones* 8, 12, 29): „... zieh an den Herrn Jesus Christus ..." (Röm 13,14). Über weite Strecken deckt sich der Inhalt der Offenbarungsschrift mit dem Denken der griechischen Philosophen, jedoch enthält die Bibel die *conmendatio gratiae*, den empfehlenden Hinweis auf die Gnade (*Confessiones* 7, 21, 27). Jesus Christus aber muss als die Vollendung der Gnade betrachtet werden, ist er doch die Selbstgabe Gottes (Röm 7,24; *Confessiones* 7, 21, 27).

Der Gott unter uns als Mittler

Die vermittelnde Schrift

Obwohl die Lektüre der Heiligen Schrift direkt zur Einsicht in die Wahrheit führen kann, wie gerade das „Nimm und lies" zeigt, warnt Augustinus doch vor der Möglichkeit der Täuschung. Die Lektüre der Schrift ist in den Rahmen kirchlicher Tradition und rationaler Erkenntnis gestellt. Die Menschen sind als gesellschaftliche Wesen von Gott gewollt und bedürfen des gegenseitigen Gebens auch im Blick auf das Einsehen. Eine Schriftauslegung ohne vorausgehende Ausbildung im Umgang mit der Schrift wird zur Ausnahme erklärt.

Zitat

„Es gibt gewisse Regeln für den Gebrauch der Schriften, die denen, die mit deren Studium befasst sind, wie mir scheint, nicht unvorteilhafterweise weitergegeben werden können, damit sie [ihnen] nicht nur beim Lesen von anderen [Autoren], die in den göttlichen Schriften Verborgenes [bereits] erschlossen haben, sondern auch ihnen selbst beim Erschließen von Nutzen sind. Diese [Regeln] denen weiterzugeben [*tradere*], die Lernen wollen und können, habe ich mir vorgenommen [...]“ (*De doctrina christiana*, *Prooemium* 1).

Augustinus weist der menschlichen Vernunft eine epochal neue Aufgabe zu – mit Thomas von Aquin (1225-1274) gesprochen: *cognitionem Dei tradere* – die Erkenntnis Gottes weiterzugeben (*Summa theologiae* 1, 2, 1). Dabei bleibt der Glaube die Bedingung für die Gotteserkenntnis: „Wenn ihr nicht glaubt, dann werdet ihr nicht einsehen“, betont Augustinus immer wieder mit Jes 7,9 (*Vetus latina, Septuaginta*). Anselm von Canterbury (1033-1109) formuliert darauf hin das Programm patristisch-scholastischer Erkenntnis: „Glaube, der Einsicht sucht“ – *fides quaerens intellectum*. Auch Thomas von Aquin bleibt der hypothetischen Ursachenordnung der Erkenntnis verbunden. Das Wissen Gottes und der Seligen ist die Ursache für die Offenbarung und die Offenbarung ist die Ursache für die menschliche Erkenntnis. Über die Mitte des Glaubensbekenntnisses, das die Wahrheit der Heiligen Schrift zusammenfasst, wird die menschliche Vernunft mit der göttlichen Vernunft zusammengeschlossen (*Summa Theologiae* 1, 1, 2 co.).

Durch Glauben bedingtes Einsehen

Zusammenfassung

Das patristisch-scholastische Denken ist die Grundlage der klassisch katholischen Erkenntnislehre. Gleichwohl wird heute dessen bleibende Relevanz jenseits der Konfessionsgrenzen anerkannt. Glauben wird definiert als durch Gnade und freie Zustimmung bedingtes Denken, das zur vollen Vernunfterkenntnis unterwegs ist (*fides quaerens intellectum*). Gott ist die notwendig vorauszusetzende Ursache von Allem, die selbst jenseits aller menschenmöglichen Erkenntnis lebt. Eben deshalb vermittelt sich der himmlische Vater an die Menschen durch Jesus Christus, den „Gott unter uns“.

6.1.3 Gemeinschaftsdenken

Schon der deutsche Mystiker Meister Eckhart (ca. 1260-1328) gab dem menschlichen Subjekt eine neue Würde, wenn er im guten und edlen Menschen ein göttliches „Seelenfünklein" annahm und damit das Innerste des Menschen in eine neuartige Gemeinschaft mit Gott brachte. Humanismus, Renaissance und natürlich die Reformation stellen weitere Meilensteine der Entwicklung dar. Wenn sich der Reformator Martin Luther (1483-1546) selbstbewusst gegen die bisherige Ordnung der Dinge stellt, so manifestiert sich auch hier eine Selbstgewissheit, die auf der neuartigen innigen Verbindung von freiem Subjekt und Gottes Geist beruht. Der Konstruktionspunkt der Beziehung zwischen Gott und Mensch verlagert sich von außen nach innen. Die leiblich-sinnliche Gegenwart Gottes „unter uns" in Jesus Christus, der Kirche, den Amtsträgern, den Sakramenten bleibt bestehen, wird jedoch noch einmal umfangen vom Geist Gottes „in uns". Dadurch gewinnt der Gedanke der Freiheit an Bedeutung, denn frei sein heißt, das Prinzip in sich zu haben, selbst Ursache zu sein und selbst den Anfang zu machen. Dadurch tritt keinesfalls das menschliche Individuum an die Stelle Gottes, wie oft fälschlich angenommen, sondern Subjekt und Gott befinden sich in einer neuartigen *Wechselwirkung* oder *Gemeinschaft*. Damit verbunden ist ein *dialektisches* Grundverhältnis zwischen Gott und Mensch. Zunächst ist der sündige Mensch vollkommen unfrei und ohnmächtig. Der Gerechtfertigte aber wird „allein durch die Gnade" zu absoluter Freiheit befreit (Synthese). Auch die natürliche Vernunft des Sünders wird von der Erkenntnis der Wahrheit ausgeschlossen. Im absoluten Glauben kommt der Gerechtfertigte zu höchster Gewissheit. Damit aber wird das hypothetische Ursachengefüge der Patristik und Scholastik abgelöst und die Dialektik von Gnade und Freiheit, Glaube und Vernunft freigesetzt. Wie die weitere Dynamik neuzeitlichen Denkens zeigt, erlangen Freiheit und Vernunft schließlich den Rang von Erstursachen, weil sich in ihnen der Heilige Geist als der „Gott in uns" manifestiert.

Freies Subjekt und Geist Gottes

Gott und Subjekt in Wechselwirkung

Gnade und Freiheit, Glaube und Vernunft

Vor allem im Deutschen Idealismus werden absoluter Glaube (Luther) und absolute Vernunft (Descartes) versöhnt. Immanuel Kant (1724-1804) wird als Philosoph der reinen Vernunft oder der reinen Moralität betrachtet. Doch kann kein Zweifel daran bestehen, dass Kants Philosophie eine Synthese von Glauben und Wissen darstellt, die nur auf der Basis des lutherischen Christentums möglich ist. So wundert es nicht, dass die drei Fragen Kants, „Was kann ich wissen? Was soll ich thun? Was darf ich hoffen?", die drei paulinischen Tugenden Glaube, Liebe und Hoffnung verhandeln. Dabei entspricht die *Kritik der reinen Vernunft* der Frage von Glaube und Wissen, die *Kritik der praktischen Vernunft* der Liebe (die hier freilich weniger Gefühl, denn unbedingte Achtung vor dem Sittengesetz ist) und dem Handeln und die *Religion innerhalb der Grenzen der bloßen Vernunft* der Hoffnung. Jesus Christus erscheint bei Kant als der menschgewordene kategorische Imperativ, mit Kant gesprochen als „personificirte Idee des guten Princips". Darüber hinaus aber denkt Kant auch die stellvertretende Rechtfertigung durch Jesus Christus, da angesichts der Sündigkeit des Menschen „der Glaube an ein Verdienst, das nicht das Seinige ist, und wodurch er mit Gott versöhnt wird, vor aller Bestrebung zu guten Werken vorhergehen" muss (Kant: *Die Religion innerhalb der Grenzen der bloßen Vernunft* 117). Andererseits hält Kant am Primat der absoluten Freiheit und damit verbunden der reinen praktischen Vernunft fest. Theoretisch ist der Glaube an die Gnade notwendig, praktisch jedoch einzig die Freiheit (118). Die Dialektik von Freiheit und Gnade, Vernunft und Glaube wird letztlich bezogen auf die beiden Naturen in Jesus Christus aufgelöst (119): Idee und Phänomen, Logos und Sarx. Alles kommt darauf an, dass Vernunft und Freiheit als Erscheinungsformen des Göttlichen in uns nicht einer äußerlichen Vor-Stellung von Gott, Gnade und Kirche untergeordnet werden. Mit der Luther-Bibel hält Kant fest: „Das Reich Gottes ist inwendig in euch" (Lk 17,21; 136). Je mehr sich die Herrschaft von Vernunft und Freiheit ausbreiten, desto mehr wird das Reich Gottes auf Erden wirklich. In der Vollendung des Gottesreichs geht der Glaube vollkommen in der Einsicht auf.

Jesus als „personificirte Idee des guten Princips"

Übergang vom Glauben zur Einsicht

Johann Gottlieb Fichte (1762-1814) zeigt, dass die Einheit von Gott und Mensch zu begreifen, die tiefste menschenmögliche Erkenntnis ist (Fichte: *Die Anweisung zum seligen Leben* 483). Durch niemand anders als durch Jesus Christus kam diese Einheit zur Welt. Sie denkbar zu machen, ist die höchste Aufgabe der Philosophie (484). Fichte interpretiert dabei vor allem den Johannesprolog. Die in sich differenzierte Einheit von Gott und Logos gibt ihm zu denken (476; 510). „Im Anfang war das Wort und das Wort war bei Gott" besagt nach Fichte so viel wie: In Gott ist das andere zu Gott von je her aufgehoben. Die Welt wird als Selbstentäußerung Gottes ins Nichtgöttliche aufgefasst, wobei das Hervorgehen des Vielen aus dem Einen und Offenbarung für Fichte zwei Aspekte der Selbstmitteilung Gottes sind. Streng genommen ist die Schöpfungsdifferenz schon immer in die Einheit Gottes zurückgenommen. Gerade weil der Logos Mensch wurde, wird letztlich die Menschheit als solche mit Gott verbunden. Jeder Mensch, der in sich einkehrt, der sich zur

Gotteserkenntnis hier und jetzt

Vernunfterkenntnis aufschwingt und der die Liebe realisiert, gelangt schon hier und jetzt in die Einheit mit Gott und damit in die Seligkeit, und es ist für Fichte keine kühne Metapher, sondern buchstäbliche Wahrheit, dass, „wer in der Liebe bleibet, der bleibet in Gott und Gott in ihm“ (543; 1 Joh 4,16).

Zitat

„Nur an den höchsten Aufschwung des Denkens kommt die Gottheit, und sie ist mit keinem anderen Sinne zu fassen: diesen Aufschwung des Denkens den Menschen verdächtig machen wollen, heißt: sie auf immer von Gott und dem Genusse der Seligkeit scheiden wollen“ (411).

„Ich“ als Chiffre für Gott

Das dem „Ich“ vorgängige Absolute

Das Wahre und damit Gott selbst ist in der ersten Denkform der Onto-Theo-Logie als *Subjekt* aufgefasst. Deshalb ist bei Fichte das Prinzip seines Denkens, das „Ich“, als Chiffre für Gott zu begreifen. In seiner späten Philosophie nimmt Fichte allerdings noch ein dem „Ich“ vorgängiges „Absolutes“ an. Dann aber werden „das Absolute“ und „das Ich“, bzw. „das Sein“ und „das Dasein“, „das Wesen“ und „die Form“ als verschiedene Fassungen der in sich differenzierten Einheit von „Gott“ und „Logos“ gedeutet (Absolutes, Sein, Wesen = Vater; Ich, Dasein, Form = Sohn). Jedenfalls kommt in der neuzeitlichen Philosophie das Individuum zu radikal neuem Ansehen und neuer Würde. Obwohl die freie Philosophie der Neuzeit immer wieder betont, dass sie einerseits aus sich selbst, auch ohne äußeren Impuls der Offenbarungsschrift zur Einsicht in die Wahrheit kommen kann, wird doch mit derselben Emphase betont, dass nur auf der Basis des Christentums und damit der Bibel die in sich differenzierte Einheit oder Gemeinschaft von Gottheit und Menschheit möglich wird.

Vor allem die Philosophie Georg Wilhelm Friedrich Hegels (1770-1831) macht deutlich, dass es der *Geist* ist, der die Gemeinschaft des Entgegengesetzten bezeichnet. Bloßer Glaube und bloßer Verstand fixieren jeweils nur die halbe Wahrheit und geben sie als ganze aus. Die ganze Wahrheit ist aber die Einsicht in die *Allgemeinheit, Notwendigkeit* und Freiheit des Geistes. Hegel entfaltet seine onto-theo-logische Einsicht vor allem in der *Enzyklopädie der philosophischen Wissenschaften*. Deren erster Teil, die *Logik*, beginnt mit dem reinen Sein (*on*), das zugleich als Gott (*theós*) gedacht wird. Über die Mitte des Nicht-Göttlichen der *Natur* wird das Wissen Gottes vor der Schöpfung mit dem *Geist* zusammengeschlossen. Die Religion ist die vorletzte Form des absoluten Geistes. Das Offenbarungswissen der Bibel bezeugt das Absolute als Vorstellung für das Bewusstsein. Doch darf das religiöse Wissen nicht nur als fremde, d.h. dem Denken äußerliche und vorgegebene Wahrheit vorgestellt werden, vielmehr muss es *im Geist* aufgefasst und damit begriffen werden. Jesus Christus und sogar Gott selbst können für das Bewusstsein nicht nur ein fremder Gegenstand sein. Der menschliche Geist erkennt sich in Jesus letztlich selbst, und der *Geist Gottes in uns* erfasst in der Vorstellung Gottes zuhöchst und zuletzt sich selbst. Damit aber geht das Bewusstsein Gottes in das Selbstbewusstsein über, und die bloße Religion wird in den Begriff der Philosophie geborgen. Es kann gegen Hegel nicht eingewendet werden, dass die Religion in menschliches Denken aufgelöst wird, da schon der Begriff „Philosophie" gerade nicht die Sphäre der natürlichen Vernunft bezeichnet. Wenn der Begriff als göttlicher Logos erkannt wird, dann wird klar,

Zitat

„dass der Inhalt der Philosophie, ihr Bedürfnis und Interesse, mit der Religion ganz gemeinschaftlich ist. Der Gegenstand der Religion wie der Philosophie ist die ewige Wahrheit, Gott und nichts als Gott und die Explikation Gottes. [...] Die Philosophie ist in der Tat selbst Gottesdienst, wie die Religion" (*Philosophie der Religion*, Bd. 1, 63f.).

„Der schönste Punkt der christlichen Religion"

Im Geist sind Einheit und Vielheit, Philosophie und Religion, Begriff und Anschauung versöhnt. Die *Einheit* des Geistes meint aber gerade keine Einerleiheit und auch keine Gleichschaltung des Vielen. „Der schönste Punkt der christlichen Religion" besteht nach Hegel gerade in der „Vollendung der Realität zur unmittelbaren Einzelheit", das ist die „absolute Verklärung der Endlichkeit" (*Vorlesung über die Philosophie der Religion*, Bd. 3, 48). Im Gottessohn Jesus ist der Gegensatz von menschlicher Individualität und göttlicher Allgemeinheit ein für alle Mal versöhnt.

Zusammenfassung

In der Neuzeit ist das Wahre nicht mehr *Substanz* wie bei den Griechen, nicht mehr *Ursache* wie im patristisch-scholastischen Denken, sondern *Subjekt*. Nur scheinbar treten Glaube und Vernunft auseinander. In Wahrheit kommen Einsicht und Freiheit zu neuer Würde. Weil sich Gott und Mensch in eine durch Christus vermittelte Gemeinschaft begeben haben, manifestiert sich „Gott in uns" in Freiheit und Vernunft. Diese Würde kommt an sich jedem Menschen zu.

6.2 Bio-anthropo-logische Erkenntnis

Eine radikal andere Denkform entwickelt sich in der klassischen Moderne, deren Beginn in der ersten Hälfte des 19. Jahrhunderts anzusetzen ist. Hier ereignet sich einer der größten Umbrüche in der Menschheitsgeschichte mit umfassenden Auswirkungen auf das Leben der Menschen weltweit. Zunächst ist festzustellen, dass die neue Denkweise die Onto-Theo-Logie in radikaler Weise *negiert*. Nicht das rein geistige Sein (*on*) selbst, sondern das konkrete weltliche *Leben* (*biós*) des *Menschen* (*anthrôpos*) gilt als das Eigentliche, die höchste Wirklichkeit und die wirkliche Welt. Entsprechend kann diese Dimension Bio-Anthropo-Logie genannt werden. Die entsprechende Denkart lehnt die theo-logische „Hinterwelt" radikal ab. Stattdessen wird *diese* Welt, die sinnlich erfahrbare, als die einzige angesehen. Ludwig Feuerbach (1804-1872) etwa verneint die Existenz der übersinnlichen Welt und der göttlichen Vernunft als theo-logischen Unsinn. Nicht der *Gott über uns, in uns* oder *unter uns* ist der Ort des wahren Seins, sondern der *sinnliche Mensch* in seinen *weltlichen Lebensbezügen* muss als die maßgebliche Wirklichkeit angesehen werden. Damit wird die alte Ordnung der Dinge gewissermaßen vom Kopf auf die Füße gestellt. Es manifestiert sich als weitere Grundkategorie die *Negation*. Je nachdem, worauf sich die Verneinung bezieht, entwickelt sich innerhalb dieser Sphäre sowohl ein radikal atheistisches Denken als auch eine bio-anthropo-logische Theologie. Sowohl das atheistische Denken als auch die moderne Theologie betrachten das Absolute nicht mehr als das *Eine* und *Allgemeine*, sondern die *Einzelheit* des Menschen wird in neuer Weise absolut gesetzt. Die Summe der einzelnen Menschen ergibt eine *Masse* oder *Totalität* (Ganzheit), weshalb das „Soziale" als eine maßgebliche Erscheinungsform des Absoluten auftritt.

Der sinnliche Mensch in seinen weltlichen Lebensbezügen

Zusammenfassung

Die Bio-Anthropo-Logie betrachtet Gott nicht als höchste *Idee*. Vielmehr *verneint* sie das onto-theo-logische Denken entweder zusammen mit dem Gottesgedanken oder ohne ihn. Daraufhin muss eine atheistische Denkform von einem neuartigen anthropologischen Glaubenswissen unterschieden werden. In jedem Fall gilt die weltliche *Erfahrung* des Menschen als ursprünglicher als die Vernunfteinsicht. Das *Phänomen* Gott wird als Abgrund der Welt erfahren.

6.2.1 Atheistisches Denken

Das atheistische Denken ist die radikalste Ausprägung der Bio-Anthropo-Logie. Der nachmetaphysische Atheismus *verneint* das Sein Gottes prinzipiell. Mit dem Dasein Gottes wird zugleich die biblische Wahrheit negiert. Genauer betrachtet wird der theologische Gehalt der Bibel abgelehnt. Lediglich historisch, d.h. als Dokument der Menschheitsgeschichte bzw. der Geschichte des Volkes Israel, fordert die Bibel das atheistische Denken der Moderne heraus. Nicht Gott, sondern der Mensch gilt hier als das Maß aller Dinge, weshalb Ludwig Feuerbach (1804-1872) die „Anthropologie" an die Stelle der „Theologie" setzt (*Grundsätze einer Philosophie der Zukunft* §1). Feuerbach versteht den Gedanken der Menschwerdung Gottes so, dass die Wirklichkeit des Gottesgedankens letztlich der Mensch ist. Das Wesen des Menschen ist die von der sinnlichen Wirklichkeit abgezogene Abstraktion des Menschseins im Allgemeinen. Das Wesen des Menschen wird als „Gott" in ein Jenseits projiziert. Dadurch entfremdet man das Beste, Schönste und Vollkommenste des Menschen von der leiblichen Wirklichkeit und verlagert es in ein blutleeres Jenseits. Alles kommt nun darauf an, dass der Mensch aus der Entfremdung wieder in seine eigentliche Wirklichkeit zurückkommt. Das biblische Motiv, dass die Israeliten in Ägypten in der Fremde unfrei, enteignet und damit uneigentlich leben, wird nun auf den theologischen „Idealismus" übertragen. Die *Idee* gilt als das Fremde und Uneigentliche. Ihr steht die *phänomenale Welt* als eigentliche Wirklichkeit gegenüber. Die dialektische Denkform der Neuzeit wird nun auf eine interpersonale Erfahrung zurückgeführt: „Die *wahre* Dialektik ist *kein Monolog des einsamen Denkers mit sich selbst*, sie ist ein *Dialog zwischen Ich und Du*" (*Grundsätze* §62). Aus Gott, dem *Einen* und *Allgemeinen* der onto-theo-logischen Tradition, wird so die *Gesellschaftlichkeit* des Menschen, denn „die *Einheit von Ich und Du ist Gott*" (Grundsätze §60). Die Trinität als der höchste spekulative Gedanke der Philosophie und der Theologie erscheint in der modernen Anthropologie als „Geheimniß des *gemeinschaftlichen, gesellschaftlichen Lebens*" (*Grundsätze* §62).

Gott als entfremdetes Wesen

Dialektik: Dialog zwischen Ich und Du

Gott als Einheit von Ich und Du

Während Feuerbachs Denken sich noch kritisch bzw. negierend auf das Christentum bezieht, gilt für Karl Marx (1818-1883) die Kritik der Religion im Wesentlichen für beendet (*Kritik der Hegelschen Rechtsphilosophie. Einleitung*). Er kritisiert nicht den Glauben oder die spekulative Philosophie, sondern diejenigen weltlichen Verhältnisse, welche die onto-theo-logische Entfremdung des Menschen überhaupt erst hervorrufen. Wenn sich aber hier das moderne Denken und Erkennen scheinbar von Gott abwendet, so ist auf tieferer Ebene zu bemerken, dass die marxische Kritik der Enteignung der Produktivkräfte des Menschen eine christliche Grundinspiration besitzt. Der Mensch, der im Elend dieser Welt zu versinken droht, ist der „Arbeiter" (*Die deutsche Ideologie* 342). Der Arbeiter muss als die marxische Fassung des *leidenden Gott-Menschen in Knechtsgestalt* verstanden werden. Marx betrachtet den Menschen in seiner wesentlichen Produktivkraft. Für Marx ist die Welt des Menschen nicht durch den göttlichen Logos geschaffen, sondern der Mensch produziert die Dinge, die er zu seinem Leben braucht, durch seine Wechselwirkung mit der sinnlichen Natur. In der *Arbeit,* die als die materielle Produktion für die materiellen Bedürfnisse des Lebens zu verstehen ist, realisiert sich das Wesen des Menschen. Doch in der Geschichte der Menschheit wurde der Mensch immer mehr in diesem produktiven Wesen enteignet: „Der Herr seiner Schöpfung" wurde schließlich zum „Knecht dieser Schöpfung". Durch die Dynamik des „Kapitals" werden die Reichen immer reicher und die Armen immer ärmer bis zur vollständigen Verelendung der Massen. Doch: „Die kapitalistische Produktionsweise erzeugt mit der Notwendigkeit eines Naturprozesses ihre eigene Negation" (*Das Kapital,* Bd.1, 791). Die innere Logik des Kapitals führt nach Marx unausweichlich zur Revolution, die schließlich die Selbstaufhebung der Enteignung und Entfremdung impliziert. Diese Logik des Kapitals aufzudecken, ist das Ziel der Kritik der „politischen Ökonomie", die Marx in seinem Hauptwerk *Das Kapital* vorgelegt hat. Auch wenn die Verabsolutierung und Ideologisierung marxischer Gedanken ein wesentlicher Beitrag zu den Katastrophen des 20. Jahrhunderts war, auch wenn die Logik der Negation einer Brechung bedarf, bleibt die Kritik des Kapitalismus – wie gerade die Finanzkrise des Jahres 2009 gezeigt hat – ein unverzichtbarer Bestandteil auch theologischer Erkenntnis, kann doch die Gotteserkenntnis für die Erkenntnis des ökonomischen Unrechts nicht gleichgültig sein.

Enteignung der Produktivkräfte

Der Arbeiter als leidender Gott-Mensch

Ziel: Wiedergewinnung der entfremdeten Produktivität

Wie Marx die *gesellschaftliche* Wirklichkeit samt entsprechender Produktivität analysiert, so Nietzsche die Kreativität des *einzelnen* Menschen. Der Gekreuzigte der paulinischen Verkündigung wird für Nietzsche zum Zeichen für die Enteignung im *Wesen des Menschen* wie es für Marx die kapitalistische Produktionsweise war. Auch Nietzsche sieht sich am Ende einer Entzugsgeschichte. Vor allem durch den christlichen Glauben an die über-sinnliche Welt und an Gott als den höchsten Wert ist der Mensch auf

Der Tod Gottes und der Nihilismus

den Un-Sinn und letztlich auf Nichts ausgerichtet worden, denn Gott ist letztlich nichts: „In Gott [ist] das Nichts vergöttlicht, der Wille zum Nichts heiliggesprochen ...“ (*Der Antichrist*, Bd. 6, 185). Dadurch aber wird letztlich diese Welt, die einzige Welt, entwertet und für nichtig erklärt. So ist der Nihilismus für Nietzsche nichts anderes als „die zuende gedachte, Logik unserer großen Werthe und Ideale“ (*Nachlass 1886/1887*, Bd. 12, 190). Obwohl nach Nietzsche schon von Sokrates und Platon die nichtige „wahre Welt“ der übersinnlichen Ideen erfunden wurde, war es vor allem Paulus, der „das Schwergewicht jenes ganzen Daseins *hinter* dieses Dasein verlegt“ hat (*Der Antichrist*, Bd. 6, 42). Das paulinische „Wort vom Kreuz“ ist der weltgeschichtliche Gegner schlechthin, denn die Rede vom Gott am Kreuze verleumdet das ganze diesseitige Dasein im Kern (*Jenseits von Gut und Böse*, Bd. 5, 67). Nietzsche setzt nun gegen dieses welt- und menschenfeindliche Christentum eine radikale Liebe zur Welt und einen radikalen Willen zum Leben. Freilich greift Nietzsches Kritik nur so lange, wie der Gedanke der Inkarnation unterbelichtet ist. Die Mensch- und Weltwerdung Gottes wirft aber ein Licht auf die Erde, das durch die Kritik Nietzsches erst voll und ganz erschlossen werden konnte. Ein Christentum, das die Sinnlichkeit des Menschen radikal ernst nimmt und das irdische Leben des Menschen fördert, kann durchaus vor Nietzsche bestehen. Zumal auch der Gedanke des Todes Gottes sich einer christlichen Inspiration verdankt. Gleichwohl leiden gerade die europäischen Gesellschaften noch immer unter der „Gotteskrise“, die der Nihilismus ausgelöst hat. Diese Krise und der noch immer um sich greifende Nihilismus kann aber nur durch eine Besinnung auf die Gesamtkonstellation der hier entfalteten Denkformen überwunden werden. Eine Beschränkung des Christlichen auf den neuzeitlichen Protestantismus oder auf den spätantik-mittelalterlichen Katholizismus würde die Krise nur befördern. Nur wenn die Heilige Schrift als Beweggrund der Gesamtgeschichte in seiner inspirierenden Kraft freigelegt wird, kann der „Tod Gottes“ überwunden werden.

Das Kreuz als Verleumdung der Welt?

Überwindung der Gotteskrise

Neben diesen frontalen Angriffen auf das Christentum gibt es ein ganzes Spektrum weiterer *Negationen* des Gottesgedankens und der spekulativen Vernunft, so in den modernen Naturwissenschaften, die vor allem den Schöpfungsgedanken angreifen. Gott wird innerhalb der modernen empirischen Wissenschaftlichkeit überflüssig, da hier nicht mehr der geistige „Grund von Allem“ das gesuchte Ziel der Erkenntnis ist, sondern eine innerweltliche „Ursache“ bzw. die als Ab-Grund erfahrene Grenze der

Welt. Gott kann in den modernen Wissenschaften bestenfalls als die Grenze dessen erscheinen, worüber man sinnvoll sprechen kann. Dies hat in der modernen Philosophie vor allem Ludwig Wittgenstein (1889-1951) gezeigt. Wittgenstein hält daran fest, dass es „Unaussprechliches“ gibt. Er nennt es das „Mystische“. Allerdings kann man darüber lediglich schweigen. Nicht einmal die traditionelle „negative Theologie“ reicht an dieses Geheimnis heran, das letztlich nur *erfahren* werden kann. Gott bleibt der *Abgrund der Welt.*

Die „Ursache“ und der „Abgrund“

Dabei ist zu bemerken, dass die radikale Zukehr zur Welt zu einer explosionsartigen Vermehrung der Erkenntnisse über die Welt und den Menschen geführt hat. Doch sind die modernen Erkenntnisse niemals bloß theoretischer Natur, kommt es doch darauf an, die Welt zu verändern. In vielerlei Hinsicht führt das Wissen über den Menschen und seine innere medizinische, psychologische und biologische Verfasstheit, über die Gesellschaft, die Produktionsverhältnisse, die Natur und ihre Funktionsweise zu einem praktischen Wissen, das das Leiden des „Gottmenschen in Knechtsgestalt“ gelindert hat.

Wissen von der Welt und die Technik

Allerdings besteht in der Verbesserung der Lebensbedingungen des Menschen die Gefahr, das Sein als solches aus dem Blick zu verlieren. Die „Technik“ ist, wie Martin Heidegger (1889-1976) festgestellt hat, die Fortsetzung der Metaphysik oder Onto-Theo-Logie mit anderen Mitteln. Allerdings wird hier die Stelle Gottes oder des Seins selbst letztlich vollkommen verfinstert, weil alles Wissenswerte in den Bereich der menschlichen Machenschaften herabsinkt, wenn nur das Verwertbare zählt und nur das Zählbare einen Wert hat. Dort, wo sich der Mensch radikal auf „etwas“ konzentriert, gerät der Abgrund der Welt aus dem Blick. Gerade Heidegger will jedoch den Wert des „Seins“, das gleichwohl als Nichts erscheint, gegenüber dem bloßen Etwas, das als „Seiendes“ bezeichnet wird, neu bestimmen. Der so genannte „ontologische Unterschied“ zwischen Sein und Seiendem wird für die moderne Theologie zu einem zentralen Anknüpfungspunkt an die damals aktuelle Philosophie. Gott als „Sein selbst“ zu denken, ist nach Heidegger allerdings erst eine Aufgabe der Zukunft, in welcher die Entfremdung des Menschen durch die Technik und die Onto-Theo-Logie überwunden ist. Gerade durch die Identifikation von berechnender Technik und spekulativer Metaphysik verstellt Heidegger allerdings den Zugang zur onto-theo-logischen Tradition unserer Geschichte, denn die Onto-Theo-Logie muss nach Heidegger „destruiert“ werden. Erst in seinem späten Denken kommt Heidegger zur Einsicht, dass das Negieren dem Negierten verhaf-

Die Technik: Erbe der Onto-Theo-Logie

tet bleibt, und er lässt von der Negation der Metaphysik ab. Dennoch bleibt sie wie eine Krankheit zu „verwinden". Die Initiative zur Heilung, die Heidegger auch „Kehre" nennt, kann nur vom radikal entzogenen Sein selbst ausgehen, wenn es sich zu denken gibt. Wie kaum ein anderer moderner Philosoph wurde Martin Heidegger von moderner Theologie (Rudolf Bultmann, Karl Rahner) rezipiert.

Die Verwindung der Seinsvergessenheit

Zusammenfassung

Das atheistische Denken der Bio-Anthropo-Logie erfährt den Tod Gottes und die wesentliche Enteignung des Menschen. Hier kommt es darauf an, das Eigentliche des sinnlichen Menschen wiederzugewinnen. Entsprechend zielen diese Denkformen auf eine wissenschaftliche Erforschung und fundamentale Veränderung der empirisch erfahrbaren Welt.

6.2.2 Theologische Reaktionen

Ähnlich wie der moderne Atheismus die spekulative Onto-Theo-Logie negiert, wendet sich auch das moderne Gottdenken gegen theologische Metaphysik. Dies kann auf sehr verschiedene Weise geschehen. Sören Kierkegaard (1813-1855) sieht im spekulativen Denken der Neuzeit, vor allem in Hegel und Schelling, die herausragenden Gegner. Sie sprächen lediglich rational von Gott und Jesus, ohne sich existenziell darauf einzulassen. Kierkegaard kann Gott nicht mehr als Logos und den Logos nicht mehr als Gott denken. Die Theo-Logik erscheint ihm bloß sekundär zu sein und zudem den eigentlichen Ursprung entstellend. Wir können Gott nicht „wie im Spiegel" spekulativ als Grund von allem erkennen. Gotteserkenntnis wird nun zur existenziellen Erfahrung des Abgrundes der Welt. Als Negation der Welt, am Rand der Welt oder im Außen wird Gott erfahrbar, nicht aber begreifbar. Für den, der zu Gott kommen will, bleibt lediglich der *Sprung* in den Abgrund. Es gibt zwar eine Vermittlung zwischen Gott und Mensch, doch auch diese wird nicht von der Notwendigkeit und Allgemeinheit des Logos getragen. Jesus Christus, der Gott-Mensch, bleibt für das Erkennen der absolute Zufall, die Wirklichkeit des Unmöglichen in absoluter Vereinzelung. Der Gottmensch erscheint wie bei Marx in Knechtsgestalt. Die paradoxe Einheit von Gott und Mensch wird durch das Herabsteigen Gottes in die Welt erreicht. Gott selbst, dessen Knechtsgestalt keine bloße Verkleidung ist, „muss alles leiden, alles dulden, alles versuchen, die Qualen des

Existenzielle Erfahrung Gottes

Durstes ertragen, verlassen sterben, absolut dem Geringsten gleich – seht, welch ein Mensch!" (Kierkegaard: *Einübung im Christentum* 31). Höhe und Niedrigkeit, Herrlichkeit und Elend, Gottheit und Menschheit stellen nach Kierkegaard den größtmöglichen Widerspruch dar. So ist der Gottmensch in keiner Weise die allgemeine Einheit von Gott und Menschheit. In radikaler Front gegen Hegel und die ganze neuzeitliche Spekulation betont Kierkegaard das Moment der absoluten *Einzelheit* Jesu:

Der Gottmensch in Knechtsgestalt

Zitat

„Daß das Menschengeschlecht mit Gott verwandt sei oder sein solle, ist altes Heidentum, aber daß ein einzelner Mensch Gott ist, das ist Christentum, und dieser einzelne Mensch ist der Gott-Mensch. Weder im Himmel noch auf Erden noch im Abgrund noch in den Verirrungen des allerphantastischsten Denkens ist die Möglichkeit einer Zusammensetzung, die, menschlich gesprochen, phantastischer wäre" (*Einübung im Christentum* 77).

Während Kierkegaard den Widerspruch zwischen Vernunft und Glaube betont, wobei das eine als die Negation des Anderen gilt, bemüht sich die so genannte „liberale Theologie" um eine Harmonie von moderner Rationalität und Glauben um den Preis der Aufgabe der dogmatischen Wahrheiten. Auch hier werden spekulative Dogmen abgestoßen, allerdings nun um zur historisch greifbaren Wirklichkeit Jesu vorzudringen. Auch die historisch kritische Exegese hat ihren Ursprung in dieser modernen Denkform. Adolf von Harnack (1851-1930) stellt fest, dass durch Allgemeinbegriffe weder das Phänomen der Religion noch das Herzensbedürfnis der Gläubigen erfasst bzw. befriedigt werden kann. Nicht der metaphysische Un-Sinn, sondern nur der „historische Sinn" kann das *Wesen des Christentums* erfassen. Dieses hat in nichts anderem als in „Jesus Christus und seinem Evangelium" seinen maßgeblichen Ursprung (Harnack: *Wesen des Christentums* 5). Der christliche Glaube besteht aber nicht in einer „Lehre", die in einförmiger Wiederholung überliefert wird, sondern im „Leben, das immer aufs neue entzündet, nun mit eigener Flamme brennt" (7). So rückt neben dem Ursprung des Glaubens in Jesus von Nazaret auch dessen geschichtliche Entfaltung in den Horizont. Doch kommt es in der Geschichte des Glaubens nicht nur zum Aufblühen des Samens, vielmehr wird dieser vor allem durch die „Hellenisierung" des Christentums verstellt. Die Deutung

Begegnung mit dem Menschen Jesus im Leben

Jesu als Inkarnation des göttlichen Logos und die damit einhergehende Vergottung seiner Person sind dem Evangelium diametral entgegengesetzt. Damit zeigt sich bei Harnack – nunmehr bezogen auf Jesus und seine Botschaft – eine ähnliche Entfremdungsgeschichte wie etwa bei Marx, Nietzsche und Heidegger. Die Aufgabe der liberalen Theologie besteht nun darin, den durch metaphysische Dogmatik verstellten Jesus wieder freizulegen. Am Ursprung des christlichen Glaubens, wie Harnack ihn konzipiert, steht nicht der verkündigte Christus, sondern der verkündigende Jesus. Für den bio-anthropo-logischen Glauben wird das Leben (*biós*) des Menschen (*anthrôpos*) Jesu maßgeblich.

Theologie als Anthropologie

Gegen die liberale Theologie wendet sich die dialektische Theologie des 20. Jahrhunderts. Karl Barth (1886-1968) betrachtet die Harmonie zwischen Religion und Gesellschaft, Glauben und modernem Denken, Gott und Welt als einen Verrat am Christentum. Barth sieht in der liberalen Theologie die Gefahr, dass Gottes Wort vollkommen in Menschenwort und damit in Anthropologie aufgelöst wird. Mit Kierkegaard betont er die radikale Andersheit Gottes. Gott ist die Negation des Menschen und die Negation der Welt. Welt und Mensch sind die Negation Gottes. Mit Kierkegaard betont Barth das Paradox der Menschwerdung (Barth: *Der Römerbrief*).

Gott als Negation des Menschen

Für katholische Theologen blieben moderne Methoden der Erkenntnis lange Zeit verschlossen, da die Kirche ihrerseits die „modernistischen Irrtümer" verurteilte und von ihren Amtsträgern, Priestern und Theologen einen Eid verlangte, in dem sie modernem Denken abschwören mussten. Die mit dem katholischen Antimodernismus verbundene Ideologisierung von Patristik und Scholastik führte dazu, dass erst spät und heimlich die Rezeption neuzeitlicher und moderner Denkformen in der katholischen Kirche einsetzte. Es gibt aber auch viele Versuche, die onto-theo-logische Tradition der Spätantike und des Mittelalters mit der Neuzeit und der Moderne zu versöhnen. So hält der katholische Theologe Karl Rahner (1904-1984) entschieden an der überlieferten Dogmatik fest. Allerdings zeigt er, dass der begrifflichen Ebene eine Erfahrungswirklichkeit vorgelagert ist. Und auch die Erfahrungswelt kennt noch einmal eine prinzipielle Erfahrung des Ursprungs. Rahner nennt diese auch die „transzendentale Erfahrung", da sie die Bedingung der Möglichkeit jeder weiteren Erfahrung oder auch Reflexion ist. Durch einen Vorgriff auf das Sein selbst werde eigentlich Gott selbst erfahren. Letztlich hat jeder Mensch diese vor-reflexive Ausrichtung auf Gott. Deshalb spricht Rahner vom „anonymen Christen". Es kommt lediglich darauf an, diese ursprüngliche Wirklichkeit richtig zu erkennen und zu deu-

Katholische Theologie und Moderne

Die ursprüngliche Gotteserfahrung

ten. Das gelebte Leben und die existenzielle Erfahrung haben nach Rahner einen Vorrang vor aller metaphysischen Spekulation. Auch das Grundgeheimnis des Christentums, die Menschwerdung Gottes, entfaltet Rahner im Rahmen einer modernen, „evolutiven Weltanschauung". Zusammen mit Hans Urs von Balthasar, Henri de Lubac, Dominique Chenu u. a. wurde Rahner zu einem Vordenker des II. Vatikanums.

In zeitlicher Nähe zum Konzil kommt es schließlich zu einer umfassenden Rezeption kultureller, psychologischer, soziologischer, wirtschaftswissenschaftlicher, biologischer, physikalischer, medizinischer Erkenntnisse innerhalb der Katholischen Kirche und Theologie. Erst durch diese Öffnung wurde es möglich, die Gefahr einer Selbstghettoisierung der Kirche zu bannen. Gewiss führte die vielschichtige Modernisierung der Katholischen Kirche zu großen Veränderungen in Liturgie, Pastoral, Theologie und Leben der Gemeinden. Doch war das II. Vatikanum um Kompromisse zwischen konservativen und progressiven Kräften bemüht, stets ging es um die Kunst, das Bewährte zu bewahren und dennoch Neues zu wagen. Allerdings ist die Dynamik der Öffnung auf die heutige Welt in den letzten Jahrzehnten deutlich erlahmt. Der Mut zur Zukunft wich der Sorge um die Kontinuität und Verlässlichkeit. Dabei entstand ein Klima der Restauration und Repression, das in mancher Hinsicht den freien theologischen Diskurs hemmt. Die begonnene Öffnung auf die Onto-Theo-Logie der Neuzeit und Bio-Anthropo-Logie der Moderne wurde nicht zuletzt durch das Aufkommen der Tele-Semeio-Logie der Postmoderne erschwert. Doch kann die Tatsache, dass die Aufgabe der Versöhnung von Kirche und Welt größer als gedacht ist, nicht dazu führen, die Aufgabe als solche nicht anzugehen.

Das II. Vatikanum – eine Weichenstellung

Zusammenfassung

Die modernen Glaubenswissenschaften ersetzen die metaphysische Denkart durch anthropologische Disziplinen wie Geschichtswissenschaft, Kulturwissenschaft, Literaturwissenschaft, Psychologie, Soziologie u.a. Die alltäglichen Lebenswelten der Menschen werden für die religiöse Erfahrung erschlossen.

6.3 Tele-semeio-logische Erkenntnis

Das *Offene*, die *Differenz* und der *Zwischenraum* (griech.: *chôra*) zwischen Idee und Phänomen, zwischen dem Einen und dem Anderen wird in der *Tele-Semeio-Logie* entscheidend. Gerade im

Anderen hat der Eine seine Spur hinterlassen. Deshalb kehrt Gott wieder und zwar als Spur auf dem Antlitz des Anderen. Er kehrt wieder als der Abwesende, der Ferne, der durch Zeichen vergegenwärtigt wird. Die „Zeichen" (*semeía*) rücken in den Mittelpunkt der Erkenntnis; sie vermitteln zum Fernen (*têle*), dessen Abwesenheit das Zeichen anzeigt. Mit den Zeichen gewinnt „die Schrift" die zentrale Rolle im Spiel der An- und Abwesenheit des Einen. Im Horizont der neuen Wissensformen ereignet sich eine Revolution in den Lebenswelten. Nach der Industrialisierung der Moderne vollzieht sich die mediale Revolution. Nicht mehr die Autobahn, die Maschine und das Flugzeug sind Symbole der Realität, sondern die Datenautobahn, der Computer und das Handy. Im vernetzten Sprachraum wird die weltliche Wirklichkeit durch die tele-semeio-logischen Möglichkeiten überlagert. Konkret: Wir leben heute nicht nur in der „wirklichen" Welt, sondern auch in der durch MP3-Player und LED-Bildschirme vermittelten virtuellen Zeichenwelt, die wirklicher erscheint als die sinnliche Wirklichkeit. In der vernetzten Medienwelt kommt auch das „Buch der Bücher" zu neuem Ansehen.

Der symbolische Mensch in seinen medialen Bezügen

Zusammenfassung

Die Tele-Semeio-Logie gibt die Negation anderer Denkformen auf und kommt stattdessen zu einer *pluralistischen Öffnung für den Anderen.* Begrenzt kehren die Fragmente der onto-theo-logischen Metaphysik und des bio-anthropo-logischen Weltwissens wieder. Im Zwischenraum, in der Differenz und im Aufschub zeigen sich Spuren des ganz Anderen. Diese Spuren wollen und wollen nicht als Metaphern, Zeichen und Symbole Gottes gedeutet werden.

6.3.1 A-theistisches Denken

Der Primat der Sprache oder der Signifikanten sowie die Wiederkehr der Gottesfrage zeichnen sich bereits in der Analytischen Philosophie ab. Deren Wurzeln gehen zurück bis zu Gottlob Frege (1848-1925). Frege versuchte, die Mehrdeutigkeiten der Alltagssprache durch eine Formalisierung der Sprache zu beseitigen. Zugleich wurde die Sprache funktionalisiert. Die zweiwertige Logik, die auf dem Unterschied von 0 und 1 basiert, ist eine Grundlage der Computertechnologie. Bertrand Russell (1872-1970) gilt als einer der Gründer derjenigen Analytischen Philosophie, die eine technisierte „Idealsprache" anstrebte. Metaphysisches Denken und der Glaube an Gott galten Russell für unlogisch, und er

Der Weg zu den Zeichen

negierte sowohl die Annahme Gottes als auch metaphysisches Denken. Nach dem Zweiten Weltkrieg vollzog sich eine wichtige Wende innerhalb der Analytischen Philosophie. Nicht zuletzt der späte Ludwig Wittgenstein (1889-1951) rückte die Alltags-, Umgangs- und Normalsprache in den Mittelpunkt der Betrachtung. Die tatsächlichen Lebenszusammenhänge entscheiden über den Sinn der „Sprachspiele". „Die Bedeutung eines Worts ist sein Gebrauch in der Sprache" (Wittgenstein: *Philosophische Untersuchungen* §43). Doch strebte Wittgenstein noch nach dem „Ganzen", worin Sprache und Sprachtätigkeiten eingebettet sind (§7). Diese Verankerung des Sinns im *Ganzen* und im *wirklichen* Leben wird nach und nach aufgegeben – damit aber auch die Eindeutigkeit des Sinns.

Nach Wittgenstein ereignet sich mit John Langshaw Austin (1911-1969) und anderen „philosophers of ordinary language" der so genannte „linguistic turn" (Richard Rorty) des Denkens. Austin entdeckt dabei den performativen Charakter der Sprache. Die Theorie der Sprechakte lässt sich besonders gut an religiösen Beispielen zeigen: „Hiermit erkläre ich euch zu Mann und Frau" oder: „Hiermit taufe ich dich auf den Namen ...". Im Augenblick des Aussprechens wird eine neue *„Tatsache in der Welt"* geschaffen. Der „linguistic turn" bedeutet allerdings, wie Richard Rorty (1931-2007) in seinem Aufsatz *World well lost* (1972) gezeigt hat, dass die phänomenale (wirkliche) Welt und die noumenale (gedachte) Welt „verloren" sind – *lost in translation*. Die Lösung von äußerer Referenz und innerer Signifikanz führt zur *Pluralisierung* der Sprachspiele. Gerade im Horizont der *Vielheit* wird die Frage nach Gott neu *möglich*. An die Stelle der *Notwendigkeit* Gottes in der klassischen Onto-Theo-Logie, und der faktischen *Wirklichkeit* oder *Unwirklichkeit* Gottes in der Bio-Anthropo-Logie, tritt eine *Möglichkeit*, eine Offenheit, die bis zur *Wahrscheinlichkeit* Gottes gesteigert und durchaus mit subtilen Analysen aufgezeigt werden kann. So findet Alvin Plantinga (*1932) wieder Beweise für die wahrscheinliche Existenz Gottes. Ja, Plantinga nähert sich dabei fideistischen Theorien wie derjenigen des „intelligent design".

Die Pluralität der Sprachspiele

Möglichkeit und Wahrscheinlichkeit Gottes

Im Herzen der tele-semeio-logischen Erkenntnis wird die Vorstellung des weltlichen Menschen der Bio-Anthropo-Logie verabschiedet. Der Philosoph Michel Foucault (1926-1984) stellt in seinem Werk *Die Ordnung der Dinge* (1966) den „Tod des Menschen" fest. Der Tod des Menschen aber verweist wie der Tod Gottes auf das Geschehen in Golgotha. Wenn Foucault den Menschen als Mitte und Konstruktionspunkt des Wissens *dezentriert*, wiederholt er aber gerade nicht die *Negation* der Moderne. Die

Destruktion der Metaphysik ging über in die *Dekonstruktion* von Onto-Theo-Logie und Bio-Anthropo-Logie. Dabei ist es entscheidend zu sehen, dass *der* Mensch stirbt. Das bedeutet, dass weder der *Einzelne* noch die *Totalität* des Menschseins das Maß der Dinge sein kann. Vielmehr treten die Kategorien der *Besonderheit* und der *Vielheit* in den Vordergrund. Entsprechend ist der *Pluralismus* ein Signum dieser neuen Denkformen. Die Differenzen und das Besondere, das Abweichende und das Marginale gewinnen an Bedeutung. Der „Gesunde", der „Normale", der „Durchschnittliche", der „Konforme" sind die maßgebliche Erscheinungsform des Menschen in der Moderne. Dem hält Foucault entgegen, dass der „Kranke", der „Verrückte", der „böse Junge", der „Abweichler" nicht einfach negiert werden dürfen, sondern dass sie ihre eigene Wahrheit haben. Foucault bekommt gerade deshalb eine kaum zu überschätzende Bedeutung für die theologische Erkenntnis, da er in radikal neuer Form die Zuwendung Jesu zu den Zöllnern und Sündern, zu den Frauen und Heiden, zu den Prostituierten und Kranken, den Besessenen und sogar zu den Toten aktualisiert. Seine großen Analysen bezüglich Kliniken, psychiatrischen Einrichtungen und Strafvollzug versuchen, verhärtete Macht- und Wissensstrukturen, die Menschen verknechten, wieder aufzubrechen und zu verflüssigen. Gerade in Zeiten, in denen die sexuellen Übergriffe durch Vertreter von staatlichen und kirchlichen Schulen, Internaten und Heimen eine der größten Glaubwürdigkeitskrisen der pädagogischen Machtstrukturen heraufgeführt haben, gewinnen die Analysen Foucaults bezüglich der Geschichte der Sexualität neue Bedeutung. Die prekäre Verbindung von Sex und Macht bringt er wie kein anderer zur Sprache. Zudem zeigt Foucault, wie gerade das Sprechen über Sexualität an der Entstehung des menschlichen Subjekts beteiligt ist. Erkenntnis der eigenen Sexualität, Selbst- und Gotteserkenntnis können nicht voneinander getrennt werden. Dies arbeitet Foucault nicht zuletzt am Beispiel von Beichtpraxis und christlicher Spiritualität heraus. Dabei zielt er auf keinen „neuen Menschen", kein „neues Jerusalem", keine naive Befreiung, sondern auf eine geduldige und harte Arbeit an sich selbst. In der „Ästhetik der Existenz" versucht Foucault, eine neue Spiritualität zu finden, eine Spiritualität, die neue *Möglichkeiten* des Lebens eröffnet.

Tod des Menschen

Die Vielfalt und das Abweichen

Jesus und die Marginalisierten

Sex und Macht

Emmanuel Levinas (1905-1995) bringt in neuer Weise Gott als den ganz Anderen ins Spiel. So verwandelt sich der moderne Atheismus zu einem postmodernen A-Theismus in der Spur Gottes (Joachim Valentin). Der jüdische Philosoph Levinas, der seine ganze Familie im Holocaust verlor, wendet sich zunächst gegen das onto-theo-logische Denken im Ganzen. Er sieht bereits in der Unterscheidung von *Sein* und *Nichtsein* den Sündenfall der Denkgeschichte, da hier die Negation des Anderen grundgelegt sei. Gegen den griechischen Anfang der Philosophie bringt Levinas das jüdische Denken in Stellung, da hier die Andersheit Gottes das Maßgebliche ist. Gott ist im hebräischen Kontext nicht Idee, sondern der Abwesende, Unfassbare, der zugleich das Heil verheißt und die Ethik begründet. Gerade das Band zwischen dem Selben und dem Anderen nennt Levinas „Religion“. Die Erscheinung Gottes ereignet sich im Gesicht des Fremden, der Witwe, des Waisen. Gerade in deren Elend eröffnet sich ein Zugang zu Gott, der gleichwohl immer seinerseits der Fremde und ganz andere bleibt. Letztlich kommt in jeder Beziehung Gott (*dieu*) schon immer als der unendlich Andere auf mich zu, und zwar in einer Zukunft, in der sich stets auch Abschied – *A-dieu* – ereignet. Das Verhältnis des Ich zum Anderen ist von derselben Asymmetrie wie die Beziehung des Menschen zu Gott.

Messianismus versus Sokratismus

Zitat

„Nach dem Tode eines bestimmten, die Hinterwelten bewohnenden Gottes deckt die Stellvertretung der Geiselschaft die Spur – als unaussprechliche Schrift – dessen auf, das immer schon vergangen, immer schon ‚Er‘, in keine Gegenwart eintritt und zu dem weder die Namen, die Seiende bezeichnen, noch die Verben, in denen ihr Sein erklingt, mehr passen – das vielmehr, selbst Pronomen, allem, was einen Namen trägt, sein Siegel einprägt“ (Levinas: *Jenseits des Seins* 295).

In allem geht es darum, dem Anderen „gerecht zu werden“. Darin liegt eine „ethische Wende“ der Philosophie und dann auch der Theologie begründet. Doch ist die Gerechtigkeit *unmöglich*. Als das *Unmögliche* aber fordert sie heraus. Wie kaum ein anderer Philosoph der zweiten Hälfte des 20. Jahrhunderts gibt Levinas den Theologen zu denken. Ein wichtiger Bezugspunkt für Levinas ist Platons Bestimmung der Idee des Guten als „jenseits des Seins“. Der Grundsatz der so genannten negativen Theologie, die Gott als das Unsagbare auszusagen versucht, erscheint bei Levinas in erstaunlicher *Paradoxie*, weil die Transzendenz Gottes gerade in der Immanenz des Anderen und der je konkrete Andere gerade in der Transzendenz Gottes erfahren wird. Die Transzendenz des ganz Anderen und der Anderen wird zur Quelle des Friedens, da sie den *Pluralismus* ermöglicht: „Die Transzendenz

Die Ethik des Anderen

Pluralismus und Transzendenz

oder die Güte ereignet sich als Pluralismus [...]. Der Pluralismus vollzieht sich in der Güte, die von mir zum Anderen geht" (Levinas: *Totalität und Unendlichkeit* 445).

Die paradoxe Logik der tele-semeio-logischen Denkform hat niemand so deutlich ausgeführt wie Jacques Derrida (1930-2004). Derrida bringt den Zwischenraum zwischen Bejahung und Verneinung zu neuer Relevanz. Zugleich postuliert er in aller Entschiedenheit den Primat der „Sprache" vor der „wirklichen Welt" (*Grammatologie* 16ff.). Die „Sprache" ist das zentrale Thema des Denkens und die Totalität des Problemhorizonts, vor dem gedacht werden kann. Die „Zeichen" oder die „Schrift" werden als Drittes zwischen rein geistiger Idee und sinnlichem Phänomen angesetzt (ebd. 16ff.). Denn an die Stelle der gesprochenen Sprache, die sich durch die Anwesenheit des Sprechers und des Hörers auszeichnet und die den Anschein der idealen Präsenz des Gesagten erweckt, setzt Derrida die Sprachlichkeit der Schrift, da sie die Abwesenheit der bezeichneten Sache sinnfällig macht. Die *Realität* der weltlichen Referenz tritt zurück. Die Sache (*res*) hinterlässt im Text Zeichen ihrer Abwesenheit. Zeichen sind die *Spur* einer Präsenz, die niemals gegenwärtig war, denn ein Zeichen verweist auf das nächste. Jedoch verbindet Derrida damit die be-entgrenzte Wiederkehr der Theo-Logie: „Das Zeichen und die Göttlichkeit sind am gleichen Ort und zur gleichen Stunde geboren. Die Epoche des Zeichens ist ihrem Wesen nach theologisch" (ebd. 28). Vor allem die Tradition der negativen Theologie kommt zu neuem Ansehen, und zugleich erfährt sie eine grundsätzliche Kritik, weil sie kommt trotz aller Betonung der prinzipiellen Jenseitigkeit Gottes stets zu Aussagen über ihn. Auch wenn von Gott nicht unmittelbar gesagt werden kann, wie es/er ist, kann Gott doch im Spiegel seiner Geschöpfe als erste Ursache spekulativ erfasst werden. Die Ähnlichkeit zwischen Schöpfer und Geschöpf ermöglicht „analoge" Aussagen. Dagegen betont Derrida die Differenz, die nun aber nicht mehr in den Kategorien von *Bejahung* und *Verneinung* zu fassen ist. Das Schlüsselwort für die neue Logik ist „différance" (Derrida: *Die différance* 34f.). Das aufgeschobene Andere will und will nicht Gott genannt werden.

Reich der „Schrift" und Wiederkehr Gottes

Negative Theologie?

Derrida kritisierte an seinem Freund und Vorbild Levinas dessen einseitige Parteinahme für jüdische Denkformen. Gemäß seinem Sinn für die „différance" und die *chôra* verortet Derrida die Geschichte des Denkens im Zwischenraum von Jüdischem und Griechischem. Derridas Schüler und Freund Jean-Luc Nancy (*1940) wendet sich seinerseits gegen seinen Lehrer, wenn er feststellt, dass bei Derrida der Blick auf das Christliche zu kurz gerate. Nancy macht deutlich, dass auch die gesamte Bewegung der Dekonstruktion und Öffnung, wie sie die Postmoderne auszeichnet, aus dem Inneren der Metaphysik, und dass die Metaphysik wiederum aus dem Christentum hervorgehe (Nancy: *Dekonstruktion des Christentums* 16). Nicht nur das philosophische Denken, sondern der ganze Okzident samt seiner Geschichte bis zur globalisierten Welt unserer Tage hänge am Christentum (237, 241ff.). Dies zu zeigen, sei eine gewisse Notwendigkeit der heutigen Zeit. Nancy fragt, „warum wir systematisch unseren Blick vom Christlichen abwenden und immer zum ‚Jüdisch-Griechischen' hinschielen, als wollten wir uns dem Christlichen nicht stellen" (238)? Das Christliche und damit verbunden der christliche Gottesgedanke sei es, was es zu denken gelte (21).

Dekonstruktion und Christentum

Parallel zu Nancy hatte bereits der italienische Philosoph Gianni Vattimo (*1936) herausgearbeitet, dass das Christentum, genauer der Gedanke der Entäußerung Gottes in die Welt (*kénôsis*), wie er im Philipperhymnus formuliert wird, der Leitgedanke durch die Geschichte des Denkens sei. Das „schwache Denken" der Postmoderne, wie Vattimo mit Anspielung auf 1 Kor formuliert, entstamme ebenso dem Christlichen, wie schon die Metaphysik und die Moderne. Damit wird aber die Heilige Schrift, die die Entäußerung Gottes in die Welt bezeugt, zur Bedingung der Möglichkeit unserer gesamten Denkgeschichte. Da sich aber das abendländische Denken selbst entgrenzt und globalisiert hat, gewinnt das Christentum eine neue globale Relevanz. Vom Kommunismus Chinas zum Kapitalismus der USA, von den abendländisch geprägten Naturwissenschaften zur Herrschaft der Technik und Technologien, vom Atheismus Europas zur Rede von den universalen Menschenrechten – in allem hat sich das Christentum eingeschrieben. Dies wird in unseren Tagen offenbar. Doch wird dadurch auch ein neuer Zugang zur Bedingung der Möglichkeit dieser Entwicklungen gelegt: zur Bibel. Es ereignet sich nach Vattimo eine Wiederkehr des „Gottes der Bibel". Unsere heutige geistige Situation zeichnet sich dadurch aus, dass wir wieder frei sind, auf das Wort der Heiligen Schrift zu hören (*Jenseits des Christentums* 13).

Die Entäußerung Gottes

Ein neuer Zugang zur Heiligen Schrift

Zusammenfassung

Das a-theistische Denken der Tele-Semeio-Logie ist gekennzeichnet durch den „Tod des Menschen". Der sinnliche Mensch als Einzelner oder als Masse ist nicht länger das Zentrum des Wissens. Statt dessen entwickelt sich eine durch Zeichen und Medien vermittelte Kultur der Besonderheit, in der die Differenzen zu neuem Ansehen kommen. Zugleich ereignet sich eine neue prekäre Öffnung des Denkens auf Gott. Schließlich deutet sich an, dass alle hier vorgestellten Denkformen dem griechisch-jüdisch-christlichen Komplex, besonders aber der Heiligen Schrift entspringen.

6.3.2 Theologische Reaktionen

Die neuere Theologie zeichnet sich durch eine große innere Vielfalt aus, die durchaus dem zeitgenössischen *Pluralismus* geschuldet ist. So legt sich die Theologie in verschiedene Fächer auseinander, die ihrerseits weiterhin meist auf außertheologische Referenzwissenschaften bezogen sind. Die biblische Exegese zum Beispiel ist, wie wir bereits gesehen haben, auf Sprachwissenschaften, Geschichtswissenschaften, Kulturwissenschaften Archäologie, aber auch philosophische Hermeneutik ausgerichtet. Ähnliches gilt von den kirchengeschichtlichen Fächern. Auch die praktische Theologie bezieht sich auf die Erkenntnisse der Humanwissenschaften wie Psychologie, Pädagogik, Medizin, Ethik usw. Und schließlich sind auch die systematischen Disziplinen auf äußere methodische und inhaltliche Maßgaben angewiesen. So finden sich zahlreiche Fundamentaltheologien und Dogmatiken, die den neueren Denkformen folgen:

Der Pluralismus der Zugänge

Analytische Theologie

Eine bedeutsame Richtung der Theologie schließt sich an die analytische Philosophie des anglophonen Sprachraums an; zu nennen sind hier Ingolf U. Dalferth (*1948), Oliver J. Wiertz (*1964), Thomas J. Schärtl (*1969). Ebenfalls von englischen und v.a. amerikanischen Vorgaben lebt die Prozesstheologie, die die innergöttliche Dynamik betont und in unmittelbarer Korrelation mit weltlichen Prozessen steht; ein wichtiger Exponent dieser Richtung ist Roland Faber (*1960). Es ist nebenbei zu bemerken, dass die Ursprünge der analytischen Philosophie und der Prozessphilosophie eng miteinander verbunden sind, um nur auf die enge Zusammenarbeit von Alfred North Whitehead (1861-1947) und Bertrand Russell (1872-1979) zu verweisen. Andere Theologen rezipieren eher die neuere französische Philosophie. Hier müssen die neuere Hermeneutik, die neuere Phänomenologie als auch die postmoderne Philosophie genannt werden. Die Phänomenologie von Emmanuel Levinas wurde etwa von Bernhard Casper (*1931) und Erwin Dirscherl (*1960) in die katholische Theologie eingeführt. Um die Rezeption Jean-Luc Marions (*1946) machte sich etwa der Jesuit Tobias Specker (*1971) verdient. Die Hermeneutik Paul Ricoeurs (1913-2005) inspirierte zahlreiche Theologien, darunter Jean Greisch (*1942) oder Knut Wenzel (*1961). Auch die poststrukturalistischen Philosophen François Lyotard, Michel Foucault und Jacques Derrida haben etwa durch Saskia Wendel (*1964), Hans-Joachim

Prozesstheologie

Theologische Phänomenologie

Hermeneutische Theologie

Sander (*1959) oder Gregor Maria Hoff (*1964) Eingang in den Diskurs der katholischen Theologie gefunden. Auch die Philosophie von Jürgen Habermas (*1929) gehört noch immer zu den Gesprächspartnern heutiger systematischer Theologie. Hier ist Edmund Arens (*1953) zu erwähnen. Ein weiterer wichtiger Rationalitätstyp innerhalb der Theologie ist die neue Zuwendung zur Subjektphilosophie Kants und Fichtes. In noch einmal sehr unterschiedlicher Weise haben Hans-Jürgen Verweyen (*1936), Thomas Pröpper (*1941) und Klaus Müller (*1955) die idealistischen Subjekttheorien mit neueren Denkformen verbunden und theologisch fruchtbar gemacht.

Dekonstruktive Theologie

Diskurstheoretische Theologie

Subjektphilosophische Theologie

Gemeinsam ist all diesen Richtungen, dass sie aktuelle Philosophien aufgreifen und für die Theologie erschließen. Sie bleiben jedoch gerade deshalb weitgehend *reagierend* und setzen die Gegebenheit der außertheologischen Vernunfttypen voraus. *Demgegenüber wäre zu zeigen, dass der abendländischen Vernunft in ihrer Pluralität die Heilige Schrift als transzendentale Weisung bereits vorausgeht.*

Angesichts der Herausforderung durch neuere Entwicklungen in Gesellschaft, Kultur und Wissenschaft ergeben sich thematische Fluchtlinien für die gegenwärtige theologische Diskussion. Einige seien hier kurz angedeutet:

1. *Das Christentum und die anderen Religionen.* Die so genannte pluralistische Religionstheologie geht davon aus, dass die verschiedenen religiösen Denkformen lediglich verschiedene Wege sind, die alle gleichermaßen zum einen Wirklichen (the *real*) führen, das einer offenen Leerstelle gleicht, weil es mit keinem konkreten Gottesbegriff identifiziert werden kann, ja weil es nicht einmal eindeutig als „Gott" bezeichnet werden kann, wie ein Verweis auf den Buddhismus zeigt, da hier die letzte Wirklichkeit, das *nirvana*, gerade keinen persönlichen Gott meint. John Hick (*1922), Paul F. Knitter (*1939) und Perry Schmidt-Leukel (*1954) fordern, dass keine einzelne religiöse Tradition einen Absolutheitsanspruch erheben sollte. Zugleich gelte es, den Dialog der Religionen auf der Basis der Gleichwertigkeit zu befördern. Diese zwar vom katholischen Lehramt scharf kritisierten Positionen sind gleichwohl Ausdruck einer im Westen weit verbreiteten Mentalität. Doch ist zu sehen: Der religiöse Pluralismus ist ein Kind des christlichen Abendlands, das im Wesentlichen auch von den nichtchristlichen Religionen als solches wahrgenommen und abgelehnt wird. Der Weg aus der Alternative von Absolutheitsanspruch und Relativis-

Pluralistische Religionstheologie

mus führt meines Erachtens über die Einsicht, dass das Christentum – und nur es – den postmodernen Pluralismus hervorgebracht hat, wie wir ihn heute kennen. Diese Offenheit für die Anderen ist damit *ein* wesentlicher Zug des christlichen Glaubens. Der biblisch bezeugte *lógos* des Christentums bildet die Basis für eine offene Begegnung mit dem Anderen. Gerade weil sich der christliche *lógos* in onto-theo-*logische*, bio-anthropo-*logische* und tele-semeio-*logische* Denkformen auseinanderlegt, bietet er gleichermaßen die Aufgeschlossenheit und die Geschlossenheit, die für eine vernünftige und offene Begegnung der Religionen notwendig ist. Aus der Begegnung mit den Anderen kann jede Religion neue theologische Erkenntnisse ziehen.

Christentum als Religion der Offenheit

2. *Das Christentum und die Kulturen.* Die heutige theologische Erkenntnis wird aber nicht nur von den anderen Religionen, sondern auch von den anderen Kulturen herausgefordert, da sich das Christentum über die Grenzen des Abendlands hinaus verbreitet hat. Zugleich leben wir in einer Zeit, in der die kolonialen und post-kolonialen Vorstellungen von der Überlegenheit der euro-amerikanischen Kultur und ihrer Denkformen an ein Ende gekommen sind. Menschsein kann nicht nur von euro-amerikanischen Vorstellungen geprägt werden. Die spürbaren Veränderungen in der Weltpolitik und Weltkultur lassen China, Indien, Japan, Lateinamerika, aber auch den islamischen Kulturkreis an Bedeutung gewinnen. Es darf an dieser Stelle auch nicht verschwiegen werden, dass vielleicht als Reaktion auf euro-amerikanische Machtpolitik Christen in anderen Kultur- und Religionskreisen in neuer Weise massiven Repressionen ausgesetzt sind. Vor allem in Ägypten, im Irak und im Sudan sind die alten christlichen Minderheiten in ihrer Existenz bedroht. Theologische Erkenntnislehre darf sich diese neuen Formen der Gewalt nicht verhehlen und muss sich der neuen Problemlage stellen. Das Christentum selbst hat seinen Schwerpunkt in die südliche Hemisphäre und nach Asien verlagert. Die meisten Katholiken leben in Südamerika und die höchsten Wachstumsraten verzeichnen die Kirchen Asiens, um hier nur auf Korea zu verweisen, das in wenigen Jahrzehnten zu einem größtenteils christlichen Land geworden ist. Dies kann nicht ohne Rückwirkungen auf die christlichen Kulturen Europas und damit auf die theologische Erkenntnislehre bleiben, wenn wir ernsthaft davon ausgehen, dass wir von den Christen Asiens, Afrikas und Lateinamerikas lernen können. Spiritualität, Liturgie und Denkformen aus anderen Kulturkreisen können das abendländische Christentum bereichern. Doch kann dies nicht dazu führen, dass emanzipatorische Errungenschaften der westlichen Welt dadurch

Postcolonial Theology

Gewaltsame Spannungen

Transkultureller Austausch

relativiert werden. Gerade die neuzeitliche Vernunft mit ihrem Prinzip der Freiheit bildet einen unhintergehbaren Maßstab, der auch für andere Kulturen in gewissem Maße gilt, weil sich das Christentum in der Aufklärung zur Menschheitlichkeit transformiert hat: Universale Menschenrechte, die Freiheit von Glaube und Wissenschaft sowie die Würde des Individuums gelten letztlich unabhängig von Kultur und Religion. Dasselbe ist noch einmal in eigener Weise von den Errungenschaften der Bio-Anthropo-Logie und Tele-Semeio-Logie zu sagen. Um ein konkretes Bespiel zu geben: Die volle Gleichwertigkeit und Gleichberechtigung der Frauen – bei aller bestehenden Differenz der Geschlechter – darf durch diskriminierende Traditionen in anderen Kulturen nicht relativiert werden. Auch wenn manch vormoderner Zug außereuropäischen Christentums offiziellen Positionen etwa der Katholischen Kirche in Fragen Frauenordination entgegenzukommen scheint, darf man sich über die unhintergehbare Dynamik des Christlichen nicht täuschen. Die scheinbare Schwächung des abendländischen Christentums in Neuzeit, Moderne und Postmoderne wird gerade zum Zeichen seiner Stärke.

Errungenschaften der Aufklärung nicht aufgeben

3. *Das Christentum und die Geschlechter.* Gerade die Begegnung mit anderen Religionen und Kulturen konfrontiert das Christentum neu mit patriarchalischen Rollenmustern. Umso mehr wird auch innerhalb der nördlichen Hemisphäre die Grenze zwischen den Geschlechtern erneut zum Thema gesellschaftlicher Diskurse, um hier nur an die Probleme der anglikanischen Kirche mit der Ordination von Frauen zu Bischöfinnen zu erinnern. Noch immer werden Macht und Wissen auch in den westlichen Gesellschaften weitgehend von Männern verwaltet. Dies gilt in besonderem Maß im Kontext der Katholischen Kirche. Doch müssen letztlich alle Kirchen lernen, dass Menschwerdung nicht „Mannwerdung" Gottes bedeutet. Obwohl kein ernsthafter Christ Gott tatsächlich mit dem Mannsein identifizieren wird, führt doch die Tatsache, dass Gott in der christlichen Theologie und Ikonographie zumeist als Mann dargestellt wird, zu einem Primat des Männlichen – auch in Theologie und Kirche. Gerade in der theologischen Erkenntnislehre ist zu bemerken, dass *theós* und *lógos* in der griechischen Tradition stets mit dem „männlichen Prinzip" als dem Geistigen verbunden war, während das Weibliche eher das untergeordnete „Materielle" (vgl. lateinisch: *mater* für Mutter) assoziiert. Gerade wegen dieser unterschwellig noch wirksamen Muster ist sowohl die Verbindung von intellektueller Erkenntnis und Männlichkeit wie auch die Marginalisierung des Materiellen zu dekonstruieren; denn der inkarnatorische Grundgedanke des

Menschwerdung, nicht Mannwerdung

Der männliche Logos?

Christentums weiß gerade die materielle Welt als Aufenthaltsort Gottes. Emanzipation von Frauen kann freilich nicht dazu führen, dass Frauen „vermännlicht" werden, sondern dass das Besondere des Weiblichen auch im Bereich der Erkenntnis eine neue Bewertung erfährt. Nebenbei ist hier zu bemerken, dass die Polaritäten von Geist und Materie, Verstand und Gefühl, Intellekt und Intuition, Individualität und Gemeinschaft weniger mit dem natürlichen Geschlecht (sex), sondern mit dem sozial-kontextuellen Geschlecht (gender) verbunden sind. Darüber hinaus gilt, dass die Polarität von zwei Geschlechtern durch die Analysen Michel Foucaults etwa dekonstruiert wurde. Auch die Frage einer von der herkömmlichen Norm abweichenden sexuellen Orientierung ist in diesem Kontext weiter zu klären.

Gender und Pluralität

4. *Das Christentum und die Armen.* Noch immer wird Christsein besonders mit den *reichen* Nationen Europas und Amerikas verbunden. Jedoch hat die Kirche eine Option für die Armen getroffen; eine Option, die in der Praxis Jesu wurzelt. Besonders die lateinamerikanische Theologie der Befreiung hat die Option Jesu für die Schwachen bedacht. Sind die Armen dieser Erde überhaupt menschliche „Personen"? Sind sie nicht vielmehr „Nichtpersonen" oder „Unpersonen"? (Gutiérrez: *Theologie der Befreiung* 34). Ausgangspunkt der theologischen Erkenntnis wird hier die Struktur des Lebens Jesu: „Sie besteht in der Ankündigung des Gottesreiches für die Armen, und der Verteidigung der Unterdrückten und der Konfrontation mit den Unterdrückern, in der Verkündigung des Gottes des Lebens und der Anklage der Götzen" (Sobrino: *Christologie der Befreiung* 94). Jesus wendet sich den Marginalisierten zu und gibt ihnen eine neue Perspektive. Der Weg der Erkenntnis führt aus der Tiefe der Welt der Armen zu Jesus von Nazaret und von Jesus zum erhöhten Christus. Auferstehung konkretisiert sich in der Veränderung der Strukturen, die Menschen unterdrücken und ihr Menschsein verhindern. Es kann nicht nur darum gehen, Armen etwas zu geben, was ihnen auf Grund struktureller Sünde vorenthalten wird, sondern diese Sünde selbst ist zu erkennen, aufzudecken und zu überwinden. Die neuere Theologie der Befreiung geht jedoch nicht mehr von einem neuen Weltzustand aus, wie ihn der Marxismus erhofft, sondern regionale und konkrete Kämpfe treten an die Stelle der universalen und abstrakten Negation des „Bösen". Gerade vom postmodernen Denken lernt die neue Theologie der Befreiung, dass der Versuch, das (oftmals auch vermeintliche) Böse total zu negieren, in neues noch größeres Unrecht führen kann. Dennoch bleibt eine theologische Erkenntnis, die nicht strukturelle Unge-

Frohe Botschaft auch für die Armen

Erkenntnis der Sünde

rechtigkeiten aufbricht, belanglos. Dies gilt besonders in Zeiten, in denen die Schere zwischen Reich und Arm auch innerhalb der westlichen Gesellschaften – scheinbar unaufhaltsam – immer größer wird.

Ungerechtigkeit aufbrechen

5. *Passion und Kenosis Christi.* Johann Baptist Metz (*1928) machte deutlich, dass vor allem Leid des Menschen zu denken gibt und die christliche Praxis herausfordert. Das Leid wird von jedem Einzelnen in seiner Einzelheit erlebt. Dabei hinterlässt die Erfahrung des Leidens eine Spur der Erinnerung – *memoria passionis.* Das menschliche Subjekt ist gerade von dieser Erfahrung her zu bedenken. Es konstituiert sich erst indem es von sich, besonders aber von seinem Leid erzählt. Das erzählte Leid fordert ein erzähltes Ich. Deshalb spricht Metz vom „kognitiven Primat erzählter Erinnerung" (Metz: *Glaube in Geschichte und Gesellschaft* 190). Es geht aber auch darum, die Geschichte aus der Perspektive der Opfer und nicht der Sieger zu schreiben. Dabei versucht Metz die Erinnerung wieder mit denen zu verknüpfen, denen sie ursprünglich gegolten hat: Die Besiegten, Vernichteten der Geschichte, die Toten. Metz dekonstruiert nicht nur die theo-logische Subjektphilosophie der Neuzeit, sondern auch das anthropo-logische Subjekt der Moderne. Zum Symbol für die Erfahrung des Leids wird Auschwitz. Auschwitz steht für die systematische und industrielle Vernichtung der Anderen, besonders aber der Juden, die in der Geschichte des Abendlands ihrerseits zum Symbol für die Andersheit und die Ausgegrenztheit wurden. Auschwitz ist aber nach Metz ein Attentat auf alles, was auch uns Christen hätte heilig sein müssen. Auschwitz kann auch als moderne Passion Christi verstanden werden. Die Möglichkeit und auch die fortgesetzte Wirklichkeit der Vernichtung von Menschen durch Menschen mahnen zur Wachsamkeit und mehr noch zur politischen Praxis. Die Macht der Vernichtung kann allerdings niemals durch eine Gegenmacht überwunden werden, sondern nur durch die allzu oft ohnmächtige Macht der Liebe. Die Pflicht zum Widerstand und die Überwindung der Gewalt durch Liebe befinden sich in einer unauflösbaren Spannung. Gerade die stets offene Differenz zwischen Mitleid und Widerstand, Barmherzigkeit und Gerechtigkeit, ohnmächtigem Leiden und Macht, das Leid zu überwinden, gibt der theologischen Erkenntnis nachhaltig zu denken.

Das Leid des Einzelnen

Perspektive der Opfer

Das Skandalon Auschwitz

Differenz von Mitleid und Widerstand

6. *Fundamentalismus und Relativismus.* Ein wesentliches Kennzeichen für unsere Zeit ist die Kluft, die sich zwischen der Verabsolutierung gewisser Aspekte der Religion und der Diffusion jeglichen Glaubens auftut. Die entsprechenden Positionen werden häufig als Fundamentalismus bzw. Relativismus bezeichnet. Die-

se können bis zu religiösem Fanatismus und vollkommener Areligiosität gesteigert werden. Unbestreitbar ist die christliche Kultur vor allem im heutigen Europa einem immensen Bedeutungsverlust ausgesetzt, der mit dem Verfall traditioneller Religiosität einhergeht. Kirchliche Milieus, religiöse Plausibilitätsstrukturen und die Überzeugungskraft theologischen Wissens lösen sich in großer Geschwindigkeit auf. Andererseits gewinnen neue religiöse Strömungen an Kraft. Vor allem Formen des Christlichen, die sich durch Biblizismus und Rigorismus auszeichnen, haben unter jungen Menschen einen beachtlichen Zulauf. Auch innerhalb der Katholischen Kirche erstarken traditionalistische Glaubensformen. Doch können eine naive Zuwendung zur Bibel, ein unzeitgemäßer Dogmatismus und unreflektierte Moralvorstellungen auf Dauer den Verlust einer Christlichkeit nicht ersetzen, die auf der Basis vernunftgeleiteter Reflexion die biblische Offenbarung traditionsbewusst und zukunftsoffen erschließt und dabei gleichermaßen persönliche Identitätsbildung und kirchliche Gemeinschaftserfahrung ermöglicht. Unkritisches und vernunftloses Behaupten von „Wahrheiten" einerseits und haltloses Infragestellen sowie ahnungslose Gleichgültigkeit gegenüber der Wahrheit andererseits bedingen sich gegenseitig. Nur ein Christentum, das fest in der Heiligen Schrift gründet ist, das um die Geschichtlichkeit der Wahrheit weiß und das sich auf der Höhe der eigenen Zeit vor dem Forum der Vernunft verantworten kann, ist zukunftsträchtig. In der Spannung von Entschiedenheit und Offenheit wird das Christentum wohl auch in unseren Tagen einen Weg in die Zukunft finden.

Zusammenfassung

Die jüngere Theologiegeschichte ist von einer ausgeprägten Pluralität der Zugänge und Methoden gekennzeichnet. Dabei reagiert die Theologie meist auf Herausforderungen, die sich aus der Begegnung mit den gegenwärtigen Lebens- und Denklandschaften ergeben. Innerhalb der Katholischen Theologie ist die Aufarbeitung der neuzeitlichen, modernen und postmodernen Denkformen immer noch nicht abgeschlossen. Besondere thematische Fluchtlinien stellen das Verhältnis zu anderen Religionen, anderen Kulturen, anderen Geschlechtern, Armen und Leidenden sowie die Spannung zwischen innerer Auflösung und Verhärtung dar.

7. Fazit

Gegründet in Heiliger Schrift, Überlieferung, kirchlicher Gemeinschaft und freiem Denken wächst der Einsicht des Glaubens stets neue Kraft zu, die sie braucht, um den Menschen das heilende Wort des lebendigen Gottes zusprechen zu können. Das ist aber nur möglich, wenn die vier genannten Orte theologischer Erkenntnis in ein neu austariertes Verhältnis finden. Dann allerdings kann das Christentum wieder in neuer Weise zu sich kommen. Dazu ist aber erforderlich, sich aus überkommenen Fixierungen zu lösen. Der kirchliche Glaube darf sich nicht auf *einen* Komplex von Denkformen beschränken. Gerade eine „katholische" Erkenntnislehre muss für alle Orte der Vernunft offen sein und sie integrieren, nimmt sie doch die *allgemeine* Vernunft für sich in Anspruch. So wenig der Katholizismus sein patristisch-scholastisches Erbe aufgeben darf, so wenig kann er sich heute darauf beschränken. Vergleichbares gilt für die Orthodoxie und den Protestantismus. Wenn christliches Denken erkennt, dass nicht nur die Onto-Theo-Logie, sondern auch die Bio-Anthropo-Logie und die Tele-Semeio-Logie demselben göttlichen Logos entspringen wie die Fleischwerdung Gottes in Jesus von Nazaret, dann verliert das Christentum seinen reaktiven Grundzug, der dem Katholizismus seit etwa 500 Jahren und Protestantismus seit fast 200 Jahren eigen ist. Denn ein erneuerter Glaube kann nicht nur mehr oder weniger zögerlich auf äußere Einflüsse reagieren, sondern er sollte seinerseits Geschichte und Welt inspirieren. Je tiefer christliche Erkenntnis in ihrer eigenen Herkunft verwurzelt ist, desto mehr Kraft hat sie, Zukunft zu gestalten.

Der *theós*, der *lógos* ist, und die göttliche Vernunft, die Mensch wird, geben zu denken und mehr noch sie geben jedem Menschen eine unerhörte Würde. Der Mensch aber, der dieser Würde eingedenk ist, erfährt sich als frei, denn „zur Freiheit hat uns Christus befreit" (Gal 5,1). Die durch Christus geschenkte Freiheit aber kann sich jeder Mensch nehmen. Wer diese Freiheit ergreift, erneuert sein Denken. Das neue Denken vermag zu prüfen, was Gottes Wille ist, nämlich das Gute und Vollkommene (vgl. Röm 12,2). Das Leben der Christinnen und Christen wird so zu einer geistigen und geistlichen Reise. Dabei leuchtet das Gute und Vollkommene immer wieder in konkreten Erfahrungen und Begegnungen, Einsichten und Aussichten, Gesprächen und Handlungen auf. Das Licht Gottes dringt durch die Ritzen unseres Lebens. Es kommt darauf an, sich gleichermaßen geduldig, sehnsüchtig und begeistert in Gotteserkenntnis zu üben. Die Zeit der Übung ist unser Leben. Hier will Gott sich mitteilen und hier will er sich verwirklichen, im Großen wie im Kleinen, in Schmerz und in Lust, in Trauer und in Freude, in Hektik und in Ruhe, in Einsamkeit und in Gemeinschaft, in sakramentalem Kult und in profaner Kultur. Ein derart inkarnierter Glaube ist eine offene Provokation, da er aus der Dunkelheit der Gottferne hervorruft. Gott ruft die Menschen zum Licht und zur Liebe. Daran erkennt man die Menschen, die sich von Gott ansprechen lassen, dass sie einander lieben (vgl. Joh 13, 35). Gewiss wird diese Liebe immer auch von Streit und Schuld verdeckt sein. Doch besteht das Frohe des Evangeliums Christi gerade darin, dass Gewalt, Hass und Leid nicht das letzte Wort haben.

Literatur

Einführende Literatur

BEINERT, Wolfgang: Theologische Erkenntnislehre, in: DERS. (Hg.): Glaubenszugänge. Lehrbuch der katholischen Dogmatik, Paderborn u.a. 1995, 47-200.

BÖTTIGHEIMER, Christoph: Lehrbuch Fundamentaltheologie. Die Rationalität der Gottes-, Offenbarungs- und Kirchenfrage, Freiburg u.a. 2009, darin bes. 115-164.

HÜNERMANN, Peter: Dogmatische Prinzipienlehre, Münster 2003.

KERN, Walter/NIEMANN, Franz-Josef: Theologische Erkenntnislehre, Düsseldorf 1981.

KERN, Walter u.a.: Handbuch der Fundamentaltheologie, Bd. 4, Traktat Theologische Erkenntnislehre mit Schlussteil Reflexion auf Fundamentaltheologie, Tübingen/Basel ²2000.

KNAPP, Markus: Die Vernunft des Glaubens. Einführung in die Fundamentaltheologie (Grundlagen Theologie), Freiburg u.a. 2009.

OEMING, Manfred: Biblische Hermeneutik. Eine Einführung, Darmstadt ³2010.

RATZINGER, Joseph: Theologische Prinzipienlehre. Bausteine zur Fundamentaltheologie, Donauwörth ²2005.

RUHSTORFER, Karlheinz: Die Quelle des Glaubens und Denkens. Zum theologischen Ort der Heiligen Schrift heute, in: SÖDING, Thomas (Hg.): Geist im Buchstaben? Neue Ansätze in der Exegese, Freiburg 2007, 98-149.

STOSCH, Klaus von: Einführung in die Systematische Theologie, Paderborn ²2009.

VERWEYEN, Hans-Jürgen: Einführung in die Fundamentaltheologie (Einführung Theologie), Darmstadt 2008.

WERBICK, Jürgen: Einführung in die theologische Wissenschaftslehre, Freiburg 2010.

Weitere Literatur

ARISTOTELES: Metaphysik. Nach der Übers. v. BONITZ, Hermann, bearb. v. SEIDL, Horst, 2 Bde., Hamburg 1995.

ARISTOTELES: Nikomachische Ethik, übers. v. DIRLMEIER, Franz, Stuttgart 1983.
AUGUSTINUS: Confessiones. Bekenntnisse. Übers. v. FLASCH, Kurt u. MOJSISCH, Burkhard, Stuttgart 1989.
AUGUSTINUS: De doctrina christiana. Die christliche Bildung. Übers., Anm. u. Nachw. v. POLLMANN, Karla, Stuttgart 2002.
AUGUSTINUS: De praedestinatione sanctorum. Die Vorherbestimmung der Heiligen, in: Aurelius Augustinus: Schriften gegen die Semipelagianer, Würzburg 1987, 240-440.
BARTH, Karl: Der Römerbrief 1922 (2. Aufl.), Zürich 1999.
BASILIUS VON CAESARAEA: De spiritu sancto – Über den Heiligen Geist. Übers. v. SIEBEN, Hermann Josef, Freiburg u.a. 1993.
BENEDIKT XVI.: Enzyklika „Caritas in Veritate" (VAS 189), Bonn 2009.
BENEDIKT XVI.: Enzyklika „Deus Caritas est" (VAS 171), Bonn 2005.
BLONDEL, Maurice: Histoire et dogme (1904), in: DERS.: Les premier écrits de Maurice Blondel. Paris 1956. Übers.: Geschichte und Dogma, Mainz 1963.
CANO, Melchior: Melchioris Cani Episcopi Canariensis ex Ordine Praedicatorum Opera, Venedig 1739 (Erstdruck Salamanca 1563).
CONGAR, Yves: Die Tradition und die Traditionen, Bd. 1, Mainz 1965.
DENZINGER, Heinrich: Enchiridion symbolorum definitionum et declarationum de rebus fidei et morum, hg. v. HÜNERMANN, Peter, Freiburg u.a. ^{37}1991.
DERRIDA, Jacques: Die différance, in: DERS.: Randgänge der Philosophie, Wien ^{2}1999, 31-56.
DERRIDA, Jacques: Grammatologie, Frankfurt 1974.
DULLES, Avery: Lehramt und Unfehlbarkeit, in: KERN, Walter u.a. (Hg.): Handbuch der Fundamentaltheologie, Bd. 4, Traktat Theologische Erkenntnislehre, Tübingen/Basel ^{2}2000, 109-131.
EBELING, Gerhard: Kirchengeschichte als Geschichte der Auslegung der Heiligen Schrift, in: DERS.: Wort Gottes und Tradition. Studien zu einer Hermeneutik der Konfessionen, Göttingen 1964, 9-27.
FEUERBACH, Ludwig: Grundsätze einer Philosophie der Zukunft, Kritische Ausgabe, Frankfurt 1967.
FICHTE, Johann Gottlieb: Die Anweisung zum seligen Leben, in: Fichtes Werke, hg. v. FICHTE, Immanuel Hermann, Berlin 1971, 397-580.
FOUCAULT, Michel: Die Ordnung der Dinge. Eine Archäologie der Humanwissenschaften, Frankfurt 1974.
GUTIÉRREZ, Gustavo: Theologie der Befreiung, Mainz ^{10}1992 (1973).
HARNACK, Adolf von: Das Wesen des Christentums, Leipzig 1901.
HEGEL, Georg Wilhelm Friedrich: Vorlesungen über die Philosophie der Religion, 3 Bde., neu hg. v. JAESCHKE, Walter, Hamburg 1992.
KANT, Immanuel: Kants Werke. Akademie-Textausgabe. Unveränderter photomechan. Abdruck d. Textes d. von d. Preussischen Akademie d. Wissenschaften 1902 begonnenen Ausg. von Kants gesammelten Schriften, Berlin 1968-1977.
KASPER, Walter: Das Verhältnis von Schrift und Tradition. Eine pneumatologische Perspektive, in: PANNENBERG, Wolfhart (Hg.): Verbindliches Zeugnis I, Kanon – Schrift – Tradition, Freiburg/Göttingen 1992, 335-370.

KIERKEGAARD, Sören: Einübung im Christentum, Simmerath 2003.
LEVINAS, Emmanuel: Jenseits des Seins oder anders als Sein geschieht, Freiburg 1992.
LUBAC, Henry de: Le problème du développement du dogme, in: Recherche de science religieuse 35 (1948), 130-160.
LUTHER, Martin: Luther Deutsch. Die Werke Luthers in Auswahl, hg. v. ALAND, Kurt, Göttingen 1991.
MARX, Karl: Das Kapital, Bd. 1, Berlin 1974.
MARX, Karl: Kritik der Hegelschen Rechtsphilosophie. Einleitung, in: DERS.: Die Frühschriften, hg. v. LANDSHUT, Siegfried, Stuttgart 1971, 207-224.
METZ, Johann Baptist: Glaube in Geschichte und Gesellschaft. Studien zu einer praktischen Fundamentaltheologie, Mainz [5]1992.
NANCY, Jean-Luc: Dekonstruktion des Christentums, Zürich/Berlin 2008.
NEWMAN, John Henry: An Essay on the Development of Christian Doctrine, London [2]1878.
NIETZSCHE, Friedrich: Kritische Studienausgabe, hg. v. COLLI, Giorgo und MONTINARI, Mazzino, Berlin u.a. [2]1988.
ORIGENES: Vier Bücher von den Prinzipien (*De principiis*). Übers. v. GÖRGEMANNS, Herwig u. KARPP, Heinrich, Darmstadt [3]1992.
PLATON: Politeia, Darmstadt [2]1990.
RAHNER, Karl: Dogmen- und Theologiegeschichte von gestern für morgen, in: DERS.: Schriften zur Theologie XIII, Einsiedeln 1978, 11-47.
RAHNER, Karl: Zur Frage der Dogmenentwicklung, in: Ders.: Schriften zur Theologie I, Einsiedeln 1962, 49-90.
RATZINGER, Josef: Das Problem der Dogmengeschichte in der katholischen Theologie, Köln u.a. 1966.
RATZINGER, Josef: Einleitung und Kommentar zu Dei Verbum, in: Lexikon für Theologie und Kirche, Erg. Bd. 2, Freiburg [2]1967, 498-527.571-585.
RATZINGER, Josef: Ein Versuch zur Frage des Traditionsbegriffs, in: DERS. (BENEDIKT XVI.): Wort Gottes. Schrift – Tradition – Amt, Freiburg 2005, 37-82.
RATZINGER, Josef: Wesen und Auftrag der Theologie. Versuche zu ihrer Ortsbestimmung im Diskurs der Gegenwart, Einsiedeln/Freiburg 1993.
RORTY, Richard (Hg.): The Linguistic Turn. Recent Essays in Philosophical Method, Chicago u.a. 1967.
RORTY, Richard: World well lost, in: DERS.: The Consequences of Pragmatism, Minneapolis 1982, 3-19.
ROTH, Ulli: Die Grundparadigmen christlicher Schriftauslegung im Spiegel der Auslegungsgeschichte von Psalm 110, Münster 2010.
RUHSTORFER, Karlheinz: Gotteslehre, Paderborn u.a. 2010.
SOBRINO, Jon: Christologie der Befreiung, Bd. 1, Mainz 1998.
THOMAS VON AQUIN: Summa Theologiae, Madrid 1978.
VATTIMO, Gianni: Jenseits des Christentums. Gibt es eine Welt ohne Gott, München/Zürich 2004.

VINZENZ VON LÉRINS: Commonitorium, in: Des Sulpicius Severus Schriften über den hl. Martinus. Des heiligen Vinzenz von Lerin Commonitorium. Des heiligen Benediktus Mönchsregel (Bibliothek der Kirchenväter, 1. Reihe, Band 20) Kempten/München 1914.

WIEDERKEHR, Dietrich: Das Prinzip Überlieferung, in: KERN, Walter u.a.: Handbuch der Fundamentaltheologie, Bd. 4, Traktat Theologische Erkenntnislehre, Tübingen/Basel ²2000, 65-84.

WITTGENSTEIN, Ludwig: Tractatus logico-philosophicus. Tagebücher 1914-1916. Philosophische Untersuchungen, Frankfurt 1984.

II. Theologischer Grundkurs: Einführung in die katholische Glaubenslehre

Peter Walter

1. Einleitung

1.1 Die Bäume und der Wald

Die Motivationen, sich in einen theologischen Hörsaal an einer Universität zu begeben, können sehr unterschiedlich sein: Die einen streben einen Beruf an, der eine theologische Ausbildung zur Voraussetzung hat, andere kommen, weil sie Interesse an der Sache der Theologie haben, aber vielleicht noch gar nicht wissen, ob und wie sie diese Sache zu ihrem Beruf machen werden; wieder andere kommen, weil sie Probleme mit der Theologie, mit Glaube und Kirche empfinden, weil sie es genau wissen wollen und in einem theologischen Studium diese Probleme aufzuarbeiten hoffen. In den meisten Fällen wird es so sein, dass alle drei genannten Motivationen zusammenkommen. Andere Interessen sind selbstverständlich nicht ausgeschlossen.

Auf was treffen sie nun, wenn sie sich auf die Sache der Theologie einlassen wollen? Sie treffen gerade an einer theologischen Fakultät nicht auf eine einfache Antwort, sondern auf eine Fülle von Detailinformationen und -antworten, so dass manch einer den Eindruck hat, er werde dadurch keineswegs klüger, sondern eher ratloser, wie jener berühmte rundum Gebildete, der von sich sagt:

Zitat

„Habe nun, ach! Philosophie,
Juristerei und Medizin
und leider auch Theologie
durchaus studiert, mit heißem Bemühen.
Da steh ich nun, ich armer Thor!
Und bin so klug als wie zuvor." (J. W. Goethe: *Faust*, 1. Teil, 354-359)

Diesen Eindruck, den Doktor Faustus Jahre nach Abschluss seines Studiums äußert, haben viele bereits mittendrin, oft schon nach wenigen Wochen. Sie werden mit den disparatesten Inhalten konfrontiert, können sich aber keinen Reim darauf machen. Sie haben genau jenen Eindruck, den G. W. F. Hegel (1770–1831) in der Einleitung zu seinen *Vorlesungen über die Geschichte der Philosophie* beschreibt. Wenn man nur auf die einzelnen Philosophien schaut, nimmt man vor lauter Bäumen den Wald nicht wahr, vor lauter Philosophien nicht die Philosophie. Genau das trifft auch auf die Theologie zu. Es gibt nicht *die eine* Theologie, sondern es gibt eine Fülle von theologischen Disziplinen, ja unterschiedlichen Theologien. Die Theologie wird nicht von einem einzelnen Professor vorgetragen, sondern von zahlreichen Professoren und Dozenten, die jeweils ein spezifisches Fach innerhalb der Theologie vertreten. Selbst wenn sie sich untereinander einig sind, dann bieten sie doch eine Fülle und Vielfalt von unterschiedlichen Perspektiven, Methoden und Inhalten.

Praktische Theologie

Theologie ist wesentlich eine praktische, d.h. auf das Handeln der Menschen in der Kirche und in der Welt abzielende Wissenschaft. Aber sie nimmt die Kriterien für dieses Handeln nicht einfach aus der jeweiligen Praxis selbst, sondern aus der Praxis Jesu sowie aus der Praxis derer, die sich an ihm bzw. ihr orientiert haben. Insofern es also darum geht, auf Jesus, d.h. auf eine historische Persönlichkeit, auf sein Reden und Tun zu schauen, ist die Theologie eine historische Wissenschaft. Im Bereich der Historie bewegt sie sich auch, wenn sie fragt, wie die Praxis Jesu in den folgenden Jahrhunderten umgesetzt worden ist. Jesus selber steht nicht am Nullpunkt, sondern er ist in eine lange Geschichte des Handelns Gottes mit den Menschen einzubeziehen, wie sie im Alten Testament erzählt und von der alttestamentlichen Wissenschaft erforscht wird.

Biblisch-historische Theologie

Die beiden Fächergruppen der biblisch-historischen und der praktischen Theologie machen deutlich, dass Theologie sich zwischen diesen beiden Polen abspielt, der historisch zu erforschenden Geschichte Gottes mit den Menschen, die in Jesus von Nazaret ihren Mittelpunkt hat, und der jeweiligen Gegenwart, in der die Nachfolge Jesu gelebt werden soll. Welchen Stellenwert nimmt nun in diesem Ganzen die systematische Theologie ein? Sie hat gleichsam die Funktion einer Brücke zwischen dem ein für allemal Geschehenen in der Vergangenheit und der je konkreten Gegenwart. Aufgabe der systematischen Theologie als ganzer ist es, nach den Verstehensvoraussetzungen in der jeweiligen Zeit zu fragen und die Botschaft von Jesus Christus so zu formulieren, dass sie in der Gegenwart gehört und gelebt werden kann. Letztlich gleicht sie weniger einer statischen Brücke als einem Schiff. Auch die Ufer zwischen denen sie sich bewegt, sind keine starren

Systematische Theologie

Gebilde, sie ändern sich, und zwar nicht nur das Ufer, das die Gegenwart bezeichnet, sondern auch dasjenige, das für die Vergangenheit steht, deren Bild unter den Augen der Forschung, aber auch im Bild, das die Kirche von sich hat, keineswegs statisch ist, sondern sich beständig wandelt. Das Wort des englischen Historikers Eric J. Hobsbawm (*1917) vom „inventing traditions“[1] trifft in gewisser Weise auch auf Theologie und Kirche zu.

Wenn die Theologie auch eine praktische Zielrichtung hat, so ist sie doch, insofern sie an der Universität als Wissenschaft im Konzert der Wissenschaften ihren Platz hat, eine eminent theoretische Veranstaltung. Auch die praktischen Fächer werden an der Universität nicht in erster Linie praktisch, sondern theoretisch abgehandelt. Immer wieder kann man hören, dass Theologiestudierende sich über den Theorieüberschuss bzw. das Praxisdefizit der universitären Ausbildung beklagen. An dieser Klage ist sicher manches berechtigt, aber bevor man allzu schnell in sie einstimmt, gibt es einiges zu bedenken. Die Praxis der Theologie ist nicht aus dieser Praxis selber einfach abzuleiten, sondern steht in einem differenziert zu betrachtenden Begründungszusammenhang. Um als christliche Theologen verantwortlich Stellung nehmen zu können, müssen sie über eine Fülle von Informationen verfügen, die nicht einfach nach der Weisung eines Kochbuchs „Man nehme...“ untereinander vermischt werden dürfen. Es ist ein sehr differenzierter hermeneutischer Vorgang notwendig, um aus der Praxis Jesu heraus eine ebenso christlich wie theologisch qualifizierte Antwort auf Fragen der gegenwärtigen Lebenspraxis von Menschen zu finden. Man muss sehr viel wissen, sehr viel gelesen und sich erarbeitet haben, aber auch sehr viel nachgedacht und mit anderen diskutiert haben, um auf Fragen, die theologische Sachverhalte betreffen, die richtige Antwort geben zu können oder zumindest keine ganz falsche. Wer in einer rational geprägten Epoche Theologie studieren und treiben will, muss sich darauf einlassen, dass Theologie notwendigerweise „verkopft“ ist. Wer während der Studienjahre in eine vorschnelle Praxis flieht, statt sich voll und ganz auf das Studium der Theologie einzulassen, wird später feststellen müssen, dass er nie wieder die Zeit zu gründlichem Studium finden wird, die er während der Studienjahre gehabt hätte. Das schließt natürlich eine Beteiligung an der Praxis der Kirche im Leben einer Gemeinde oder einer Gemeinschaft nicht aus, sondern durchaus ein. Vor

Ableitungen aus der Praxis Jesu

[1] Hobsbawm, Eric: Inventing Traditions, in: Ders./ Ranger, Terence (Hg.): The Invention of Tradition, Cambridge [10]2003, 1–14.

allem ist es notwendig, dass der Theologe und die Theologin sich von der Gegenwart, von ihren Fragen und Problemen antreiben und in Frage stellen lassen. Aber dies sollte nicht in Hast, in der Suche nach einfachen, schnellen Lösungen geschehen, sondern mit dem langen Atem, der tragfähige Antworten finden lässt. Theologische Arbeit ist harte Denkarbeit, die methodisch geleitet und verantwortet werden soll. Und darin liegt vielleicht gerade das Kreuz gegenwärtiger Theologie, dass sie sich ihrer Methode unsicher geworden ist. Die rein historisch-kritische Theologie hat sich ebenso als unzureichend erwiesen wie eine rein pragmatisch vorgehende Theologie.

1.2 Der Theologische Grundkurs

Theologisches Denken und Argumentieren einüben

Aufgabe des Theologischen Grundkurses ist es, theologisches Denken und Argumentieren einzuüben, einen ersten Begriff von Theologie zu vermitteln, um im Bilde Hegels zu bleiben: den Wald erkennen zu lehren, in dem die einzelnen Bäume dann im weiteren Verlauf des Studiums zu sehen und zu verstehen sind. So hat es auch das II. Vatikanische Konzil (1962–1965) gemeint, das einen Einführungskurs für das theologische Studium fordert, in dem „das Heilsmysterium so dargelegt werden [soll], daß die Alumnen den Sinn, den Aufbau und das pastorale Ziel der kirchlichen Studien klar sehen; daß ihnen zugleich geholfen werde, ihr ganzes persönliches Leben auf den Glauben zu gründen und mit ihm zu durchdringen; daß sie endlich in der persönlichen und frohen Hingabe an ihren Beruf gefestigt werden" (*Optatam totius* 14). 1965, als dieser Text verabschiedet, und 1970, als diese Regelung in die von der Kongregation für das katholische Bildungswesen erlassene *Ratio fundamentalis institutionis sacerdotalis* (Grundordnung für die Priesterbildung, Nr. 62) aufgenommen wurde, hatte man nur Priesteramtskandidaten im Blick, und noch heute sind diese die Zielgruppe gesamtkirchlicher Vorgaben.

Verständlicherweise hat das Konzil nicht konkretisiert, wie dieser Einführungskurs durchgeführt werden soll, so dass viele und entscheidende Fragen offen blieben. Der „Theologische Grundkurs", wie diese Lehrveranstaltung im Bereich der Deutschen Bischofskonferenz genannt wird, wurde und wird in sehr unterschiedlicher Weise durchgeführt. Karl Rahner (1904–1984) hat den Vorschlag gemacht, den Inhalt des christlichen Glaubens auf einer ersten Reflexionsstufe vorzustellen und zu reflektieren und zugleich mit seinem Werk *Grundkurs des Glaubens. Einführung in den Begriff des Christentums* (Rahner: *Grundkurs*) in exemplarischer Weise gezeigt, wie er sich eine solche Einführung auf einer ersten Reflexionsstufe vorstellt.

Unabhängig von der Schwierigkeit und dem hohen Anspruch des Rahnerschen *Grundkurs* ist seine Anregung zu sehen, das Ganze des christlichen Glaubens auf einer ersten Reflexionsstufe zu durchdenken. Rahner geht davon aus, dass heutige Theologiestudierende – was er 1976 formulierte, hat sich mittlerweile noch verschärft – nicht mehr selbstverständlich christlich sozialisiert und in ihrem christlichen Glauben fest verwurzelt sind: „Auch der junge Theologe hat einen angefochtenen, einen gar nicht selbstverständlichen, einen heute immer neu zu erringenden, einen erst aufzubauenden Glauben, und er braucht sich dessen nicht zu schämen. Er kann sich durchaus zu dieser seiner ihm vorgegebenen Situation bekennen, weil er heute in einer geistigen Situation lebt oder sogar schon aus einer solchen kommt, die das Christentum nicht als eine selbstverständliche, indiskutable Größe erscheinen läßt" (Rahner: *Grundkurs* 17). Wer sich zum Theologiestudium aufmacht, begegnet an einer theologischen Fakultät einer Vielfalt von Fächern und Methoden, die nur schwer unter einen Hut zu bringen sind. Sie ist angesiedelt in einer Gesamtsituation, die als radikaler Pluralismus zu kennzeichnen ist. Dieser ist das Signum der Epoche, die man als „Postmoderne" zu bezeichnen sich angewöhnt hat. Wie soll man in einer solchen komplexen Situation als Theologe zu einem intellektuell redlichen, d.h. verantworteten Glauben kommen?

Rahner greift an dieser Stelle einen Gedanken der mittelalterlichen Scholastik auf, die zwischen gebildeten und ungebildeten Menschen (lat.: *rudes*) unterschied. Während der Glaubensweg der Gebildeten die gründliche Reflexion der Glaubwürdigkeitsgründe des christlichen Glaubens (*praeambula fidei*, lat.: das dem Glauben Vorangehende) umfassen sollte, war man sich darüber im Klaren, dass solches von den Ungebildeten nicht verlangt werden könne. Rahner überträgt diesen Gedanken nun in die heutige Situation, in welcher ein umfassendes Bedenken aller Glaubwürdigkeitsgründe und aller theologischen Feinheiten für niemanden mehr möglich ist. Er stellt vielmehr die These auf, „daß wir alle in der heutigen Situation in einem gewissen Sinne bei all unserem Theologiestudium unvermeidlich solche *rudes* sind und bleiben und das unbefangen und mutig uns und auch der Welt sagen dürfen" (Rahner: *Grundkurs* 20). Das ist für ihn natürlich „kein Freibrief für Faulheit, intellektuelle Trägheit, intellektuelle Gleichgültigkeit gegenüber einer Reflexion auf Glaubenssätze" (ebd.).

Rahner: Pflicht, den Glauben zu reflektieren

Jeder Christ hat für Rahner die Pflicht, im Rahmen der ihm gegebenen Möglichkeiten seinen Glauben zu reflektieren, aber er kann und muss nicht die Klärung aller exegetischen, historischen, philosophischen etc. Probleme abwarten, um zu einer verantworteten Glaubensentscheidung zu gelangen. Diese von der wissenschaftlichen Arbeit der einzelnen theologischen Disziplinen zu unterscheidende Glaubensrechtfertigung nennt Rahner eine solche „auf einer ‚ersten Reflexionsstufe'" (ebd.), während er die einzelnen Disziplinen mit der zweiten Reflexionsstufe verbindet (vgl. Rahner: *Grundkurs* 21).

Zitat

„Diese wissenschaftlich erste Reflexionsstufe des Glaubens und dessen intellektuell-redlicher Verantwortbarkeit bedeutet eine eigene erste Wissenschaft. So wie die einzelnen theologischen Disziplinen sich heute verstehen, sind sie in ihrer Inhaltlichkeit, der Weite und Breite ihrer Problematik, der Differenziertheit und Schwierigkeit in der Erlernbarkeit ihrer Methoden so beschaffen, daß sie für einen konkreten Menschen nicht mehr jenes Grundverständnis des Glaubens und jene Glaubensbegründung bieten können, die er einerseits braucht und als intellektueller Mensch fordert, die er doch anderseits durch diese Wissenschaften als solche nicht erhalten kann. Es muß eine wissenschaftstheoretische Möglichkeit für eine Glaubensbegründung geben, die dieser berechtigten Aufgabe und Methodik der heutigen Disziplinen vorausliegt" (Rahner: *Grundkurs* 21).

Rahner greift auf Kardinal John Henry Newman (1801–1890) und dessen Rede von einem *illative sense* (Folgerungssinn) zurück, um das Gemeinte zu verdeutlichen: es gibt „eine Konvergenz von Wahrscheinlichkeiten, eine Sicherheit, eine redlich verantwortbare Entscheidung, die Erkenntnis und freie Tat in einem ist" (Rahner: *Grundkurs* 22). Wissenschaftstheoretisch handelt es sich um „Wissenschaftlichkeit der legitimierten Unwissenschaftlichkeit" (ebd.).

Zusammenfassung

Die Theologie als universitäre Disziplin differenziert sich in zahlreiche verschiedene Fächer aus, die sich in drei Bereiche zusammenfassen lassen: die biblisch-historische, die systematische und die praktische Theologie. Kennzeichnend ist, dass jeder Bereich mit eigenen Perspektiven und Methoden arbeitet. Die systematische Theologie nimmt hierbei die Funktion der „Übersetzung" ein zwischen

dem biblischen Ursprungszeugnis sowie dessen Interpretationen im Verlauf der Geschichte einerseits und den konkreten gegenwärtigen Herausforderungen andererseits. Die Vermittlung des einmal Geschehenen in eine heute zu verantwortende Aussage verbietet es, aus dem Leben und der Lehre Jesu voreilige Handlungsanweisungen abzuleiten, stattdessen bedarf es dazu eines komplexen hermeneutischen Vorgangs.
Die Aufgabe des Theologischen Grundkurses nach Maßgabe des II. Vatikanischen Konzils ist es, theologisches Denken und Argumentieren einzuüben.

2. Einführung in den christlichen Glauben

2.1 Auf welcher Grundlage?

Wenn es um einen Gesamtüberblick über den christlichen Glauben geht, ist es nicht möglich, die Heilige Schrift oder die Glaubensentscheidungen der Kirche, wie sie in Denzingers *Enchiridion*

Das *Enchiridion symbolorum et definitionum, quae in rebus fidei et morum a conciliis oecumenicis et summis pontificibus emanarunt* (Erstausgabe von Heinrich Joseph Dominikus Denzinger [1819–1883], Würzburg 1854) ist eine Zusammenstellung lehramtlicher Entscheidungen und Glaubensbekenntnisse, nach diesem Werk – durch spätere Herausgeber wesentlich erweitert – werden entsprechende Texte zitiert. In der Literatur finden sich zwei Abkürzungsvarianten: DS (Denzinger/Schönmetzer, Texte nur in Originalsprache) und DH (Denzinger/Hünermann, mit Übersetzung und bis in die Gegenwart fortgeführt). Mittlerweile liegt der DH in der 43. Aufl., 2010, vor. (vgl. $LThK^3$ Bd. 3, 99)

zusammengefasst sind, zu durchforsten oder gar diesen Glauben durch Befragung derer ausfindig zu machen, die sich zum christlichen Glauben bekennen. Alle diese Elemente spielen sicher eine Rolle bei der Bestimmung dessen, was der christliche Glaube beinhaltet. Aber es wäre doch ein recht schwieriges Unterfangen, auf diese Weise den Gegenstand einer Einführung bestimmen zu wollen. Nun ist es erfreulicherweise so, dass nicht erst heute Christen sich Gedanken machen, was sie glauben, sondern dass die Frage nach diesem Glauben von Anfang an die Christen bewegt hat. Bereits im Neuen Testament finden sich Formeln, Kurzformeln des Glaubens, wie man heute sagt, in denen Christen ihren Glauben auf den Begriff zu bringen versucht haben. Gleich

Ntl. Kurzformeln des Glaubens

zwei zitiert Paulus in einem Vers des Römerbriefs: „Wenn du mit deinem Mund bekennst: ‚Jesus ist der Herr' und in deinem Herzen glaubst: ‚Gott hat ihn von den Toten auferweckt', so wirst du gerettet werden" (Röm 10,9).

In diesen jeweils nur wenige Worte umfassenden kurzen Bekenntnissätzen ist die Summe des christlichen Glaubens enthalten. Hier werden ganz prägnante Aussagen über Jesus gemacht, die ihn in einem bestimmten Verhältnis zu Gott und zu den Menschen sehen. Neben diesen Kürzestformeln gibt es freilich auch längere Formulierungen, die letztlich den gleichen Inhalt zum Ausdruck bringen, wie 1 Kor 15,3–5: „Christus ist für unsere Sünden gestorben, gemäß der Schrift, und ist begraben worden. Er ist am dritten Tag auferweckt worden, gemäß der Schrift, und erschien dem Kephas, dann den Zwölf." Paulus bezeichnet diese Formel in seiner Einleitung als „Evangelium" bzw. als „Glaube". Er sagt von ihr, dass er sie selber empfangen hat, und dass er sie so, wie er sie empfangen hat, der korinthischen Gemeinde überliefert hat. Zugleich verbindet er die Rettung der Glaubenden mit dem Festhalten am Wortlaut der Formulierung, die sie durch Überlieferung empfangen haben.

Sitz im Leben = Katechese oder Liturgie

Die formgeschichtliche Erforschung des Neuen Testamentes, die darin nach geprägten Formulierungen sucht, hat zahlreiche solcher Kurzformeln des christlichen Glaubens entdecken lassen, die ihren „Sitz im Leben" wohl in der frühchristlichen Katechese bzw. in der Liturgie hatten. Aus diesen Kurzformeln sind dann umfangreichere Glaubensbekenntnisse entstanden.Geläufig sind heute vor allem zwei: 1. das sog. *Nizänokonstantinopolitanische Glaubensbekenntnis*, das an Sonn- und Festtagen in der Eucharistiefeier zu beten ist. Es ist jenes Glaubensbekenntnis, das das erste Allgemeine Konzil, das Konzil von Nikaia/Nizäa (325), verwendet hat, um den Glauben der Kirche zum Ausdruck zu bringen, und das dann auf dem zweiten Allgemeinen Konzil, das 381 in Konstantinopel abgehalten wurde, durch Einfügung der Passage über den Heiligen Geist seine heutige Gestalt gefunden hat. Später wurde in der lateinischsprachigen Westkirche dann noch das bis heute zwischen Ost- und Westkirche umstrittene *filioque* (lat.: und vom Sohn: der Heilige Geist geht vom Vater und vom Sohn aus) hinzugefügt. 2. das sog. *Apostolische Glaubensbekenntnis*, das in der Taufliturgie beheimatet ist, wegen seiner Kürze aber häufig auch in der Eucharistiefeier Verwendung findet, wenn nicht stattdessen ein Lied gesungen wird (s.u. 2.2).

Aus Kurzformeln werden Glaubensbekenntnisse

Es ist allgemein üblich geworden, Einführungen in den christlichen Glauben am Apostolischen Glaubensbekenntnis zu orientieren. Dabei sollte nicht vergessen werden, dass das Apostolische Glaubensbekenntnis ein nur der westlich-abendländischen Tradition der Kirche bekannter Text ist. In den Ostkirchen ist es weder bekannt noch gebräuchlich. Nur das Nizänokonstantinopolitanische Glaubensbekenntnis ist, wenn man einmal vom *filioque* absieht, ein wirklich ökumenisches bzw. allumfassendes christliches Glaubensbekenntnis, in dem die unterschiedlichen Kirchen des Ostens und des Westens bis heute übereinstimmen. Zwischen beiden Glaubensbekenntnissen besteht, abgesehen von der Länge und einigen Details, zumindest, was die trinitarische Grundstruktur angeht, jedoch kein grundsätzlicher Unterschied.

Entsprechend der Absicht dieser Einführung zwischen Vergangenheit und Gegenwart Übersetzungsarbeit zu leisten, wird im Folgenden zunächst das Apostolische Glaubensbekenntnis kurz vorgestellt. Danach wird auf seiner Basis eine Einführung in den christlichen Glauben geboten, indem einer Auslegung des historischen Wortlauts eine heutige Deutung gegenübergestellt wird.

2.2 Das Apostolische Glaubensbekenntnis

2.2.1 Der Begriff Symbolum

Auf lateinisch heißt das Apostolische Glaubensbekenntnis *symbolum apostolicum*. Das griechische Wort *sýmbolon* bedeutet Erkennungszeichen. „Unter Freunden, Gastfreunden, Geschäftsteilhabern oder Kaufleuten war es Sitte, bevor man sich trennte, irgendeinen Gegenstand, eine Spielmarke, ein Siegel, ein Täfelchen, ein Knöchelchen, ein Geldstück, in zwei Hälften zu teilen, von denen jeder Partner eine an sich nahm, als Zeichen, an dem man sich wiedererkennen sollte, oder um einen Boten auszuweisen, oder evtl. die aus einer früheren Begegnung stammenden Rechte geltend zu machen" (de Lubac: *Credo* 276). Das Substantiv *sýmbolon* leitet sich von dem Verbum *symbállein* ab, das soviel bedeutet wie etwas zusammenwerfen, zusammenbringen, was zunächst getrennt war. Das Zusammenfügen der beiden zusammengehörigen Teile ist ein Erkennungs- bzw. Beglaubigungszeichen für die an diesem Vorgang beteiligten Partner.

Solche Symbola begegneten in der Antike nicht nur im alltäglichen Leben, sondern auch in der Religion, etwa in den Mysterienkulten.

> Als Mysterienkult oder -religion bezeichnet man in der griechischen und römischen Welt der Antike eine nicht genau abgrenzbare Gruppe, die sich zu kultischen Feiern (*mysterium* [von gr. *mystérion*, Geheimnis]) zusammenschloss. Eine Einweihung in einen solchen Mysterienkult geschieht meist über besondere Initiationsriten. (vgl. LThK[3] Bd. 7, 572ff.)

Hier war das Symbolum ein Zeichen, entweder ein Gegenstand oder eine Formel, an der die Eingeweihten einander erkennen konnten. Auch in der Militärsprache begegnet der Begriff, um das zum Ausdruck zu bringen, was wir heute als „Parole" bzw. „Losungswort" bezeichnen. „Bei all diesen verschiedenen Bedeutungen war die beherrschende Vorstellung somit immer die der Einheit" (de Lubac: *Credo* 277).

Symbolum meint Einheit

Bereits im 3. Jahrhundert, erstmals bei Cyprian von Karthago (200/210–258), wird mit dem Begriff des Symbolums das christliche Glaubensbekenntnis, näherhin das Taufbekenntnis, bezeichnet. Das Symbolum ist das Erkennungszeichen der Christen, das die Christen zum einen von den Nichtchristen unterscheidet und sie zum anderen durch sein einigendes Band miteinander verbindet. Augustinus (354–430) sagt in einer Predigt: „Symbolum nennt man den Text, der den von unserer Gemeinschaft angenommenen Glauben enthält; der gläubige Christ wird an seinem Bekenntnis wie an einem von ihm vorgezeigten Zeichen erkannt" (*s.* 214,12; zitiert nach de Lubac: *Credo* 278). Das Symbolum gilt in der alten Kirche aber nicht nur als ein zwischenmenschliches Erkennungszeichen, immer wieder wird es auch als Vertragsurkunde bezeichnet, mit der Gott und Mensch sich aneinander binden. Erasmus von Rotterdam (1466/67–1536) fasst diese Bedeutungsvariante in die folgenden Worte: „Nun wird zwischen Bräutigam und Braut im beiderseitigen Einverständnis das Symbolum ausgetauscht, damit der Pakt nicht mehr gebrochen werden kann" (*expl. symb.* [Opera omnia Desiderii Erasmi Roterodami V-1, Amsterdam u.a. 1977, 211,143f.]; Übers. nach de Lubac: *Credo* 282). Die christliche Tradition kennt noch weitere Bedeutungen des Wortes *symbolum*, die zwar etymologisch nicht zutreffen, aber doch wesentliche Aspekte zum Ausdruck bringen. Am wichtigsten ist die Deutung des Wortes *symbolum* als *collatio*, als Zusammenfassung. Dieser Begriff wiederum wird zweifach interpretiert: Zum einen versteht man unter Zusammenfassung eben das, was wir auch heute mit diesem Wort bezeichnen, nämlich einen kurz gefassten Abriss. Das *symbolum* wird dementsprechend als *breviarium fidei* (lat.: Kurzformel des Glaubens) bezeichnet, das den in der Heiligen Schrift bezeugten Glauben kurz zusammenfasst. *Collatio* wird andererseits aber auch in dem Sinne verstanden, dass es sich um etwas handelt, was mehrere zusammentragen (*conferunt*). Im Hintergrund dieser Deutung steht die Legende, dass das *symbolum apostolicum* jene Glaubensartikel umfaßt, die die zwölf Apostel vor ihrem Auseinandergehen zusammengetragen haben. Freilich liegt hier die Verwechslung von *symbolum* und *symbola* zugrunde, wobei das letztere Wort nicht der Plural des ersteren ist, sondern eine eigene weibliche Form. Mit diesem Wort *symbola* wurde in der Antike jener Beitrag bezeichnet, den der einzelne Teilnehmer zu einem Symposion, d.h. einer Party, beigesteuert hat. Interessant ist, „daß die willkürlichste aller Erklärungen im lateinischen Mittelalter die meistverbreitete wurde“ (de Lubac: *Credo* 284).

2.2.2 Legende und Geschichte

Wohl aus der Beobachtung, dass das Apostolische Glaubensbekenntnis zwölf Glaubenssätze umfasst, die der Zahl der zwölf Apostel entsprechen, und aus der Überlegung heraus, dass die Apostel der Kirche den Glauben in seinen Grundaussagen weitergegeben haben mussten, entstand die Auffassung, dass das in der Westkirche am weitesten verbreitete und bekannteste Glaubensbekenntnis auf die Apostel selber zurückgeht. Diese Überzeugung wurde erstmals von einem unbekannten Prediger des 6. Jahrhunderts in Form einer Legende zusammengefasst.

Der Prediger führt aus: „Am zehnten Tag nach der Himmelfahrt waren die Jünger versammelt in Furcht vor den Juden. Da sandte ihnen der Herr den verheißenen Heiligen Geist. Alle wurden wie von glühendem Feuer entflammt; und mit der Wissenschaft aller Sprachen erfüllt verfassten sie das Glaubensbekenntnis. Petrus sagte: Ich glaube an Gott, den Vater, den Allmächtigen... Andreas sprach: Und an Jesus Christus seinen Sohn... Jakobus sagte [und so fort]. Taddäus sagte: Die Auferstehung des Fleisches... Matthias sagte: und das ewige Leben... – so durch den Heiligen Geist wie Gold durch Feuer geprüft, zogen die Apostel, die sich bisher für unwürdig gehalten hatten, mutig aus, um aller Kreatur das Evangelium zu verkünden, wie der Herr es ihnen geboten hatte“ (s. 240a,1; zitiert nach de Lubac: *Credo* 17f.).

Dieser Erzählung kam in der Folgezeit aufgrund der Autorität dessen, der sie angeblich verbürgte, nämlich Augustinus, eine solche Bedeutung zu, dass man den apostolischen Ursprung dieses Symbolums mehr oder weniger für einen Glaubenssatz hielt. Erste Risse erhielt diese Überzeugung auf dem Konzil von Florenz, Mitte des 15. Jahrhunderts, auf dem Vertreter von Ost- und Westkirche über die Wiedervereinigung beider Kirchen verhandelten. Bei dieser Gelegenheit äußerten Vertreter der griechischen Seite, dass dieses Glaubensbekenntnis bei ihnen unbekannt sei und dass sie am apostolischen Ursprung zweifelten; denn sonst müsste ja die Apostelgeschichte davon berichten. In der Folgezeit hat sich die aufkommende philologische und historische Kritik mit diesem Text befasst und ihn im Hinblick auf den behaupteten apostolischen Ursprung für unecht erklärt. Erasmus von Rotterdam, der davon überzeugt war, dass dieses Glaubensbekenntnis nicht von den Aposteln in der von der Legende suggerierten Weise zusammengestellt worden war, hielt dennoch die Bezeichnung als Apostolisches Glaubensbekenntnis insofern für zutreffend, als hier die Verkündigung der Apostel bzw. der Glaube der apostolischen Kirche in kurzer Form zusammengefasst sei (vgl. de Lubac: *Credo* 23f.). Diese Auffassung des großen Humanisten des 16. Jahrhunderts wird grundsätzlich auch von der heutigen Forschung geteilt. Das Apostolische Glaubensbekenntnis ist zwar nicht ein von den Aposteln selbst stammender Text, aber es fasst inhaltlich den in der Heiligen Schrift bezeugten Glauben der apostolischen Kirche zusammen.

Der Text selbst, der erstmals in einem Brief der Mailänder Synode von 390 an Papst Siricius als *symbolum apostolorum* bezeichnet wurde, ist mit dem in der römischen Gemeinde gebräuchlichen Taufsymbolum identisch. Der damalige Text entspricht freilich nicht der heute gebräuchlichen Form, die eine spätere, in Gallien anzusiedelnde Weiterbildung des römischen Taufbekenntnisses darstellt, eine Weiterbildung, die dann von Rom rezipiert wurde. Durch die Aufnahme in den *Catechismus Romanus*, der 1566 im Auftrag des Trienter Konzils veröffentlicht worden ist, hat die komplizierte Textgeschichte ein Ende gefunden. (vgl. die verschiedenen Textfassungen DH 10–30).

2.2.3 Der Aufbau des Symbolums

Legende verdunkelt ursprüngliche Struktur

Die Legende von der Entstehung des Apostolischen Glaubensbekenntnisses hat die ursprüngliche Struktur dieses Textes verdunkelt. Man hat ihn als Zusammenstellung von zwölf Glaubenssätzen interpretiert, die alle mehr oder weniger auf einer Ebene liegen. „Damit aber wird das Charakteristische unseres *Credo* verkannt. Es ist keineswegs eine beliebige Liste, eine Reihe, eine Sammlung, ein Katalog, sondern ein festgefügtes Ganzes. Es hat Struktur. Und dabei geht es nicht etwa bloß um eine Frage der literarischen Form. Das Wesen selbst des christlichen Glaubens in seiner Eigenart ist mit der Struktur des Symbolums eng verknüpft, in dem dieser Glaube sich verkörpert hat" (de Lubac: *Credo* 30f.).

Die Struktur des Symbolums ist eine dreigliedrige. Dies wird besonders deutlich, wenn man die älteste uns bekannte Vorform betrachtet, die in der *Traditio Apostolica,* einem möglicherweise aus dem frühen 3. Jahrhundert stammenden, für die Liturgiegeschichte maßgeblichen Text, vorliegt (vgl. DH 10). Hier sind die drei Fragen überliefert, die den Täuflingen während ihrer Taufe gestellt wurden, und nach deren Beantwortung im Bekenntnis sie jeweils untergetaucht oder mit dem Taufwasser begossen wurden. Diese drei Tauffragen sind trinitarisch gegliedert. Sie entsprechen dem in Mt 28,19 überlieferten Taufauftrag Jesu Christi: „Macht alle Menschen zu meinen Jüngern; tauft sie auf den Namen des Vaters und des Sohnes und des Heiligen Geistes!" Dieses Taufsymbol war den Katechumenen in der letzten Phase ihres Katechumenates übergeben und erklärt worden.

Trinitarische Grundstruktur

Die Grundstruktur des Apostolischen Glaubensbekenntnises ist also trinitarisch. „Die Erwähnung der drei göttlichen Personen im apostolischen Symbolum bedeutet mehr als drei ‚Hauptpunkte' der christlichen Lehre. Es handelt sich hier um drei Stücke, die einer völlig anderen Ordnung angehören als alles übrige, vielmehr: sie schließen alles übrige in sich" (de Lubac: *Credo* 50). Das ist von grundlegender theologischer Bedeutung. Noch bevor auf den ersten Konzilien der trinitarische Glaube theologisch reflektiert und dogmatisch festgelegt wurde, hat sich die Kirche zu diesem Glauben in ihrem Taufbekenntnis bekannt. In diesem trinitarischen Glauben hat sie die Zusammenfassung des im Evangelium, d.h. im Neuen Testament, niedergelegten Zeugnisses von der Selbstmitteilung Gottes in Jesus Christus gesehen.

Zusammenfassung

Kurzformeln des Glaubens finden sich bereits im Neuen Testament. In nur wenigen Worten ist in diesen Bekenntnissätzen die Summe des christlichen Glaubens enthalten. Sie machen prägnante Aussagen über Jesus Christus, die ihn in ein bestimmtes Verhältnis zu Gott und zu den Menschen setzen. Verwendung fanden diese Kurzformeln in der Katechese und in der Liturgie.

Aus diesen Kurzformeln entwickelten sich längere Glaubensbekenntnisse, die im Lateinischen als *symbola* bezeichnet werden. Das griechische Wort *sýmbolon* bedeutet Erkennungszeichen und drückt die Funktion der Glaubensbekenntnisse aus. Sie galten in der alten Kirche nicht nur als zwischenmenschliches Erkennungszeichen, sondern auch als Vertragsurkunde, mit der Gott und Mensch sich aneinander binden. Heute sind vor allem noch zwei geläufig: 1. das sog. *Nizänokonstantinopolitanische Glaubensbekenntnis* und 2. das sog. *Apostolische Glaubensbekenntnis*, das in der Taufliturgie beheimatet ist. Dabei ist zu bedenken, dass nur das Nizänokonstantinopolitanische Glaubensbekenntnis ein wirklich allumfassendes christliches Glaubensbekenntnis ist, in dem die unterschiedlichen Kirchen des Ostens und des Westens (abgesehen vom *filioque*) bis heute übereinstimmen. Das Apostolische Glaubensbekenntnis entstammt der westkirchlichen Tradition und ist nur hier gebräuchlich.
Gemeinsam sind beiden Bekenntnissen die *trinitarische Grundstruktur* und die wesentlichen inhaltlichen Aussagen.

3. „Ich glaube"

Oft gebrauchen wir diese beiden Worte „Ich glaube" unreflektiert in unserer alltäglichen Sprache: „Ich glaube, dass es morgen regnet." „Ich glaube, er kommt gar nicht." „Ich glaube, die Vorlesung fällt heute aus." Die Worte sind zwar identisch mit denen, mit denen das Glaubensbekenntnis beginnt, aber es wird unmittelbar deutlich, dass sie hier und dort einen jeweils anderen Sinn haben. Diesen Sinn gilt es zu klären.

3.1 Glauben und Meinen

Die Aussage: „Ich glaube, dass es morgen regnet", will eine Vermutung, eine Meinung zum Ausdruck bringen, die sich auf bestimmte Beobachtungen und Erfahrungen stützt. Gewissheit über dieses künftige Ereignis, den morgigen Regen, besteht nicht. Diese Gewissheit tritt erst ein, wenn es am morgigen Tag tatsächlich regnet. Im alltäglichen Sprachgebrauch ist Glauben eine recht ungewisse Sache. Es kann sein, dass das zutrifft, was geglaubt wird, es kann aber auch nicht sein. Glauben, so kann man immer wieder hören, heißt Nicht-Wissen.

Im Glaubensbekenntnis verwendet wollen die beiden Worte „Ich glaube" jedoch keine Ungewissheit zum Ausdruck bringen, sondern im Gegenteil sagen, dass der Glaubende sich dessen, was im Folgenden gesagt wird, in höchstem Maße gewiss ist. Kann man also im religiösen Bereich die alltägliche Überzeugung „Glauben = Nicht-Wissen" umkehren und sagen „Glauben = Wissen"? Da das Wort Wissen im allgemeinen Sprachgebrauch recht einseitig verwendet wird für Dinge, die man mit (natur-)wissenschaftlichen Methoden beweisen kann, erscheint es, um Missverständnisse zu vermeiden, besser, den Glauben nicht mit solchem Wissen auf eine Stufe zu stellen. Um eine naive Wissenschaftsgläubigkeit einmal zu hinterfragen, wäre es freilich gut, zu überlegen, was eigentlich in diesem engen Sinne gewusst wird und gewusst werden kann. Dann stellte man fest, dass gerade die entscheidenden Dinge im Leben, nämlich ob ich geliebt bin und selber liebe, sich solchem Beweisverfahren entziehen. Karl Rahner hat angesichts des heutigen wissenschaftlichen Pluralismus festgestellt, dass im Grunde alle, sobald sie sich ein kleines Stück von ihrem speziellen Feld wegbewegen, Dilettanten sind (Rahner: *Grundkurs* 20f.).

„Glaube": eine Gewissheit eigener Art

Statt von Wissen sollte man im Zusammenhang mit Glauben im religiösen und theologischen Sinn besser von *Überzeugtsein* sprechen. Wenn in religiösem Zusammenhang gesagt wird: „Ich glaube", dann soll eine Überzeugung zum Ausdruck gebracht werden. Freilich gründet dieses Überzeugtsein nicht in der Evidenz des Sachverhaltes, auch nicht auf einem wissenschaftlichen Beweisverfahren, sondern ist mit einer Gewissheit eigener Art verbunden, die es von einem bloßen Meinen abhebt. Diese vier Arten von Erkenntnisgewissheit hat Thomas von Aquin (1225–1274) in seiner theologischen Summe aufgezählt. Er unterscheidet grundsätzlich zwei Weisen, nach denen unser Verstand einem Sachverhalt seine Zustimmung gibt. Die eine Weise besteht darin, dass der Verstand durch den Gegenstand selber zur Zustimmung bewegt wird, die andere darin, dass von Seiten des Erkennenden eine willentliche Entscheidung geschieht. Bei beiden Weisen unterscheidet Thomas dann noch einmal: Der Erkenntnisgegenstand kann so evident sein, dass er unmittelbar einleuchtet wie die ersten Prinzipien jeden Denkens. Er kann aber auch so beschaffen sein, dass er durch ein wissenschaftliches Beweisverfahren erschlossen werden kann und muss. Auch wenn man das Vermögen, das für die Erkenntnis der Prinzipien zuständig ist, Vernunft nennt und es von dem auf logische Schlussverfahren spezialisierten Verstand unterscheidet, kommen beide in den genannten Operationen ohne Einbeziehung des Strebevermögens, des Willens aus. Aber auch da, wo über die rein intellektuelle Aktion eine willentliche Zustimmung erforderlich ist, unterscheidet Thomas ein Doppeltes: Eine willent-

Vier Arten von Erkenntnisgewissheit

liche Zustimmung, die mit Zweifeln und der Furcht vermischt ist, es könnte sich auch anders verhalten, bezeichnet er als Meinung (lat.: *opinio*). Wenn solche Furcht fehlt und stattdessen die Gewissheit vorhanden ist, dass es sich nicht anders verhalten kann, dann ist von Glaube (lat.: *fides*) zu sprechen (vgl. STh II-II q. 1 a. 4).

Diese begriffliche Unterscheidungsarbeit des Thomas von Aquin lässt erkennen, dass Glauben ein komplexer Vorgang ist, der nicht nur den menschlichen Verstand, sondern auch den Willen angeht. Der ganze Mensch ist mit seinem Wissen, mit seinem Wollen, mit seinem Fühlen, mit seinen Erfahrungen usw. einbezogen.

Der Glaube als menschlicher Akt ist keine starre Sache, sondern etwas zutiefst Lebendiges. Wie alles Lebendige bedarf er der Pflege. Wenn etwas Lebendiges nicht gepflegt wird, dann bleibt es nicht auf dem Stand stehen, den es erreicht hat, sondern es verkümmert. Damit der Glaube nicht verkümmert, muss er wachsen. Damit ist freilich kein Wachstum im Sinne der Extension gemeint, sondern ein Wachsen im Sinne der Intensität, der Intensivierung. So ist also im Glauben mit unterschiedlichen Intensitätsgraden zu rechnen, die gewiss auch mit den Unterschieden, die wir sonst bei Menschen feststellen, Unterschieden der Begabung, im Denken und im Fühlen, zu tun haben.

3.2 Glauben in der Heiligen Schrift

Das Alte Testament hat keinen einheitlichen Begriff, um das zum Ausdruck zu bringen, was neutestamentlich als Glauben bezeichnet wird. Die Glaubenshaltung wird mit unterschiedlichen Wörtern wiedergegeben. Am wichtigsten sind die Wörter, die aus dem Stamm *aman* (hebr.) abgeleitet sind. Dieses Wort bedeutet soviel wie fest, sicher. Unschwer ist zu erkennen, dass das Wort *Amen* zu diesem Stamm gehört. Die ganze Bedeutungsbreite des Wortes *aman* kommt in dem Wortspiel in Jes 7,9 zum Ausdruck: „Glaubt ihr nicht, so bleibt ihr nicht". Das, was im Deutschen mit *glauben*, und das, was mit *bleiben* übersetzt wird, ist im Hebräischen jeweils eine Form des Verbs *aman*. Glauben bedeutet soviel wie feststehen, bleiben. Das Alte Testament kennt aber noch andere Worte, die das, was wir heute mit Glaube bezeichnen, zum Ausdruck bringen: Trauen, Hoffen, Harren, sich Bergen. Alle diese Haltungen richten sich auf Jahwe, den Gott Israels, der sich in seiner Bundestreue als der Glaubwürdige erwiesen hat. Er ist der Gott, der bereits den Urvätern begegnete, der Abraham aus seiner Heimat herausgerufen hat in das gelobte Land, der Israel aus der Knechtschaft Ägyptens befreite, und der sich immer wieder seinem Volk zuwandte, auch wenn dieses Volk sich von ihm abkehrte. Mit den unterschiedlichen Worten Trauen, Hoffen, Harren, sich Bergen bringt das Alte Testament immer wieder das Eine zum Ausdruck, nämlich die Antwort der Menschen auf das heilschaffende Handeln Gottes in der Geschichte. Natürlich gibt es auch das Gegenteil, die Abwendung von diesem Gott, das Hinterherlaufen hinter den Götzen der Nachbarvölker. Das, was sich durchhält, ist das immer wieder erneuerte Heilsangebot Jahwes.

Aman = Antwort des Menschen auf das Handeln Gottes

Das Neue Testament fasst das Antwortverhalten der Menschen auf die Anrede des sich offenbarenden Gottes in dem einen Wort *pístis* (gr.), Glaube, zusammen. Dieses Wort und das dazugehörige Verb *pisteúein* bilden einen der theologischen Zentralbegriffe des Neuen Testamentes. „Gegenüber dem AT bildet sich im NT eine spezifische Fassung des Glaubensbegriffs heraus. Glaube ist der Zentralbegriff für die Annahme der Botschaft von der Heilstat Gottes in Jesus Christus und das Begehen des gewiesenen Heilsweges, der im Glauben erkannt und anerkannt wird. Gegenstand des Heilsglaubens (lat.: *fides quae*) und somit Inhalt der Verkündigung ist die Tat Gottes an seinem Christus, die in einer Vielzahl geprägter Formeln ausgesagt und bekannt wird [...]. Im Glauben als Akt (lat.: *fides qua*) wird die Umkehr vollzogen und das dargebotene Heil ergriffen. Der Akzent liegt auf der Wende in der Bekehrung und auf der Entscheidung des Einzelnen. Diesem Akt des Glaubens wird schicksalhafte Konsequenz zugeschrieben, in ihm wird Heil geschichtlich verwirklicht“ (Seckler/Berchtold: *Glaube* 234).

NT: Glaube = Annahme der Botschaft Jesu

Nicht erst in der nachösterlichen Verkündigung von Jesus als dem Christus wird der Glaube zu einem zentralen Begriff, zu einer zentralen Forderung der neutestamentlichen Verkündigung. Bereits der irdische Jesus selber fordert Glauben an seine Botschaft vom Reich Gottes (Mk 1,15). Dieser Glaube kann Berge versetzen, da in ihm die Macht Gottes zum Tragen kommt. „Solcher Glaube ist freilich nicht unangefochtener Besitz, sondern er wird errungen in ständiger Bewegung vom Unglauben zum Glauben“ (ebd.). Dies wird besonders in dem Wort Mk 9,24 deutlich, wo der Vater des besessenen Kindes Jesus gegenüber gesteht: „Ich glaube; hilf meinem Unglauben!“

Zitat

„Nach Ostern tritt ein explizit christologischer Inhalt zum Glauben an die Botschaft Jesu hinzu. In der Botschaft der für den christlichen Glauben konstitutiven Zeugen erschließt sich eine neue Verstehensdimension des Weges und Schicksales Jesu im Ganzen. Das Heilsdrama seines Gekommenseins, seines Todes und seiner Auferweckung wird selbst als entscheidendes Ereignis gesehen. Der Träger der Botschaft rückt in ihren Inhalt ein, aus dem Verkündiger wird der Verkündigte, der prophetische Bote Gottes wird als Kyrios Christus geglaubt" (ebd.).

Glaube bei Paulus

Bei Paulus steht der Glaube im Mittelpunkt seiner theologischen Bemühungen. Es ist der Glaube an das Heilshandeln Gottes in Tod und Auferstehung Jesu Christi. Im Glauben an Jesus Christus ereignet sich die Rechtfertigung aus dem Glauben. Das ist die Botschaft vor allem des Römerbriefes, in dem Abraham als der Vater der Glaubenden vor Augen gestellt wird. Paulus hat erkannt, dass der in Jesus Christus eröffnete Heilsweg nicht nur den Juden, sondern allen Menschen offensteht, und er weiß sich als Apostel zu den Heiden gesandt.

Der Glaube kommt, wie Paulus vor allem im 10. Kapitel des Römerbriefs deutlich macht, aus dem Hören auf Gottes Wort. Aber er ist keine Leistung des Menschen, sondern allein Gottes Geschenk. Die gläubige Annahme des Wortes Gottes wird von Paulus häufig als Gehorsam bezeichnet. Durch den Glauben wird der Mensch gleichsam in das Todesschicksal Jesu mit hineingenommen, um mit ihm als „neue Schöpfung" zu leben. „Ich bin mit Christus gekreuzigt worden; nicht mehr ich lebe, sondern Christus lebt in mir. Soweit ich aber jetzt noch in dieser Welt lebe, lebe ich im Glauben an den Sohn Gottes, der mich geliebt und sich für mich hingegeben hat" (Gal 2,19f.).

Glaube im Joh-Ev.

Neben den Paulusbriefen ist es vor allem das Johannesevangelium, das ganz um das Thema des Glaubens kreist. Ausdrücklich wird dies im Epilog des Evangeliums gesagt: „Noch viele andere Zeichen, die in diesem Buch nicht aufgeschrieben sind, hat Jesus vor den Augen seiner Jünger getan. Diese aber sind aufgeschrieben, damit ihr glaubt, dass Jesus der Messias ist, der Sohn Gottes, und damit ihr durch den Glauben das Leben habt in seinem Namen" (Joh 20,30f.). Die entscheidende Tat des Menschen ist der Glaube, der ihn ins Licht führt und ins Leben. Doch ist auch für Johannes der Glaube nicht das Werk des glaubenden Menschen, sondern er ist, wie vor allem im 6. Kap. des Johannesevangeliums deutlich wird, Gottes Werk. Johannes bringt den dynamischen und aktiven Charakter dieses Geschehens dadurch zum Ausdruck, dass er fast ausschließlich das Verbum *pisteúein* (gr.) und nicht das Substantiv *pístis* gebraucht. Der Glaube bezieht sich auf Jesus, seine Worte und Taten. In ihm, in der Person des fleischgewordenen Logos, ist, wie bereits der Prolog des Johannesevangeliums deutlich macht, die Fülle der Wahrheit, d.h. der Selbstmitteilung Gottes, gegenwärtig: Wer den Sohn sieht, sieht den Vater (Joh 14,9). Dieser Glaube an den Vater durch den Sohn geschieht, wie gerade das Johannesevangelium in den sog. Abschiedsreden Jesu deutlich macht, im Heiligen Geist.

Glauben = personales Geschehen

Glauben ist sowohl bei Paulus wie auch für das Johannesevangelium ein personales Geschehen zwischen Gott und dem glaubenden Menschen, das sich auf das Heilshandeln Gottes in Jesus Christus bezieht und nur in Gottes Heiligem Geist überhaupt möglich ist. Der Glaubensakt, wie er im Neuen Testament beschrieben wird, ist also kein allgemeiner Akt des Vertrauens in die Güte und Treue Gottes, sondern meint ein sich *dem* Gott Anheimgeben, der in Jesus Christus gehandelt hat. Deshalb steht inhaltlich das christologische Bekenntnis, das nur trinitarisch möglich ist, im Mittelpunkt. Glaube ist für das Neue Testament kein inhaltsleeres Sichverhalten, sondern immer inhaltlich durch das Christus-Ereignis gefüllt. Insofern ist es kein Abfall von der ursprünglichen neutestamentlichen Verkündigung, wenn in den Pastoralbriefen vor allem von der kirchlichen „Lehre“ die Rede ist und Glaube und Lehre miteinander identifiziert werden. Die Lehre ist es, an der der Verkünder wie der Glaubende festhalten soll (vgl. 1 Tim 4,16).

3.3 Glauben – systematisch-theologisch

Glauben ist die Antwort des Menschen auf die in den Schriften des Alten und Neuen Testamentes bezeugte und durch amtliche kirchliche Verkündigung und die Feier der Sakramente sowie die Begegnung mit Glaubenden vermittelte Selbstmitteilung Gottes.

Glaube = Hinwendung des Menschen zu Gott

Durch diese Hinwendung des Menschen zu Gott, der sein Heil sein will, wird der Mensch tatsächlich heil. Insofern kann man sagen, dass der Mensch „allein durch den Glauben“ gerettet wird. Diese von Martin Luther (1483–1546) im Anschluss an den Römerbrief (3,28) geprägte Formel, die im Streit der sich herausbildenden Konfessionen seit dem 16. Jahrhundert zu einer typisch evangelischen wurde, kann seit der *Gemeinsamen Erklärung zur*

Rechtfertigungslehre vom 31. Oktober 1999 als eine die Konfessionen verbindende neu gewürdigt werden. Die katholische Seite hatte, als sie im Rechtfertigungsdekret des Trienter Konzils die evangelische Formel „allein durch den Glauben" verurteilte (DH 1559), in scholastischer Manier Glauben primär als eine intellektuelle Haltung, ein Für-wahr-Halten von bestimmten Aussagen verstanden, dem erst in der Verbindung mit Liebe und Hoffnung rechtfertigende Kraft zukommt. Biblisch aber meint Glaube, wie die Reformatoren treffsicher erkannt haben, eine personale Hinwendung des ganzen Menschen zu Gott, die sein Leben total verändert und auch zu einer dieser Hinwendung entsprechenden Praxis führt. Glauben bedeutet, wie der Religionsphilosoph Romano Guardini (1885–1968) gesagt hat, „den Umbau des Wirklichkeitsbewußtseins" (Guardini: *Der Herr* 231). Glaube eröffnet eine neue Perspektive auf die Welt und auf uns selbst.

Glaube eröffnet eine neue Perspektive

Solcher Glaube ist ein Akt des ganzen Menschen, der seinen Personkern, das was biblisch als „Herz" bezeichnet wird, betrifft. Im Herzen des Menschen bilden „Freiheit, Erkenntnis und Liebe jene ungeschiedene Einheit [...], die für den Akt des Glaubens erforderlich ist. In diesem Akt entscheidet sich die Person, konfrontiert mit einer Pluralität von Sinnentwürfen und Existenzvorschlägen, für das, was sie jetzt und ewig sein will. Glaube ist so der personfundierende Akt schlechthin, der Richtung und Wahl menschlichen Handelns grundlegend bestimmt. [...] Dieser Akt des Glaubens kommt zustande in der freien Stellungnahme des Menschen zur Selbstmitteilung Gottes" (Seckler/Berchtold: *Glaube* 244).

Glaube als personaler Akt

Dieser personale Akt des Menschen richtet sich auf Gott. Es ist ein Akt des Vertrauens und der Hingabe, der aber nicht inhaltsleer ist. Der bedeutende jüdische Religionsphilosoph Martin Buber (1878–1965) hat in seinem gleichnamigen Werk zwei Glaubensweisen einander gegenüber gestellt, eine personal bestimmte und ausgerichtete Vertrauenshaltung, die den Kernbestand des Alten Testamentes bilde, und einen für wahr haltenden Dass-Glauben, der sich auf das Christusereignis beziehe. Während Glauben im Sinn der ersten Glaubensweise die Verwirklichung der Beziehung sei, die Gott durch sein Gegenwärtigsein eröffnet (vgl. Buber: *Glaubensweisen* 677), bedeute Glauben entsprechend der zweiten die „Anerkennung der Wahrheit eines Satzes" (Buber: *Glaubensweisen* 679). Buber hat in dieser Beschreibung von zwei unterschiedlichen Glaubensweisen durchaus etwas Richtiges gesehen, und seine Beschreibung der nach seiner Auffassung genuin alttestamentlichen Glaubensweise beeindruckt tief. Aber es stellt sich doch die Frage, ob der vertrauende Glaube an Gott (Du-Glaube) und der Glaube an das in bestimmten geschichtlichen Ereignissen festzumachende Heilshandeln Gottes (Dass-Glaube) so gegeneinander ausgespielt werden dürfen. Augustinus unterscheidet mit Recht drei Arten von Glauben: *credere Deum* (lat.: für wahr halten, dass Gott ist) – *credere Deo* (lat.: Gott als dem glauben, der sich offenbart hat) – *credere in Deum* (lat.: sein Leben glaubend auf ihn gründen). „Es sind drei Akte, die sich nach dem Gesetz einer fortschreitenden Bewegung verketten. Erst der dritte, der die beiden ersten voraussetzt und integriert, kennzeichnet den echten Glauben, der allein den Christen ausmacht“ (de Lubac: *Credo* 101, hier auch Belege aus Werken Augustins). Glauben erschöpft sich nicht im Fürwahrhalten von bestimmten Glaubensinhalten und -aussagen, aber dieses Fürwahrhalten gehört doch wesentlich zum Glauben hinzu.

Zitat

Du-Glaube und Dass-Glaube „sind in einem einzigen Akt verbunden. Man kann diesen nicht zertrennen, das Element der Zustimmung zu einem Faktum oder zu einer Lehre ablehnen, um eine bloße Haltung der Anbetung oder des Einsatzes übrig zu behalten. Personaler Glaube ist immer auch und unumgänglich objektiver Glaube, Fürwahrhalten. Soll er nicht formal und leer bleiben, sondern wirklich leben, so muß er sich von diesem objektiven Fürwahrhalten ernähren. Er setzt es voraus, nimmt es in sich auf und verschmilzt damit, indem er es an seinem personalen Charakter teilnehmen läßt. Der ‚Gehorsam des Glaubens‘, von dem Paulus spricht, ist unmöglich ohne verstandliche Zustimmung zu einer Reihe von Glaubensinhalten, oder, objektiver gesprochen, von Offenbarungstatsachen, zu deren Kenntnis man durch die apostolische Verkündigung gelangt, eben jener, die im Credo auf die Nennung der drei göttlichen Personen folgen“ (de Lubac: *Credo* 109).

Der christliche Glaube ist nicht inhalts- und gegenstandslos. Sein Inhalt und Gegenstand – solche Begriffe erweisen sich angesichts dessen, den sie bezeichnen, als kaum adäquat – ist der sich selbst mitteilende, in der Geschichte handelnde Gott. Weil das Heilshandeln Gottes in Jesus Christus seine eschatologisch endgültige Ausprägung erfahren hat, ist der christliche Glaube ganz wesentlich christologisch. Aber er ist in einem damit zugleich im ursprünglichen Sinn des Wortes theo-logisch, denn Jesus Christus wollte nichts anderes, als die Menschen zu Gott, seinem und unserem Vater, hinzuführen. Und da dies nur im Heiligen Geist geschehen kann, so ist der christliche Glaube wesentlich trinitarisch, was in der Struktur der christlichen Glaubensbekenntnisse ganz deutlich wird. Der christliche Glaube bekennt sich zu bestimmten Heilsereignissen, aber er macht sie nicht aus einer historischen Neugierde zum Gegenstand, sondern weil in ihnen Gott sich zu erkennen gegeben hat. Da der christliche Glaube sich auf geschichtlich konkrete Ereignisse bezieht, muss er auch in geschichtlich konkreter menschlicher Sprache zum Ausdruck kommen. Deshalb gibt es formulierte Bekenntnisse und Dogmen. Aber diese Bekenntnisse und Dogmen sind nicht eigentlich der Glaubensgegenstand. Gegenstand des Glaubens ist allein Gott. Bekenntnisse und Dogmen sind notwendig, damit wir Menschen uns über den Glauben an Gott verständigen können. Aber diese Bekenntnisse und Dogmen sind, weil sie in geschichtlich-kontingenter Sprache formuliert werden und formuliert werden müssen, wesentlich geschichtlich. Das hängt letztlich damit zusammen, dass Gott selber in unsere Geschichte eingegangen ist, dass er seine Haltung zu den Menschen und zur Welt geschichtlich manifestiert hat. Ein ungeschichtlicher Zugang zu dem geschichtlich handelnden Gott ist deshalb nicht möglich. Dennoch ist noch einmal zu wiederholen, dass der Glaube sich nicht auf die Glaubensartikel und die Dogmen bezieht, sondern auf das, was darin von Gott zum Ausdruck gebracht werden soll. Thomas von Aquin hat das in unnachahmlicher Kürze formuliert: „Der Glaubensakt zielt nicht auf eine Aussage, sondern auf die Sache" (STh II-II q. 1 a. 2 ad 2). Aussage und Sache stehen freilich in einer gewissen Spannung, da die Sache, nämlich Gott selbst, niemals adäquat in menschlicher Sprache zum Ausdruck kommen kann.

Glaube findet seinen Ausdruck in Bekenntnissen und Dogmen, weil er auf historischen Ereignissen beruht

„Glaubensakt zielt nicht auf eine Aussage, sondern auf die Sache"

Wir können keine Aussage über Gott wagen, ohne zugleich mit zu bedenken, dass diese Aussage wesentlich inadäquat bleibt. Das IV. Laterankonzil (1215) hat diese Einsicht auf die bündige Formel gebracht, dass zwischen Schöpfer und Geschöpf keine noch so große Ähnlichkeit festgestellt werden kann, ohne dass zugleich eine noch größere Unähnlichkeit festgehalten werden muss (DH 806). Dennoch sind wir, wenn wir nicht schweigen wollen, auf die kontingenten Mittel unserer menschlichen Sprache angewiesen, um unseren Glauben zum Ausdruck zu bringen.

Glaube hat Gemeinschaftscharakter

Ein weiteres Charakteristikum des christlichen Glaubens ist sein Gemeinschaftscharakter. „Christlicher Glaube besteht nicht im Fürwahrhalten eines literarischen Werkes (des AT und NT) durch isolierte Individuen, sondern ist wesentlich Engagement und Praxis an der bleibend gestellten Aufgabe, [...] Erlösung, Gerechtigkeit, Liebe und Friede zu realisieren. Dieser Glaube wird in der Kirche durch die vielfältigen Formen (Predigt, Katechese, Theologie etc.) und Instanzen (Gemeinden, Bischöfe, Papst, Konzilien usw.) lebendig bezeugt und weiter tradiert. So erwächst aus dem Organismus der Kirche der Glaube des Individuums. Die Verkündigung der Kirche ist für den Einzelnen *regula proxima fidei* [lat.: die ihm am nächsten kommende Glaubensnorm], steht selber jedoch unter der sie normierenden Norm des Wortes Gottes [...]. Die Aufgabe des Glaubens beschränkt sich aber nicht auf den Binnenraum der Institution Kirche, vielmehr ist die Institution da, um dem Sachprogramm des Glaubens, das eine öffentliche und gesamtmenschliche Bestimmung hat, zu dienen und es in das Ringen der Menschheit um die Lösung ihrer Probleme einzubringen.“ (Seckler/Bertchold: *Glaube* 246f.).

Obwohl man den Glauben in der Neuzeit immer wieder als ein Wagnis bezeichnet hat – und diese Bezeichnung trifft ja gewiss auch zu – so hat die Kirche doch immer Wert darauf gelegt, dass der Glaube nicht einfach als ein blinder Akt verstanden wird. „Als Akt, in dem über Heil und Unheil entschieden wird, kann er weder leichtfertig noch in blindem unerleuchtetem Gehorsam vollzogen werden, sondern nur aus einer vernünftigen und sittlichen Entscheidung heraus, die aus angebbaren Gründen erfolgt“ (Seckler/Bertchold: *Glaube* 247). Man hat in der Geschichte der christlichen Theologie in unterschiedlicher Weise die Glaubwürdigkeit des Glaubens und damit die Verantwortbarkeit des Glaubensaktes herauszustellen versucht. Traditionellerweise hat man die Glaubwürdigkeit des Glaubens vor allem dadurch zu beweisen versucht, dass man auf die Glaubwürdigkeit der Zeugen, die diesen Glauben bezeugen, auf Weissagungen und Wunder rekurriert hat. Auf diesem Wege gelangt man aber letztlich nur zu Wahrscheinlichkeitsurteilen, die mit der absoluten Gewissheit des Glaubens nicht in Einklang zu bringen sind. Die gegenwärtige Fundamentaltheologie versucht vor allem die innere Stimmigkeit des Glaubens selber herauszuarbeiten, weniger auf die Qualität seiner äußeren Bezeugung abzuheben. Dazu gehört es ganz wesentlich, deutlich zu machen, dass der christliche Glaube die Antwort auf die Frage gibt, die der Mensch selber ist. Der Glaube soll so vor- und dargestellt werden, dass der heutige Mensch sich in vernünftiger und sittlicher Weise zu diesem Glauben entscheiden kann. Natürlich ist dabei zu berücksichtigen, dass dieser Glaubensentscheidung vielfältige Hindernisse sozialer und kultureller Art, aber auch individueller Prägung entgegenstehen können, ebenso wie sie umgekehrt durch entsprechende Dispositionen

Christlicher Glaube gibt Antwort auf die Frage, die der Mensch selber ist gefördert werden kann. Ein solches Sich-Einlassen auf Gott, wie es der Glaube darstellt, ist letztlich nur möglich, wenn Gott selber es gewährt. Der Glaube ist nicht menschliche Leistung, menschliches Werk, sondern gründet allein in Gottes Gnade. In der Sprache der traditionellen Theologie heißt das: Der Glaube ist wesentlich übernatürlich. „Der Glaube ist ja nicht nur Zustimmung zu einem vorgängig nicht evidenten Sachverhalt, sondern Prinzip, Wurzel und Fundament der Rechtfertigung, Anfang des ewigen Lebens im Menschen, Einung der Person mit Gott" (Seckler/Bertchold: *Glaube* 248).

Glauben, so lässt sich mit Thomas von Aquin sagen, ist ein willentliches Zustimmen des Verstandes, das sich durch seine Gewissheit von einem bloßen Meinen unterscheidet. Wo findet der Glaube nun seine Gewissheit? Er kann sie letztlich nicht aus den Glaubwürdigkeitskriterien schöpfen; denn dann würde die Glaubensgewissheit von geschöpflichen Ursachen abhängen. Ihre einzige Ursache kann nur Gott selber sein. Der Glaube hat seine eigene Evidenz, sein, wie die theologische Tradition sagt, Licht, das Gott selber ist. Wer sich auf Gott mit seiner ganzen Existenz einlässt, der erfährt dabei gleichzeitig die Glaubwürdigkeit dessen, auf den er sich einlässt. Freilich ist auch dieses Licht, wie gerade das Beispiel der großen Heiligen und Mystiker zeigt, ein Licht, das sich oft im Entzug, im Dunkel gibt. Die Gewissheit des Glaubens ist ein wider alle Wahrscheinlichkeit davon Überzeugtsein, dass Gott für uns ist. Unsere Verkündigung kann letztlich nichts anderes tun, als Menschen auf diesen Weg zu führen, damit sie in der Nachfolge des Gekreuzigten erfahren dürfen, dass er lebt, und dass Gott auch das Dunkel des Todes durch sein Licht zu erhellen vermag.

Zusammenfassung

Im Gegensatz zum alltäglichen Sprachgebrauch ist im theologischen Sinne *Glauben* von *Meinen* zu unterscheiden. Religiös bedeutet *Glaube* eine Gewissheit eigener Art. Diese Gewissheit wird mit dem Ausdruck *Überzeugtsein* besser umschrieben als mit *Wissen*.

Im Anschluss an Thomas von Aquin können zwei Arten von Erkenntnisgewissheit unterschieden werden, die sich ihrerseits jeweils zweifach untergliedern: Die erste Art besteht darin, dass der Verstand durch den Gegenstand selber zur Zustimmung bewegt wird, die andere darin, dass von Seiten des Erkennenden eine willentliche Entscheidung geschieht. Erstere wird noch einmal danach differenziert, ob der Erkenntnisgegenstand evident ist, also unmittelbar einleuchtet (z.B. der Satz vom ausgeschlossenen Widerspruch), oder aber, ob er durch ein wissenschaftliches Beweisverfahren erschlossen werden muss. Bei der zweiten Art wird danach unterschieden, ob die willentliche Zustimmung mit Zweifeln und der Furcht vermischt ist, es könnte sich auch anders verhalten – dies wird als Meinung (lat.: *opinio*) bezeichnet –, oder ob solche Furcht fehlt und stattdessen die Gewissheit vorhanden ist, dass es sich nicht anders verhalten kann. Letzteres ist für Thomas der Glaube im eigentlichen Sinn (lat.: *fides*).

Der Akt, der mit Glauben bezeichnet wird, findet im biblischen Zeugnis unterschiedlichen Ausdruck. Im Alten Testament gibt es kein eigenes Wort für Glauben. Unter den verschiedenen dafür verwendeten Begriffen ragt das hebräische Wort *aman* heraus. Dessen Bedeutung wird in dem Wortspiel sichtbar: „Glaubt ihr nicht, so bleibt ihr nicht“ (Jes 7,9). Das, was im Deutschen mit *glauben*, und das, was mit *bleiben* übersetzt wird, ist im Hebräischen jeweils eine Form des Verbs *aman*. Glauben bedeutet soviel wie feststehen, bleiben. *Aman*, das auch in der liturgischen Bekräftigungsformel „Amen“ steckt, ist die Antwort des Menschen auf das heilschaffende Handeln Gottes. Im griechischen Neuen Testament wird Glaube durchgängig mit dem Verb *pisteúein* bzw. mit dem Substantiv *pístis* bezeichnet; beide sind die Zentralbegriffe, um die Annahme von Botschaft und Person Jesu auszudrücken.

Beim christlichen Glauben können zwei Perspektiven unterschieden werden: zum einen der Gegenstand des Heilsglaubens (lat.: *fides quae*), also der Inhalt der Verkündigung, die in vielfältigen geprägten Formeln bekannt wird, und zum andern Glauben als Akt (lat.: *fides qua*), in dem die Umkehr vollzogen und das dargebotene Heil ergriffen wird.

Der christliche Glaube bekennt sich zu bestimmten Heilsereignissen, aber er macht sie nicht aus einer historischen Neugierde zum Gegenstand, sondern weil sich in ihnen Gott zu erkennen gegeben hat. Um sich über den Glauben verständigen zu können, braucht es begriffliche Formulierungen wie Bekenntnisse, Dogmen und theologische Aussagen, die in geschichtlich-kontingenter Sprache vorliegen und deshalb der Interpretation bedürfen.

4. „ ... an Gott, den Vater, den Allmächtigen“

Wie bereits angekündigt, wird im Folgenden zunächst der Text des Apostolischen Glaubensbekenntnisses interpretiert, um dann die darin angesprochene Sachfrage selber zu betrachten. Das eine wird eher historisch, das andere eher an gegenwärtigen Fragestellungen ausgerichtet sein.

4.1 Die Aussage des ersten Glaubensartikels

Nach der Meinung von John Kelly[2], einem der besten Kenner der altchristlichen Glaubensbekenntnisse, stellt das Apostolische Glaubensbekenntnis „nichts mehr und nichts weniger als ein[en] Leitfaden der Populärtheologie" dar, und man kann, „kristallisiert in seinen Sätzen, den Glauben und die Hoffnung der Urkirche" erkennen (Kelly: *Glaubensbekenntnisse* 133). Natürlich ist es im vorliegenden Zusammenhang nicht möglich, die Texterklärung des Apostolischen Glaubensbekenntnisses in den Gesamtrahmen der christlichen Dogmengeschichte, in den sie eigentlich hineingehört, zu stellen. Es können nur einige Hinweise gegeben werden.

In seiner frühesten Fassung lautete der erste Glaubensartikel einfach: „Ich glaube an Gott, den Vater, den Allmächtigen". Es fehlt also sowohl die nähere Bestimmung Gottes als *der Eine*, wie sie in den orientalischen Glaubensbekenntnissen üblich ist, als auch die Hinzufügung *Schöpfer des Himmels und der Erde*. Was das Fehlen der Bestimmung Gottes als des *Einen* im *Apostolicum* angeht, so ist dies sicher nicht durch ein bewusstes Auslassen zu erklären. Das Bekenntnis zum einen Gott gehört so zentral zum christlichen Glauben, dass es überall dort, wo von Gott gesprochen wird, unausgesprochen mit vorausgesetzt werden darf.

Die Hinzufügung „Schöpfer des Himmels und der Erde" stellt eine spätere Explikation dessen dar, was bereits in den Aussagen über den „Vater" und „Allmächtigen" mitschwingt. Diese Explikation begegnet wohl zum ersten Mal bei Augustinus und ist dann in den gallischen Fassungen des Apostolischen Glaubensbekenntnisses seit dem 7./8. Jh. Allgemeingut geworden.

Die geläufige deutsche Übersetzung des ersten Glaubensartikels lautete früher: „Ich glaube an Gott, den allmächtigen Vater". Hier wurde also das Wort „allmächtig" als Adjektiv dem Substantiv „Vater" zugeordnet. Die gegenwärtig gebräuchliche Übersetzung versteht das Wort „allmächtig" nicht als Adjektiv, sondern seinerseits als Substantiv. Dementsprechend lautet sie: „Ich glaube an Gott, den Vater, den Allmächtigen". Diese Deutung entspricht den altkirchlichen Predigten und Kommentaren zum Apostolischen Glaubensbekenntnis. Sie betrachteten die beiden

---

[2] Bei der historischen Kommentierung des Apostolischen Glaubensbekenntnisses orientiere ich mich hauptsächlich an Kelly, John N.D.: Altchristliche Glaubensbekenntnisse. Geschichte und Theologie, Göttingen 1972. Zur Erforschung vgl. Vinzent, Markus: Der Ursprung des Apostolikums im Urteil der kritischen Forschung (Forschungen zur Kirchen- und Dogmengeschichte 89), Göttingen 2006.

Worte „Vater“ und „Allmächtiger“ „durchweg als zwei nebengeordnete Bezeichnungen der ersten Person der Dreifaltigkeit“ (Kelly: *Glaubensbekenntnisse* 134). Dazu kommt, dass in der Heiligen Schrift Gott nirgendwo als „der allmächtige Vater“ bezeichnet wird. In der griechischen Übersetzung des Alten Testamentes, der sog. *Septuaginta*, finden sich als die häufigste Gottesbezeichnung die beiden Worte *kýrios pantokrátor*, mit denen das hebräische *Jahwe Zebaot* wiedergegeben wird, was auf deutsch soviel heißt wie „Herr der Heerscharen“ bzw. „allmächtiger Herr“. Man findet aber auch die Formulierungen „allmächtiger Gott“ (*ho theós ho pantokrátor*) bzw. „der Allmächtige“ (*ho pantokrátor*). Das Neue Testament verwendet das Gottesprädikat „der Allmächtige“ sehr selten. Die frühen Kirchenväter folgen dem Gebrauch der Septuaginta, indem sie entweder das Wort „allmächtig“ alleine oder in Verbindung mit dem Wort „Gott“ verwenden.

NT: Bezeichnung Gott als Vater häufig

Während das Neue Testament mit dem Gebrauch des Gottesprädikates „allmächtig“ sehr zurückhaltend ist, findet sich die Verbindung „Gott der Vater“ sehr häufig. Diese Sprechweise wird von den Kirchenvätern aufgegriffen. Einzelstellen zu nennen, erübrigt sich aufgrund ihrer großen Zahl.

Zitat

„Wir werden so zu dem Schluß veranlaßt, daß von den zwei kennzeichnenden Prädikaten, Vater und Allmächtiger, Vater enger mit Gott assoziiert wird. Die grundlegende und uranfängliche Wahrheit, an welche Glauben bezeugt wird, ist Gott der Vater. Daß dies der Kern des ersten Artikels ist, braucht nicht die geringste Überraschung auszulösen [...]. Der weitere Titel Allmächtiger muß sich dann mit diesem Kern sehr früh verschmolzen haben, zweifellos als Ergebnis des Einflusses, den die Sprache der Septuaginta auf den theologischen Sprachgebrauch der Christen ausübte“ (Kelly: *Glaubensbekenntnisse* 135).

Mit dieser Feststellung ist allerdings die Frage noch nicht beantwortet, was die beiden Worte „Vater“ und „der Allmächtige“ hier bedeuten. Fragen wir zunächst nach der Bedeutung des Wortes „Vater“. In einer konstanten Auslegungstradition des *symbolum apostolicum* wird darauf hingewiesen, dass Gott Vater genannt wird, weil er der Vater des im zweiten Artikel bekannten Sohnes Jesus Christus ist. Eine Deutung des Vater-Prädikates als Aussage über die Beziehung Gottes zu den Menschen, die vom Neuen

Testament her durchaus nahe liegt, wurde teilweise ausdrücklich abgelehnt. Dennoch begegnet sie neben der rein trinitarischen Deutung, etwa wenn Augustinus in einer Predigt sagt: „Achte darauf, wie schnell die Worte gesprochen werden und wie bedeutungsvoll sie sind. Er ist Gott, und er ist Vater: Gott in seiner Macht, Vater in seiner Güte. Wie gesegnet wir sind, daß wir finden dürfen, daß unser Herr Gott unser Vater ist" (*s.* 213,2; zitiert nach Kelly: *Glaubensbekenntnisse* 136). Die beiden genannten Konnotationen schwingen in dem hier gebrauchten Vater-Begriff sicher mit, vor allem die christologisch-trinitarische. Im Blick auf den Sprachgebrauch bei der Entstehung des Apostolischen Glaubensbekenntnisses im zweiten Jahrhundert stellt John Kelly freilich fest, dass von Gott als Vater „zu dieser Zeit am häufigsten jedoch [...] in seiner Eigenschaft als Vater und Schöpfer des Weltalls" gesprochen wurde (Kelly: *Glaubensbekenntnisse* 137). Er nennt dafür zahlreiche Belege, auf die hier nicht im Einzelnen eingegangen werden kann. Besonders aufschlussreich ist, dass Novatian in der ersten Hälfte des 3. Jahrhunderts den ersten Glaubensartikel paraphrasierend wiedergibt als „der in allem vollkommene Begründer aller Dinge" (*trin.* 1; zitiert nach Kelly: *Glaubensbekenntnisse* 138). Kelly stellt zusammenfassend fest: „Für die Christen des 2. Jahrhunderts war dies ohne jede Frage die primäre, wenn auch keineswegs einzige Bedeutung der Vaterschaft Gottes. Es war ein Glaube, den sie, wie das dritte Makkabäerbuch und die Schriften Philos beweisen, mit dem hellenistischen Judentum und aufgeklärten Menschen überhaupt teilten" (Kelly: *Glaubensbekenntnisse* 138).

Das in der griechischen Übersetzung des Alten Testamentes häufig, im Neuen Testament dagegen kaum begegnende Gottesprädikat „der Allmächtige" erfreute sich in der alten Kirche einiger Beliebtheit „als eine Bezeichnung von Gottes Majestät und Transzendenz" (ebd.). „Die grundlegende Bedeutung von *pantokrátor* im Griechischen jedoch und die in der Kirche des zweiten Jahrhunderts als selbstverständlich angesehene Bedeutung war keineswegs mit der Bedeutung von ‚Allmächtig' im Deutschen oder *omnipotens* im Lateinischen identisch. Die genaue Entsprechung beider würde *pantodýnamos* gewesen sein. *Pantokrátor* ist zuvörderst ein aktives Wort und vermittelt die Vorstellung nicht so sehr von Fähigkeit als von sich betätigender Fähigkeit. Wichtiger noch ist, dass die grundlegende Vorstellung, die man mit ihm verbindet, umfassender ist, als sie in ‚allmächtig' enthalten ist. *Pantokrátor* hat die Bedeutung ‚alles lenkend', ‚alles beherrschend'" (ebd.). Auch hierfür bietet Kelly zahlreiche Belegstellen an.

Nach dieser Interpretation macht der erste Glaubensartikel vor allem eine Aussage über den Bezug Gottes zur Schöpfung. Er wird als ihr Vater und Herr bezeichnet. So erscheint es nur konsequent, dass man in späterer Zeit, als man das Vater-Prädikat nahezu ausschließlich christologisch interpretierte, die Explikation „Schöpfer des Himmels und der Erde“ hinzufügte (vgl. Kelly: *Glaubensbekenntnisse* 368).

4.2 Die Frage nach Gott

Wenn diese Textexegese zutrifft, kommt im ersten Artikel des Apostolischen Glaubensbekenntnisses keineswegs eine Überzeugung zum Ausdruck, die die Christen schlechthin von den Nicht-Christen trennte. Vielmehr wird gesagt, was in der Spätantike die mehr oder weniger gemeinsame Überzeugung aller Gebildeten war, dass nämlich Gott der Vater und Lenker des Alls ist. Diese grundlegende Selbstverständlichkeit des Wortes „Gott“ ist durch die neuzeitliche Religionskritik wie durch die Säkularisierung insgesamt abhanden gekommen.

Zitat

„In vorneuzeitlichen Kulturen hatten die Worte ‚Gott‘ und ‚Götter‘ ihren mehr oder weniger genau bestimmten Ort im Zusammenhang der kulturellen Lebenswelt und damit auch in der Sprachwelt der Menschen, nämlich durchweg da, wo es um die letzten Grundlagen der gesellschaftlichen wie der kosmischen Ordnung und um die sie verbürgenden Instanzen geht, denen die ihnen gebührende Ehrfurcht, Aufmerksamkeit und Zuwendung entgegenzubringen waren. In den säkularen Kulturen der Neuzeit hat das Wort ‚Gott‘ diese Funktion und Bedeutung mehr und mehr verloren, jedenfalls im öffentlichen Bewußtsein“ (Pannenberg: *Systematische Theologie* I 73).

Das ist gerade das Signum der säkularen westlichen Zivilisation. Seit einiger Zeit wird die These der Säkularisierung als eines unausweichlichen Geschichtsprozesses in Frage gestellt. Die Gegenthese spricht von einer unausrottbaren Religiosität des Menschen, die sich nicht nur in den klassischen Religionen, sondern auch in vielen unablässig aus dem Boden sprießenden neuen religiösen Bewegungen zeige.[3] Vielleicht ist in der Tat weniger das

3 Vgl. etwa Walter, Peter (Hg.): Gottesrede in postsäkularer Kultur (QD 224), Freiburg u.a. 2007.

Die Frage nach Gott = die Frage nach dem Horizont des Menschen und der Welt schlechthin

völlige Verschwinden des Wortes „Gott" das Signum unserer Zeit als das Undeutlichwerden des damit Gemeinten. Karl Rahner sprach schon vor über 30 Jahren in seinem *Grundkurs des Glaubens* davon, dass das Wort „Gott" den heutigen Menschen rätselhaft anmutet „wie ein erblindetes Antlitz" (Rahner: *Grundkurs* 56). Er versucht die Bedeutung dieses Wortes dadurch zu erhellen, dass er in einem Gedankenexperiment die Frage stellt, was wäre, wenn dieses Wort verschwunden wäre:

Zitat

„Das Wort ‚Gott' soll verschwunden sein, spurlos und ohne Rest, ohne daß noch eine übriggelassene Lücke sichtbar ist, ohne daß es durch ein anderes Wort, das uns in derselben Weise anruft, ersetzt wird, ohne daß durch dieses Wort auch nur wenigstens eine oder besser die Frage schlechthin gestellt würde, wenn man schon nicht dieses Wort als Antwort geben oder hören will. Was ist dann, wenn man diese Zukunftshypothese ernst nimmt? Dann ist der Mensch nicht mehr vor das eine Ganze der Wirklichkeit als solcher und nicht mehr vor das eine Ganze seines Daseins als solchen [sic!] gebracht. Denn eben dies tut das Wort ‚Gott' und nur es – wie immer es phonetisch oder in seiner Herkunft bestimmt sein mag" [...]. Ohne dieses Wort würde sich der Mensch „restlos über dem je Einzelnen an seiner Welt und in seinem Dasein vergessen. Er würde [...] nicht einmal ratlos, schweigend und bekümmert vor das Ganze der Welt und seiner selbst geraten. Er würde nicht mehr merken, daß er nur ein einzelnes Seiendes, aber nicht das Sein überhaupt ist. Er würde nicht merken, daß er nur noch Fragen, aber nicht *die* Frage nach dem Fragen überhaupt bedenkt; er würde nicht mehr merken, daß er immer nur einzelne Momente seines Daseins neu manipuliert, sich aber nicht mehr seinem Dasein als Einem und Ganzem stellt [...]. Der Mensch hätte das Ganze und seinen Grund vergessen und zugleich vergessen – wenn man das noch so sagen könnte –, daß er vergessen hat. Was wäre dann? Wir können nur sagen: Er würde aufhören, ein Mensch zu sein. Er hätte sich zurückgekreuzt zum findigen Tier [Rainer Maria Rilke: 1. Duineser Elegie]. Wir können heute nicht mehr so leicht sagen, daß dort schon ein Mensch ist, wo ein Lebewesen dieser Erde aufrecht geht, Feuer macht und einem Stein zum Faustkeil bearbeitet. Wir können nur sagen, daß dann ein Mensch ist, wenn dieses Lebewesen denkend, worthaft und in Freiheit das Ganze von Welt und Dasein vor sich und in die Frage bringt, mag er dabei auch *vor* dieser einen und totalen Frage ratlos verstummen. So wäre es ja vielleicht – wer vermag das genau zu wissen – auch denkbar, daß die Menschheit in einem kollektiven Tod bei biologischem und technisch-rationalem Fortbestand stirbt und sich zurückverwandelt in einen Termitenstaat unerhört findiger Tiere“ (Rahner: *Grundkurs* 57f.).

Das Wort „Gott“, das will Rahner deutlich machen, stellt bzw. beantwortet keine Frage neben anderen Fragen. Gott ist nicht eine Wirklichkeit neben oder über der sonstigen Wirklichkeit, er ist kein Gegenstand des Fragens und Wissens wie andere Gegenstände. Gott ist vielmehr die Antwort auf die Frage in allen Fragen, er ist die Antwort auf die Fraglichkeit des Menschen und der Welt schlechthin. Mit Gott wird eine alles andere umgreifende und übergreifende Antwort gegeben. Die alles umfassende Antwort, die mit dem Wort „Gott“ gegeben wird, trifft genau die Grundsituation des Menschen, der das Wesen ist, das fragen kann und fragt. Im Fragen übersteigt der Mensch seine Existenz, das Fragenkönnen macht seine Transzendenz aus. Hier zeigt sich die Größe des Menschen, aber auch seine Tragik. Er kann seine Erfüllung nicht in Teilerfüllungen finden, sondern nur, wenn er einen Sinn für das Ganze der Wirklichkeit findet. Nach der Überzeugung der religiösen Überlieferung ist die mit dem Wort „Gott“ gemeinte Wirklichkeit diese Antwort. Bei der Gottesfrage handelt es sich also nicht um eine kategoriale, sondern um eine transzendentale Frage: sie ist die alles Seiende umgreifende Frage (transzendental im Sinne der scholastischen Transzendentalienlehre) und sie ist die Frage, die die Bedingung der Möglichkeit aller anderen Fragen und Antworten betrifft (transzendental im Sinne der neuzeitlichen Transzendentalphilosophie).

4.3 Versuche, Gott zu denken

Steht die philosophische Frage nach Gott nicht in der Gefahr, sich ein Gottesbild nach eigenen Vorstellungen zurechtzuzimmern? Wäre es nicht besser, gleich nach dem zu fragen, was Gott von sich selber gesagt, wie er sich den Menschen offenbart hat? Aber das Problem ist differenzierter zu betrachten. Worte, die mit dem Anspruch auftreten, Gottes Rede zu sein, gab und gibt es viele.

Kriterien für die Rede von Gott

Wenn nach der Wahrheit bzw. der Echtheit solcher Rede gefragt werden soll, bedarf es der Kriterien, um wahre von falscher Rede zu unterscheiden.

4.3.1 Ein Blick in die Geschichte

Das Mühen um solche Kriterien ist erstmals in der beginnenden griechischen Philosophie seit dem 7. vorchristlichen Jahrhundert greifbar. In jener Zeit begann man, die überlieferten Göttermythen, die immer mehr ausgefaltet und ins Phantastische gesteigert wurden, auf ihren Wahrheitskern zu befragen. Das, was der Mythos in anthropomorpher Weise über die Götter sagte, wurde einer philosophischen Kritik unterzogen. In diesem Zusammenhang der philosophischen Mythenkritik taucht zum ersten Mal das Wort Theologie auf, in Platons *Staat* (*pol.* 379 a). Platon fragt hier wie etliche Philosophen vor ihm nach den Kriterien für die Rede von den Göttern. Der *erste Maßstab* eines angemessenen Sprechens von Gott ist nach Platon, dass Gott wesentlich gut ist. Deshalb findet er es verwerflich, wenn die Dichter Gott nicht nur als Ursache des Guten, sondern auch als Ursache des Bösen in der Welt darstellen. Solches würde dem einzig möglichen und adäquaten Begriff von Gott widersprechen. Da man aber, wie Platon realistischerweise einschätzt, die Werke der Dichter nicht einfach verbieten kann, gilt es, sie zu erklären. Wenn sie davon sprechen, dass die Götter den Menschen Böses zufügen, dann ist dieses Böse als Strafe zu erklären, die die Menschen letztlich zum Guten führen soll. Allein so ist es plausibel, dass Gott bzw. die Götter den Menschen etwas zufügen, was diese als böse bezeichnen müssen. Böses um seiner selbst willen zu tun, wäre den Göttern absolut unangemessen (*pol.* 379a–380c). Ein *weiteres Kriterium*, das Platon nennt, ist die göttliche Vollkommenheit. Gegenüber den mythologischen Erzählungen von den Verwandlungen der Götter, verweist Platon darauf, dass Gott wesentlich unwandelbar ist. Wäre er nämlich wandelbar, dann wäre er unvollkommen. Auch hat er es nicht nötig, zu lügen oder sich zu verstellen. Das würde seiner Wahrhaftigkeit widersprechen (*pol.* 380d–383c). Worum es also geht, ist, Kriterien einer möglichen Rede von Gott aufzustellen.

Platon: Gott ist wesentlich gut

Platon: Gott ist vollkommen

In der antiken Philosophie lässt sich demnach das Bemühen erkennen, das mythologische Reden von den Göttern, aber auch den Staatskult philosophisch zu reflektieren und zu kritisieren. Diese drei Bereiche, die seit der Frühzeit griechischen Denkens greifbar sind, werden im zweiten vorchristlichen Jahrhundert von stoischen Philosophen, vor allem Panaitios (180–110 v. Chr.) und Marcus Terentius Varro (116–27 v. Chr.) begrifflich unterschieden. Sie sprechen von einer mythischen, einer natürlichen und einer politischen Theologie. Mythische Theologie, das ist die mythologische Rede der Dichter von den Göttern, politische Theologie, das ist das, was den Staatskulten an religiöser Überzeugung zugrunde liegt. Aber was ist natürliche Theologie? In der Neuzeit meint natürliche Theologie jene Reflexion, die von der Natur der Welt bzw. des Menschen auf Gott schließt. Solches aber ist in der Antike mit diesem Begriff nicht gemeint; denn damals ging es nicht darum, das Dasein Gottes zu beweisen, sondern es ging darum, das Wesen Gottes zu verstehen. Genau das ist mit dem griechischen Begriff der *phýsis* bzw. dem lateinischen der *natura* gemeint. Vor allem durch die Sophisten angeregt, hat die griechische Philosophie unterschieden zwischen dem, was von Natur aus (*phýsei*) und dem, was durch positive menschliche Setzung (*nómo* bzw. *thései*) ist. Die natürliche Theologie der Antike hat also nach dem gefragt, was der Natur Gottes, seinem Wesen, entspricht, in Unterscheidung zu dem, wie der Mythos bzw. der Staatskult Gott vorstellen. Es geht darum, göttlich von Gott zu denken und zu sprechen, d.h. das Reden von Gott immer wieder danach zu fragen, ob es Gott angemessen ist oder nicht. Jedes auch noch so gut gemeinte Reden von Gott, das primär darauf aus ist, den Menschen bzw. das menschliche Zusammenleben zu befördern, muss sich fragen lassen, ob es Gott angemessen ist und seinem Wesen entspricht. Eine Theologie, die Gott zum Wohle des Menschen oder der menschlichen Gesellschaft funktionalisiert, steht unter dem dringenden Verdacht, Gott zu ihren eigenen Zwecken zu missbrauchen. Dies deutlich gemacht zu haben, ist der bleibende Beitrag der philosophischen Gotteslehre der griechischen Antike.

Theologie fragt nach dem Wesen Gottes

Natürlich müsste man nun diese philosophischen Denkbemühungen um ein rechtes Gottesverständnis durch die Geschichte des philosophischen Denkens weiterverfolgen bis in die Gegenwart. Aber solches ist in diesem beschränkten Rahmen nicht möglich. Es wäre auch darauf einzugehen, wie sich die philosophische Kritik verschärft hat, wie sie aus einer Kritik am Reden über Gott schließlich zu einer grundsätzlichen Kritik des Redens von Gott geworden ist, eine Kritik, die jedes Reden über Gott dem Sinnlosigkeitsverdacht ausgesetzt hat. Solches geschieht im Rahmen der Religionsphilosophie und Fundamentaltheologie. Hier soll stattdessen versucht werden, in aller Kürze den bleibenden Ertrag der philosophischen Reflexion und Kritik des Sprechens von Gott einzubringen.

4.3.2 Rahmenbedingungen der Rede von Gott

Gottes Transzendenz und Immanenz

Dass es so etwas wie Transzendenz, unsere Erfahrung Übersteigendes überhaupt gibt, ist seit Immanuel Kant (1724–1804) verdächtig geworden. Auf der einen Seite stellt sich die Frage, wie etwas erkannt werden kann, was die menschliche Erfahrung übersteigt. Auf der anderen Seite aber ist zu bedenken, dass Gott nicht einfach innerhalb dieser Erfahrung zu finden sein kann. Denn dann wäre er ein endliches Wesen und damit eben nicht Gott. Dass Gott aber gerade nicht in die Welt und ihre Endlichkeit eingeschlossen ist, das dürfte unmittelbar einsichtig sein. Gott ist nicht als der Gipfel der Seinspyramide zu verstehen, dann wäre er ein Seiendes wie andere Seiende auch, sondern er ist als der alles Seiende transzendierende Grund des Seins zu verstehen. Transzendenz meint dann nicht ein „Jenseits", das ähnlich wie die erfahrbare Welt, nur eben jenseits zu ihr, zu denken wäre, sondern Transzendenz meint einen grundsätzlichen Überstieg über diese Welt. Ein Gott, der ein Seiendes wäre wie andere Seiende auch, ein Gott, der in der Welt aufgeht, wäre kein Gott mehr. Zu dem Begriff Gottes gehört es also, Gott als gegenüber der Welt transzendent zu denken, und zwar nicht auf einer höheren Stufe desselben Seins, sondern auf einer diese Seinsordnung grundsätzlich übersteigenden Ebene.

Transzendenz = grundsätzlicher Überstieg über diese Welt

Gleichzeitig aber ist diese Welt nicht ohne ihren Grund denkbar, und zwar einen Grund, der sie nicht nur einmal ins Sein gerufen hat, sondern bleibend im Sein erhält. Dies will das Wort von der Immanenz Gottes zum Ausdruck bringen. Immanenz bedeutet nicht, dass Gott in der Welt aufgeht. Das wäre eine Negation der Transzendenz und eine Negation Gottes selber. Immanenz besagt, dass Gott als der Transzendente zugleich der Welt innewohnt und ihr Sein sowie das Sein des Menschen von innen her bestimmt. „In dieser Weise verstanden ist Immanenz Ausdruck göttlicher Macht und Fülle und bringt die innere Macht des Göttlichen in der Welt zum Ausdruck. Diese innere Macht läßt sich nicht mit dem, was wir Welt nennen, identifizieren. Indem so Immanenz zugleich eine Differenz der Identität von Gott und Welt in sich birgt, schlägt sie in Transzendenz um. Immanenz und Transzendenz fallen zusammen. Sie fallen zusammen, weil Gott die Welt in sich birgt, ohne in der Welt auf-

Immanenz = innere Macht des Göttlichen in der Welt

zugehen. Die Welt lebt aus ihrer Grundidentität mit Gott; aber Gott ist mit der Welt nicht schlechthin identisch“ (Möller: *Chance* 203).

Gott ist Geist

Dem modernen, vom Materialismus geprägten Denken ist weithin ein Begriff davon abhanden gekommen, was Geist bedeutet. Während das antike Denken, aber auch die Bibel ebenso wie die Philosophie des deutschen Idealismus eine konkrete Vorstellung von Geist hatte, ist Geist in der gegenwärtigen Philosophie mehr oder weniger zu einem Epiphänomen der Materie geworden. Dadurch, dass man die physiologischen Bedingtheiten der psychischen Prozesse im Menschen erkannt hat, glaubt man das Phänomen des Geistigen zugleich erklärt zu haben.

Zitat

„Und doch ist Geist Wirklichkeit, die sich setzende und in Bewegung haltende Wirklichkeit, ursprüngliche Freiheit und darum jede menschliche Tat, jede Vernunfthandlung ermöglichend. Der lebendige Geist ist nicht das Abstrakte, er ist das, wodurch Konkretion wird: er macht den Menschen zum Menschen, zu einem Lebewesen, das mehr ist als Materie und Sinnlichkeit, mehr als ein Tier, Mensch aus Freiheit in Freiheit, Mensch mit Vernunft, Überlegung und Zukunftsplanung, Mensch in der Abstraktion des Denkens, um konkretes Handeln zu ermöglichen. [...] Geist ist nicht von der ‚Materie‘ losgelöste Wirklichkeit, sondern durchdringende Macht, Form, Kraft: dynamische Gestaltungswirklichkeit, ursprüngliche Selbstsetzung und ständiges Über-sich-hinaus-Sein. Die menschliche Geschichte ist von Geist durchdrungen, weil Menschsein als Freiheit die Materie übersteigt. Ohne Geist keine Freiheit. Ohne Geist nur Determination, möchte man sagen. Diese Aussage wäre zu korrigieren: Denn die Determination auf etwas hin setzt Geist voraus, Geist, der nichts anderes als die innere Dynamik des Lebens und der Materie selbst ist. Denn Materie, so wissen wir heute, ist nicht der starre Stoff, sondern eine von vielen Kräften geprägte Einheit, dynamische Wirklichkeit, deren Einheit und Differenz wir noch immer nicht adäquat charakterisieren können“ (Möller: *Chance* 207f.).

Aber Geist ist nicht nur das, was die Materie durchdringt, den Menschen prägt und gestaltet. Es gibt auch den objektiven, den in der Menschheit insgesamt waltenden Geist, der die Subjektivität der Menschen miteinander verbindet und dadurch Wirklichkeit schafft. Über diesen Geist haben vor allem die Denker des deutschen Idealismus, allen voran Hegel, nachgedacht. Dieser objektive Geist ist es, der Kunst, Religion und die Institutionen des menschlichen Zusammenlebens hervorbringt und prägt. „Geist ist in keiner Definition einzufangen. Wie könnte die ursprüngliche Lebensmacht übergriffen werden durch unser Denken?" (Möller: *Chance* 208).

Gott als Geist zu denken heißt, ihn zu denken „als unüberbietbare Freiheit, die Evolution des Kosmos und der Menschheitsgeschichte in sich begreifend und gestaltend, gegenwärtig in jeder Phase des Universums, wirkend in Biogenese und Noogenese, im wahren Fortschritt der Kultur, in ethischem Streben, wirkend in Hominisation, Liebe fordernd, Rettung gewährend, aber nichts bezwingend, weil Freiheit anderen Menschen gewährend, da selber Freiheit. [...] Nicht Wille zur Macht, sondern Macht selbst, Macht, die Liebe ist, darum ohne Neid, Hohn, List, Gewalttat, durchhaltend in allen Versuchen und menschlichen Fehlschlägen, das Böse zulassend, weil Freiheit gewährend" (Möller: *Chance* 209). All das ist eine Umschreibung der Güte Gottes, von der Platon in grundlegender Weise gesprochen hat. Es entspricht der Güte, die Gott selber ist, dass er Freiheit gewährt, eine Freiheit, die freilich auch Böses tun kann. Gott als Geist zu denken heißt, ihn als die Erfüllung des Menschen zu denken, die den Menschen wahres Menschsein ermöglicht.

Gott ist Person

Die griechische Philosophie kennt den Person-Begriff noch nicht, er ist erst im christlichen Denken geprägt worden, um einerseits die Einheit und Verschiedenheit des dreieinen Gottes und andererseits die Einheit der beiden Naturen im Gottmenschen Jesus Christus in adäquater Weise denken zu können. Die berühmte Definition des Boethius (ca. 480–524) *persona est rationalis naturae individua substantia* (lat.: unteilbare Substanz einer vernünftigen Natur [*c. Eut.* III]) bestimmt „Person" als einzigartige Ausprägung einer Geistnatur. Von Gott als Person zu sprechen bedeutet, ihn als eine hörende und wollende Macht, als Freiheit zu verstehen. „Vielen Religionen ist Gott übermenschliches Du. Das aber heißt, er ist Person bzw. Über-Person" (Möller: *Chance* 211). Personalität besagt aber auch, wie gerade die christliche Trinitätslehre herausgearbeitet hat, Beziehung, Gemeinschaft. Auch wenn das trinitarische Gottesverständnis des Christentums nicht philosophisch abgeleitet werden kann, kann es doch als philosophisch äußerst sinnvoll aufgezeigt werden. Das christliche Gottesbild vom einen Gott in drei Personen, die durch ihre Beziehung konstituiert werden, bietet die Basis für ein Verständnis Gottes als Gemeinschaft von Vater und Sohn im Heiligen Geist, der in sich Liebe ist und seine Liebe mitteilen, die Menschen in seine Gemeinschaft mit hinein nehmen will.

Gott als Geheimnis

Gerade die Naturwissenschaftler, die die Welt zu erklären versuchen, sind es, die wissen, dass jede Entdeckung neue Fragen aufwirft. Die Reaktorunfälle von Tschernobyl (1986) und jüngst Fukushima (2011) sowie andere durch menschliches oder technisches Versagen ausgelöste Katastrophen haben vor Augen geführt, dass absolute Machbarkeit unseres Lebens eine Illusion ist. Es ist zwar Aufgabe der Wissenschaft, das Leben begreifbar zu machen, aber sie muss zugleich feststellen, dass sich das Leben der Begreifbarkeit letztlich entzieht. Der Mediziner und Physiologe Emil Du Bois-Reymond (1818–1896) hat 1872 einen Vortrag *Über die Grenzen des Naturerkennens*[4] gehalten und darin ausgeführt, dass es zwei Grenzen gebe, die die Naturwissenschaft nie würde überschreiten können: das Wesen der Materie und das des Bewusstseins zu ergründen. Da gebe es ein *Ignorabimus* (lat.: wir werden es nicht wissen). Wie auch immer diese Aussage gedacht war, ob als wirkliche Selbstbeschränkung des Naturwissenschaftlers oder als eine Finte, um das „weltanschauliche“ Lager (Kirchen, Theologie) ruhig zu stellen, die Situation hat sich, wie die „mind-brain-Debatte“ der letzten Jahre zeigt, nicht wesentlich geändert, auch wenn es nun Naturwissenschaftler gibt, die hier ein *Scimus* (lat.: wir wissen es) ausrufen. Die Diskussion zeigt aber, dass dem durchaus nicht so ist.[5]

Das menschliche Leben weist in eine Dimension hinein, die nicht einfach ein Teil seiner selbst ist, sondern es absolut transzendiert. In ihr wird sein Geheimnis erahnt. Wenn man diese Dimension aus dem Blick verliert, entgleitet das Entscheidende. Dieses Geheimnis ist es, das Leben ermöglicht. Es zu erkennen und anzuerkennen, bedeutet Ehrfurcht, „Ehrfurcht vor dem Leben, Ehrfurcht vor dem Sein, Einsicht in die Begrenztheit menschlichen Tuns kann zur Ehrfurcht vor dem Heiligen führen“ (Möller: *Chance* 217). Wenn Gott der Heilige genannt wird, dann wird

---

4 Du Bois-Reymond, Emil: Über die Grenzen des Naturerkennens: die sieben Welträthsel, 2 Vorträge. Des 1. Vortrages 9., der 2 Vorträge 5. Aufl. Leipzig 1903.

5 Vgl. Neuner, Peter (Hg.): Naturalisierung des Geistes – Sprachlosigkeit der Theologie? Die Mind-Brain-Debatte und das christliche Menschenbild (QD 205), Freiburg u.a. 2003.

er vor allem als eine Macht angesprochen, die dem Menschen als *mysterium tremendum* (lat.: in Erschütterung versetzendes Geheimnis) gegenübersteht und ihn zugleich als *mysterium fascinosum* (lat.: faszinierendes Geheimnis) anzieht und erfüllt (vgl. Otto: *Das Heilige* Kap. 4 und 6). Gott als der Heilige ist der, der Mensch und Welt schlechthin transzendiert, der als solcher Ehrfurcht und Gehorsam verlangen kann. Er ist aber zugleich der, „der sich dem Menschen mitteilt und das Tun des Menschen in sein eigenes Tun mit aufnimmt und so den Menschen ‚heiligt'. [...] Heiligkeit wird so zum Ausdruck der Göttlichkeit des Gottes, der sich den Menschen entzieht und sich ihnen zugleich mitteilt. Der heilige Gott lebt im Schweigen und vermag doch dem transzendierenden Menschen Antwort und Erfüllung zu sein" (Möller: *Chance* 219). Karl Rahners gesamte Theologie kreist um dieses schweigende Geheimnis Gottes.

Gott der Ewige und der Kommende

Die Menschen sind endliche Wesen. Ihr Leben hat einen Anfang und ein Ende. Zugleich tragen sie eine Sehnsucht nach Unendlichkeit in sich. Friedrich Nietzsche (1844–1900) hat diese anthropologische Grundkonstante auf den Begriff gebracht, wenn er sagt, dass „alle Lust [...] Ewigkeit, tiefe, tiefe Ewigkeit" (Nietzsche: *Also sprach Zarathustra* 557) will. Aber was ist diese Ewigkeit? Ist es das Unaufhörliche, das Unvergängliche? Wenn Ewigkeit so verstanden wird, ist der Anfang dessen, was nicht mehr aufhört bzw. was nicht mehr vergeht, noch nicht mitbedacht. Ewigkeit wäre dann die Negation des Endes. Letztlich aber kann Ewigkeit nichts anderes bedeuten als die Negation von Anfang und Ende, als die Negation von Zeitlichkeit überhaupt. Ein solcher Begriff von Ewigkeit bleibt aber auf einer rein formalen und abstrakten Ebene stehen. Der bereits genannte Boethius hat den Begriff Ewigkeit tiefer gefasst, wenn er ihn als nicht endenden, zugleich vollen und vollkommenen Besitz des Lebens beschreibt (lat.: *interminabilis vitae tota simul et perfecta possessio* (*De cons. phil.* V 6)). Ewigkeit wäre demnach der „Selbstbesitz der Fülle des Lebens" (Möller: *Chance* 220). Ewigkeit in diesem Sinne wäre dann nicht etwas neben der Zeit, sondern die Grundvermittlung von Zeit. Ewigkeit wäre demnach kein Jenseits, sondern „die Eigentlichkeit der zeitlichen Welt" (ebd.).

Wenn es einen Gott gibt, dann kann er nur in diesem Sinne ewig sein. Wie ist es aber dann vorstellbar, dass dieser ewige Gott die Welt nicht nur durchdringt, sondern auch in ihr geschichtlich handelt? Das ist ja das Paradox der jüdisch-christlichen Offenbarung, dass sie an der Ewigkeit Gottes festhält und zugleich sein Eingehen in die Zeitlichkeit behauptet.

Gottes Ewigkeit und sein Wirken in der Geschichte schließen sich dann nicht aus, wenn Ewigkeit, wie zu zeigen versucht wurde, nicht als Jenseitigkeit zur geschichtlichen Zeit, sondern als deren ermöglichender Grund gedacht wird. Diese Ewigkeit ist zugleich das Ziel, auf das die Geschichte hin unterwegs ist. So ist denn auch die Rede der jüdisch-christlichen Offenbarung vom kommenden Gott verständlich. „Der ewige Gott kann für uns nur als der Kommende, der jeweils Gegenwärtige sein. In dieser Weise ist Gott für uns das Neue schlechthin, uns überraschend und bestürzend durch die Zukunft, die in ihm verborgen ist. Gott als der Ewige für uns jeweils Zukunft“ (Möller: *Chance* 222).

Die hier vorgestellten Versuche, Gott zu denken, werden durch die Offenbarung nicht überflüssig. Sie helfen vielmehr, den Gott, der sich in der Geschichte als wirkend gezeigt hat, als Gott wahrzunehmen und zu verstehen. Philosophisches Denken kann das geschichtlich-kontingente Handeln Gottes in der Geschichte nicht a priori ableiten, aber es kann solches Handeln als denkmöglich aufzeigen. Wenn Gott wirklich tragender Ursprung, Grund und Ziel der Welt ist, dann ist eher damit zu rechnen, dass er in ihr handelt, als das Gegenteil. Ein deistischer Gott, der sich aus der Welt, die er geschaffen hat, heraushält, ist nur scheinbar die erhabenere Möglichkeit, Gott zu denken. Es widerspricht durchaus nicht dem philosophischen Denken, einen Gott anzunehmen, der das Wohl dessen will, was er gewirkt hat und wirkt, der sich für die Welt in höchster Weise engagiert. Freilich kann die Philosophie nicht sagen, wie dieses Engagement zu geschehen hat. Hier sind die Religionen mit ihren Heilsbotschaften gefragt, die sich mit ihrem Wahrheitsanspruch vor dem Forum der kritischen Vernunft zu verantworten haben. Der jüdisch-christliche Glaube tritt in diesen Wettstreit ein mit seiner Botschaft von Gott dem Vater.

4.4 Gott der Vater

4.4.1 Die heutige Problematik der Rede von Gott dem Vater

Nichts scheint für eine christliche Gotteslehre selbstverständlicher, als, vom Beispiel Jesu ausgehend, Gott als Vater zu bezeichnen. Scheint es Jesus auf diese Weise doch gelungen zu sein, ein menschliches Urwort für das Verstehen Gottes bzw. für die Beschreibung seines Verhältnisses zu den Menschen und dieser zu ihm aufgegriffen und fruchtbar gemacht zu haben. Aber gerade diese Anrede Gottes als Vater erscheint heute, angestoßen durch die Kritik der Feministischen Theologie, als überaus problematisch. Die Feministische Theologie, die, darin der Theologie der Befreiung ähnlich, theologische Kritik mit Gesellschaftskritik verbindet, hegt den Verdacht, dass das patriarchale Gottesbild patriarchalen Gesellschaftsformen entspricht und das letztere nicht überwunden werden können, wenn auch ersteres nicht überwunden wird. Angesichts der notwendigen umfassenden Emanzipation erscheint der Feministischen Theologie die traditionelle Rede von Gott als Vater als reaktionär. Der Auszug der Frauen aus der Kirche, deren „Stammpublikum" sie bislang bildeten, macht deutlich, dass es sich hier nicht nur um ein theoretisches Problem einiger weniger Theologinnen handelt. Frauen fühlen sich anscheinend von der Verkündigung der Kirchen immer weniger angesprochen.

Feministische Theologie

Die Problematik soll hier kurz aufgezeigt werden am Beispiel zweier amerikanischer Feministinnen der ersten Stunde, Mary Daly (1928–2010) und Rosemary Radford Ruether (*1936), weil an ihnen idealtypisch die Position der Feministischen Theologie erkennbar wird, die sich seitdem vielfach differenziert hat.

Mary Daly hat den mittlerweile klassischen Ausspruch getan: „Wenn Gott männlich ist, ist das Männliche Gott" (Daly: *Jenseits von Gott-Vater* 33). Nach ihrer Auffassung hat sich das Gottesbild nicht nur als männlich, sondern als patriarchal geprägt im Laufe der Zeit bei den Menschen so sehr durchgesetzt, dass damit die patriarchale Gesellschaft regelrecht zementiert wurde. Dieses Gottesbild hat eine anscheinend naturgesetzliche Unterordnung der Frauen unter die Männer begründet und sanktioniert. Mary Daly ist der Auffassung, dass das menschliche Reden von Gott nicht nur anthropomorph, sondern geradezu „andromorph" (gr.: *anér* [Mann] und *morphé* [Gestalt]) ist. Gott als Mann lässt die Männer höherwertig und die Frauen als wertlos erscheinen. Um der Schwierigkeit, Gott mit einem männlichen oder auch weiblichen Substantiv zu bezeichnen, zu entgehen, schlägt Daly vor, Gott mit einem Verb als „seiend" (*being*) zu bezeichnen. In ihrem späteren Werk *Gyn-Ökologie* (amerikanisch 1978, deutsch München 1981) hat Mary Daly ihre Kritik noch radikalisiert und sich vom Christentum abgewandt. Der christliche Gott ist für sie nekrophil (gr.: *nekrós* [Leichnam] und *philía* [Liebe]), dem Tode zugewandt, weil er patriarchal ist; die Göttin, für die sie plädiert, steht für die Liebe zum Leben, die den Frauen und der Natur eigen ist.

Auch für Rosemary Radford Ruether steht die Aussage von Gott als Vater für Denkmuster, die das Mannsein mit Macht und das Frausein mit Unterordnung identifizieren. Im Unterschied zu Mary Daly ist sie jedoch nicht bereit, Christentum und Kirche den Rücken zu kehren. Für sie ist das Gottesbild der Bibel nicht grundsätzlich patriarchal geprägt, sondern sie kann darin zwei gegenläufige Strömungen entdecken. Die eine Strömung zementiert die bestehende patriarchale soziale Ordnung mittels des Gottesbildes. Dieses jedoch hat die patriarchale Gesellschaft nicht hervorgebracht, vielmehr hat die patriarchale Gesellschaft umgekehrt zu einem ihr entsprechenden Gottesbild geführt. Neben dieser das Bestehende mit einem entsprechenden Gottesbild unterstützenden Strömung gibt es nach Rosemary Radford Ruether eine andere Strömung, mit einem anderen Gottesbild, das sie vor allem den Propheten zuschreibt und das den Konflikt zwischen Gott und der jeweils bestehenden Ordnung deutlich werden lässt. Gerade in der prophetischen Kritik an einer Funktionalisierung Gottes zur Stabilisierung der patriarchalen Gesellschaft, einer Kritik, die sich auch bei Jesus findet, wird die schöpferische Dynamik des biblischen Gottesglaubens deutlich. Was nun die Bezeichnung für Gott angeht, so plädiert Ruether dafür, nicht mehr von *Gott*, sondern von *God/Goddess* oder *Gott/in* zu sprechen. Für besser noch hält sie es, überhaupt nur Metaphern zu verwenden, um Gott zu charakterisieren. Für sie genügt es jedenfalls nicht, das traditionelle patriarchal geprägte Gottesbild durch ein paar mütterliche Akzente zu mildern.[6]

Patriarchale Gesellschaft und Gottesbild

Vor diesem Hintergrund nun gilt es, den biblischen Befund etwas näher zu betrachten.

4.4.2 Die biblische Rede von Gott dem Vater

Verglichen mit der Selbstverständlichkeit, mit der Christen von Gott als Vater reden, verwundert die Zurückhaltung des Alten Testamentes,[7] ja des palästinischen Judentums in der Antike insgesamt, gegenüber dem Wort Vater als Gottesprädikat. Im Alten

Gebrauch der Vateranrede für Gott

---

6 Vgl. Radford Ruether, Rosemary: Sexismus und die Rede von Gott. Schritte zu einer anderen Theologie, (Original) Boston 1983, (deutsch) Gütersloh 1985.

7 Sehr gut aufgearbeitet wird die biblische, vor allem die alttestamentliche Problematik in dem Buch von Gerstenberger, Erhard S.: Jahwe – ein patriarchaler Gott? Traditionelles Gottesbild und feministische Theologie, Stuttgart u.a. 1988.

Testament stehen etwa 1.200 Verwendungen des Wortes Vater im profanen Gebrauch nur ganze 15 Verwendungen des Wortes im religiösen Sinn gegenüber! Weiterhin ist auffällig, dass sich die wenigen Belege für eine religiöse Verwendung des Vater-Namens nicht gleichmäßig verteilt über das ganze Alte Testament finden, sondern sich auf die Schriften einer bestimmten Epoche, nämlich der Exilszeit (6. Jh. v. Chr.)

> **Babylonisches Exil** wird die Zeit im 6. Jh. v. Chr. bezeichnet, in der das Südreich Juda den Babyloniern unterlag und die Oberschicht nach Babylon deportiert wurde. Typologisch steht das Dasein im Exil im Judentum für Straf- und Bußsituationen. (vgl. $LThK^3$ Bd. 3, 1111ff.)

und der nachexilischen Zeit konzentrieren. In Bezug auf das Gottesbild vollzieht sich in der gleichen Epoche noch eine andere ganz entscheidende Entwicklung. Die bisherige Henolatrie (gr.: *heís, henós* [einer] und *latreía* [Verehrung]), das heißt die bevorzugte Verehrung eines Gottes als Nationalgott im Kreise anderer Götter, wird durch einen universalen Monotheismus (gr.: *mónos* [einzig] und *theós* [Gott]) ersetzt, der behauptet, dass es nur einen Gott gibt, den Gott Israels, und dass alle anderen Götter daneben „Nichtse" (Jes 41,29) sind. Neben diesen beiden theologischen Feststellungen gilt es nun auch eine soziologische Tatsache wahrzunehmen, nämlich dass in der Exilszeit und infolge des Exils vor allem die Frauen an den Rand der Gesellschaft gedrängt wurden, einer Gesellschaft, die immer mehr patriarchale Züge annahm.

Es ist nun ohne Zweifel verführerisch, den soziologischen Befund mit dem theologischen in einen Kausalzusammenhang zu bringen. Doch ist dabei Vorsicht geboten; denn die Gleichzeitigkeit des Auftretens dieser Phänomene muss nicht unbedingt auf eine Abhängigkeit hindeuten. Dass eine Ausnahmesituation wie das Exil vor allem die Frauen und die Kinder trifft, das kann auch heute vielfältig festgestellt werden. Dass gleichzeitig der als der einzige Gott erfahrene Gott als Vater angeredet wird, hängt wohl damit zusammen, dass andere Analogien nicht mehr zur Verfügung standen bzw. fragwürdig geworden waren. Wie soll man Jahwe als König oder als „Herrn der Heerscharen" bezeichnen, wenn das Königreich zerstört und alle Machtstrukturen zerschlagen sind? Das einzige, was in dieser Situation noch einigermaßen intakt geblieben war, war die Substruktur der Familie. Es bot sich also an, den Vater-Titel zu gebrauchen, um damit die Bedeutung Gottes für sein Volk zu beschreiben. So geschieht es etwa in der

Vater-Titel: Bedeutung Gottes für sein Volk

Volksklageliturgie Jes 63,7–64,11, die aus den Bittgottesdiensten der Gemeinde im Exil stammt und Jahwe nach der Zerstörung des Tempels und nach dem Triumph der Feinde zur Aufgabe seines Zornes gegen Israel, zur Rückkehr in die Heimat, zur Hilfe und Gnade für sein Volk bewegen will. In dieser Liturgie begegnet dreimal die beschwörende Anrede „Du bist unser Vater“ (Jes 63,16 [zweimal]; 64,7). Jahwe soll also bei seiner Fürsorgepflicht für das Volk behaftet werden. Wenn Gott hier als Vater angeredet wird, dann soll dadurch zum Ausdruck gebracht werden, dass er auch in der aussichtslosen Situation des Exils Rettung gewähren kann. Damit wird er durchaus nicht als selbstherrlich regierender Patriarch angesprochen, zumal wenn berücksichtigt wird, dass wenige Verse nach dem zitierten Gebet das Verhalten Jahwes gar mit dem einer Mutter verglichen wird: „Ich will euch trösten, wie einen seine Mutter tröstet“ (Jes 66,13). Die alttestamentlich-jüdische Großfamilie war ohne Zweifel patriarchal strukturiert. Der Vater bzw. der Familienoberhaupt vertrat die Gruppe nach außen. Innerhalb ihrer herrschte aber eine genau bestimmte Reihenfolge mit entsprechenden Aufgaben. Die Hauptfrauen hatten in der Regel einen nicht eng bemessenen, eigenen häuslichen Verantwortungsbereich. Jedes Familienmitglied nahm einen durch Alter, Geschlecht und soziale Stellung definierten Rang ein. Diese Rangstufe verpflichtete gleichzeitig zur Dienstleistung für das Ganze, gewährte aber auch Rechte der Persönlichkeitsentfaltung und der Mitsprache. Aus heutiger Sicht muss die patriarchale Struktur der alttestamentlich-jüdischen Familiengemeinschaft als männerlastig und somit als ungerecht und für Frauen diskriminierend erscheinen. Es ist jedoch in den Quellen keine grundsätzliche Kritik an diesen Strukturen zu erkennen. Die patriarchale Großfamilie scheint die aus den damaligen Produktions- und Lebensbedingungen herausgewachsene stabile soziale Mikrostruktur gewesen zu sein. Die heute mit Recht zu kritisierende Verfügungsgewalt des Mannes über seine Frauen und Kinder wie über die Sklaven wurde damals, zumindest teilweise, wettgemacht durch die dominierende Stellung der Frauen im Hause.

Monotheismus in Israel ab dem 6. Jh. v. Chr.

Aber auch bei dem anderen theologischen Phänomen, das im 6. Jahrhundert v. Chr. in Israel zu konstatieren ist, nämlich der Entscheidung für einen universal verstandenen Monotheismus, ging es wohl nicht in erster Linie um die Entscheidung für einen männlichen Gott gegen eine weibliche Gottheit. Sondern es ging primär und hauptsächlich um die Entscheidung für den *einen* Gott Jahwe gegen die anderen Götter und Göttinnen der Umwelt Israels. Im *Schema Jisrael* (hebr.: Höre, Israel), das noch heute das Kernstück des jüdischen Gebetslebens bildet, kommt diese Grundentscheidung deutlich zum Ausdruck: „Höre Israel, Jahwe ist unser Gott, Jahwe allein. Du sollst Jahwe, deinen Gott, von ganzem Herzen, von ganzer Seele und mit all deiner Kraft lieben" (Dtn 6,4–5). Die Geschlechtlichkeit Jahwes, des einzigen Gottes, spielt dabei keine Rolle. Jahwe ist seiner Natur nach unvergleichbar und darum auch unabbildbar. Es gibt schlechterdings nichts in der Welt, was sein Wesen bildhaft darstellen könnte. So darf man sich ihn weder als männlich noch als weiblich vorstellen (vgl. Dtn 4,16). So selbstverständlich Jahwe im deuteronomistischen Werk mit maskulinen Wortformen benannt wird, so wenig sind hier doch bewusst sexistische Ober- und Untertöne zu verspüren. Der Gott Jahwe, der sich seit dem 6. Jahrhundert v. Chr. als die alleinige Gottheit Israels durchgesetzt hat, war nach den Vorstellungen der Zeit unterschwellig eine männliche Gottheit, soweit sexuelle Assoziationen überhaupt vollzogen wurden. Es ging ja in erster Linie um Schutz- und Durchsetzungsvermögen nach außen hin, also um die von Männern zu verantwortenden Aufgaben. Familienleben und Fruchtbarkeit, die großen Bereiche der weiblichen Gottheit und der Frauenverantwortung, traten in der politisch-religiösen Dauerkrise des unterjochten Volkes Israel zurück. Die gesamte Glaubensgemeinschaft suchte unter Führung der Männer ihre Identität einseitig auf dem Feld der Außenbeziehungen. Auch wenn die Konzentration auf den einen und alleinigen Gott Jahwe im Ansatz nicht sexistisch gemeint war, musste sie sich aber aufgrund der patriarchalen Gesellschaftsstruktur letztlich so auswirken. Der unwillkürlichen Hervorhebung des maskulinen Jahwe entsprach die ebenso unbeabsichtigte, weil grammatikalisch vorgegebene Identifizierung seines Partnervolkes mit seiner Braut und Ehefrau, die sich von ihrem Bräutigam bzw. Mann entfernte. Die Bezeichnung des gesamten Volkes Israel, das sich von seinem Gott abwandte, als „Hure" bezog sich auf Männer wie auf Frauen, aber sie konnte leicht als ein Werturteil über das weibliche Geschlecht insgesamt verstanden werden.

Es gilt also durchaus zu differenzieren, wenn man das Gottesbild des Alten Testamentes, das sich in einer Spanne von über 1000 Jahren entwickelt und gewandelt hat, charakterisieren will. Auch wenn man zu bestimmten Zeiten das ohne Zweifel patriarchal konturierte Gottesbild herangezogen hat, um damit eine patriarchale Gesellschaftsordnung zu verteidigen, so muss doch festgehalten werden, dass solches eine sekundäre Funktionalisierung dieses Gottesbildes darstellt. Es geht nicht in erster Linie um einen sexistisch verstandenen Patriarchen, sondern es geht um Gott, der sich seinem Volk auch nach dessen Scheitern in väterlicher wie in mütterlicher Weise zugewandt hat.

Hier knüpft Jesus an, wenn er Gott in seiner aramäischen Muttersprache mit Vorliebe als *abba* bezeichnet. Mit diesem Wort, das normalerweise von Kindern, nicht nur von Kleinkindern, sondern auch von erwachsenen Kindern, gegenüber ihrem Vater gebraucht wurde, will Jesus sein inniges Verhältnis zu Gott zum Ausdruck bringen. Das Gottesbild, das er dabei zeichnet, ist jedoch in keiner Weise patriarchal. Im Vordergrund steht vielmehr die Zuwendung Gottes des Vaters zu Jesus wie, durch ihn vermittelt, zu allen Menschen. So etwa in jenem Wort Jesu: „Ich preise Dich, Vater, Herr des Himmels und der Erde, weil Du all das den Weisen und Klugen verborgen, den Unmündigen aber offenbart hast. Ja, Vater, so hat es Dir gefallen. Mir ist von meinem Vater alles übergeben worden; niemand kennt den Sohn, nur der Vater, und niemand kennt den Vater, nur der Sohn und der, dem es der Sohn offenbaren will“ (Mt 11,25–27). Nach dem Sprachgebrauch des gesamten Neuen Testamentes wird das Vater-Prädikat nicht angewendet, um dadurch die Macht und Willkür eines patriarchalen Gottes zum Ausdruck zu bringen, im Gegenteil. Der Vater ist es, der die Freiheit schenkt, indem er die Menschen durch seinen Geist zu „Söhnen“ macht, d.h. sich zu ihnen verhält, wie er sich dem „Sohn“ gegenüber verhält:

Zitat

„Denn ihr habt nicht einen Geist empfangen, der euch zu Sklaven macht, so daß ihr euch immer noch fürchten müsstet, sondern ihr habt den Geist empfangen, der euch zu Söhnen macht, den Geist, in dem wir rufen: abba, Vater“ (Röm 8,15).

4.4.3 Gott als Vater in der christlichen Tradition und heute

Wie bei der Auslegung des ersten Artikels des Apostolischen Glaubensbekenntnisses deutlich wurde, traf sich das frühe Christentum in seiner Hochschätzung des Vater-Prädikates für Gott mit der es umgebenden heidnischen Umwelt, die gleichzeitig Gott als Vater bezeichnete, um damit den Ursprung der Welt aus Gott und das bleibende Verhältnis der Welt zu Gott zu charakterisieren. Das Wort Vater eignete sich in vorzüglicher Weise für eine Synthese zwischen der philosophischen Frage nach dem letzten Grund aller Wirklichkeit und der biblischen Botschaft vom Ursprung und vom Ziel der Schöpfung wie der Heilsgeschichte. Als Problem erwies sich freilich, dass nach jüdisch-christlichem Verständnis die Vaterschaft Gottes gegenüber Welt und Mensch geschichtlich vermittelt war, eine Vorstellungsweise, die die heidnische Philosophie nicht teilen konnte. Als theologisches Problem drängte sich die Frage auf, in welchem Verhältnis die Welt zu Gott als ihrem Ursprung steht und in welchem Verhältnis Jesus als der ewige Sohn zum Vater steht. Mit anderen Worten: Es stellte sich die Frage nach der zeitlichen und der ewigen Vaterschaft Gottes. Im Rahmen des neuplatonischen Denkens war es ungemein verlockend, den Sohn als höchstes Geschöpf und Schöpfungsmittler zu verstehen, somit als Verbindungsglied zwischen Gott dem Vater und seiner Schöpfung. Das war die Auffassung des Arius (280–336), die das 1. Konzil von Nikaia (325) abgelehnt hat. Es entschied, dass Gott von Ewigkeit her Vater seines ihm wesensgleichen (gr.: *homoúsios* [eines Wesens]) Sohnes ist (DH 125). Die theologische Klärung der wahren Gottheit des Sohnes und des Heiligen Geistes, die auf dem nächsten Allgemeinen Konzil, dem 1. Konzil von Konstantinopel (381), geschah, hatte zur Folge, dass man mit Gott immer weniger den Vater, sondern immer mehr das eine, Vater, Sohn und Heiligen Geist verbindende und ihnen gemeinsame göttliche Wesen bezeichnete. Somit wurde die innergöttliche Vaterschaft Gottes für dessen Welt- und Menschenbezug immer irrelevanter, so dass auch die Trinitätslehre weithin zu einem theologisch interessanten, aber geschichtlich letztlich irrelevanten Lehrstück wurde.

zeitliche und ewige Vaterschaft Gottes

Die Kritik der gegenwärtigen Feministischen Theologie an einem unreflektierten Gebrauch des Vater-Prädikates für Gott muss auf jeden Fall zu denken geben. Geht sie doch in die gleiche Richtung, in der auch die griechische Philosophie nach dem wahren Wesen Gottes gefragt hat und alle Funktionalisierungen Gottes in religiöser wie in politischer Hinsicht kritisiert hat. Wenn das Vater-Prädikat nicht als Sanktionierung patriarchaler und sexistischer Gesellschaftsordnungen missbraucht, sondern als ein Urwort gesehen wird, das das liebende Verhältnis Gottes zu seiner Welt und zu den Menschen zum Ausdruck bringt, erscheint dieses Wort auch heute noch hilfreicher als das blasse Reden von einem göttlichen „Seienden“. Ein Seiendes kann isoliert für sich bestehen. Ein Vater ist Vater aber nur durch Hinordnung auf seine Kinder. So bringt das Wort Vater zum Ausdruck, dass Gott sowohl innergöttlich wie auch nach außen hin sich verströmende Beziehung ist. Das ist die frohe Botschaft des christlichen Glau-

Vater-Prädikat des Ausdruck von Beziehung

bens, dass Jesus Gott als den liebenden Vater vorstellt, der sich selbst nicht schont und für die Menschen bis ans Äußerste zu gehen bereit ist. In der Liebe dieses Vaters wusste Jesus sich geborgen, und er will die Menschen in diese Liebe bergen. So ist das Bekenntnis mit der Rede von Gott als Vater bereits bei dem Sohn und seinen Schwestern und Brüdern, den Kindern Gottes angelangt, die im Heiligen Geist wiedergeboren werden (vgl. Joh 3,3.5). Von da aus ist es nur ein kleiner Schritt zum zweiten Artikel des Apostolischen Glaubensbekenntnisses. Doch zunächst gilt es die Aussage über Gott als Schöpfer zu bedenken.

4.5 „... den Allmächtigen, den Schöpfer des Himmels und der Erde"

4.5.1 Die Frage nach der Schöpfung

Das Thema Schöpfung ist wieder aktuell. Lange Zeit war es das eher weniger. Eine Theologie, die in der Hauptsache am Verhältnis des Menschen zu Gott interessiert war, hatte eine gewisse Schöpfungsvergessenheit mit sich gebracht. Dies mag auch daher gerührt haben, dass man den unüberwindlich scheinenden Spannungen zwischen den Erkenntnissen und Ergebnissen moderner naturwissenschaftlicher Forschung und den Aussagen der klassischen Theologie ausweichen wollte. Außertheologische Faktoren haben jedoch dazu geführt, dass auch die Theologie sich wieder des Themas angenommen hat: Die fortschreitende Gefährdung, ja Zerstörung des unmittelbaren Lebensraumes als Konsequenz eines unkontrollierten Raubbaus an der Natur hat nicht nur Umweltschützer und Politiker wachgerüttelt. Diese Probleme verlangen auch von den Christen ein erneutes Nachdenken über das, was Schöpfung bedeutet. Ist die Schöpfung vielleicht doch nicht die beste aller Welten, wie der Philosoph Leibniz (1646–1716) meinte, sondern die schlechteste, wie sein Kritiker Voltaire (1694–1778) spottete? Steht hinter all dem, was uns zunächst so wunderbar geordnet und gefügt vorkommt, doch nur ein blinder Zufall, der die Sinnhaftigkeit des Ganzen als eine reine Illusion entlarvt, wie der französische Nobelpreisträger Jacques Monod (1910–1976) mit seinem programmatischen Buch *Le hasard et la nécessité* (1970)[8] glauben machen will? Ist gar der jüdisch-christli-

---

[8] Monod, Jacques: Zufall und Notwendigkeit. Philosophische Fragen der modernen Biologie, deutsch zuerst München 1971.

che Schöpfungsglaube mit dem Auftrag, sich die Erde untertan zu machen (vgl. Gen 1,28), schuld oder doch wenigstens eine der Ursachen am derzeitigen Umweltdebakel, wie der Religionskritiker Carl Amery (1922–2005) behauptete?[9]

Diese und ähnliche Fragen mehr fordern eine Antwort, die mehr sein muss als eine naturwissenschaftlich exakte Erklärung der Entstehung dieser Welt. Denn mit der Beantwortung der Frage, *wie* diese Welt entstanden ist, ist die Frage nach dem *Warum* und *Wozu* noch nicht erledigt. Diese Fragen aber, die die Menschen umtreiben, fallen aus dem Rahmen dessen, was Naturwissenschaften innerhalb ihrer Grenzen untersuchen und erforschen können. Dies sind vielmehr spezifisch philosophische und theologische Fragen.

Wie die Welt entstand, erklärt noch nicht das Warum und Wozu

Es hat in der Vergangenheit viel Verwirrung gestiftet, dass man aus der Tatsache, dass diese Welt, wie sie heute ist, sich in Millionen, ja Milliarden von Jahren entwickelt hat, glaubte ableiten zu dürfen, es gebe keinen Schöpfer, nur weil man die Schöpfung mit dem biblischen Bericht darüber gleichsetzte und diese Schilderung mit den naturwissenschaftlichen Erkenntnissen nicht vereinbaren konnte. Verantwortungsbewusste Naturwissenschaftler und Theologen haben erkannt, dass sie jeweils nur in einem bestimmten Fragehorizont Antworten geben können. Theologen maßen sich nicht mehr an, wie noch zu Zeiten eines Galileo Galilei (1554–1642) über naturwissenschaftliche Fragen aus ihren Offenbarungsquellen letztverbindliche Aussagen machen zu können. Auch Naturwissenschaftler sind sich der Grenzen ihrer Wissenschaft bewusst, mehr als manche vulgarisierende Vertreter in den Medien zugeben wollen. Naturwissenschaftler können über Fragen des Glaubens, etwa desjenigen an einen Schöpfergott, mit den Mitteln ihrer Wissenschaft allein keine verbindlichen Aussagen machen, was umgekehrt auch für die Theologen gilt. Diese Begrenzung schafft gleichzeitig einen Freiraum für beide und ein Begegnungsfeld; letztlich müssen beide miteinander im Gespräch bleiben, um das Ganze der Welt interpretieren zu können.

Hier kann es nur um eine Klärung theologischer Fragen gehen. Dies soll in der Hauptsache mit einem Rückgriff auf die biblischen Schöpfungsaussagen geschehen. Denn einerseits wurde in der Auseinandersetzung um das richtige Verständnis der biblischen Schöpfungsberichte die Hauptschlacht zwischen Naturwis-

---

9 Vgl. Amery, Carl: Das Ende der Vorsehung. Die gnadenlosen Folgen des Christentums, Reinbek 1972.

senschaft und Theologie geschlagen. Die Theologie hat in einem gewiss schwierigen Prozess und mit Hilfe ihrer eigenen Auslegungsmittel zu einer vertieften Sicht dieser Erzählungen gefunden, wie man diese Texte am Beginn des Buches Genesis nennen sollte. Die Bezeichnung als Schöpfungsberichte kann zu dem Missverständnis führen, es handle sich um eine Art Tatsachenbericht. Die biblischen Schöpfungserzählungen enthalten, wenn man sie richtig zu lesen und zu deuten vermag, ganz wesentliche Aussagen, die auf die eingangs gestellten Fragen Auskunft zu geben vermögen.

4.5.2 Die biblischen Schöpfungserzählungen

Die Heilige Schrift beginnt mit Aussagen über die Schöpfung. Das erscheint, auch im Blick auf den ersten Glaubensartikel, recht plausibel. Es ist durchaus logisch, zunächst einmal zu berichten, wie das geworden ist, was ist, warum und wozu. Die erste und grundlegende Frage lautet doch, wenn der Mensch überhaupt noch fragen und staunen kann: „Warum ist überhaupt Seiendes und nicht vielmehr Nichts?" So hat sie der Philosoph Martin Heidegger (1889–1976) im Jahre 1929 am Ende seiner Freiburger Antrittsvorlesung *Was ist Metaphysik?* formuliert.[10]

Schöpfungstradition nicht der Anfang des AT

Bei der Herausbildung der verschiedenen Traditionen des Alten Testamentes (Bund Gottes mit Abraham, Herausführung des Volkes Israel aus Ägypten, Bund am Sinai und Landnahme im Gelobten Land usw.) steht die Schöpfungstradition nicht am Anfang. Für den Glauben Israels war die Herausführung des Volkes aus Ägypten das entscheidende Geschehen. Erst allmählich hat man dann erkannt, dass Jahwe, der so an seinem Volk gehandelt hat, sich ihm nicht erst in der Sklaverei Ägyptens zugewandt hat, sondern dass der rettende und befreiende Gott auch der ist, der die Welt ins Dasein gerufen hat und der sie einmal auch zur Vollendung führen wird.

Bei den Nachbarvölkern Israels, gerade in Kanaan, gab es rege Vorstellungen von der Erschaffung der Welt, in denen mittels mythologischer Ausdrucksweise die Frage nach dem Woher der Welt beantwortet wurde. In Auseinandersetzung mit diesen Schöpfungsmythen, in denen eine Vielzahl von Göttern am meist

[10] Zur philosophiegeschichtlichen Einordnung vgl. Jüngel, Eberhard: Gott als Geheimnis der Welt. Zur Begründung der Theologie des Gekreuzigten im Streit zwischen Theismus und Atheismus, Tübingen 1978, 16–44, bes. 39.

blutigen Schöpfungswerk beteiligt war,[11] hat Israel seinen Glauben an den einen Schöpfergott geklärt. Grundvoraussetzung dieser Klärung war das Erste Gebot, in dem ja nicht nur die Einzigkeit Gottes ausgesagt wird, sondern auch seine Zuwendung zu diesem, seinem Volk: „Ich bin Jahwe, dein Gott, der dich aus Ägypten geführt hat, aus dem Sklavenhaus. Du sollst neben mir keine anderen Götter haben" (Ex 20,2f.). Für den alttestamentlichen Schöpfungsglauben gibt es nur *einen* Handelnden im Schöpfungsgeschehen: Gott, der die Welt und alles, was auf ihr lebt, souverän ins Dasein ruft.

Am Beginn des Buches Genesis wird, um das Schöpferwirken Gottes zu beschreiben, ein Wort verwendet, *bara* (hebr.), das einzig und allein dem Schöpferhandeln Gottes vorbehalten ist. An anderen Stellen wird das schöpferische Tun Gottes auch mit Ausdrücken bezeichnet, die dem Bereich menschlichen Schaffens, vor allem dem des bildnerischen Gestaltens und Formens, entnommen sind. Aber es ist doch deutlich, dass man das analogielose Handeln Gottes von den Formen menschlichen Handelns abheben wollte. Erstaunlicherweise finden sich zu Beginn der Heiligen Schrift zwei Schöpfungserzählungen, die sich in nicht wenigen Einzelheiten wie auch im Gesamtgefüge voneinander unterscheiden. In ihnen sind zwei Zeugnisse dafür zu finden, wie sich der biblische Schöpfungsglaube in Auseinandersetzung mit den mythischen Vorstellungen der Nachbarvölker allmählich herausgebildet hat. Beide gehören jeweils einer größeren Texteinheit an.

Schöpfungserzählungen und mythische Vorstellungen der Nachbarvölker

Die ältere Schöpfungserzählung

Die am Beginn des Buches Genesis an zweiter Stelle stehende, aber ältere Schöpfungserzählung (Gen 2,4b–3,24), gehört zur Schrift eines unbekannten Autors, den man den Jahwisten nennt, weil er für Gott den Namen Jahwe gebraucht, der auf die Offenbarung Gottes vor Mose am Brennenden Dornbusch zurückgeht. In dieser Erzählung geht es nicht nur um die Erschaffung der Welt und besonders des Menschen, sondern auch um die Frage nach dem Ursprung des Bösen und der Sünde. Der Jahwist hat sein Werk, das eine Art „Weltgeschichte von den Anfängen der Menschheit bis zum Beginn der Landnahme Israels in Kanaan" darstellt (Scharbert: *Genesis* 10), im letzten Viertel des 10. Jahrhunderts, also vor nun fast 3000 Jahren, verfasst. Er legt das Schöp-

11 Vgl. etwa die entsprechenden Passagen des babylonischen Schöpfungsliedes *Enuma elisch*: Die Schöpfungsmythen. Ägypter, Sumerer, Hurriter, Hethiter, Kanaaniter und Israeliten. Mit einem Vorwort von Mircea Eliade, Darmstadt 1977, 140–142.

fungsgeschehen in eine Wüstengegend, die ihm anscheinend besonders vertraut war: „Zur Zeit, als Gott, der Herr (*Jahwe Elohim*), Erde und Himmel machte, gab es auf der Erde noch keine Feldsträucher und wuchsen noch keine Feldpflanzen; denn Gott, der Herr, hatte es auf die Erde noch nicht regnen lassen, und es gab noch keinen Menschen, der den Ackerboden bestellte“ (Gen 2,4b–5).

Es ist recht aufschlussreich für die Lebenssituation des Autors, dass er neben dem Erdboden den Regen und die kultivierende Tätigkeit des Menschen für eine Vegetation als Voraussetzungen ansieht. Da spricht ein Mensch, der weiß, dass man nur mit viel Mühe der Wüste eine Ernte abringen kann. Nach dieser kurzen Beschreibung der Szenerie lässt der Jahwist Gott gleich zur Erschaffung des Menschen schreiten; denn diese ist für ihn die Hauptsache: „Da formte Gott, der Herr, den Menschen aus Erde vom Ackerboden und blies in seine Nase den Lebensatem. So wurde der Mensch zu einem lebendigen Wesen“ (2,7). Der Mensch (hebr.: *adam*) ist aus Erde (hebr.: *adama*) gemacht bzw. geformt, er steht also zu ihr in einem engen, geradezu verwandtschaftlichen Verhältnis. Der Mensch, nach der Erde das erste von Jahwes Geschöpfen, bildet in der ganzen Erzählung den Mittelpunkt. Seinetwillen legt Gott einen Garten an mit früchtereichen Bäumen, der von vier Strömen umflossen wird, und gibt ihm den Auftrag, diesen Garten zu bebauen und zu hüten (vgl. 2,15). Der Mensch soll diesen Garten nicht nur bebauen, um davon zu leben (als Vegetarier versteht sich!), sondern ihn auch bewahren, pflegen und hüten. Er hat also keine unumschränkte Verfügungsgewalt. Dazu kommt, dass die Nutzung der Bäume ausdrücklich eingeschränkt ist. Dabei kann einmal außer Acht bleiben, dass es sich dabei um den „Baum der Erkenntnis von Gut und Böse“ handelt (2,17). Entscheidend ist, dass dem Menschen vom Schöpfer her Einschränkungen in seinen Nutzungsrechten und -pflichten (!) an der Schöpfung auferlegt worden sind.

Nutzungsrechte und -pflichten des Menschen

Danach erst kommen die übrigen Geschöpfe in den Blick. Ihre Entstehung wird mit der Aussage Gottes begründet: „Es ist nicht gut, dass der Mensch allein bleibt. Ich will ihm eine Hilfe machen, die ihm entspricht“ (2,18). Dann formt Gott wiederum aus Ackerboden die Tiere des Feldes und die Vögel des Himmels. Die Fische und die Wassertiere hat der Autor einfach vergessen (vgl. 2,19)! Die Tiere werden dem Menschen nun vorgeführt. Indem er sie benennen darf, nimmt er sie nach altorientalischem Denken in seinen Besitz. „Was man benennen kann, dessen Wesen und

Beziehung zum eigenen Ich hat man durchschaut und erkannt" (Scharbert: *Genesis* 52).

Fehlinterpretation führt zur Unterordnung der Frau

Als geschickter Erzähler lässt der Autor diesen ersten Versuch Gottes, dem Menschen eine seinem Wesen entsprechende Hilfe zu schenken, scheitern: „Aber eine Hilfe, die dem Menschen entsprach, fand er nicht" (2,20b). Nun folgt eine Schilderung, die über Jahrhunderte dafür herhalten musste, die Unterordnung der Frau unter den Mann zu begründen (so auch bei Paulus: 1 Kor 11,7–9), die aber eigentlich gerade das Gegenteil besagen will. Gott schenkt dem Menschen eine „Hilfe", die ihm voll und ganz entspricht, mit der er zutiefst Gemeinschaft pflegen kann (vgl. 2,18.20). Dies bringt der Autor dadurch zum Ausdruck, dass Gott nicht noch einmal zur Erde greift, um daraus ein neues Lebewesen zu schaffen und es dem Menschen zum Gefährten zu geben, sondern dass er dieses aus jenem selbst herausbildet: „Da ließ Gott, der Herr, einen tiefen Schlaf auf den Menschen fallen, so dass er einschlief, nahm eine seiner Rippen und verschloss ihre Stelle mit Fleisch. Gott, der Herr, baute aus der Rippe, die er vom Menschen genommen hatte, eine Frau und führte sie dem Menschen zu" (2,21f.). Dieser erkennt in dem neuen Lebewesen endlich das ihm entsprechende Gegenüber: „Das endlich ist Bein von meinem Bein und Fleisch von meinem Fleisch. Frau soll sie heißen; denn vom Mann ist sie genommen" (2,23). Im Deutschen ist die sprachliche Verbindung zwischen den beiden Lebewesen, auf die der Autor anspielt, nicht verständlich, wohl aber im Hebräischen; denn „Mann" (*isch*) und „Frau" (*ischschah*) haben hier die gleiche sprachliche Wurzel (wie auch im Englischen *man* und *woman*). So kommt auch sprachlich die enge Verbindung von Mann und Frau zum Ausdruck, die dann im Folgenden noch weiter ausgeführt wird: „Darum verlässt der Mann Vater und Mutter und bindet sich an seine Frau, und sie werden *ein* Fleisch" (2,24). Man kann in dieser älteren Schöpfungserzählung geradezu eine Begründung der Ehe sehen; denn auf die innige Gemeinschaft von Mann und Frau läuft die Erzählung hinaus.

Dem Menschen ist die Verantwortung für seine Umwelt übertragen

Der ganze Text spricht in einer aus dem alltäglichen Erleben eines erdverbundenen Menschen genommenen Sprache von der Erschaffung nicht so sehr der Welt, diese ist eher vorausgesetzt, sondern des Menschen als Mann und Frau in ihrer Umwelt. Dabei kommt sowohl die enge Verbindung zwischen Mann und Frau als auch zwischen der Erde und den aus ihr gebildeten Menschen wie Tieren zum Ausdruck. Dem Menschen ist die Verantwortung für seine Umwelt übertragen.

Die jüngere Schöpfungserzählung wurde der älteren vom Redaktor des Pentateuch (gr.: „fünfteilig“, Bezeichnung für die fünf Bücher Mose, die Tora) vorgeordnet und kam somit an den Anfang der Heiligen Schrift zu stehen (Gen 1,1–2,4a). Sie hat einen ganz anderen literarischen Charakter als die ältere. Sie stammt von einem ebenfalls unbekannten Autor, dessen Werk man die „Priesterschrift“ nennt. Diese ist wohl während des babylonischen Exils um die Mitte des 6. Jahrhunderts vor Christus entstanden und trägt ihren Namen wegen der Vertrautheit des oder der Autoren mit dem kultisch-sakralen Bereich. Auffallend ist „der pedantische Stil, die vielen Wiederholungen, der schematische Aufbau, die Vorliebe für genaue Zahlenangaben [...]. Die hier zu Worte kommenden Tradenten sind mehr an den beständigen Ordnungen interessiert als an den Wandlungen im Geschichtsablauf“ (Scharbert: *Genesis* 12). Diese Vorliebe wird gerade in der Schöpfungserzählung der Priesterschrift deutlich: Gott, hier *Elohim* genannt, schafft die Welt in sechs Tagen, am siebten ruht er. Auffallend ist, dass der Erzählung wohl eine andere zugrunde liegt, welche die Erschaffung der Welt auf acht Tage verteilt hatte. Der Autor hat jeweils auf zwei Tage zwei Schöpfungswerke gelegt: auf den dritten Tag die Scheidung von Wasser und trockenem Land *und* die Erschaffung der Begrünung, auf den sechsten Tag die Erschaffung der Landtiere *und* des Menschen, während an den anderen Tagen nur jeweils ein Werk geschaffen wird. Auf diese Weise hat er die jüdische Wocheneinteilung von sechs Arbeitstagen und einem Ruhetag bereits in der Schöpfungsordnung grundgelegt. Dies war wichtig, da in der Umwelt andere Wocheneinteilungen herrschten.

Die jüngere Schöpfungserzählung

Entstehung während des babylonischen Exils

Die jüngere Schöpfungserzählung schildert die Erschaffung der Welt in ganz anderer Weise als die ältere. Der Autor „geht bei der Schilderung der Urzeit von einer anderen Welterfahrung aus [sc. als der zweite]. Für ihn war die Urwelt eine nasse Welt. Lebensraum für den Menschen kann es darin nur geben, wenn Festland und Wasser voneinander geschieden werden und das Wasser in das Meer abläuft. [...] Wahrscheinlich schreibt er in den südöstlichen Landschaften Babyloniens, also im Exil, wo er die Überschwemmungen von Euphrat und Tigris erlebt und die vom Indischen Ozean heraufkommenen Monsunregen kennengelernt hat“ (Scharbert: *Genesis* 30).

Hintergrund der Schöpfungserzählungen

Die Schöpfung, die im ersten Satz als analogieloses Schaffen (*bara*) Gottes „im Anfang“ vorgestellt wird, vollzieht sich nach einem klaren Schema, dessen zeitliche Gliederung sich an dem Ablauf einer Woche orientiert. Am Anfang steht die Erschaffung des Universums („Himmel und Erde“) als Szene, die im Folgenden gefüllt wird. Damit das Siebentageschema greift, muss es den Wechsel von Licht und Finsternis, Tag und Nacht geben, der am ersten Tag geschaffen wird. Am zweiten wird das Himmelsgewölbe gebildet, welches das Wasser darüber von dem darunter scheidet. Am dritten Schöpfungstag entstehen mit dem trockenen Land und den grünen Pflanzen die Voraussetzungen für Leben auf der Erde.[12] Eigentlich könnte die Erzählung mit der Erschaffung der Tiere und des Menschen fortfahren. Umso mehr erstaunt es, dass der Autor nun erst die Erschaffung der Gestirne erwähnt: „Dann sprach Gott: Lichter sollen am Himmelsgewölbe sein, um Tag und Nacht zu scheiden. Sie sollen Zeichen sein und zur Bestimmung von Festzeiten, von Tagen und Jahren dienen; sie sollen Lichter am Himmelsgewölbe sein, die über die Rede hin leuchten. So geschah es“ (1,14f.). Warum der Autor die Erschaffung der Gestirne gerade hier einfügt, ist nicht leicht zu sagen. Wichtig an dieser Erwähnung, die sich in der älteren Erzählung gar nicht findet, ist die Tatsache, dass die Gestirne in das Schöpfungswerk einbezogen werden. Für die orientalischen Völker in Israels Nachbarschaft waren sie selbst göttliche Wesen, in dieser Schöpfungserzählung handelt es sich um nichts anderes als um Leuchten, die Gott an den Himmel hängt, damit sie ihrem Zweck dienen.

Nach diesem Intermezzo stattet Gott am fünften Tag das Wasser mit Lebewesen aus, die in der älteren Schöpfungserzählung gar nicht vorkamen, und den Luftraum mit Vögeln. Der Autor begnügt sich nun nicht mit der Feststellung: „Gott sah, dass es gut war“ (1,21b), sondern fügt einen eigenen Segen Gottes an: „Gott segnete sie und sprach: Seid fruchtbar, und vermehrt euch, und bevölkert das Wasser im Meer, und die Vögel sollen sich auf dem Land vermehren“ (1,22). Am sechsten Tag erschafft Gott die Landtiere und als Höhepunkt des ganzen Schöpfungswerkes den Menschen: „Dann sprach Gott: Lasst uns Menschen machen als unser Abbild, uns ähnlich“ (1,26a). Was mit der Gottebenbildlichkeit des Menschen gemeint ist, wurde und wird verschieden gedeutet: „Die einen sehen sie im aufrechten Gang, die anderen überhaupt in der vom Tier unterschiedenen Gestalt des Menschen, wieder andere in der unsterblichen Seele oder in der Geistbegabtheit des Menschen“ (Scharbert: *Genesis* 45). Der unmittelbare Textzusammenhang scheint aber auf etwas anderes hinzuweisen, das all diesen Deutungen allerdings nicht wider-

Gottebenbildlichkeit = Teilnahme an der Herrschergewalt Gottes

[12] Das AT betrachtet die Pflanzen nicht als lebendig! Vgl. Scharbert: Genesis 42.

spricht. Unmittelbar anschließend heißt es: „Sie sollen herrschen über die Fische des Meeres, über die Vögel des Himmels, über das Vieh, über die ganze Erde und über alle Kriechtiere auf dem Land!" (1,26b). In der Gottebenbildlichkeit des Menschen geht es also wohl „um die Teilnahme an der Herrschergewalt Gottes über die Schöpfung" (Scharbert: *Genesis* 45). „Mitgemeint dürfte die Personalität des Menschen sein, die vor allem ihn zur Repräsentanz Gottes und zur Herrschaft über die Schöpfung befähigt und ihn zugleich zum Partner Gottes macht, den Gott ansprechen und mit Aufgaben betrauen, mit dem er Gemeinschaft pflegen kann" (ebd.).

Der Mensch ist nach der Priesterschrift von Anfang an nicht nur in der Mehrzahl erschaffen, sondern auch in der Zweieinheit von Mann und Frau („Männchen und Weibchen", wie es wörtlich heißt). Möglicherweise handelt es sich hier um eine Korrektur der Darstellung des Jahwisten, die ja, wie die spätere Auslegungsgeschichte zeigt, missverständlich ist (vgl. ebd.). Und wieder heißt es, dass Gott Mann und Frau segnete und sie beauftragte, sich zu vermehren, also das ihnen geschenkte Leben weiterzugeben. Dann wiederholt er nochmals den Auftrag, über die Erde zu herrschen, ja er tut dies mit noch deutlicherem Akzent, indem er von der Unterwerfung der Erde durch den Menschen spricht (1,28b)! Sodann gibt Gott dem Menschen das Getreide und die Früchte der Obstbäume zur Nahrung, während er den Tieren die Gräser dazu bestimmt. Wie in der älteren Schöpfungserzählung ist von Fleisch als Nahrung nicht die Rede. Erst nach der Sintflut wird das anders (vgl. Gen 9,2f.).

Am Ende des sechsten Schöpfungstages nun heißt es: „Gott sah alles an, was er gemacht hatte: Es war sehr gut" (Gen 1,31a). Diese Qualifizierung stellt eine Steigerung dar; denn sonst hatte es jeweils geheißen: „Es war gut". Hier werden abschließend alle Aussagen über die Güte der Schöpfung noch einmal zusammengefasst.

Doch damit ist die jüngere Schöpfungserzählung noch nicht zu Ende. Sie berichtet entsprechend der zum Schema gemachten Zeiteinteilung einer Woche auch noch von einem siebten Tag: „Am siebten Tag vollendete Gott das Werk, das er geschaffen hatte, und er ruhte (hebr.: *schabbat*) am siebten Tag, nachdem er sein ganzes Werk vollendet hatte. Und Gott segnete den siebten Tag und erklärte ihn für heilig; denn an ihm ruhte Gott, nachdem er das ganze Werk der Schöpfung vollendet hatte" (Gen 2,2f.).

Zitat

„Wenn Gott den siebten Tag segnet, dann kann das nur den Sinn haben, daß dieser Tag dem Menschen, der ihn feiert, Segen bringen soll. Als ‚heilig' wird der Tag erklärt, indem er aus der Zahl der Wochentage ausgesondert und Gott reserviert wird. Dann wird damit auch angedeutet, daß dieser Tag nicht nur ein Tag des Nichtstuns ist, sondern ein Tag, der Gott gehört, an dem man Gott für die Schöpfung und dafür, daß man sechs Tage lang das Schöpfungswerk Gottes fortsetzen durfte, Dank sagt, aber auch ein Tag, an dem man sich nach Gottes Beispiel an dem Geschaffenen freut und es genießt" (Scharbert: *Genesis* 47).

4.5.3 Der Mensch als „Partner" Gottes

Die biblischen Schöpfungserzählungen berichten nicht von etwas Vergangenem, sondern unterstreichen, wie sich etwa am Beispiel des Miteinanders von Mann und Frau oder des Sabbats zeigt, dessen Gegenwartsbedeutung. Die Bibel insgesamt lässt Gott nicht nur als den erkennen, der die Welt und alles in ihr erschaffen hat, sondern auch als den, der seine Schöpfung erhält. Dabei wird die Welt jedoch keineswegs als ein Uhrwerk betrachtet, das Gott am Anfang aufgezogen hat und das nun abläuft. So hat es der Deismus des 17. und 18. Jahrhunderts gesehen, und dieser Auffassung ist letztlich auch die gegenwärtige *Intelligent Design*-Bewegung: Gott überlässt sein Werk einem in es hineingelegten und mit naturwissenschaftlichen Mitteln erkennbaren Plan.[13] Vertretern eines „neuen Atheismus" wie Richard Dawkins (*1941) richten sich vor allem gegen solche Positionen, wenn sie auf der Basis naturwissenschaftlicher Erkenntnis die Existenz Gottes bestreiten.[14]

Bibel: keine Basis für naturwissenschaftliche Welterklärung

Die Bibel bietet, auch wenn sie Gott, wie etwa das Beispiel von Psalm 104 zeigt, in seiner Schöpfung in unmittelbarer Weise am Werk sieht, keine Basis für eine naturwissenschaftliche Welterklärung. Die biblische Botschaft liegt auf einer anderen, der theologischen Ebene. Entscheidend für die Gotteserfahrung Israels

---

13 Vgl. dazu Beintker, Michael: Gott als Designer? – Christlicher Schöpfungsglaube und naturwissenschaftliches Weltverständnis, in: epd-Dokumentation 2007/32, 6-16 = http://www.ekd.de/vortraege/070705_beintker.html.

14 Vgl. Dawkins, Richard: Der Gotteswahn, Berlin 2007 (Original: The God delusion, Boston 2006). Vgl. dazu aus theologischer Sicht Langthaler, Rudolf (Hg.): Dawkins' Gotteswahn. 15 kritische Antworten auf seine atheistische Mission, Wien u.a. 2010.

war die Befreiung aus Ägypten. Deswegen hat es Gott nicht zuerst in der Schöpfung am Werk gesehen, sondern von seinem Handeln zugunsten seines Volkes auf das Schöpfungshandeln Gottes zurück geschlossen. Die Christen haben in ähnlicher Weise die im Christus-Ereignis gemachte „Erfahrung des Heils“ (Lk 1,77) in Aussagen über die Schöpfungsmittlerschaft Jesu Christi übergeführt (vgl. etwa Kol 1,12–20). Die Welt als Gottes gute Schöpfung zu deuten, ist eine Frucht des Glaubens an Gott. Dieser Glaube schließt, wie bereits auf den ersten Seiten der Bibel deutlich wird, die Verantwortung des Menschen für die Schöpfung mit ein.

Heute, da die Menschheit an die Grenzen der Vernutzung der Schöpfung gekommen zu sein scheint, wird gefragt, ob dieser Auftrag die Menschheit nicht in eine verkehrte Richtung geführt hat. Carl Amery hat in seinem Buch *Das Ende der Vorsehung* mit dem bezeichnenden Untertitel *Die gnadenlosen Folgen des Christentums* (1972) bereits vor 30 Jahren die Behauptung aufgestellt, das Christentum habe gewaltige Schuld auf sich geladen, indem es die Welt der Vernutzung durch den Menschen freigegeben habe: „Es ist der ausdrückliche Auftrag der totalen Herrschaft. Der Mensch wird gerufen, diese Erde zu erfüllen, sie sich untertan zu machen. Magische Auflagen sind damit nicht verbunden, das heißt, es ist ihm völlig freigestellt, wie er diesen Auftrag vollzieht. Sonne und Mond sind Beleuchtungskörper, sonst nichts; Rohstoffe, Flora, Fauna sind ein Arsenal, über das er frei verfügt, sind Jagdterrain und Ernteacker“ (Amery: *Ende der Vorsehung* 16, zitiert nach Lehmann: *Kreatürlichkeit* 148f.).

Die Ausbeutung der Welt ist nicht Auftrag Gottes

Eine gewisse Spannung zwischen den Aussagen der beiden Schöpfungserzählungen lässt sich nicht leugnen. Während die jüngere recht drastisch formuliert: „Bevölkert die Erde, unterwerft sie euch und herrscht...“ (Gen 1,28b), rückt die ältere die Hege- und Pflegeaufgabe des Menschen in die Mitte: Gott setzt den Menschen in den Garten Eden, „damit er ihn bebaue und hüte“ (Gen 2,15b). Der Mensch soll also nicht nur die Welt erobern und nutzbar machen, sondern sie vor Schaden bewahren und ihre Ertragsfähigkeit auch für die Zukunft sichern. Während dies in früheren Zeiten eher problemlos gewesen ist, führen die heutigen technischen Möglichkeiten an eine Grenze. Aber es gilt sich vor dem Fehlschluss zu hüten, den Amery bewusst provozierend formuliert, als trage der Auftrag Gottes daran Schuld. Wie die biblische Erzählung vom Sündenfall (Gen 3) zeigt, hat Gott den Menschen in eine Größe und Verantwortung berufen, die ihn zur Selbstherrlichkeit verführt. Es fällt ihm schwer, Grenzen zu akzeptieren. Der heute erreichte wissenschaftliche Fortschritt mit seinem Zerstörungspotential mahnt die Menschen in einer vorher nie dagewesenen Weise, ihre Grenzen nicht zu überschreiten. Der Mensch muss sich bewusst machen, dass er zwar über ungeahnte Möglichkeiten verfügen kann, dass er sich aber beschränken muss, wenn diese sich nicht gegen ihn kehren sollen. „Er ist vornehmlich Repräsentant, Geschäftsträger sowie Mandatar Gottes und verwaltet die Schöpfung als ein ihm anvertrautes Lehen" (Lehmann: *Kreatürlichkeit* 151f.). Gegen die Behauptung Amerys und anderer, die die Schöpfung letztlich als einen Fehlschlag deuten, ist festzuhalten:

Zitat

„Die Geschichte der Ausbeutung und des Raubbaus der Natur durch den Menschen kann sich also im strengen Sinn weder auf die Bibel noch auf die kirchliche Schriftauslegung berufen. Daß der biblische Schöpfungsglaube für eine Bewältigung des menschlichen Daseins positiv auslösend gewirkt hat, darf nicht mit jenen Extremformen der Zerstörung der Natur verwechselt werden, die sich aus diesem Prozeß herausgelöst und durch fragwürdig gewordene Steigerungen der Säkularisierung sowie Rationalisierung eine Gestalt gewonnen haben, die nicht identisch ist mit dem Herrschaftsauftrag der Schrift. [...] Es wäre auch töricht, die befreiende Wirkung und die heilenden Erfolge zu verdecken, die mit der Ausübung des Herrschaftsauftrages gegeben sind" (Lehmann: *Kreatürlichkeit* 153f.).

Biblischer Schöpfungsglaube: der Mensch steht in partnerschaftlichem Verhältnis zu Gott und Welt

Der biblische Schöpfungsglaube stellt den Menschen nicht nur in ein enges partnerschaftliches Verhältnis zu seinem und der Welt Schöpfer, sondern auch in ein enges Verhältnis zur Welt; denn er ist aus ihrem Stoff. Die Gottebenbildlichkeit des Menschen besteht nun gerade darin, dass Gott den Menschen an seiner Herrschaft und, das kann nicht deutlich genug gesagt werden, an seiner Fürsorge für die Schöpfung beteiligt. Schöpfung und Mensch sind in ganz enger Weise aufeinander bezogen.

Das geht nach der Aussage der Heiligen Schrift so weit, dass die Ursünde des Menschen auch Konsequenzen für die ganze Schöpfung hatte und hat. Der Apostel Paulus schreibt dazu im Römerbrief:

Zitat

„Denn die ganze Schöpfung wartet sehnsüchtig auf das Offenbarwerden der Söhne Gottes. Die Schöpfung ist der Vergänglichkeit unterworfen, nicht aus eigenem Willen, sondern durch den, der sie unterworfen hat; aber zugleich gab er ihr Hoffnung: Auch die Schöpfung soll von der Sklaverei und Verlorenheit befreit werden zur Freiheit und Herrlichkeit der Kinder Gottes. Denn wir wissen, dass die gesamte Schöpfung bis zum heutigen Tag seufzt und in Geburtswehen liegt“ (Röm 8,19–22).

Diese Erde ist für die Menschen nicht mehr das Paradies, sondern ein Ort der Bewährung, an dem sie im Schweiße ihres Angesichts ihr Brot essen müssen (vgl. Gen 3,19a). Sie werden immer wieder von neuem herausgefordert und stehen, kaum dass sie ein Problem gelöst zu haben meinen, vor einem neuen.

4.5.4 Das Lob des Schöpfers

In einer auf das biblische Zeugnis gestützten Betrachtung über die Schöpfung darf das Lob des Schöpfers und seines Werkes nicht fehlen. Besonders die alttestamentlichen Schöpfungspsalmen (insbesondere sind die Pss 8; 19; 104; 148 relevant) ermutigen dazu, auch wenn angesichts der vielfältigen Probleme, mit denen die Menschen leben müssen, das Loben schwer fällt. Gott hat diese Welt ins Dasein gerufen und den Menschen als ihren Höhepunkt geschaffen, um seine Liebe weiterzuschenken. Nicht dass er das nötig gehabt hätte, gleichsam, um sich einen Partner zu schaffen. Gott lebt nach dem christlichen Glauben in unendlicher Liebe von Vater, Sohn und Heiligem Geist. Nach der Offenbarung des Alten und Neuen Testamentes ist das entscheidende Motiv des Handelns Gottes, dass er seine Liebe weiterschenken will. Die einzig entsprechende Antwort auf dieses Geschenk Gottes kann nun nichts anderes sein, als dass auch die Adressaten seiner Liebe ihn lieben. Wenn Liebe in Worte gefasst werden soll, dann wird sie zu Dank und Lobpreis. Deswegen gehört das Lob des Schöpfers ganz wesentlich zum Geschöpfsein dazu, dieses erreicht darin seinen Höhepunkt. Nicht nur indem die Menschen arbeiten, verwirklichen sie den Auftrag Gottes, sondern auch indem sie ihn loben und feiern. Beides gehört zusammen und die Arbeit empfängt gerade von hier her ihre Würde und ihren Sinn. Nicht nur, indem die Menschen arbeiten und selbst schöpferisch tätig sind, zeigt sich, dass sie mehr sind als ein Zufallsprodukt der Evolution, sondern gerade indem sie den Schöpfer anerkennen und ihn preisen.

Neben den bereits genannten Psalmen ist es vor allem der *Sonnengesang* des hl. Franziskus von Assisi (1181/82–1226), in dem der Lobpreis des Schöpfers zum Ausdruck kommt. Franziskus hat dieses Lied während schwerer Krankheit etwa ein Jahr vor seinem Tod geschrieben. Es ist so grundsätzlich verschieden von jeder naiven Naturschwärmerei, die oft die Augen vor den „harten" Realitäten, wie dem Tod, zu verschließen sucht. Für Franziskus gehört der Tod wie ein Bruder zu den Geschöpfen hinzu. Sein Lied ist von einem Realismus geprägt, der wohl nur einem Glaubenden möglich ist, der die Welt so sieht, wie sie ist, der sie aber auch zu sehen vermag, wie Gott sie haben wollte und will.

Zusammenfassung

Der erste Glaubensartikel lautete ursprünglich „...an Gott, den Vater, den Allmächtigen". „Schöpfer des Himmels und der Erde" wurde später hinzugefügt, um klar zu machen, was in den Worten „Vater" und „Allmächtiger" mitgesagt ist. In der altkirchlichen Deutung wird die Vaterschaft Gottes zunächst auf seine Schöpfertätigkeit hin gedeutet. Als man das Vater-Prädikat in Anlehnung an die Rede Jesu von Gott als Vater nahezu ausschließlich christologisch interpretierte, war es nur konsequent, „Schöpfer des Himmels und der Erde" hinzuzufügen, um den Bezug zur Schöpfung zu erhalten.

Um die Gottesrede davor zu bewahren, sie für menschliche Bedürfnisse zu funktionalisieren, ist es notwendig, sich über zentrale Grundannahmen zu verständigen, die die Theologie mit dem philosophischen Nachdenken über Gott seit der Antike verbinden. Gottes Transzendenz und Immanenz bilden eine erste Grundannahme. Wenn es auch nach der Aufklärung fraglich ist, wie etwas erkannt werden kann, was menschliches Erkennen grundsätzlich übersteigt, dürfte unmittelbar einsichtig sein, dass Gott nicht in der Welt und ihrer Endlichkeit eingeschlossen sein kann. *Transzendenz* Gottes meint einen grundsätzlichen Überstieg über diese Welt, seine *Immanenz* dagegen bezeichnet die innere Macht des Göttlichen in der Welt. Eine weitere bildet die Annahme: Gott ist *Geist*. Geist ist nicht von der ‚Materie' losgelöste Wirklichkeit, sondern durchdringende Macht, Form, Kraft: dynamische Gestaltungswirklichkeit, ursprüngliche Selbstsetzung und ständiges Über-sich-hinaus-Sein. Die menschliche Geschichte ist vom Geist durchdrungen, weil Menschsein als Freiheit die Materie übersteigt. Zu diesen Grundannahmen gehört weiter die Personalität Gottes: Von Gott als *Person* zu sprechen bedeutet, ihn als eine hörende und wollende Macht, als Freiheit zu verstehen. Für die christliche Rede von Gott ist grundlegend, den einen Gott in drei Personen zu denken, die durch ihre Beziehung konstituiert werden. Dies bietet die Basis für ein Verständnis Gottes als Gemeinschaft von Vater und Sohn im Heiligen Geist, der in sich Liebe ist und seine Liebe mitteilen, die Menschen in seine Gemeinschaft hinein nehmen will. Gott als *Geheimnis* zu denken heißt ihn als den zu erfassen, der dem Leben Tiefe gibt und dieses selbst als Geheimnis wahrnehmen lässt. Gottes *Ewigkeit* und sein Wirken in der Geschichte schließen sich nicht aus; denn seine Ewigkeit ist nicht als Jenseitigkeit zur geschichtlichen Zeit, sondern als deren ermöglichender Grund zu denken. Diese Ewigkeit ist zugleich das Ziel, auf das die Geschichte hin unterwegs ist. Gott ist und eröffnet *Zukunft*.

Im heutigen Kontext ist die *Vateranrede* für die erste göttliche Person in die Kritik geraten. Insbesondere die feministische Theologie macht aufmerksam auf den Zusammenhang zwischen einer patriarchal geprägten Gesellschaft und einem nicht nur anthropomorphen, sondern andromorphen Gottesbild. Diese Kritik hilft, das biblische Gottesbild, das väterliche und mütterliche Facetten integriert, vor Vereinnahmungen für zeitbedingte Gesellschaftsformen zu schützen.

Die beiden Erzählungen über die *Schöpfung*, mit denen die Bibel beginnt, können nicht einfach zu *einem* Schöpfungsgeschehen harmonisiert werden. Sie unterscheiden sich in nicht unwesentlichen Einzelheiten. Bei aller Unterschiedenheit teilen sie jedoch das gleiche Grundanliegen: Gott und nur er ist der souveräne Schöpfer der ganzen Welt. Andere Götter oder Zwischenwesen gibt es nicht. Die absolute Unvergleichlichkeit des Schöpfungshandelns wird vor allem in der ersten Erzählung deutlich, in der das Erschaffen durch Gottes wirkmächtiges Wort geschieht und mit dem allein Gott vorbehaltenen Verb *bara* bezeichnet wird.

Im Mittelpunkt der Schöpfung steht der Mensch. In beiden Erzählungen wird der *Mensch als „Partner" Gottes* gekennzeichnet, dem die Fortsetzung des Schöpfungswerkes aufgetragen ist. Beide Erzählungen handeln im Grunde nicht von etwas Vergangenem als Vergangenem, sondern von einer Wirklichkeit, die noch unabgeschlossen fortdauert. Sie bieten keine naturwissenschaftliche Welterklärung, sondern verkünden den Anfang der Geschichte Gottes mit der Menschheit, die noch der Vollendung harrt, die in Jesus Christus angebrochen ist.

5. „und an Jesus Christus, seinen eingeborenen Sohn, unseren Herrn"

5.1 Die Aussage des zweiten Glaubensartikels

In seiner ursprünglichen Fassung lautete der zweite Artikel des Apostolischen Glaubensbekenntnisses wohl: „und an Christus Jesus seinen einzigen Sohn unseren Herrn".[15] Auffallend ist die

[15] Bei folgenden Ausführungen orientiere ich mich hauptsächlich an THEISSEN, Gerd/MERZ, Annette: Der historische Jesus. Ein Lehrbuch, Göttingen ³2001.

Stellung der Worte Christus und Jesus, die, anders als in der geläufigen deutschen Übersetzung, den Christustitel vor den Eigennamen Jesus stellt. „Das Auftreten der Inversion ist ein Beweis für die Altertümlichkeit des Kerns des altrömischen Bekenntnisses. Als dieses zusammengefügt wurde, war Christus kein bloßer Name: etwas von seiner ursprünglichen Bedeutung als Titel, als Äquivalent von Messias oder der Gesalbte, umgab es noch immer" (Kelly: *Glaubensbekenntnisse* 141). Es ist die Wortstellung, die bei Paulus häufig begegnet, etwa wenn er sich in Röm 1,1 als „Sklave Christi Jesu" bezeichnet (vgl. auch 2 Kor 1,1; Kol 1,1; 2 Tim 1,1 u.ö.). Neben den Paulus-Briefen findet sich diese Wortstellung, und zwar auch recht häufig, nur noch in den Missionsreden der Apostelgeschichte. So sagt Petrus in seiner Pfingstpredigt: „So wisse nun das ganze Haus Israel gewiss, dass Gott diesen Jesus, den ihr gekreuzigt habt, zum Herrn und Christus gemacht hat" (Apg 2,36). Vom Wirken der Apostel wird gesagt: „Sie hörten nicht auf, zu lehren und zu predigen Jesus als den Christus" (5,42). In Ephesus „überwand Apollos die Juden mit Kraft und erwies öffentlich durch die Schrift, dass Jesus der Christus sei" (18,28). Es ist nicht unerheblich, dass sich der Wortlaut des Apostolischen Glaubensbekenntnisses an die älteste Form der Christus-Verkündigung anlehnt, wie sie bei Paulus und in den Missionsreden der Apostelgeschichte noch greifbar ist. Diese Form ist der heute allgemein üblichen sehr bald gewichen, wohl weil beim Übertritt des Christentums aus der jüdischen in die heidnische Umwelt die ursprüngliche Bedeutung des Christustitels undeutlich wurde.

Christus ist kein Name, sondern ein Titel

Mit *christós* (gr.) hatte die Septuaginta regelmäßig das hebräische Wort *maschiach* (hebr.: der Gesalbte) übersetzt. Für die ersten Jünger, die Juden waren, war es ganz selbstverständlich, auf den jüdischen Messiasbegriff zurückzugreifen, um die Bedeutung Jesu auszusagen. Indem sie Jesus als den Christus verkündeten, haben sie ihn als Erfüllung der alttestamentlichen Verheißung vorgestellt. Es ist durchaus signifikant, dass die Anhänger Jesu von Nazaret noch heute nicht nach seinem Eigennamen, sondern nach seinem Titel benannt werden, eben Christen, wie es erstmals in Antiochien geschah (vgl. Apg 11,26). Dies ereignete sich, wie der Kontext deutlich macht, interessanterweise beim Übergang des christlichen Glaubens in die heidnische Welt. Dabei wird deutlich, welche Rolle der Christus-Titel auch noch in der frühen Missionstätigkeit gegenüber den Heiden gespielt haben muss. Allmählich jedoch verblasste er zu einem zweiten Eigennamen Jesu und wurde immer mehr der Erklärung bedürftig. Die Kirchenväter erläutern, dass Christus so viel bedeutet wie Gesalbter.

Der Christustitel greift auf den Messiasbegriff zurück

Sie machen ihren Zuhörern bzw. Lesern klar, dass in alttestamentlicher Zeit sowohl die Hohenpriester als auch die Könige gesalbt wurden. Ihre Salbung geschah mit einem vergänglichen Stoff, nämlich mit Öl. Die Salbung Jesu zum Hohenpriester und König aber geschah durch den Heiligen Geist. So der Kirchenvater Rufinus (345–411/12) in seinem um das Jahr 400 entstandenen Kommentar zum Apostolischen Glaubensbekenntnis. (*symb.* 6; zit. nach Kelly: *Glaubensbekenntnise* 142)

Mit dem Namen Jesu und dem Christus-Titel wurden zwei weitere Prädikate verbunden: „sein eingeborener Sohn" und „unser Herr". Beide verdienen eine etwas ausführlichere Darlegung. Die Vorstellung von Gottessöhnen war der griechischen Antike wie dem alttestamentlichen Judentum durchaus geläufig, aber sie bedeutet dort jeweils etwas völlig Unterschiedenes. Für den griechischen Mythos war Zeus der Vater zahlreicher göttlicher wie halbgöttlicher Söhne. Während hier die Bedeutung des Sohnes-Prädikates ausschließlich auf die Zeugung und leibliche Abstammung eingeschränkt ist, umfasste sie im alttestamentlichen Judentum ein weites Spektrum, das „von der Verwandtschaft über die Zugehörigkeit zur gleichen Gruppe, zum gleichen Beruf, zum gleichen Volk bis zur Zuordnung zu Gott reichen" konnte (Gnilka: *Markus* 60). Wenn im Alten Testament das Wort „Sohn" gebraucht wird, um damit eine enge Beziehung zu Gott zum Ausdruck zu bringen, dann hat der Aspekt der physischen Abstammung keine Bedeutung. So etwa werden verschiedentlich die Engel „Göttersöhne" genannt (Gen 6,2–4; Ijob 1,6; 2,1; 38,7), ohne dass dadurch ihre vollkommene Unterordnung unter Jahwe in Frage gestellt würde. Mehrfach wird das Volk Israel insgesamt als Sohn Jahwes bezeichnet. Gott selber nennt es in Ex 4,22: „mein erstgeborener Sohn" (vgl. auch Jer 31,9.20; Hos 11,1). In der Weisheitsliteratur gelten sowohl der Weise als auch der leidende Gerechte als Söhne Gottes (Weish 2,18; 18,13). Die Gottesknechtslieder aus dem Buch Deuterojesaja, besonders das dritte und vierte, die vom Leiden des Gottesknechtes sprechen (Jes 49,4–9; 52,13–53,12), weisen in eine ähnliche Richtung. Vor allem aber wurde der König als Sohn Gottes betrachtet, als ein Sohn, der am Tag seiner Inthronisation zum König von Gott als solcher angenommen wurde: „Mein Sohn bist Du, heute habe ich Dich gezeugt" (Ps 2,7). Auch wenn hier von Zeugung die Rede ist, so ist doch der Gedanke an eine physische Sohnschaft allein durch die Zeitangabe „heute" ausgeschlossen. Die neutestamentliche Christologie hat diesen Sprachgebrauch aufgegriffen. Das wird deutlich etwa in jenem frühchristlichen Text, den Paulus in die „Anschrift"

„Sohn Gottes"-Titel

seines Römerbriefs eingearbeitet hat. Hier wird Jesus Christus folgendermaßen beschrieben: „der dem Fleisch nach geboren ist als Nachkomme Davids, der dem Geist der Heiligkeit nach eingesetzt ist als Sohn Gottes in Macht seit der Auferstehung von den Toten" (Röm 1,3f.). Durch die erste Angabe, die Davidssohnschaft, wird Jesus als möglicher Messias bezeichnet, während die zweite Angabe, die Gottessohnschaft, seine tatsächliche Messianität zum Ausdruck bringen will. Aller Wahrscheinlichkeit nach beruht das älteste Bekenntnis zu Jesus als dem Gottessohn auf dem Glauben an seine Auferstehung (Gnilka: *Markus* 62). Das Christentum blieb bei dieser messianisch geprägten Rede von der Gottessohnschaft Jesu nicht stehen, sondern entwickelte, um der Bedeutung des so Bezeichneten gerecht zu werden, die Vorstellung einer wesensmäßigen Gottessohnschaft. Dies geschieht nicht erst in späten neutestamentlichen Schriften wie dem Johannesevangelium, sondern ist bereits im ältesten Evangelium, dem Markusevangelium, greifbar, in dem der „Sohn Gottes"-Titel eine geradezu strukturelle Bedeutung hat. Er begegnet programmatisch bereits in der Überschrift „Evangelium Jesu Christi des Sohnes Gottes" (Mk 1,1), im Bekenntnis des heidnischen Hauptmannes unter dem Kreuz: „Wahrhaftig, dieser Mensch war Gottes Sohn" (Mk 15,39) sowie an zahlreichen anderen Stellen. Für die Entwicklung hin zu einem wesensmäßigen Verständnis der Gottessohnschaft hat die Perikope von der Taufe Jesu im Jordan (Mk 1,9–11parr) große Bedeutung, da sie die Proklamation Jesu als Gottessohn von der Auferstehung abkoppelt und mit seiner Proklamation als Messias verbindet.

Vom Titel *Sohn Gottes* ist das einfache Sohnes-Prädikat durchaus zu unterscheiden. Es begegnet bei Markus nur an einer einzigen Stelle, nämlich in der eschatologischen Rede Jesu, in der dieser sein Nicht-Wissen bezüglich des Termins des Eschatons zum Ausdruck bringt: „Den Tag aber oder die Stunde kennt niemand, weder die Engel im Himmel, noch der Sohn, nur der Vater" (Mk 13,32). Diese sog. absolute Sohnestitulatur, die im Johannesevangelium besonders häufig begegnet, „hat im außerchristlichen Bereich keine Analogie und muß als christliche Eigenprägung genommen werden. Als wichtige Voraussetzung hat die Gebetsanrede Abba zu gelten (Mk 14,36), die in das Leben des irdischen Jesus zurückreicht" (Gnilka: *Markus* 63). Auf Jesu Bezeichnung Gottes als Abba und deren Bedeutung für die neutestamentliche Christologie ist zurückzukommen.

Im Apostolischen Glaubensbekenntnis wird Jesus nicht nur als Sohn Gottes, sondern als der „eingeborene Sohn Gottes" bezeichnet. Das griechische Wort *monogenés* bringt ursprünglich zum Ausdruck, dass ein Kind das einzige Kind seiner Eltern ist. In dieser Bedeutung begegnet es etwa zur näheren Charakterisierung des Jünglings von Nain (Lk 7,12). In den johanneischen Schriften wird es gebraucht, um die besondere Beziehung Jesu zu Gott zum Ausdruck zu bringen: „Und das Wort ist Fleisch geworden und hat unter uns gewohnt, und wir haben seine Herrlichkeit gesehen, die Herrlichkeit des einzigen Sohnes vom Vater, voll Gnade und Wahrheit“ (Joh 1,14). Der letzte Vers des Prologs fasst die offenbarungsvermittelnde Funktion Jesu zusammen: „Niemand hat Gott je gesehen. Der Einzige, der Gott ist und am Herzen des Vaters ruht, er hat Kunde gebracht“ (Joh 1,18). Hier wie in Joh 3,16.18 begegnet die Formulierung „eingeborener Sohn“, die das Apostolische Glaubensbekenntnis übernommen hat. Es steht damit eindeutig auf dem Boden eines wesensmäßigen Verständnisses der Gottessohnschaft Jesu, wie es auch den johanneischen Schriften eigen ist. Auch wenn in dem Apostolischen Glaubensbekenntnis nicht ausdrücklich von der Präexistenz des Sohnes in Gott die Rede ist, so dürfte diese Vorstellung doch in der Übernahme des Begriffes *monogenés* aus dem vom Präexistenzgedanken geprägten johanneischen Schrifttum impliziert sein.

kýrios-Titel

Die Bezeichnung Jesu als *kýrios* (gr.) gehört, zum ältesten neutestamentlichen Bekenntnisbestand. Mit dem Wort *kýrios* hat die Septuaginta das hebräische Wort *adonai* (mein Herr) übersetzt, das die Juden anstelle des für sie unaussprechbaren Gottesnamens Jahwe gebrauchen. Wenn Jesus also als der *kýrios* bekannt wird, dann soll damit seine Göttlichkeit zum Ausdruck gebracht werden. Dass dieser Titel nicht erst im hellenistischen Juden-Christentum oder gar erst im Heiden-Christentum geprägt worden ist, beweist das aramäische Wort *maranatha* (unser Herr, komm oder unser Herr kommt), das Paulus in 1 Kor 16,22 überliefert hat. Bereits die aramäisch sprechende Urgemeinde hat Jesus als den Herrn bezeichnet und damit ein Gottesprädikat auf ihn angewandt.

In der Forschung besteht Übereinstimmung darüber, dass der ursprüngliche Wortlaut des zweiten Glaubensartikels sehr früh erweitert worden ist. Meist macht man eine antidoketische

> Mit Doketismus (*dokeîn*, gr.: scheinen) wird eine frühchristliche Irrlehre bezeichnet, die Jesus nur einen Scheinleib zuschreibt

Tendenz für diese Erweiterung verantwortlich, da hier hauptsächlich vom geschichtlichen Leben, Wirken und Leiden Jesu bis hin zur Auferstehung die Rede ist. Man sollte freilich nicht jenes

Das Leben und Wirken Jesu Christi: Kern christlicher Unterweisung

Moment allzu gering veranschlagen, auf das Kelly (vgl. Kelly: *Glaubensbekenntnisse* 147) mit Recht aufmerksam macht: Das Leben und Wirken Jesu Christi bildete, wie die Evangelien deutlich machen, einen Kernbestandteil der christlichen Unterweisung. Wie sollte dann nicht wenigstens eine Kurzfassung in das christliche Glaubensbekenntnis Aufnahme finden?

Mit der Aussage, dass Jesus Christus vom Heiligen Geist aus der Jungfrau Maria geboren worden sei, fasst das Glaubensbekenntnis die lukanische Erzählung von der Verkündigung des Engels an Maria zusammen (Lk 1,26–38). Schon bei Ignatius von Antiochien, also im zweiten Jahrhundert, gehört die jungfräuliche Empfängnis zu kerygmatischen Zusammenfassungen der Bedeutung Jesu Christi (vgl. Ign. *Eph.* 18,2; *Trall.* 9,1; *Smyrn.* 1,1).

Auch die folgenden Aussagen über den Tod, die Auferstehung und die Verherrlichung Jesu Christi sind als Kurzfassungen der evangelischen Berichte bzw. des urchristlichen Kerygmas zu verstehen. Die Tatsache, dass Pontius Pilatus im Credo erwähnt wird, mag zunächst überraschen. Aber auch diese Erwähnung gehört, wie 1 Tim 6,13 zeigt, zum ältesten Bestand des christlichen Kerygmas. Ähnliche Formulierungen finden sich auch an den beiden zuletzt genannten Stellen aus den Ignatius-Briefen. Durch die Nennung einer historisch bestimmbaren Persönlichkeit soll die Geschichtlichkeit der im Bekenntnis zum Ausdruck kommenden Heilsereignisse unterstrichen werden. „Man brauchte ein Datum, um an ihm herauszuarbeiten, daß diese Ereignisse nicht irgendwo oder irgendwann geschahen und daß das Evangelium nicht nur ein Ideengebinde ist" (Kelly: *Glaubensbekenntnisse* 150)

Wenn das Apostolische Glaubensbekenntnis nicht nur vom Kreuzestod Jesu Christi spricht, sondern auch von seinem Begräbnis, dann folgt es hierin dem von Paulus überlieferten ältesten Kerygma (vgl. 1 Kor 15,4). Wie das sechste Kapitel des Römerbriefes zeigt, war das Begräbnis Jesu gerade für die frühchristliche Tauftheologie von großer Bedeutung, so dass es nicht verwundert, wenn in einem Taufsymbolum davon die Rede ist. Die Auferstehung Jesu bildet den Kern der apostolischen Predigt. Sie verweist damit auf das Ereignis, das die Heilsbedeutsamkeit Jesu offenbar gemacht hat. Himmelfahrt und Sitzen zur Rechten des Vaters gehören für die urchristliche Verkündigung zusammen (vgl. 1 Petr 3,22; Röm 8,34; Kol 3,1; Eph 1,20; Hebr 1,3.13; Apg 2,31ff.; 5,30f.). Mit dieser Aussage, die Ps 110,1 spiegelt („Der Herr sprach zu meinem Herrn: Setze Dich zu meiner Rechten, bis ich Deine Feinde zum Schemel unter Deine Füße lege"), sollte zum Ausdruck gebracht werden, dass Jesus Christus alle feindlichen Mächte, die seiner Herrschaft im Wege stehen, überwunden hat. Ihm wird denn auch, wie bereits im apostolischen Kerygma (vgl. 1 Petr 4,5; Apg 10,42; 2 Tim 4,1), das Gericht über Lebende und Tote bei seiner Wiederkunft zugeschrieben. „So spiegelt in diesem ganzen Abschnitt das altrömische Bekenntnis getreulich die Empfindungen der urchristlichen Kirche wider – ihr Frohlocken über Christi Triumph über den Tod und die wider ihn zur Schlacht angetretenen bösen Mächte und über des Vaters wunderbare Rechtfertigung seines Sohnes und ihr erregtes eifriges und zugleich auch besorgtes Warten auf die Wiederkunft des Heilands auf den Wolken des Himmels, um als Stellvertreter seines Vaters zu Gericht zu sitzen, wie er selbst vorausgesagt hatte“ (Kelly: *Glaubensbekenntnisse* 152).

Einige Ergänzungen scheinen erst später gemacht worden zu sein, so etwa die Aussage, dass Jesus gelitten hat, und die nähere Bestimmung des Vaters, zu dessen Rechten der Erhöhte sitzt als „Gottes des Allmächtigen“. Eine Einfügung verdient eine etwas ausführlichere Beschäftigung. Ab der Mitte des 4. Jahrhunderts begegnet in verschiedenen Bekenntnisformulierungen die Aussage, dass Jesus in den Hades hinabgestiegen sei (lat.: *descendit ad inferna* bzw. *ad inferos*). Die heutige deutsche Übersetzung lautet, darin wohl dem ursprünglich gemeinten sehr nahekommend: „hinabgestiegen in das Reich des Todes“. Ursprünglich dürfte mit dieser Formulierung in der Tat nicht mehr gemeint gewesen sein als eine Aussage über „die natürliche Folge des Todes des Herrn“ (Kelly: *Glaubensbekenntnisse* 375). Sehr bald jedoch wurde diese Aussage im Sinne von 1 Petr 3,19 bzw. 4,6 so interpretiert, dass Jesus während seiner Hades-Fahrt den dort befindlichen Geistern gepredigt habe. Man hat diese Aussage so verstanden, dass Jesus in der Zeit seines Begrabenseins den Gerechten des Alten Bundes die Erlösung zugesprochen bzw. die Mächte des Todes überwunden hat. Der Triumph des Auferstandenen über den Hades stellt in der Theologie wie in der Ikonographie der Ostkirche das entscheidende Datum dar. In der westlichen Theologie ist es vor allem der Theologe Hans Urs von Balthasar (1905–1988), der den Hades-Abstieg Jesu in seine Theologie integriert hat. Er verbindet damit freilich nicht eine Aktivität Jesu, sondern den äußersten Gipfelpunkt der Verlassenheit. Jesus wird solidarisch mit den Toten.

5.2 Die Frage nach Jesus Christus

Im zweiten Glaubensartikel des Apostolischen Glaubensbekenntnisses wird mit den Worten „Christus“, „Sohn“ und „Herr“ die

Zwei Sachverhalte unterscheiden: Jesus von Nazaret und kirchliche Verkündigung dieses Jesus

Bedeutung Jesu von Nazaret, sowohl sein Verhältnis zu Gott (sein eingeborener Sohn) als auch zu den Menschen (unser Herr), zum Ausdruck gebracht. Grob gesprochen sind zwei Sachverhalte zu unterscheiden: zum einen der Mensch Jesus von Nazaret, der etwa zwischen dem Jahr 7 v. Chr. und dem Jahr 30 n.Chr. in Palästina gelebt und gewirkt hat, und zum anderen die kirchliche Verkündigung, die über diesen Jesus bestimmte, sein Sein und seine Relevanz betreffende Aussagen macht. Die traditionelle Theologie, wie sie etwa bis ins 17. Jahrhundert hinein betrieben worden ist, sah zwischen diesen beiden Aussagereihen keine Trennung. Für sie war eben der Jesus, von dem die Evangelien berichten, der inkarnierte Sohn Gottes, in dem Gott sich zu erkennen gegeben hat und durch den Gott die Welt und die Menschen erlöst hat. Die neuzeitliche historische Kritik hat diese Aussagen mit Fragezeichen versehen. Sie hat erkannt, dass die christologischen Selbstprädikationen, die sich in den Evangelien finden, nicht einfach auf den historischen Jesus, wie er hinter den Evangelien steht, zurückgeführt werden können. Eine *direkte Christologie*, die von den Aussagen Jesu zu den Dogmen der alten Kirche führt, erscheint deshalb nicht länger möglich. Vor diesem Hintergrund bieten sich grundsätzlich zwei Möglichkeiten an: die eine Möglichkeit, die in der Tendenz der historischen Kritik liegt, besteht darin, ohne Rücksicht auf das spätere Bekenntnis nach dem Leben, dem Wirken und den Intentionen des historischen Jesus zu fragen. Das hat die sog. *Leben-Jesu-Forschung* getan, deren Geschichte kein geringerer als Albert Schweitzer (1875–1965) geschrieben hat.[16] Die andere Möglichkeit besteht darin, mehr oder weniger ohne Rücksicht auf die historische Forschung den Glauben an Jesus Christus zu verkündigen, sei es nun in der traditionellen Form einer auf das Dogma von Chalkedon (vgl. Konzil von Chalkedon 451; DH 301) zurückgehenden *Zwei-Naturen-Lehre*, sei es in der Form einer existentialen Interpretation im Stile Rudolf Bultmanns (1884–1976), für die nicht der konkrete irdische Jesus ausschlaggebend ist, sondern das Dass seines Gekommenseins und das sich darauf beziehende Kerygma.[17]

Es gibt freilich auch eine dritte Möglichkeit, nämlich trotz aller Schwierigkeiten mit der historischen Kritik die Frage nach der

---

[16] Vgl. Schweitzer, Albert: Geschichte der Leben-Jesu-Forschung, 1. Aufl. Tübingen 1906, 2. Aufl. ebd. 1913, 6. Aufl. ebd. 1950 u.ö.

[17] Vgl. Bultmann, Rudolf: Das Verhältnis der urchristlichen Christusbotschaft zum historischen Jesus (Sitzungsberichte der Heidelberger Akademie der Wissenschaften. Philosophisch-historische Klasse, Jg. 1960, 3. Abhandlung), Heidelberg ^{4}1965.

gegenwärtigen Relevanz Jesu Christi mit der Frage nach dem historischen Jesus zu verbinden. Denn wenn nur noch nach seiner Relevanz gefragt wird, ohne auf die Intentionen des irdischen Jesus zu achten, dann besteht die Gefahr, die eigenen Ideen als das Christliche auszugeben. Wenn aber nur nach dem historischen Jesus gefragt wird, dann kommt vor lauter exegetischen und historischen Hypothesen kein konkreter lebendiger Mensch mehr zum Vorschein, sondern ein wissenschaftliches Konstrukt, das letztlich nicht erklären kann, wieso sich ausgerechnet darauf zweitausend Jahre lang eine große Zahl von Menschen berufen hat und wieso dieser Jesus, auch über die Grenzen der christlichen Kirchen hinaus, heutzutage noch immer Menschen für sich in seinen Bann ziehen kann.

Der hier zu gehende Weg führt nicht hinter die historische Fragestellung und Kritik zurück in die Fluchtburg eines angeblich unanfechtbaren christlichen Glaubens, sondern ist ein Weg, der die kritischen Anfragen ernst nimmt, sie aber weiterzudenken versucht auf der Basis des Glaubens an Jesus Christus, wie ihn die Kirche seit fast zweitausend Jahren, wenn auch in unterschiedlicher sprachlicher Gestaltung und Weise, bezeugt. Dabei geht es nicht nur um eine historische Fragestellung, sondern letztlich um die Frage nach der Bedeutung Jesu Christi für heute. Es geht um die Frage, wie das, was Jesus Christus verkündet hat und wofür er gestorben ist, auch heute so weitergesagt werden kann, dass Menschen zum Glauben an ihn in seiner Kirche finden und ihrerseits dazu beitragen, dass dieser Glaube heute lebendig bleibt und auch für kommende Generationen glaubwürdig ist. Gerade aber damit hier nicht ein Jesus konstruiert wird, der vielleicht heute ankommt, der aber deswegen morgen schon von gestern ist, ist es entscheidend, danach zu fragen, was der irdische Jesus, so wie er uns im Zeugnis des Neuen Testamentes begegnet, sagen und vermitteln wollte. Die Kirche hat dieses Zeugnis deshalb formuliert und durch die Zeiten weitergegeben, weil sie in diesem Jesus Gottes entscheidendes Wort an die Menschheit gesehen hat, ein Wort, das nicht das einzige Wort Gottes ist, aber sein letztlich maßgebendes und endgültiges, an dem alle andere Rede Gottes ihren Maßstab hat.

Ohne Zweifel ist es eine theologische und keine rein historische Aussage, Jesus Christus als Wort Gottes zu bezeichnen. Sie bringt zum Ausdruck, dass Jesus einerseits mit Gott in Zusammenhang gesehen wird – er ist sein Wort –, andererseits mit der Welt als Dialogpartner Gottes, auf die hin Gott sein Wort aussagt. Die Bezeichnung Jesu als Gottes Wort setzt zugleich Menschen voraus, die dieses Wort glaubend gehört und davon Zeugnis abgelegt haben. Gerade die Formgeschichte, jene historische Disziplin, die sich mit den kleinsten Erzähleinheiten in der Heiligen Schrift befasst, hat gezeigt, dass bei allen Aussagen über Jesus, die sich im Neuen Testament finden, die Gemeinschaft der Glaubenden und ihre unterschiedlichen Vollzüge (vor allem Verkündigung, Katechese und Liturgie) den „Sitz im Leben" bilden. Man kann diese Tatsache als Basis für eine ernsthafte Beschäftigung mit einer historischen Persönlichkeit für ungenügend halten, aber es gibt keine andere. Um dieses Faktum richtig einzuschätzen, muss freilich berücksichtigt werden, dass die Quellenlage für die antike Geschichte insgesamt nicht einfach mit derjenigen späterer Epochen verglichen werden kann. Zwar gibt es von vielen historischen Personen der Antike und ihren Handlungen auch anderweitige Dokumente, aber das, was die Geschichtsschreiber über sie überliefern, unterscheidet sich in vielem nicht wesentlich von der Art und Weise, in der die biblischen „historischen" Bücher die Geschichte darstellen. Aufgabe des Historikers ist es, die ihm verfügbaren Quellen kritisch zu befragen und aus ihnen eine Kenntnis der Vergangenheit zu gewinnen.

Aussagen über Jesus und die Gemeinschaft der Glaubenden

In Bezug auf Jesus von Nazaret kann der Historiker zunächst feststellen, dass von ihm berichtet wird, weil Menschen an ihn geglaubt haben. Dieses Faktum führt zu der Frage, ob Jesus in irgendwie erkennbarer Weise einen Anspruch auf solchen Glauben erhoben hat, oder ob dieser Glaube als eine nachträgliche Projektion bezeichnet werden muss, die aus Jesus etwas macht, was er selber gar nicht sein wollte. Wenn die kirchliche Lehre von Jesus also nicht dem Ideologieverdikt verfallen soll, dann gilt es immer wieder die Frage nach dem Selbstverständnis und dem Anspruch Jesu, und zwar des irdischen Jesus, zu stellen. Es kann nicht angehen, den sog. historischen Jesus und den sog. Christus des Glaubens auseinanderzureißen. Man wird der Intention des Neuen Testamentes als historisches Zeugnis nur gerecht, wenn man es als Zeugnis von Jesus dem Christus liest. Ein Blick in die Auslegungsgeschichte des Neuen Testamentes, die zugleich auch die Geschichte des Glaubens der Kirche ist, zeigt, dass die Gestalt Jesu Christi und das neutestamentliche Zeugnis von ihm einen unerschöpflichen Quell darstellen, mit dessen Auslegung man innergeschichtlich wohl an kein Ende kommt. Die Gestalt Jesu und das Zeugnis von ihm sind, in der Sprache der Linguistik gesprochen, mit einem solchen „Sinnüberschuss" ausgestattet, dass sie immer wieder neuer Interpretation fähig und auch bedürftig sind. Freilich können solche Interpretationen nicht beliebig sein.

NT = *Zeugnis* von Jesus Christus

Sie müssen sich immer wieder von der historisch erhebbaren Gestalt Jesu und vom neutestamentlichen Zeugnis her kritisieren lassen. Genau das ist die Aufgabe der Theologen. Zum einen sollen sie Jesus so verkündigen, dass auch die Menschen unserer Zeit ihm Glauben schenken können, dass sie sich gewissermaßen in ihm wiedererkennen und wiederfinden können. Zum anderen aber müssen sie darauf achten, dass sie nicht nur ihre eigenen Ideen zum Besten geben, dass sie nicht einen Jesus nach ihren Vorstellungen konstruieren, den es so nie gegeben hat.

5.3 Leben und Botschaft Jesu

Daran, dass Jesus von Nazareth wirklich gelebt hat und keine Erfindung der Urgemeinde ist, kann kein vernünftiger Zweifel bestehen. Zwar reichen die Schilderungen, die die Evangelien vom Auftreten Jesu geben, nicht hin, eine Biographie Jesu zu schreiben, aber sie lassen doch seine Botschaft und seinen Anspruch deutlich werden. Man erfährt zwar nichts über Jesu Aussehen und Gestalt, aber das neutestamentliche Zeugnis macht deutlich, was er wollte und wie er sich verstand. Die Evangelien bezeugen den Glauben an Jesus Christus in Form einer Geschichte, die sein Leben im Lichte des Glaubens an seine Auferweckung deutet. Dadurch wird ihr Zeugnis nicht historisch wertlos, aber es gilt diese Rahmenbedingungen bei seiner Deutung zu beachten, um es nicht biblizistisch oder fundamentalistisch fehl zu interpretieren. Es gilt ernst zu nehmen, dass die Verfasser der Evangelien keine Geschichte im modernen Sinn schreiben wollten, sondern dass sie das für sie und für alles Spätere letztlich unauslotbare Phänomen Jesu von Nazaret theologisch deuten wollten.

Historisch zuverlässige Aussagen über Jesus

Was lässt sich historisch einigermaßen zuverlässig über Jesus sagen? Auch wenn nicht ganz klar ist, wie lange sein öffentliches Wirken gedauert und wo es sich hauptsächlich vollzogen hat – nach den drei synoptischen Evangelien dauerte es etwa ein Jahr und vollzog sich hauptsächlich in Galiläa, nach dem Johannesevangelium dauerte es etwa drei Jahre und hatte sein Zentrum in Jerusalem –, so lässt sich doch mit großer historischer Sicherheit sagen, dass dieses öffentliche Wirken Jesu mit der Taufe Jesu im Jordan durch Johannes den Täufer begann und mit der Kreuzigung endete. Ob Jesus selber zur Gruppe um den Täufer gehört hat, ist umstritten. Alle vier Evangelien aber berichten, dass er sich durch ihn taufen ließ. Für die Historizität dieser Taufe spricht, dass man sie, wenn sie nicht wirklich geschehen wäre, kaum erfunden hätte. Wie die Art und Weise der Berichte in den Evangelien über dieses Ereignis deutlich macht, hat man die Taufe Jesu durch Johannes in christlichen Kreisen aus verschiedenen Gründen als anstößig empfunden. Erstens hat sich Jesus dadurch Johannes in gewisser Weise untergeordnet, zweitens hat er sich, da die Johannes-Taufe eine Taufe der Umkehr zur Vergebung der Sünden war, selber als Sünder zu erkennen gegeben. Diese beiden möglichen Interpretationen des Faktums versuchten die Evangelisten durch ihre Erzählung auszuschalten. Wie auch immer das Verhältnis Jesu zu der Gruppe um Johannes den Täufer historisch zu beschreiben ist, ihre Botschaft unterscheidet sich in charakteristischer Weise. Zwar kündigen beide die Nähe des Reiches Gottes bzw. des Himmelreiches an, aber für Johannes ist diese Nähe mit dem Gericht Gottes über die Welt und ihren Unglauben verbunden, für Jesus hingegen bedeutet diese Nähe die Nähe des Erbarmens Gottes und seiner Liebe zu den Sündern.

Jesus verkündet seine Botschaft vom nahegekommenen Gottesreich nicht nur in Worten, sondern er macht diese Wirklichkeit vor allem auch durch Taten, durch sein Verhalten kund: durch seinen Umgang mit Sündern und kultisch Unreinen, durch den Bruch des Sabbatgebotes und der Reinheitsvorschriften, um Menschen zu helfen. Auch die Tatsache, dass Jesus Menschen geheilt und Dämonen ausgetrieben hat, dürfte historisch nicht bestreitbar sein. Durch sein Verhalten, das nicht nur den Unterdrückten, sondern auch den Unterdrückern – dazu gehörten ja gerade die Zöllner – Gottes Heil zusprach, hat Jesus sich in Gegensatz zu den jüdischen religiösen Autoritäten seiner Zeit gestellt, die gleichzeitig, wenn auch in Unterordnung unter die römische Besatzungsmacht, die weltlichen Autoritäten waren. Jesus musste ihnen als falscher Prophet und Messias erscheinen und deshalb aus dem Wege geschafft werden. Für Jesus selber trat allmählich die Möglichkeit seines durch die politischen Autoritäten verursachten gewaltsamen Todes in den Bereich des Denkbaren, so dass er sich damit auseinandersetzen und seinen Tod interpretieren musste.

Der Tod Jesu am Kreuz ist der zweite, historisch nicht zu bestreitende Fixpunkt seines Lebens. Vor allem die Kreuzesinschrift, die von allen vier Evangelien überliefert wird, dürfte in ihrer Historizität nicht zu bezweifeln sein. In ihr kommt zum Ausdruck, dass Jesus als Messiasprätendent hingerichtet worden ist. Es ist den jüdischen Behörden gelungen, den ihnen Unbequemen so bei den römischen Machthabern hinzustellen, dass diese ihn als politischen Aufrührer sehen mussten, der die im römischen Recht dafür vorgesehene Todesstrafe der Kreuzigung verdient.

Jesus selber hat sich wohl nicht als Messias bezeichnet, vor allem weil er ein rein politisches Missverständnis seines Wirkens und seiner Intentionen vermeiden wollte. In der gesamten Verkündigung Jesu, wie sie die Evangelien überliefern, finden sich keine Anhaltspunkte, die eine Deutung Jesu als politischen Aufrührer und Rebell rechtfertigten. Vor allem das Gebot der Feindesliebe, wie es in der Bergpredigt überliefert ist (vgl. Mt 5,39–48) spricht gegen eine solche Deutung. Wenn man Jesus als Revolutionär bezeichnen möchte, dann ist seine Revolution eine Revolution nicht der Gewalt, sondern „der grenzenlosen Liebe" (Kasper: *Jesus der Christus* 112).

Zitat

„Die Liebe Gottes nimmt ihn ganz in Beschlag für die anderen. Er will nichts sein für sich, aber alles für Gott und für die andern. Unter seinen Jüngern ist er wie ein Diener; selbst den niedrigsten Sklavendienst verschmäht er nicht (Lk 22,26f). Er ist nicht gekommen, um sich bedienen zu lassen, sondern um zu dienen (Mk 10,45). Er gehört nicht zum Establishment, sondern stammt offensichtlich selbst aus kleinen Verhältnissen und bewahrt sich ein Herz für die tägliche Not und Plagerei der kleinen Leute (Mt 9,36). Für einen antiken Menschen außerordentlich ist die Hochachtung, mit [der] er Frauen begegnet. Armut und Krankheit sind ihm nicht Strafe Gottes; vielmehr gilt gerade den Armen und Kranken Gottes Liebe. Er geht den Verlorenen nach (Lk 15). Am auffälligsten war schon damals, dass er auch die Sünder und die Randexistenzen, die kultisch Unreinen und die Ausgestoßenen in seine Gemeinschaft, bis hin zur Tischgemeinschaft, aufnahm. Aber nirgends finden sich deshalb Hass und Neid gegenüber den Reichen. Selbst mit den Ausbeutern, den Zöllnern, hat er gute Kontakte; den einen oder anderen hat er sogar in seine unmittelbare Jüngerschaft berufen (Mk 2,13–17). Klassenkampfparolen können sich auf Jesus wahrlich nicht berufen. Sein Kampf gilt nicht politischen Mächten, sondern den dämonischen Mächten des Bösen. Er führt deshalb weder einen Guerillakrieg noch organisiert er eine Landreform. Er heilt nicht einmal systematisch alle Kranken. Jesus hat kein Programm. Seinem Auftreten fehlt alles Planmäßige und Organisierte. Er tut den Willen Gottes, so wie er ihn hier und heute erkennt. Alles Übrige überlässt er in kindlicher Sorglosigkeit Gott, seinem Vater. Im Gebet zum Vater hat er seine tiefsten Wurzeln (Mk 1,35; 6,46 u.ö.). Sein Dienst für die anderen dient letztlich dazu, dass die Menschen die Güte Gottes erkennen und Gott preisen (Mk 2,12 u.ö.). So ist er nicht nur der Mensch für die anderen, sondern ebenso der Mensch von Gott und für Gott." (Kasper: *Jesus der Christus* 114f.)

Zusammenfassung der Botschaft und Verkündigung Jesu in Mk 1,15

Der Evangelist Markus fasst die Botschaft Jesu zu Beginn seines Evangeliums in den Worten zusammen: „Die Zeit ist erfüllt, das Reich Gottes ist nahe. Kehrt um, und glaubt an das Evangelium!" (Mk 1,15). Auch wenn es sich dabei nicht um ein authentisches Wort des irdischen Jesus handeln sollte, steht doch außer Zweifel, dass damit die Botschaft Jesu, seine Verkündigung und sein Auftreten, adäquat zusammengefasst werden. „Reich bzw. Herrschaft Gottes" (gr.: *basileía toû theoû*) ist ein Ausdruck, der die Aussage „Jahwe ist König" (vgl. Ps 93,1; 96,10; 97,1; 99,1) auf den Begriff bringt. Die Vorstellung vom Reich bzw. der Herrschaft Gottes bezieht sich nicht auf ein Territorium, sondern auf Gottes Herr-Sein in der Geschichte. Letztlich geht es um das Gottsein Gottes selber. Wenn die Menschen wirklich Gott Gott sein lassen und seinen Geboten entsprechend leben, dann werden sich Gerechtigkeit, Frieden und Leben auf Erden einstellen. Das Wort von der Gottesherrschaft kann somit als eine Bündelung der alttestamentlichen Heilshoffnung gesehen werden. Jesus nimmt nun für sich in Anspruch, dass in ihm diese Gottesherrschaft angebrochen ist, wenn er dem Täufer, der nach seiner Identität gefragt hat, ausrichten lässt: „Die Blinden sehen, die Lahmen gehen, die Aussätzigen werden rein, die Tauben hören; die Toten stehen auf, und den Armen wird die Heilsbotschaft verkündet" (Mt 11,5). Zugleich ist für Jesus damit der in der frühjüdischen Apokalyptik (von gr.: *apokálypsis* Offenbarung; bezeichnet eine Strömung im Judentum, die weniger an der Geschichte Israels anknüpft, sondern ihre Hoffnung auf das künftige Handeln Gottes setzt, das durch Offenbarung enthüllt wird) angekündigte neue Äon angebrochen. Gerade der apokalyptische Horizont, in den Jesus seine Botschaft von der Gottesherrschaft stellt, macht deutlich, dass es nicht nur um die Erfüllung der Heilshoffnung Israels geht, sondern um die Hoffnung der ganzen Menschheit auf Frieden, Freiheit, Gerechtigkeit und Liebe. Das, worauf die Menschen hoffen, so will Jesus sagen, was sie sich aber selber nicht zu geben vermögen, das wird ihnen von Gott bedingungslos geschenkt. Die Herrschaft Gottes, die neue Welt, davon ist Jesus überzeugt, ist in ihm selber bereits angebrochen. Wie jedes Geschenk angenommen sein will, so will auch die Gottesherrschaft angenommen werden. Sie ist zwar angebrochen und gegenwärtig als Geschenk Gottes an die Menschen, aber sie wird nur Wirklichkeit, wenn die Menschen sich auf dieses Geschenk Gottes einlassen, es annehmen. Die Zusage Gottes an die Menschen beinhaltet zugleich die Forderung nach Umkehr und Glauben. Die Forderung Jesu, die Gottesherrschaft anzunehmen, kann deshalb nicht als heteronome Fremdbestim-

Die Zusage Gottes beinhaltet die Forderung nach Umkehr und Glaube

mung verstanden werden, so als ginge es um eine Theokratie, in der der Mensch nichts und Gott alles ist. Jesus will die Menschen gerade zu ihrem Eigensten hinführen und ihnen sagen, dass sie nur zu sich selber kommen, wenn sie Gott Gott sein lassen.

Gerade darin besteht das Neue der Botschaft Jesu vom Anbruch des Reiches Gottes, dass er diesen Anbruch nicht als Gericht verkündet wie Johannes der Täufer, sondern als erbarmende Liebe des Vaters. Zwar ist auch das Gericht in der Reich-Gottes-Botschaft Jesu nicht gänzlich ausgeschaltet, aber es steht nicht im Vordergrund. Jesus wollte die Menschen nicht durch Gerichtsdrohungen zum Glauben führen, sondern durch die frohe Botschaft von der Gnade Gottes. Durch die Verweigerung ihrer Annahme richten sich die Menschen selber.

Erstaunlich ist, dass innerhalb des Neuen Testamentes nur in den synoptischen Evangelien vom Reich bzw. der Herrschaft Gottes die Rede ist. Der Begriff kommt weder bei Paulus noch in den johanneischen Schriften vor. Paulus fasst das, was Jesus Christus bedeutet, in dem Wort von der „Gerechtigkeit Gottes" zusammen, für Johannes ist der Begriff „Leben" zentral. Wenn beide Begriffe zu den ursprünglichen Inhalten des Wortes von der Gottesherrschaft gehören, dann liegt im paulinischen bzw. johanneischen Sprachgebrauch keine Abkehr von der Reich-Gottes-Botschaft Jesu vor, sondern eine je eigene, möglicherweise vom jeweiligen Kontext der Evangeliumsverkündigung bestimmte, Akzentuierung.

5.4 Jesu Tod und Auferstehung als Mitte des christlichen Glaubens

Traditionellerweise wurde die Frage, wie Jesus seinen Tod verstanden hat, mit dem Hinweis auf die Leidensankündigungen beantwortet, die sich in den Evangelien finden (vgl. Mk 8,31–33; 9,30–32; 10,32–34parr). Während man in der vorkritischen Phase der Schriftauslegung mit solchen Texten keine Probleme hatte, neigte die kritische Erforschung des Neuen Testamentes eher dazu, die Leidensankündigungen Jesu als *vaticinia ex eventu* (lat.: nachträgliche Weissagungen) zu beurteilen. Wie sollte ein Mensch zu solchen Aussagen über seinen Tod und dessen nähere Umstände kommen können? Vor allem der Hinweis auf die Auferstehung nach drei Tagen klang absolut unglaubwürdig. Jesu Leiden und Hinrichtung wurde lange Zeit als etwas betrachtet, was von außen auf ihn zukam, was er vielleicht von ferne geahnt haben könnte, worauf er aber nicht in so bewusster Weise zugegangen sein kann, wie das die Leidensankündigungen behaupten. Jesu Tod am Kreuz erscheint in dieser Perspektive als etwas ihm Aufgezwungenes, als das Scheitern eines Idealisten, eines edlen Menschen an den Mitmenschen und Umständen. Dieses Scheitern hat, wie Jesu Wort von der Gottverlassenheit am Kreuz zeigt, anscheinend auch seinen Glauben an die Güte und die Macht des Vaters in Frage gestellt. Die neuere exegetische Forschung hat, angestoßen vor allem durch Heinz Schürmann (1913–1999), einen Umdenkungsprozess vollzogen, sie hat nicht nur erkannt, dass Jesu Tod als Konsequenz seines Lebens zu betrachten ist, sondern auch plausibel gemacht, dass Jesus in gewisser Weise bewusst seinem Tod entgegengegangen ist.

Jesu Anspruch

Jesus nahm für sich in Anspruch, die in seiner Reich-Gottes-Botschaft angekündigte Nähe Gottes zu den Menschen selber zu verwirklichen. Seine Worte und Taten, vor allem seine Heilungen und Dämonenaustreibungen wie auch seine Mahlgemeinschaft mit Sündern sind für Jesus nicht ferne Hinweise auf ein künftiges Heil, sondern in ihnen schenkt er gleichsam sakramental Gottes Gegenwart. Er stellt dadurch alle anderen Heilsvermittlungen, vor allem die damit verbundenen jüdischen Institutionen wie Tempel und Priesterschaft, radikal in Frage. Als besonders anstößig empfinden es die Vertreter der offiziellen Religion, dass Jesus sich die Vollmacht der Sündenvergebung anmaßt (vgl. die Schlüsselperikope von der Heilung des Gelähmten Mk 2,1–12, bes. Vers 7: „Wie kann dieser Mensch so reden? Er lästert Gott. Wer kann Sünden vergeben außer dem einen Gott?"). Als Jesus sich dann auch noch über das Sabbatgebot hinwegsetzt, ist das Maß voll. Man fasst den Beschluss, ihn aus der Welt zu schaffen (vgl. Mk 3,6). Denn Jesus stellt die geltende Ordnung in Frage, nach der das Halten der Gebote, vor allem aber der Tempelkult mit seinen Opfern und Sühneritualen die Vergebung der Sünden bzw. positiv die Nähe Gottes vermittelt. Jesus stellt sich an die Stelle des Tempels, und so ist es durchaus konsequent, wenn man beim Prozess gegen ihn sein Wort anführt: „Ich werde diesen von Menschen erbauten Tempel niederreißen und in drei Tagen einen anderen errichten, der nicht von Menschenhand gemacht ist" (Mk 14,58). Was auch immer Jesus gesagt haben mag, die tempel- und institutionskritische Spitze dessen ist unverkennbar. Und die Institution lässt diesen Anspruch nicht ungestraft.

Aus dem hier Angedeuteten wird klar, dass es letztlich das Selbstverständnis Jesu war, das die traditionelle jüdische Religion mit ihren Institutionen in Frage stellte, welches ihn das Leben kostete. Jesus hat anscheinend nicht nur gespürt, dass sein Anspruch ihn in einen tödlichen Konflikt mit den jüdischen Religionsbehörden führen musste, sondern er hat diesen Konflikt um der Glaubwürdigkeit seiner Botschaft willen geradezu gesucht. Auf Kompromisse hat er sich nicht eingelassen und keinerlei Abstriche an seiner Botschaft vorgenommen, sondern er ist ganz bewusst, wenn auch mit Zittern und Zagen, seinen Weg weitergegangen. Gerade die Perikope von Jesu Gebet in Getsemani vor seiner Verhaftung macht das deutlich (vgl. Mk 14,32–42). Er scheint durch seinen Gang nach Jerusalem gerade zum Pessachfest die Konfrontation mit den jüdischen Behörden und die Entscheidung gesucht zu haben. Eine prophetische Symbolhandlung wie die Tempelreinigung, die die Synoptiker nach dem Einzug Jesu in Jerusalem ansetzen, wäre in diesem Zusammenhang durchaus konsequent.

Wie hat Jesus seinen Tod verstanden?

Hier stellt sich für uns nun die entscheidende Frage, wie Jesus seinen für ihn nun nicht mehr unwahrscheinlichen Tod verstanden hat. Der bereits genannte Heinz Schürmann kommt aufgrund sorgfältiger exegetischer Analysen zu dem Schluss, den er als *Konvergenzbeweis* charakterisiert, „daß Jesus als der ‚absolute eschatologische Heilbringer‘ sein Heilsangebot im Tode durchgehalten und seinen Tod heilsbedeutsam gedacht hat“ (Schürmann: *Gottes Reich* 208). Er fasst diesen Befund in das Wort von Jesu „Proexistenz“ (vgl. Schürmann: *Gottes Reich* 205–210). Eine ganz entscheidende Rolle in dieser Konvergenz-Argumentation spielt Jesu Einsetzung der Eucharistie, wie sie von den Synoptikern und Paulus mit einzelnen Unterschieden, aber im Wesentlichen übereinstimmend berichtet wird. Im vorliegenden Zusammenhang ist vor allem die eschatologische Ausrichtung dieses Mahles bedeutsam, die im sog. *eschatologischen Ausblick* Jesu beredten Ausdruck findet: „Amen, ich sage Euch, ich werde nicht mehr von der Frucht des Weinstocks trinken bis zu dem Tag, an dem ich von Neuem davon trinke im Reich Gottes“ (Mk 14,25). „Daraus darf geschlossen werden: Jesus war im Hinblick auf seinen nahe bevorstehenden Tod von der Überzeugung getragen: Die Gottesherrschaft wird endgültig kommen, auch wenn ich jetzt sterben muß. Auch mein Tod kann ihr Kommen nicht verhindern. Vielleicht darf man noch einen Schritt weitergehen und sagen: Jesus hat den Gedanken gefaßt, er müsse sterben, *damit* die Gottesherrschaft komme; sein Tod sei der notwendige ‚Preis‘ für das Kommen der Gottesherrschaft“ (Blank: *Versöhnung* 81). Diese mit aller Vorsicht des Exegeten gezogene Schlussfolgerung legt sich in der Tat nahe, wenn man Jesu Wort über den Becher berücksichtigt: „Das ist mein Blut, das Blut des Bundes, das für viele vergossen wird“ (Mk

14,24) bzw. „Dieser Kelch ist der Neue Bund in meinem Blut" (1 Kor 11,25). Es erscheint durchaus plausibel, zur Interpretation dieses Wortes das Blutritual des großen Versöhnungstages (*Jom Kippur*) heranzuziehen (Lev 16), wie dies Josef Blank (1926–1989) (vgl. Blank: *Versöhnung* 81f.) im Anschluss an Paulus (Röm 3,25) und den Hebräerbrief (7,1–10,18) tut. Wenn diese Interpretation zutrifft, hat nicht erst die nachösterliche Gemeinde, sondern bereits der irdische Jesus seinen Tod als eine Art „stellvertretendes Sühnopfer" interpretiert, in dem und durch das er seine Botschaft von der Nähe des Reiches Gottes existentiell bewahrheitete.

Zwar ist die Art und Weise, wie Jesus hingerichtet wurde – am Kreuz wie Sklaven und Aufrührer und nicht durch das Schwert wie ein römischer Bürger oder durch Steinigung wie ein Jude – historisch kontingent, aber gerade sie „passt" zu der Selbstinterpretation, die Jesus seinem Sterben beim letzten Abendmahl gegeben hat. Jesus hat durch die blutige Hingabe seines Lebens den zentralen Inhalt dieses Lebens gleichsam symbolisch verdichtet: in ihm ist die versöhnende Nähe Gottes Wirklichkeit geworden. Trotz dieser „Stimmigkeit" erschließt sich die soteriologische Bedeutung des Kreuzestodes Jesu voll erst der nachösterlichen Reflexion. Dass Jesu Anspruch kein leerer Anspruch war, erweist sich erst von Ostern her. Durch die Auferweckung bestätigt Gott Jesu Anspruch, die Gottesherrschaft sei in ihm bereits angebrochen, für den er in den Tod gegangen ist. Von Ostern her erhält die Lebenshingabe Jesu ihren Sinn, aber einen Sinn, der das Kreuz nicht aufhebt. Der Auferstandene bleibt der Gekreuzigte. Der Engel sagt zu den Frauen am Grab: „Ihr sucht Jesus von Nazareth, den Gekreuzigten" (Mk 16,6b). Die Jünger erkennen den Herrn an seinen Wundmalen (vgl. Lk 24,39f.; Joh 20,24–29). Das sind keine Äußerlichkeiten der Ostererzählungen, sondern sie bringen Wesentliches zum Ausdruck. Man hat manchmal den Eindruck, dass in den zurückliegenden Jahren im Gegenzug zu einer früheren, einseitigen Kreuzes- und Sühnefrömmigkeit eine ebenso einseitige Auferstehungseuphorie entfaltet worden ist. Karfreitag und Ostern dürfen nicht auseinander gerissen werden. Der Karfreitag ist keine negative Erfahrung, die man möglichst schnell vergessen und durch eine positive, eben Ostern, ersetzen sollte, sondern der Karfreitag, das Sterben Jesu am Kreuz, hat durch die Auferweckung des Gekreuzigten bleibende Bedeutung. Durch die Auferweckung des Gekreuzigten erhält die Lebenshingabe Jesu am Kreuz ihre bleibende Bedeutung. Es ist wohl kein Zufall, dass das Symbol des Christentums, zumindest im Abendland, nicht eine Darstellung des Auferstandenen ist, sondern das Kreuz. Die Kreuzesdarstel-

Der Auferstandene bleibt der Gekreuzigte

lungen, die wir kennen, zeigen zumeist den Schmerzensmann bzw. den toten Jesus. Die Kreuzesdarstellungen des ersten Jahrtausends hingegen zeigen den Sieger über Sünde und Tod, aber am Kreuz. Ostern macht deutlich, wer der Gekreuzigte ist, und was sein Kreuzestod bewirkt hat. Im Markusevangelium ist es der römische Hauptmann, der bereits angesichts des sterbenden Jesus erkennt, wer dieser ist: „Wahrhaftig, dieser Mensch war Gottes Sohn“ (Mk 15,39b). Das Scheitern Jesu wird als das erkannt, was es in Wahrheit ist: die Bestätigung dessen, was Jesus verkündigt und gelebt hat, nämlich den Anbruch der Gottesherrschaft.[18]

Nachösterliche Verkündigung knüpft an Selbstverständnis und Anspruch Jesu an

Der irdische Jesus und die nachösterliche Verkündigung über ihn klaffen keineswegs in der Weise auseinander, wie das eine hyperkritische Exegese feststellen zu müssen meint. Es lässt sich vielmehr zeigen, dass die nachösterliche Verkündigung durchaus an das Selbstverständnis und den Anspruch des irdischen Jesus anknüpft. Sie hat aus Jesus nicht etwas gemacht, was er nicht sein wollte, sondern sie hat sein Anliegen aufgenommen und im Lichte von Ostern die Wahrheit seines Anspruchs erkannt. Diese Bedeutung Jesu wurde mit den im ersten Abschnitt dieses Kapitels betrachteten Hoheitstiteln „Christus“, „Sohn Gottes“ und „Herr“ zum Ausdruck gebracht, unter denen dem zuletzt genannten besondere Bedeutung zukommt, weil in seinem Licht die zunächst noch unspezifischen Aussagen von der Messianität und Gottessohnschaft Jesu einen spezifischen Sinn bekommen. Durch den nachösterlich auf Jesus übertragenen Kyrios-Titel kam zum Ausdruck, dass der Auferstandene an Gottes Macht partizipiert, „vor allem wurde er nun als ein göttliches Wesen angerufen und verehrt, allerdings als ein göttliches Wesen, das, wie der Philipperhymnus [Phil 2,6–11] zeigt, vor seiner Erhöhung das menschliche Leben in extremer Niedrigkeit – bis hin zum entehrenden Kreuzestod – erlebt und erlitten hatte“ (Theißen/Merz: *Jesus* 484).

Ausbildung der Trinitätstheologie

Theologisch war damit die Frage gestellt, wie angesichts des strengen Monotheismus, den die Christen von den Juden übernahmen, die Gottheit des Vaters mit der Göttlichkeit des Kyrios vereinbart werden könne. Hier liegt der Urimpuls für die Ausbildung der Trinitätstheologie. Vor allem die mit dem Kyrios-Titel zum Ausdruck gebrachte Auffassung von der göttlichen Würde des Erhöhten brachte einschneidende Konsequenzen für das Verhältnis des entstehenden Christentums zum Judentum mit sich.

[18] Im fundamentaltheologischen Entwurf von Hansjürgen Verweyen kommt dieser Perikope tragende Bedeutung zu: VERWEYEN, Hansjürgen: Gottes letztes Wort. Grundriß der Fundamentaltheologie, Düsseldorf ³2000, 351–362.

5.5 Jesus Christus, Gottes Selbstmitteilung – der Ansatz der christlichen Trinitätslehre

Es bedurfte noch mancher Auseinandersetzungen und theologischer Anstrengungen, um die im Neuen Testament grundgelegte Sohneschristologie gegen Bestreitungen vielfältiger Art abzusichern und das Verhältnis der Gottheit des Sohnes zur Gottheit des Vaters zu klären. Die frühen griechischen Kirchenväter griffen, angeregt durch den Johannesprolog (Joh 1,1–18), den Logosbegriff der griechischen Philosophie auf, der vor allem der Stoa dazu diente, eine umfassende Lehre von Gott und Welt, vom Ganzen des Kosmos zu entwerfen.[19] Für die von der Stoa beeinflussten Theologen ist der Logos, der als *lógos spermatikós* (gr.: samenhafter Logos) in aller Wirklichkeit enthalten ist, in Jesus Christus in seiner Fülle erschienen. Er ist die erste Hervorbringung Gottes, ein göttliches, aber dem Vater untergeordnetes Wesen, das zum Zwecke der Weltschöpfung nach außen hin selbständig wurde. Origenes (185–254), der wohl bedeutendste der vornizänischen Väter, lehrt sehr entschieden die Ewigkeit des Sohnes, unterscheidet ihn aber ebenso klar vom Vater. Er ist nennt ihn *deúteros theós* (gr.: zweiter Gott). Dieser ist Mittler der Erlösung. In ihre Krise kam die altchristliche Logoschristologie im späten dritten und frühen vierten Jahrhundert. In der zeitgenössischen Philosophie des späten Mittelplatonismus wurde die absolute Transzendenz, die Unsichtbarkeit und Unerkennbarkeit Gottes betont, der Logos diente dementsprechend als vermittelndes Prinzip zwischen Gott und Welt. Im Hinblick auf diese Aufgabe wird er vom Vater gezeugt, sein Hervorgang aus dem Vater ist von der Schöpfung abhängig. Aus der soteriologischen Heilslehre der Bibel droht eine kosmologische Spekulation zu werden. Das ist eindeutig bei dem alexandrinischen Presbyter Arius der Fall, nach dem der Logos das erste und vornehmste Geschöpf Gottes ist, das zwischen Gott und Welt vermittelt. Es ist in der Zeit aus dem Nichts geschaffen, veränderlich und fehlbar; lediglich aufgrund seiner ethischen Bewährung ist Jesus zum Sohn Gottes adoptiert worden. In der Theologie des Arius wurde die neutestamentliche Sohneschristologie in ein philosophisches System integriert und gerade dadurch ihres paradoxen und anstößigen Charakters beraubt. Das Neue Testament hatte die Aussage, dass der Vater Gott ist, und die Aussage, dass auch der Sohn Gott ist, nebeneinander stehen lassen und nicht

Aus der soteriologischen Heilslehre der Bibel droht eine kosmische Spekulation zu werden

---

19 Für das Folgende vgl. Stead, Christopher: Philosophie und Theologie I: Die Zeit der Alten Kirche (Theologische Wissenschaft 14.4), Stuttgart u.a. 1990.

weiter theologisch miteinander vermittelt. Arius hat das Problem im Sinne des Mittelplatonismus zu lösen versucht, indem er den Sohn zu einem geschaffenen Mittelwesen unterhalb der Gottheit des Vaters machte.

Der sich steigernde und weite Bevölkerungskreise einbeziehende Theologenstreit forderte eine kirchliche Stellungnahme heraus. Sie wurde auf dem ersten allgemeinen Konzil gegeben, das unter dem Einfluss des sich um die kaum errungene Einheit des Reiches sorgenden Kaisers Konstantin (~270/288–337) stand. Das Konzil von Nikaia (325) hat sich nicht auf die hochspekulative Argumentation des Arius und seiner Anhänger eingelassen, sondern sich darauf beschränkt, die traditionelle Lehre des Neuen Testamentes zu wiederholen. Es griff auf ein Taufsymbol zurück, um die im Wesentlichen biblischen Formulierungen dieses Bekenntnisses durch interpretierende Zusätze zu ergänzen, welche die Lehre des Arius ausschließen sollten. Die entscheidende Aussage des Bekenntnisses von Nikaia lautet: „Wir glauben [...] an den einen Herrn Jesus Christus, den Sohn Gottes, als einzig Geborener gezeugt aus dem Vater, das heißt aus dem Wesen (griech.: *ousía*) des Vaters, Gott aus Gott, Licht aus Licht, wahrer Gott aus wahrem Gott, gezeugt, nicht geschaffen, wesensgleich (griech.: *homooúsios*) dem Vater, durch den alles geworden ist, was im Himmel und auf Erden ist, der für uns Menschen und um unseres Heiles willen herabgestiegen und Fleisch und Mensch geworden ist [...]" (DH 125).

Arius lehnte den bereits vorher gebrauchten Begriff *homooúsios* ab, weil er für ihn verbunden mit der Aussage der Zeugung des Sohnes durch den Vater die für ihn denkunmögliche Vorstellung einer Wandlung und Teilung des Vaters beinhaltete. Das Konzil hat mit diesem Begriff und den weiteren Aussagen gegen Arius die Göttlichkeit des Sohnes und seine Gleichewigkeit mit dem Vater gelehrt, ohne das Wesen der göttlichen Einheit näher zu erklären (vgl. Stead: *Alte Kirche* 118). Der Streit war mit Nikaia nicht zu Ende, sondern ging unvermindert weiter.

Dogmatische Formulierung will dem Glauben dienen

Die dogmatische Formulierung des Konzils will dem Glauben dienen, indem sie die überlieferten biblischen Aussagen gegen falsche Interpretation schützt.[20] Es geht in den Dogmen der Kirche darum, die eine und ein für allemal gegebene christliche Botschaft angesichts neuer Fragestellungen in der jeweiligen Sprache einer Zeit so auszusagen, dass der überlieferte Glaubensinhalt in

20 Für das Folgende vgl. KASPER, Walter: Der Gott Jesu Christi (Gesammelte Schriften 4), Freiburg u.a 2008, 295–298.

eine neue Zeit übersetzt wird. Obwohl man dem Konzil von Nikaia vorgeworfen hat, den christlichen Glauben hellenisiert, d.h. dem zeitgenössischen hellenistischen Denken angepasst zu haben, wird man feststellen müssen, dass dieser Vorwurf der Theologie des Arianismus nicht erspart werden kann. Das Konzil versuchte vielmehr der Auflösung des Mysteriums in ein philosophisches System zu wehren, seine Aussage stellt also gerade den Versuch einer Enthellenisierung des Christentums dar. Während Arius Jesus Christus auf der Seite der Geschöpfe ansiedelt, hält das Konzil an der Aussage des Neuen Testamentes fest, dass er auf die Seite Gottes gehört. Hinter der Konzilsaussage von Nikaia steht kein spekulatives, sondern ein soteriologisches Interesse. Athanasius von Alexandrien (~295–373), der Vorkämpfer im Streit mit Arius, hat immer wieder betont: Wenn Jesus Christus nicht wahrer Sohn Gottes ist, dann sind die Menschen nicht durch ihn erlöst, das heißt nicht zu Söhnen und Töchtern Gottes geworden. Bei Athanasius und den griechischen Kirchenvätern geht es dabei darum, dass die Menschen durch den, der Sohn Gottes von Natur ist, Söhne und Töchter durch Gnade und Annahme werden, indem sie den Heiligen Geist empfangen, der in ihnen ruft: „Abba, Vater" (Röm 8,15; Gal 4,6). Bei näherem Hinsehen erweist sich dieser Gedankengang als durch und durch biblisch, er ist letztlich nicht naturhaft, sondern personal zu verstehen. So sehr Nikaia an der Aussage der Bibel gegenüber deren Verfälschung im Sinne eines philosophischen Systems festhalten will, so sehr kann das Konzil den Angriff doch nur abwehren, indem es mit denselben Waffen kämpft und selbst die Sprache der Philosophie spricht. Insofern bedeutet das Dogma von Nikaia durchaus den Einzug des metaphysischen Denkens in die Verkündigung der Kirche und in ihre Theologie. In der Folge wurde das eschatologisch-heilsgeschichtliche Denken der Bibel oft spekulativ überlagert und teilweise verdrängt.

Konzilsaussage von Nikaia verfolgt ein soteriologisches Interesse

Kann Gott leiden?

Die unmittelbare Folge war, dass das Gottesbild immer mehr durch die griechische Vorstellung von der Unveränderlichkeit, der Leidenslosigkeit und der Leidenschaftslosigkeit Gottes (gr.: *apátheia*) geprägt wurde. Angesichts des Leidens in der Welt kann nicht der Hinweis auf einen leidenslosen Gott die Antwort der Theologie sein, die dem leidenden Menschen weiterhilft. Der leidenslose Gott ist ja schließlich auch nicht der Gott der Bibel, weder des Alten noch des Neuen Testamentes. Der Gott der Heiligen Schrift ist ein Gott, der sich für den Menschen engagiert, der sich von ihm in Anspruch nehmen lässt, der bis an die Grenzen geht, um das Werk seiner Liebe nicht scheitern zu lassen.

Gott, das macht die christliche Botschaft vom Kreuz deutlich, identifiziert sich mit dem leidenden und sterbenden Menschen.

Aber es bleiben dennoch Fragen. Die entscheidende ist, wie der unveränderliche Gott zugleich veränderlich sein, wie der leidensunfähige Gott leiden kann. Wie ist die Geschichte Gottes in Jesus Christus zu denken, so dass sie Gott wirklich betrifft, Gottes eigene Geschichte ist und Gott dabei doch Gott bleibt? Von der Heiligen Schrift gerade des Alten Testamentes her steht es außer Frage, dass Gott durch das Tun und das Leiden der Menschen betroffen wird bzw. sich betreffen lässt in Mitleid, Zorn und Erbarmen. Das gilt auch für das Neue Testament. Im Hinblick auf den Sohn hat der Hebräerbrief formuliert: „Obwohl er der Sohn war, hat er durch Leiden Gehorsam gelernt" (Hebr 5,8). Hier geht es nicht nur um Anthropomorphismen oder um Affizierungen der menschlichen Natur Jesu, die seine Gottheit unberührt ließen.

Apathie Gottes = Freiheit von Leidenschaften

Die altkirchliche Aussage über Gottes Apathie bedeutet nicht in erster Linie Freiheit von Leiden, sondern Freiheit von Leidenschaften. Das griechische Wort *páthos* leitet sich von dem Verbum *páschein* her, das „unterliegen" bzw. „erleiden" bedeutet. „Es weist oft auf eine Gefühlsregung hin, z.B. Zorn oder Angst, welche für einen Zustand gehalten wird, den man sich nicht ausgesucht hat, sondern der einfach über einen kommt" (Stead: *Alte Kirche* 91). Die Bezeichnung Gottes als „a-pathisch" meinte also primär seine Freiheit von Leidenschaften in dem eben beschriebenen Sinn. Positiv gewendet ging es bei dieser Aussage um die Souveränität von Gottes Willen, um seine Freiheit: „Er kann nicht durch irgendeine andere Kraft oder einen seiner Natur widersprechenden Impuls überwunden werden" (ebd.). Insofern ist dieser Gedanke sicher auch heute nachvollziehbar.

Schwieriger ist es, wenn man den Akzent auf die Unfähigkeit zu Erleiden legt, die ja von der Etymologie des Wortes *páthos* nahe liegt. Kann Gott leiden? Die patristische Theologie hat das Problem denkerisch so zu lösen versucht, dass sie sagte: Gott können Leiden nur zugeschrieben werden, sofern er sie freiwillig annimmt, sie sind dann bei Gott eben nicht Ausdruck von Endlichkeit, Unfreiheit und Sündigkeit, sondern umgekehrt seiner Macht und Freiheit. Solches Denken steht freilich in der Gefahr, das Leiden letztlich doch für Gott etwas Äußerliches sein zu lassen, das ihn nicht wirklich betrifft. Diese Gefahr dürfte gebannt sein, wenn man nicht die Freiwilligkeit als Motiv der Leidensübernahme durch Gott sieht, sondern, wie das Origenes getan hat, die Liebe: „Der Vater selbst ist nicht leidenschaftslos. Er besitzt die Leidenschaft der Liebe" (*In Ezech. hom.* 6,6; zit. nach Stead: ebd.).

Wenn man Gott nicht abstrakt als Sein interpretiert, sondern konkret, wie es die Bibel tut, dann ergibt sich auch theologisch die Möglichkeit, die Selbsterniedrigung des Gottes, der die Liebe ist, zu verstehen (vgl. Kasper: *Gott Jesu Christi* 312–316). Vor dem Hintergrund eines solchen Gottesbildes erscheint das Kreuz nicht als ein mehr oder weniger zufälliges Geschehen, sondern als Höhepunkt der Selbsthingabe und -entäußerung Gottes. Diese Selbstentäußerung entspricht seinem innersten Wesen. Das Kreuz offenbart Gottes bedingungslose Liebe und ist Ausdruck seiner unbedingten Treue zu seiner Verheißung. Für einen so verstandenen Gott sind Allmacht und Liebe keine Gegensätze. Im Gegenteil, Gottes Allmacht erfüllt sich gerade darin, dass sie sich hingibt und wegschenkt. Und es gehört göttliche Allmacht und Liebe dazu, sich im Schenken zurückzunehmen und die Freiheit des Empfängers zu wahren. „Nur eine allmächtige Liebe kann sich ganz dem anderen ausliefern und eine ohnmächtige Liebe sein" (Kasper: *Gott Jesu Christi* 312).

Kreuz als Zeichen der bedingungslosen Liebe Gottes

„Gottes Selbstentäußerung, seine Ohnmacht und sein Leiden sind nicht Ausdruck von Mangel wie bei endlichen Wesen, sie sind auch nicht Ausdruck einer schicksalhaften Notwendigkeit" (Kasper: *Gott Jesu Christi* 313). Gottes Selbstentäußerung, seine Ohnmacht und sein Leiden sind Ausdruck seiner Liebe. Gott lässt sich in liebender Freiheit vom Leiden betreffen. Er kann das nur tun, weil er „von Ewigkeit sich selbst mitteilende Liebe" (ebd.) ist. „Liebe besagt eine Einheit, die den anderen nicht aufsaugt, sondern ihn eben in seiner Andersheit annimmt und bejaht und ihn so in seine wahre Freiheit einsetzt. Die Liebe, die dem anderen nicht etwas, sondern sich selbst schenkt, bedeutet zugleich Selbstunterscheidung und Selbstbegrenzung. Der Liebende muss sich selbst zurücknehmen, weil es ihm nicht um sich selbst, sondern um den anderen geht. Noch mehr, der Liebende lässt sich vom anderen betreffen, er wird in seiner Liebe geradezu verletzlich. *So gehören Liebe und Leiden zusammen*. Das Leiden der Liebe ist jedoch nicht nur ein passives Betroffensein, sondern ein aktives Sich-betreffen-Lassen. Weil Gott also die Liebe ist, kann er leiden und eben darin seine Göttlichkeit offenbaren. So bedeutet die Selbstentäußerung des Kreuzes keine Entgöttlichung Gottes, sondern seine eschatologische Verherrlichung. [...] [D]er von Jesus Christus her gedachte Gott ist damit kein apathischer Gott, sondern im wirklichen Sinn des Wortes ein sympathischer Gott, der mit dem Menschen leidet" (Kasper: *Gott Jesu Christi* 315). In Kreuz und Auferstehung Jesu Christi zeigt sich, dass die Liebe stärker ist als alle destruktiven Mächte, selbst stärker als der Tod. Gott hat freilich im Leiden und Sterben und in der Auferstehung seines Sohnes Leiden und Tod nicht abgeschafft. Die Tatsache, dass es immer noch Leiden und Tod in der Welt gibt, lässt oft an der Erlösungsmächtigkeit von Kreuz und Auferstehung Jesu Christi zweifeln. Aber Gott hat im Kreuz und in der Auferstehung seines Sohnes die Möglichkeit eröffnet, Leiden und Tod innerlich zu verwandeln. Die Glaubenden sind ihnen nicht länger apathisch ausgesetzt, sondern gerufen, in der Nachfolge Christi an ihrer Überwindung mitzuwirken.

Zusammenfassung

Die ursprüngliche Fassung des zweiten Glaubensartikels lautete „und an Christus Jesus [...]". Dadurch tritt deutlicher hervor, dass *Christus* ursprünglich kein Beiname Jesu ist, sondern ein Titel. Es ist die griechische Übersetzung von Messias (hebr.: der Gesalbte) und bringt damit die Kontinuität mit dem Judentum zum Ausdruck. Insbesondere in judenchristlichen Gemeinden war dieser Titel von Bedeutung, im heidenchristlichen Kontext hingegen verblasste er zu einem zweiten Namen.

Ebenso steht der „Sohn Gottes"-Titel in altestamentlicher Tradition. Das Alte Testament verwendet diesen Titel für einzelne Menschen wie etwa den König Israels und Menschengruppen wie das Volk Israel als Ganzes. Die neutestamentliche Christologie hat diesen Sprachgebrauch aufgegriffen. Das Christentum blieb allerdings bei der messianisch geprägten Rede von der Gottessohnschaft Jesu nicht stehen, sondern entwickelte, um der Bedeutung des so Bezeichneten gerecht zu werden, die Vorstellung einer wesensmäßigen Gottessohnschaft.

Deutlicher noch kommt dieser Zusammenhang durch den *kýrios*-Titel zum Ausdruck. Mit dem Wort *kýrios* hat die *Septuaginta* das hebräische Wort *adonai* (mein Herr) übersetzt, das die Juden bis heute anstelle des für sie unaussprechbaren Gottesnamens Jahwe gebrauchen. Wenn Jesus als der *kýrios* bekannt wird, dann wird damit seine Göttlichkeit zum Ausdruck gebracht. Mit Hilfe dieser Worte bringt der zweite Glaubensartikel des Apostolischen Glaubensbekenntnisses die Bedeutung Jesu von Nazaret als des „Christus" zum Ausdruck, sowohl sein Verhältnis zu Gott („sein eingeborener Sohn") als auch zu den Menschen („unser Herr").

Die historisch-kritische Erforschung des Neuen Testaments hat seinen Charakter als Glaubenszeugnis neu hervortreten lassen. Es gibt Berichte über Jesus von Nazaret nur, weil Menschen an ihn geglaubt haben. Damit dieser Glaube nicht als eine Ideologie erscheint, die nachträglich mit Jesus verbunden wurde, gilt es immer wieder die Frage nach seinem Selbstverständnis und seinem Anspruch zu stellen.

Jesu Botschaft ist zusammengefasst in der Formulierung „Die Zeit ist erfüllt, das Reich Gottes ist nahe. Kehrt um, und glaubt an das Evangelium!" (Mk 1,15). Gerade der apokalyptische Horizont, in dem Jesus seine Botschaft von der *Gottesherrschaft* formuliert, macht deutlich, dass es nicht nur um die Erfüllung der Heilshoffnung Israels geht, sondern um die Hoffnung der ganzen Menschheit auf Frieden, Freiheit, Gerechtigkeit und Liebe. Die Herrschaft Gottes, die neue Welt, davon ist Jesus überzeugt, ist in ihm selber bereits angebrochen. Aber diese Herrschaft ist kein Selbstläufer, sondern die Zusage Gottes beinhaltet die Forderung nach Umkehr und Glaube.

Der Anspruch Jesu ist es, der massive Widerstände hervorruft und schließlich zu seinem Tod am Kreuz führt. Den Anspruch Jesu Sünden zu vergeben, die Übertretung des Sabbatgebotes und schließlich sein tempel- und institutionskritisches Handeln und Reden lässt die Institution nicht ungestraft. Das in Jesus angebrochene Reich Gottes wird sich – so wird heute das Selbstverständnis Jesu von seinem Tod angenommen – auch trotz seines Todes am Kreuz durchsetzen. Von *Ostern* her erhält die Lebenshingabe Jesu ihren Sinn, aber einen Sinn, der das Kreuz nicht aufhebt. Der Auferstandene bleibt der Gekreuzigte.

In Kreuz und Auferstehung Jesu Christi zeigt sich, dass die Liebe Gottes stärker ist als alle destruktiven Mächte, selbst stärker als der Tod. Gott hat freilich im Leiden und Sterben und in der Auferstehung seines Sohnes Leiden und Tod nicht abgeschafft. Die Tatsache, dass es immer noch Leiden und Tod in der Welt gibt, lässt oft an der Erlösungsmächtigkeit von Kreuz und Auferstehung Jesu Christi zweifeln. Aber Gott hat im Kreuz und in der Auferstehung seines Sohnes die Möglichkeit eröffnet, Leiden und Tod innerlich zu verwandeln. Die Glaubenden sind ihnen nicht länger apathisch ausgesetzt, sondern gerufen, in der Nachfolge Christi an ihrer Überwindung mitzuwirken.

6. „Ich glaube an den Heiligen Geist …"

6.1 Die Aussage des dritten Glaubensartikels

In der ältesten Fassung lautete der dritte Glaubensartikel des römischen Glaubensbekenntnisses: „Ich glaube an den Heiligen Geist, die heilige Kirche, die Vergebung der Sünden, die Auferstehung des Fleisches" (Kelly: *Glaubensbekenntnisse* 152). Hier fehlt also noch das Adjektiv „katholisch" bei der Nennung der Kirche und es fehlen die beiden Aussagen „Gemeinschaft der Heiligen" sowie „das ewige Leben".

Konzil von Konstantinopel (381): Gottheit des Heiligen Geistes

Von der trinitarisch strukturierten Taufformel, die dem Apostolischen Glaubensbekenntnis zugrunde liegt, ist es nur konsequent, dass nach der Nennung des Vaters und des Sohnes nun vom Heiligen Geist die Rede ist. Wenn man bedenkt, dass die wahre Gottheit des Heiligen Geistes erst vom Ersten Konzil von

Konstantinopel im Jahre 381 lehramtlich festgelegt worden ist (DH 150), dann darf es nicht verwundern, dass Wesen und Funktion des Heiligen Geistes in der Geschichte in der Zeit vor dieser lehramtlichen Aussage kontrovers diskutiert worden sind. Umso erstaunlicher ist es, dass in diesem, im zweiten Jahrhundert verfassten, Bekenntnis der Heilige Geist in eindeutiger Weise mit dem Vater und dem Sohn auf eine Stufe gestellt worden ist. Dies geschieht dadurch, dass ihm ein eigener, nämlich der dritte Glaubensartikel zugeordnet wird.

Es mag nun verwundern, im dritten Glaubensartikel neben dem Heiligen Geist so unterschiedliche Dinge wie die Kirche, die Vergebung der Sünden und die Auferstehung des Fleisches zu finden. Aber bei genauerem Hinsehen dürfte deutlich werden, dass diese Inhalte hier am rechten Platz sind. Denn es geht in ihnen um nichts anderes als um das Wirken des Heiligen Geistes in der Welt und in der Geschichte.

Der erste Ort, an dem dieses Wirken des Geistes Gottes erfahrbar ist, ist die Gemeinschaft derer, die sich auf Gottes Botschaft einlassen, nämlich „die heilige Kirche“, wie es im Glaubensbekenntnis heißt. Der lateinische Begriff *ecclesia* ist keine Übersetzung, sondern eine Transliteration des griechischen Begriffes *ekklesía*, mit dem die Septuaginta das hebräische Wort *qahal* übersetzt, das ursprünglich „Versammlung“ bedeutet. Mit diesem Titel wurde im hebräischen Alten Testament das Volk Israel bezeichnet, wenn es sich feierlich vor Gott versammelte. Dadurch, dass die Christen diese Bezeichnung übernahmen, haben sie den Anspruch der Kontinuität erhoben, Erbe jener Verheißungen zu sein, die an Israel ergangen sind. Die christliche Kirche hat sich also von Anfang an nicht als eine zu einem bestimmten Zeitpunkt während des irdischen Lebens Jesu gegründete Gemeinschaft verstanden, sondern als Gemeinschaft aller, die jemals von Gott berufen worden sind: „vom gerechten Abel bis zum letzten Erwählten“ (Gregor d. Gr., *Hom. in Evang.* 19,1; zit. nach *Lumen gentium* 2). Bereits im Epheserbrief wird diese Gemeinschaft der Glaubenden als heilig bezeichnet (Eph 5,27). Damit ist nicht eine besondere moralische Qualität dieser Gemeinschaft gemeint, wie man von der heutigen Verwendung des Begriffs „heilig“ her denken könnte. Auch dieses Wort geht auf das Alte Testament zurück, wo es als Bezeichnung für alles stand, was Gott gehört. So wurde auch das auserwählte Volk als heilig bezeichnet, um dadurch die besondere Verbundenheit, das Bundesverhältnis Gottes zu seinem Volk auszudrücken. So wird das Volk als ein „priesterliches Königreich und ein heiliges Volk“ (Ex 19,6) bezeichnet. Mehrfach wird das

Begriff *ecclesia*: Anspruch der Kontinuität

„Heilig“ = Bezeichnung für alles, was Gott gehört

Volk heilig genannt. Der Prophet Jesaja spricht von dem „heiligen Rest" (Jes 4,3) als dem Erben der eschatologischen Verheißung. In der Spätzeit des Alten Testamentes werden die Angehörigen des Volkes Israel häufig auch einfach „die Heiligen" genannt. Diesen Sprachgebrauch übernimmt das Neue Testament, besonders Paulus, der etwa in Anschrift und Gruß des ersten Korintherbriefes schreibt: „Paulus, durch Gottes Willen berufener Apostel Christi Jesu, und der Bruder Sosthenes an die Kirche Gottes, die in Korinth ist, – an die Geheiligten in Christus Jesus, berufen als Heilige mit allen, die den Namen Jesu Christi, unseres Herrn, überall anrufen, bei ihnen und bei uns. Gnade sei mit euch und Friede von Gott, unserem Vater, und dem Herrn Jesus Christus" (1 Kor 1,1–3). Im ersten Petrusbrief werden die Christen, unter Bezug auf das über Israel in Ex 19,5f. Gesagte, als „ein auserwähltes Geschlecht, eine königliche Priesterschaft, ein heiliger Stamm, ein Volk, das sein besonderes Eigentum wurde" (1 Petr 2,9) bezeichnet. Dabei geht es nicht um eine entsprechende Gesinnung oder um moralische Unbescholtenheit, sondern das Wort heilig bringt zum Ausdruck, dass diese Menschen bzw. die Gemeinschaft der Kirche von Gott erwählt ist, dass er ihr und ihnen seine Verheißung geschenkt hat und durch seinen Geist in ihrer Mitte wohnt. Irenäus von Lyon (135–202) bringt dies am Ende des zweiten Jahrhunderts zum Ausdruck, wenn er sagt: „Diese Gabe Gottes [der heilige Geist] wurde der Kirche anvertraut, damit alle Glieder derselben am Heiligen Geist Anteil haben und lebendig gemacht werden können; und niemand kann Anteil an ihm haben, der sich nicht mit der Kirche versammelt, sondern sich selbst um sein Leben betrügt. Denn wo die Kirche ist, da ist der Geist Gottes; und wo der Geist Gottes ist, da ist die Kirche und alle Gnade" (*Adv. haer.* 3,24,1; zitiert nach Kelly: *Glaubensbekenntnisse* 156). Es dürfte durchaus kein Zufall sein, dass von dieser Wirklichkeit auch im Glaubensbekenntnis die Rede ist. Bedeutete doch der Anlass, bei dem dieses Bekenntnis hauptsächlich gesprochen wurde, die Taufe, nicht nur die Abwaschung der Sünden, sondern auch die Begabung mit dem Heiligen Geist und die Aufnahme in die Gemeinschaft der Heiligen. Ein weiterer Grund für die Präsenz dieses Gedankens im Glaubensbekenntnis dürfte wohl darin zu sehen sein, dass gerade in der Zeit, als dieses Bekenntnis formuliert wurde, nämlich im zweiten Jahrhundert, die Frage nach der Kirche bedrängend gestellt wurde. Denn eine Vielzahl von Sekten und christlichen Denominationen stellten das Kirchesein, d.h. die Einheit der Christenheit, in Frage. Bei dem soeben genannten Irenäus lässt sich diese Spannung deutlich greifen. Anscheinend haben die Sektenmitglieder die Angehörigen der sog. Großkirche als materialistisch verachtet. Sie haben sich als besonders Geistbegabte über die Kirchenchristen erhaben gesehen. Um dieser Propaganda zu begegnen, hat Irenäus immer wieder darauf hingewiesen, dass Gottes Geist nur in der Kirche wirkt, dass somit die Mitgliedschaft in der Kirche heilsnotwendig ist. Hier lässt sich jener Prozess beobachten, der sehr bald zu der Formulierung führte, dass „außerhalb der Kirche kein Heil“ (lat.: *extra ecclesiam nulla salus*) sei (vgl. Ratzinger: *Kein Heil* 339–361). Dadurch wurde der Blick für das Wirken des Geistes Gottes insgesamt verstellt, Gottes Geist wurde auf die Kirche eingeschränkt. Erst das Zweite Vatikanische Konzil hat die ursprüngliche Sichtweite wieder hergestellt, wenn es sagt, dass zu der katholischen Einheit des Gottesvolkes alle Menschen berufen sind, und dass auf verschiedene Weise zu ihr gehören bzw. ihr zugeordnet sind „die katholischen Gläubigen, die anderen an Christus Glaubenden und schließlich alle Menschen überhaupt, die durch die Gnade Gottes zum Heile berufen sind“ (*Lumen gentium* 13).

„Vergebung der Sünden“

Auf die Nennung der Kirche folgt „die Vergebung der Sünden“. Auch diese Klausel dürfte in einem Taufbekenntnis nicht überraschen. Ging es doch bei der Taufe, wie bereits in der Pfingstpredigt des Petrus deutlich wird, um die Taufe „auf den Namen Jesu Christi zur Vergebung Eurer Sünden“ (Apg 2,38). In den östlichen Glaubensbekenntnissen ist ausdrücklich von der „einen Taufe zur Vergebung der Sünden“ die Rede, so auch im Großen Glaubensbekenntnis, das ein altes, im Osten gebräuchliches Taufbekenntnis darstellt, das von den Konzilien von Nikaia und Konstantinopel erweitert worden ist. Im Apostolischen Glaubensbekenntnis wird die Taufe selber ausdrücklich nicht erwähnt, aber es dürfte der gleiche Zusammenhang gemeint sein, der in den östlichen Bekenntnissen explizit zum Ausdruck kommt. Es ist durchaus sinnvoll, dass derjenige, der um die Taufe bittet, in dem bei dieser Gelegenheit abzulegenden Bekenntnis sich zu den Wirkungen der Taufe bekennt, nämlich die Aufnahme in die Gemeinschaft der Kirche und die Vergebung der Sünden. Ab dem 4. Jahrhundert hat man die Aussage von der Sündenvergebung, ohne dass am Text selber etwas geändert wurde, nicht mehr allein auf die Taufe, sondern auch auf das kirchliche Bußinstitut bezogen, das sich allmählich herausbildete. Vergebung der Sünden ist ja kein einmaliges Geschehen, sondern da, wie Augustinus sagt, ein Leben ohne Sünde unmöglich ist (vgl. s. 213,8; vgl. auch Kelly: *Glaubensbekenntnisse* 377), ein immer wieder zu erbittendes Geschenk Gottes.

„Auferstehung des Fleisches"

Als letztes wird in dem altrömischen Bekenntnis die „Auferstehung des Fleisches" genannt. Auch die Zugehörigkeit dieser Klausel zum Glaubensbekenntnis dürfte nicht überraschen, wenn man bedenkt, welchen Stellenwert für den christlichen Glauben das Bekenntnis zur Auferstehung des Gekreuzigten, des „Ersten der Entschlafenen" (1 Kor 15,20), hat. In dieser Klausel geht es also um die eschatologische Dimension der christlichen Existenz, die in der Taufe grundgelegt wird. Gerade dieser Glaubensgegenstand war aber in der Umwelt der frühen Christenheit besonders umstritten. Erinnert sei an die Missionsrede des Apostels Paulus auf dem Areopag. Als er von der Auferstehung der Toten spricht, beginnen seine Zuhörer unruhig zu werden und ihn zu verspotten (vgl. Apg 17,32). An ein Leben nach dem Tode glaubten viele, aber sie erhofften es in Anlehnung an Platon und griechische Vorstellungen vom Leib als dem Grab der Seele, gerade als Befreiung der Seele vom Leib, von allem Leiblichen und Irdischen. Dieses Denken machte auch vor dem Christentum nicht halt. Verschiedene Sekten leugneten, dass es eine Auferstehung gebe. Demgegenüber hielten die Lehrer der Großkirche – etwa Justin, Irenäus und Tertullian – an der im Neuen Testament grundgelegten Botschaft von der Auferstehung des Leibes fest. Wenn das Glaubensbekenntnis ausdrücklich von der Auferstehung des Fleisches spricht, dann darf man darin sicher eine polemische Spitze gegen die häretische Leugnung dieses Glaubensgegenstandes sehen. Man wählt bewusst das Wort „Fleisch" statt des weniger polemischen „Leib" bzw. „der Toten", um sich von den Ketzern abzusetzen.

„Katholisch" ist keine Konfessionsbezeichnung

Das altrömische Bekenntnis wurde später um einige Worte bzw. Klauseln erweitert: „katholisch" im Zusammenhang mit der Nennung der Kirche, „die Gemeinschaft der Heiligen" und „das ewige Leben". Die erste Erweiterung betrifft das Adjektiv „katholisch", das der Nennung der „heiligen Kirche" hinzugefügt wurde. Damit ist nicht eine bestimmte Konfession bezeichnet, wie dieses Wort heute vielfach missverstanden wird, so dass gar die nicht-römisch-katholischen Konfessionen dieses Wort durch das Wort „christlich" ersetzen zu müssen glauben. Es ist damit gerade das Gegenteil einer Konfession gemeint, nämlich die Allumfassendheit bzw. Allgemeinheit der Kirche. Genau das meint das Wort *katholikós* im Griechischen. In Bezug auf die Kirche begegnet das Adjektiv zum ersten Mal bei Ignatius von Antiochien, der in seinem Brief an die Smyrnäer schreibt: „Wo immer sich der Bischof zeigt, soll auch die Gemeinde sein, genauso wie überall dort, wo Christus Jesus ist, auch die katholische Kirche ist" (*Smyrn.* 8,2). Ignatius denkt hier nicht an die Großkirche und die von ihr abweichenden Sekten und Konventikel, sondern er vergleicht „die allumfassende Kirche, die von Christus geleitet wird, mit den örtlichen Kirchen, denen Bischöfe vorstehen“; und er möchte durch seine Formulierung zum Ausdruck bringen, „daß die örtliche Gemeinde Wirklichkeit, Leben und Kraft nur in dem Maße habe, als sie einen Teil der allumfassenden Kirche mit ihrem geistlichen Haupt bilde“ (Kelly: *Glaubensbekenntnisse* 378). Diesen Sprachgebrauch greift das Zweite Vatikanische Konzil auf, wenn es davon spricht, dass die Kirche Jesu Christi „wahrhaft in allen rechtmäßigen Ortsgemeinschaften der Gläubigen anwesend [ist], die in der Verbundenheit mit ihren Hirten im Neuen Testament auch selbst Kirchen heißen“ (*Lumen gentium* 26). Die Kirche heißt also katholisch, wie Cyrill von Jerusalem (315–386) sagt, „weil sie über die ganze Welt, von einem Ende bis an das andere, verbreitet ist“ (*Katechesen* 18,23; zitiert nach Kelly: *Glaubensbekenntnisse* 378).

Aber bereits im zweiten Jahrhundert lässt sich ein Bedeutungswandel der Bezeichnung „katholische Kirche“ ausmachen: Sie steht für die sog. Großkirche im Gegensatz zu den häretischen Sekten. Gegen Ende des vierten Jahrhunderts wird dieses ursprünglich griechische Wort als Lehnwort auch in die lateinischen Bekenntnisse des Westens übernommen. Dabei stehen, wie aus den zeitgenössischen Kommentaren zu entnehmen ist, beide Bedeutungsnuancen im Hintergrund. Als katholisch wird die Kirche bezeichnet, weil sie 1. über die ganze Welt hin verbreitet ist und weil sie 2. im Gegensatz zu den kleinen Sekten die eine Großkirche bildet. „Die Einfügung von katholisch gab also dem Bewußtsein der Kirche von ihrer einzigartigen autoritativen Stellung gegenüber den von ihr abweichenden Sekten Ausdruck“ (Kelly: *Glaubensbekenntnisse* 380).

„Das ewige Leben“ meint nicht Reinkarnation

Die Klausel, mit der das Apostolische Glaubensbekenntnis heute endet: „das ewige Leben“, dürfte in Afrika entstanden sein. Augustinus bezeugt, dass sie in das Glaubensbekenntnis eingefügt worden ist, um der Aussage von der Auferstehung des Fleisches jede Zweideutigkeit zu nehmen (vgl. ebd.). Denn Auferstehung war durchaus auch denkbar als eine Rückkehr in das irdische Leben, der dann wieder ein Sterben folgen musste. Ein solches Verständnis wäre auch mit einem Reinkarnationsdenken vereinbar gewesen. Um dieser Zweideutigkeit zu begegnen hat man die Aussage von der Auferstehung des Fleisches um die Aussage über das ewige Leben erweitert. Gelegentlich begegnet auch die Formulierung „Auferstehung des Fleisches zum ewigen Leben“. Dadurch wird noch deutlicher, dass es sich nicht um zwei verschiedene Aussagen handelt, sondern um eine Verdeutlichung der einen

Aussage über die eschatologische Berufung der Christen. Das ewige Leben wurde verstanden als „das Leben mit Christus im Himmel, ewiges und seliges Leben, die Frucht des Glaubens und rechten Wandels, ein Leben, das weder der Heide noch der ungläubige Jude besitzen konnte, das vielmehr für die Gläubigen reserviert war, die auf Erden keusch lebten“ (Kelly: *Glaubensbekenntnisse* 381 im Anschluss an Niketas von Remesiana, *De symb.*12).

Die nicht ganz leicht zu deutende Klausel „Gemeinschaft der Heiligen“ (lat.: *sanctorum communio*) begegnet im Westen erst im letzten Viertel des vierten Jahrhunderts. Im Osten dagegen ist die Bezeichnung *koinonía tôn hagiôn* um diese Zeit bereits geläufig. Von hier dürfte sie in den westlichen Sprachgebrauch übernommen worden sein.

„Gemeinschaft der Heiligen“ spricht von der Feier der Eucharistie

Was aber ist mit dieser Formulierung gemeint? Die Gemeinschaft der von Gott erwählten und deshalb als *heilig* bezeichneten Christen? Im Griechischen dürfte ursprünglich eine andere Bedeutung gemeint sein: es sind nicht die Heiligen, die *hágioi*, von denen hier die Rede ist, sondern die *hágia*, die eucharistischen Elemente. Seiner ursprünglichen griechischen Wortbedeutung nach spricht also dieser Ausdruck nicht von der Kirche, sondern von der Feier der heiligen Eucharistie (vgl. 1 Kor 10,16f.). Seit diese Tatsache von der neueren Forschung wiederentdeckt worden ist, hat man diesen Bedeutungsinhalt ohne weiteres auch auf die Formulierung des Apostolischen Glaubensbekenntnisses übertragen. Wenn man jedoch auf die Kommentierungen schaut, die diesem Text seit der Väterzeit zuteil geworden sind, dann muss man feststellen, dass in der Westkirche die ursprüngliche Bedeutung, die diese Formel in der Ostkirche hatte, nur noch sehr rudimentär übriggeblieben ist. Man versteht unter der Gemeinschaft der Heiligen entweder die Kirche als ganze oder ihren bereits bei Gott zur Vollendung gelangten Teil, also die Heiligen im spezifischen Sinn. Man scheint aber auch noch um die ursprüngliche Bedeutung dieses Ausdrucks zu wissen, wenn man ihn auf die Eucharistiefeier bezieht. Diese Beziehung wird aber weniger durch eine Rückbesinnung auf die ursprüngliche Bedeutung von *sanctorum* im Sinne der *hágia* begründet, sondern mit dem Hinweis auf das Wort *communio*, das ja vor allem für die eucharistische Kommunion gebraucht wurde. So wurde also die ursprüngliche Bedeutung, die sich im hohen Mittelalter durchaus greifen lässt, mit einer falschen Begründung verbunden. Man hat anscheinend im Apostolischen Glaubensbekenntnis die Nennung der Eucharistie vermisst, die ja zu den zentralen Wirklichkeiten des christlichen Lebens gehört, und dieses Defizit auszugleichen versucht, indem man das Wort von der *sanctorum communio* im Hinblick auf die Kommunion interpretiert hat. Es ist durchaus spannend zu sehen, wie durch eine fehlerhafte Interpretation der ursprüngliche Sinn einer Aussage wieder eingeholt wurde (vgl. Kelly: *Glaubensbekenntnisse* 381–390).

6.2 Gott in uns – der Heilige Geist

Gegenwärtig wird viel darüber diskutiert, ob es so etwas wie Geist „jenseits“ des Materiellen überhaupt gibt. Manche Hirnforscher bestreiten dies, indem sie Phänomene wie Bewusstsein, Denken und Wollen auf deren materielle Grundlagen reduzieren. Wenn sie recht hätten, wäre der Mensch in allem, was er denkt und tut, in allen Formen seines Zusammenlebens und deren Gestaltung in Gesellschaft, Recht und Staat bis hin zu seinen „höchsten“ Äußerungen in Kunst, Philosophie und Religion ausschließlich von materiellen Vorgaben bedingt. Die philosophische Tradition hingegen bezeichnet mit „Geist“, welche Begriffe auch im einzelnen dafür verwendet werden, den tiefsten Grund der Wirklichkeit und das höchste Vermögen im Menschen. Aufgrund und mittels seines Geistes kann der Mensch denkend und wollend, d.h. liebend, sich zu sich selbst, zu seinesgleichen, zur Welt im Ganzen und zu Gott verhalten.

Deutung des Menschen vom Geist Gottes her

Die Heilige Schrift des Alten und Neuen Testamentes, die von Gottes Geist her Mensch und Welt deutet, eröffnet darüber hinaus noch andere Perspektiven. In der Frühzeit Israels erscheint der Geist Gottes oft als eine unerwartete und unberechenbare, alle menschlichen Möglichkeiten übersteigende Größe. Die Erfahrung seiner Fremdheit verhindert es gerade, sein Wirken auf menschliche Selbsterfahrung zurückzuführen. In einer zweiten Phase erkennt Israel die umfassende Macht des Gottesgeistes, die sich nicht nur in der Geschichte dieses Volkes, sondern in der ganzen Schöpfung am Werk zeigt. Alles Leben verdankt sich Gottes Geist, gerade dadurch ist es dem Zugriff des Menschen entzogen. Dies schließt freilich eine besondere Teilhabe der Menschen am Geist Gottes nicht aus, die bei den Richtern, den Propheten, den Königen und bei dem für die Endzeit erhofften Messias in unterschiedlicher Weise zutage tritt und die schließlich für „alles Fleisch“ (Joel 3,1) erwartet wird.

Für das Neue Testament ist es „das bestimmende Vorzeichen vor der Klammer des ganzen Jesus-Geschehens“ (Blank: *Geist* 159), dass dieses von Gottes Geist gewirkt ist. Diese Einsicht erschließt sich den Zeugen vom Ende, von Jesu Auferweckung von den Toten her. Dadurch erkennen sie zugleich, dass Gottes Geist bei ihm von Anfang an am Werk war, auch nicht erst bei seinem öffentlichen Auftreten, das alle vier Evangelien mit der Taufe Jesu durch Johannes den Täufer und seine dabei durch die Herabkunft des Heiligen Geistes erfolgende Messias-Proklamation eröffnen (vgl. Mk 1,8–11parr), sondern schon bei seiner Empfängnis, die nach den Kindheitserzählungen dem Wirken des göttlichen Geistes zu verdanken ist (vgl. Mt 1,20; Lk 1,35). Jesus ist der Geistträger schlechthin, der „Christus", der von Gottes Geist Gesalbte, der in Vollmacht lehrt und handelt. Aber er ist es gerade nicht für sich; denn der Geist grenzt nicht ab, er überwindet Grenzen und verbindet. Jesu gesamte Existenz ist „Proexistenz", Leben für Gott und darin für die Menschen und umgekehrt – und dies aus der Kraft des Geistes. Im Geist erweist er sich als Gottes Sohn, der zugleich Bruder der Menschen ist und der Gott als seinen und ihren Vater zu erkennen gibt.

Joh.-Ev.: Geist ist die Gabe des am Kreuz Erhöhten

Nach der tiefen Symbolik des Johannesevangeliums ist der Geist die Gabe des am Kreuz Erhöhten. Man kann, was hier vom sterbenden Jesus gesagt wird, durchaus übersetzen: „ ... und er übergab den Geist" (Joh 19,30). Der Geist ist nach demselben Evangelium zugleich die erste Gabe des Auferstandenen, der seinen Jüngern damit Vollmacht zur Sündenvergebung, d.h. zur Überwindung all dessen schenkt, was die Menschen von Gott und voneinander trennt (vgl. Joh 20,22f.). In seinen „Abschiedsreden" hat Jesus den Geist als den verheißen, der die Jüngerinnen und Jünger immer tiefer erkennen lässt, dass sich in Jesus der unsichtbare Gott mitgeteilt und Anteil an seinem Leben eröffnet hat.

Paulus: Kirche ist der von Gottes Geist durchwirkte „Leib Christi"

Für Paulus ist die Kirche der von Gottes Geist durchwirkte „Leib Christi" (vgl. 1 Kor 12,1–30). Der einzelne Christ wird durch Glaube und Taufe in das Auferstehungsleben Jesu hinein genommen (vgl. Röm 6,3–11). Der Geist des Herrn ist der Geist der Freiheit (vgl. 2 Kor 3,17), er ist derjenige, welcher die Menschen aus Sklaven zu Kindern Gottes macht, die Gott ihren Vater nennen dürfen (vgl. Röm 8,15; Gal 4,6). Das Wirken des Heiligen Geistes ist für Paulus vor allem an zwei Kriterien zu erkennen: zum einen an dem Bekenntnis zu Jesus Christus als dem Herrn und zum anderen an der Bereitschaft zum Dienst in der Kirche (vgl. 1 Kor 12,3–7). Die Charismen werden nach Paulus den einzelnen Christen gegeben, um am Aufbau der Gemeinde mitzuwirken. Das höchste unter ihnen, die Liebe, wird in besonderer Weise mit dem Geist in Verbindung gebracht (vgl. 1 Kor 12,31–13,13).

Noch heute bekennen die Christen mit den Worten des 381 verabschiedeten Glaubensbekenntnisses: „Und an den Heiligen Geist, den Herrn und Lebensspender, der aus dem Vater hervorgeht, der mit dem Vater und dem Sohne mitangebetet und mitverherrlicht wird, der durch die Propheten gesprochen hat." (DH 150) Sie tun es freilich in Ost- und Westkirche mit einem kleinen Unterschied, da die Westkirchen beten: „der aus dem Vater und dem Sohn hervorgeht". In dieser Hinzufügung, die auf Wunsch von Lokalkirchen erst im Hochmittelalter von Rom vorgenommen und von den Kirchen der Reformation übernommen wurde, sehen die Ostkirchen einen unzulässigen Schritt. Der dadurch gegebene Gegensatz zwischen Ost- und Westkirche wird heute gemildert, insofern die Einfügung als eine unterschiedliche Akzentuierung im gemeinsamen Glauben gedeutet wird, die keinen die Kirchen trennenden Charakter haben muss.

Die christliche Trinitätstheologie hat mit dem Bekenntnis zum Heiligen Geist als dritte göttliche Person ihren Abschluss gefunden: „Im Heiligen Geist als dem Gott in uns können wir den Gott über uns, den Vater, als denjenigen erkennen, der im Sohn der Gott unter uns ist" (Kasper: *Gott Jesu Christi* 353).

Durch die Nennung der Kirche, der Sakramente und des ewigen Lebens zusammen mit dem Heiligen Geist kommt zum Ausdruck: Gott schenkt seinen Geist, um durch das Wirken der Kirche in Verkündigung und Feier der Sakramente das Heilswerk seines Sohnes weiterzuführen und zu vollenden. Der Glaube an das Wirken des Heiligen Geistes vermag Menschen für ihren Einsatz in Kirche und Welt zu inspirieren. Es ist kein Zufall, dass viele Krankenhäuser seit dem Mittelalter seinen Namen tragen. Sie erinnern auch heute daran, dass Hilfe für die Bedürftigen und der Aufbau einer menschwürdigen Welt primäre Orte der Bewährung für den christlichen Glauben sind. Aber auch da, wo Menschen um diesen Glauben ringen, selbst im wortlosen Seufzen derer, die noch nicht einmal ihre Hilflosigkeit benennen können, tritt Gottes Geist für sie ein (vgl. Röm 8,26f.). Nicht zuletzt dies ist einer von zahlreichen Gründen, die Menschen, zumindest wenn es nach Gott geht, weder für geist- noch für gottlos zu halten.

Hilfe für Bedürftige und Aufbau einer menschenwürdigen Welt

Zusammenfassung

Die trinitarische Grundstruktur des Glaubensbekenntnisses wird durch die Nennung des Heiligen Geistes nach dem Vater und dem Sohn vervollständigt. Die unterschiedlichen Dinge, die im dritten Glaubensartikel genannt werden, stellen Wirkungen des Heiligen Geistes in der Welt und in der Geschichte dar.

„Die Kirche“: die Etymologie des lateinischen Begriffs *ecclesia* bringt die Kontinuität zu Israel als Volk Gottes zum Ausdruck. Das Prädikat „heilig“ meint nicht in erster Linie eine besondere moralische Qualität, sondern ursprünglich alles, was Gott gehört. Mit dem Begriff „katholisch“, der heute leicht als Name einer Konfession missverstanden werden kann, wird zunächst die allumfassende Kirche bezeichnet, die von Christus geleitet wird und sich in den örtlichen Kirchen konkretisiert, denen Bischöfe vorstehen. Später ist ein Bedeutungswandel erkennbar: die „katholische Kirche“ steht für die Großkirche im Gegensatz zu den häretischen Sekten.

Auf die Nennung der Kirche folgt „die Vergebung der Sünden“. Diese Klausel überrascht nicht, wenn man den „Sitz im Leben“ des Glaubensbekenntnisses in der Taufliturgie bedenkt.

Das Bekenntnis zur „Auferstehung des Fleisches“ drückt die eschatologische Dimension der christlichen Existenz aus. Die Klausel, mit der das Apostolische Glaubensbekenntnis heute endet: „das ewige Leben“, soll der Aussage von der Auferstehung des Fleisches jede Zweideutigkeit im Sinne etwa von Reinkarnationsvorstellungen nehmen.

Die nicht ganz leicht zu deutende Klausel „Gemeinschaft der Heiligen“ (lat.: *sanctorum communio*) begegnet im Westen erst im letzten Viertel des vierten Jahrhunderts. Ursprünglich waren damit nicht Personen, sondern die eucharistischen Gaben gemeint. Beide Bedeutungen lassen sich miteinander verbinden: Die Teilhabe an der Eucharistie verbindet die Kommunizierenden nicht nur mit Jesus Christus, sondern auch untereinander.

Die biblische Rede vom Geist Gottes bringt die Wirkmächtigkeit Gottes in der Schöpfung und in der Geschichte zum Ausdruck. Indem das Apostolische Glaubensbekenntnis die Kirche, die Sakramente und das ewige Lebens zusammen mit dem Heiligen Geist nennt, macht es deutlich: Gott schenkt seinen Geist, um durch das Wirken der Kirche in Verkündigung und Feier der Sakramente das Heilswerk seines Sohnes weiterzuführen und zu vollenden. Der Glaube an das Wirken des Heiligen Geistes vermag Menschen für ihren Einsatz in Kirche und Welt zu inspirieren.

7. Fazit

Erasmus von Rotterdam hat seiner 1533 erschienenen „Auslegung des Apostolischen Glaubensbekenntnisses“ eine originelle Form gegeben. Zwar ist sie wie viele Katechismen im Schema von Frage und Antwort angelegt, aber hier stellt nicht, wie sonst üblich, der Katechet, der Glaubenslehrer, die Fragen, sondern der Katechumene, der Glaubensschüler. Auf dessen Frage, warum Gott es so eingerichtet hat, den Menschen seine Gaben durch Menschen mitzuteilen, antwortet der Katechet: „Zunächst, damit Hochmut und Einbildung ausgeschlossen werden, die der Heilige Geist, der die friedfertigen und milden Herzen liebt, verabscheut; sodann, damit durch die gegenseitigen Dienste unter den Christen die Liebe erzeugt, verbreitet und genährt werde. Dabei kann sich weder der Glaubenslehrer etwas einbilden, wenn er seine Aufgabe erfüllt, noch der Schüler, wenn er Fortschritte macht. Alles Lob gebührt dem, der innerlich das Instrument des Lehrenden stimmt und der den Sinn des Lernenden verwandelt. Wir wollen deshalb Gottes Barmherzigkeit anrufen, damit du unter seinem Anhauch kluge Fragen stellst, und ich antworte, was zum Heile führt" (*expl. symb.* [Opera omnia Desiderii Erasmi Roterodami V-1, Amsterdam u.a. 1977, 206,24–31]; Übers. P. W.).

Gewiss handelt es sich dabei um eine literarische Fiktion, insofern Fragen wie Antworten von Erasmus stammen, aber dieser glückliche Einfall bringt eine innere Einstellung zum Ausdruck: Der christliche Glaube soll nicht andoziert werden, sondern Antworten auf die Fragen der zum Glauben Kommenden anbieten. Die vorliegende „Einführung in die katholische Glaubenslehre" versucht in ähnlicher Weise, Fragen anzuregen und dadurch theologisches Problembewusstsein zu schaffen. Sie möchte aber auch Hilfestellungen zu ihrer Beantwortung und zur weiteren Vertiefung geben. Dabei knüpft sie einerseits an den historisch gewachsenen und heute noch gebeteten Text des Apostolischen Glaubensbekenntnisses an, andererseits geht sie den dadurch angesprochenen Sachfragen nach und gibt Anregungen zum Nach-Denken aus dem Schatz der theologischen Reflexion der Vergangenheit wie der Gegenwart. Den dadurch gebahnten Weg durch den „Wald" der christlichen Theologie müssen freilich die Leserinnen und Leser selber gehen.

Literatur

Beintker, Michael: Gott als Designer? – Christlicher Schöpfungsglaube und naturwissenschaftliches Weltverständnis, in: epd-Dokumentation 2007/32, 6–16 = http://www.ekd.de/vortraege/070705_beintker.html.

Blank, Josef: Art. Geist, Hl./Pneumatologie A. Bibeltheologisch, in: Neues Handbuch Theologischer Grundbegriffe. Erweiterte Neuausgabe, hg. von Peter Eicher, Bd. 2, München 1991, 153–162.

Blank, Josef: Weißt Du, was Versöhnung heißt? Der Kreuzestod Jesu als Sühne und Versöhnung, in: Sühne und Versöhnung, hg. von Josef Blank und Jürgen Werbick, Düsseldorf 1986, 21-91.

Buber, Martin: Zwei Glaubensweisen [1950], in: Ders.: Werke, Bd. 1, München 1962, 651–782.

Daly, Mary: Jenseits von Gott-Vater, Sohn und Co. Aufbruch zu einer Philosophie der Frauenbefreiung, München 1980 (amerikanische Erstausgabe 1973).

De Lubac, Henri: Credo. Gestalt und Lebendigkeit unseres Glaubensbekenntnisses, Einsiedeln 1975.

Gerstenberger, Erhard S.: Jahwe – ein patriarchaler Gott? Traditionelles Gottesbild und feministische Theologie, Stuttgart u.a. 1988.

Gnilka, Joachim: Das Evangelium nach Markus, Bd. 1 (EKK 2), Zürich u.a./Neukirchen-Vluyn 1978.

Guardini, Romano: Der Herr. Betrachtungen über die Person und das Leben Jesu Christi, Würzburg [12]1961.

Jüngel, Eberhard: Gott als Geheimnis der Welt. Zur Begründung der Theologie des Gekreuzigten im Streit zwischen Theismus und Atheismus, Tübingen [3]1978.

Kasper, Walter: Der Gott Jesu Christi (Gesammelte Schriften 4), Freiburg u.a 2008.

Kasper, Walter: Jesus der Christus (Gesammelte Schriften 3), Freiburg u.a. 2007.

Kelly, John N.D.: Altchristliche Glaubensbekenntnisse. Geschichte und Theologie, Göttingen 1972.

Lehmann, Karl: Kreatürlichkeit des Menschen als Verantwortung für die Erde, in: Ders., Glauben bezeugen, Gesellschaft gestalten. Reflexionen und Positionen, Freiburg u.a. 1993, 142–158.

Möller, Joseph: Die Chance des Menschen – Gott genannt. Was Vernunft und Erfahrung heute von Gott sagen können, Zürich u.a. 1975.

Neuner, Peter (Hg.): Naturalisierung des Geistes – Sprachlosigkeit der Theologie? Die Mind-Brain-Debatte und das christliche Menschenbild (QD 205), Freiburg u.a. 2003.

Otto, Rudolf: Das Heilige. Über das Irrationale in der Idee des Göttlichen und sein Verhältnis zum Rationalen [1917], zuletzt (Beck'sche Reihe 328) München 2004.

Pannenberg, Wolfhart: Systematische Theologie, Bd. 1–3, Göttingen 1988–1993.

Radford Ruether, Rosemary: Sexismus und die Rede von Gott. Schritte zu einer anderen Theologie, Gühersloh 1985 (amerikanische Erstausgabe 1983).

RAHNER, Karl: Grundkurs des Glaubens. Einführung in den Begriff des Christentums, Freiburg u.a. 1976 u.ö.; jetzt auch in: DERS.: Sämtliche Werke, Bd. 26, hg. von Nikolaus SCHWERDTFEGER, Freiburg u.a. 1999.

RATZINGER, Joseph: Kein Heil außerhalb der Kirche, in: DERS.: Das neue Volk Gottes. Entwürfe zur Ekklesiologie, Düsseldorf 1969, 339–361; jetzt auch in DERS.: Gesammelte Schriften, Bd. 8,2, hg. von Gerhard Ludwig MÜLLER, Freiburg u.a. 2010, 1051–1077.

RUHSTORFER, Karlheinz: Christologie (Gegenwärtig Glauben Denken Bd. 1), Paderborn u.a. 2008.

RUHSTORFER, Karlheinz: Gotteslehre (Gegenwärtig Glauben Denken Bd. 2), Paderborn u.a. 2010.

SCHARBERT, Josef: Genesis 1–11 (Die Neue Echter Bibel), Würzburg 1980.

SCHEFFCZYK, Leo: Gottes fortdauernde Schöpfung, in: DERS.: Schwerpunkte des Glaubens. Gesammelte Schriften zur Theologie (Sammlung Horizonte. NF 11) Einsiedeln 1977, 177–205.

SCHÜRMANN, Heinz: Gottes Reich – Jesu Geschick. Jesu ureigener Tod im Licht seiner Basileia-Verkündigung, Freiburg u.a. 1983.

SECKLER, Max/BERCHTOLD, Christoph: Art. Glaube, in: Neues Handbuch Theologischer Grundbegriffe. Erweiterte Neuausgabe, hg. von Peter EICHER, Bd. 2, München 1991, 232–252.

STEAD, Christopher: Philosophie und Theologie I: Die Zeit der Alten Kirche (Theologische Wissenschaft 14.4), Stuttgart u.a. 1990.

THEISSEN, Gerd/MERZ, Annette: Der historische Jesus. Ein Lehrbuch, Göttingen ^{3}2001.

VERWEYEN, Hansjürgen: Gottes letztes Wort. Grundriß der Fundamentaltheologie, Düsseldorf ^{3}2000.

VINZENT, Markus: Der Ursprung des Apostolikums im Urteil der kritischen Forschung (Forschungen zur Kirchen- und Dogmengeschichte 89), Göttingen 2006.

WALTER, Peter (Hg.): Gottesrede in postsäkularer Kultur (QD 224), Freiburg u.a. 2007.

III. Einführung in die Moraltheologie

Stephan Ernst

1. Moraltheologie als theologische Ethik

Innerhalb der Systematischen Theologie geht es im Fach Moraltheologie um die Bedeutung des christlichen Glaubens für das gute und verantwortliche Handeln des Christen in der Welt. Im Mittelpunkt stehen also weniger die Erläuterung der einzelnen Inhalte des christlichen Glaubens (Dogmatik) und der Aufweis der Glaubwürdigkeit dieses Glaubens gegenüber der säkularen Wirklichkeit und Vernunft (Fundamentaltheologie), als vielmehr die Reflexion der mitmenschlichen Praxis, die aus diesem Glauben folgt. Im Blick auf die gegenwärtigen Herausforderungen unserer Verantwortung wird gefragt, welche Wege humanen Handelns sich hierzu aus dem christlichen Glauben heraus ergeben.

Zwischen Tradition und Dialog mit der säkularen Welt

Für die Moraltheologie stellt sich dabei heute die Aufgabe, in einer säkularen, plural ausdifferenzierten und weltanschaulich nicht gebundenen Gesellschaft als Gesprächspartnerin wahrgenommen und akzeptiert zu werden. So sehr sie der biblischen und moraltheologischen Tradition sowie der lehramtlichen Moralverkündigung verpflichtet ist, so sehr muss sie sich um die Kommunikabilität ihrer jeweiligen Bewertungen und Handlungsoptionen und um deren allgemein nachvollziehbare Begründung bemühen. Will sie dem universalen Wahrheitsanspruch des christlichen Glaubens und dem Allgemeingültigkeitsanspruch christlicher Ethik gerecht werden, kann sie nicht ein elitäres Sonderethos formulieren, das allein für Christen einsichtig ist, sondern muss mit der säkularen Welt in Dialog treten.

Spätestens seit dem II. Vatikanischen Konzil hat sich deshalb das Selbstverständnis der Moraltheologie entsprechend verändert. Sie sieht ihren Ort nicht mehr ausschließlich im Raum der Theologie, wo sie aus der Reflexion des christlichen Glaubens heraus moralische Normen entwickelt und begründet, sondern wesentlich in der Beteiligung am allgemeinen ethischen Diskurs der Gesellschaft. Dies deutet sich darin an, dass die traditionelle, heute eher irreführend besetzte Benennung des Fachs als „Moraltheologie" (die Assoziation zu „Moralapostel", „Moralin", „moralisieren", „Moralkeule" liegt allzu nahe) zunehmend von der – innerhalb der protestantischen Theologie ganz selbstverständlichen

– Bezeichnung „Theologische Ethik“ abgelöst wird. Während nämlich der Ausdruck „Moraltheologie“ einen speziellen Bereich innerhalb der Theologie als Ganzer oder auch eine spezielle Ausprägung der Theologie bezeichnet, „Moral“ also als Spezifizierung der Theologie als Gattungsbegriff dient, deutet der Ausdruck „Theologische Ethik“ an, dass es primär um Ethik, also um das allgemeine Anliegen ethischer Reflexion innerhalb der Gesellschaft geht, zu der hier jedoch ein Beitrag aus theologischer Perspektive auf der Grundlage des christlichen Glaubens geleistet wird.

Ausgehend von diesem Selbstverständnis der Moraltheologie als Theologischer Ethik soll im Folgenden in einem ersten Teil ansatzweise erläutert werden, womit es Ethik allgemein zu tun hat. Vor diesem Hintergrund soll dann in einem zweiten Teil nach der Besonderheit einer Theologischen Ethik gefragt werden.

2. Was ist Ethik?

Beginnen wir mit einem Beispiel: Stellen Sie sich vor, Sie wollen morgens zur Arbeit fahren, aber das Fahrrad, das Sie gestern Abend auf dem Hof abgestellt haben, ist nicht mehr da. Offensichtlich ist es gestohlen worden. Da fällt Ihnen ein, dass Sie zum Glück eine Diebstahl-Versicherung für das Fahrrad abgeschlossen haben. Bei näherer Lektüre des Kleingedruckten aber stellen Sie fest, dass das Fahrrad nur ersetzt wird, wenn es nachts im Keller abgestellt war. Was werden Sie tun? ...

Vielleicht denken Sie unwillkürlich, dass Sie der Versicherung gegenüber einfach angeben könnten, das Fahrrad sei tagsüber gestohlen worden. Es wäre doch dumm, auf dem Schaden sitzen zu bleiben. Jeder andere würde an Ihrer Stelle sicher genauso handeln. Irgendwann müssen sich die Versicherungsbeiträge schließlich auszahlen. Vielleicht kommt Ihnen aber auch der Gedanke in den Sinn, dass das eigentlich Betrug wäre und nicht fair und ehrlich. Gewiss wäre es für Sie von Vorteil, wenn Sie die falschen Angaben machen würden. Aber eigentlich wäre es nicht in Ordnung.

Bereits mit dieser harmlosen „Gewissensfrage“ kommt in den Blick, worum es in der Ethik geht. Es geht um die Frage, welches Handeln nicht nur *für mich* von Vorteil und gut ist, sondern welches Handeln – ganz unabhängig davon, ob es mir Vorteile oder Nachteile bringt – *an sich* als gut und richtig bezeichnet werden kann. Doch: Ist diese Vorstellung vom an sich Guten nicht ein unrealistisches Ideal? Kann man überhaupt wissen, welche Entscheidungen und Handlungen an sich gut sind? Und: Handeln wir nicht doch alle letztlich egoistisch zum eigenem Vorteil? Genau mit diesen Fragen setzt sich die Ethik auseinander.

2.1 Werte und Normen

Die Frage, was wir verantwortlicherweise tun sollten, welche Handlungsmöglichkeiten also wirklich gut und richtig sind, beantworten wir meist intuitiv. Wir beantworten sie nach unseren Wertvorstellungen und moralischen Überzeugungen. Selbst wenn wir längere Zeit überlegen und abwägen, sind es oft solche Wertüberzeugungen, die letztlich den Ausschlag geben und sich in unseren moralischen Urteilen und Entscheidungen durchsetzen. Solche Wertvorstellungen können etwa „Ehrlichkeit", „Fairness", aber auch „Treue", „Selbstverwirklichung", „Achtung der Menschenwürde" usw. sein. Doch: Was kennzeichnet eigentlich solche moralischen Wertvorstellungen? Woher kommen sie? Wie bestimmen sie unser Handeln und Urteilen?

Ausgangspunkt: Moralische Wertüberzeugungen

1. Die Rede von „Werten" kommt ursprünglich aus der Ökonomie. So sprechen wir vom Wert des Geldes und vom Wert der Waren, wir sprechen vom Wert, den ein Haus, ein teures Schmuckstück oder auch ein bedeutendes Gemälde hat. Doch auch – in diesem materiellen Sinne – wertlose Dinge können einen hohen ideellen Wert, etwa einen besonderen Erinnerungswert, besitzen. Es sind Dinge, die eine hohe Bedeutung für uns gewonnen haben. So kann man auch all das als Werte bezeichnen, was eine hohe Anziehungskraft auf uns ausübt und unser Streben und Begehren weckt. Ein Wert *ist* all das oder einen Wert *hat* all das, was für uns erstrebens- und begehrenswert ist. Erst von hierher bekommen Dinge auch ihren materiellen bzw. ökonomischen Wert.

Wert als Erstrebenswertes

Sprechen wir von „moralischen" Werten, so sind damit bestimmte Handlungsweisen bzw. Grundhaltungen gemeint, die wir für uns und für die Gemeinschaft, in der wir leben, für gut und erstrebenswert halten und die für uns eine besondere Anziehungskraft haben. Auch kann man sagen, dass solche moralischen Wertvorstellungen und Überzeugungen eine *kategorische* bzw. prinzipielle Bedeutung für uns haben. Wir sind der Auffassung, dass man diese Werte nicht einfach ignorieren, übergehen oder momentanen Bedürfnissen nachordnen kann, sondern dass sie auf jeden Fall und unbedingt unser Handeln und das der anderen leiten sollten. So wird derjenige, zu dessen Wertvorstellungen und moralischen Überzeugungen etwa „Ehrlichkeit“ gehört, der Auffassung sein, dass man nicht nur manchmal ehrlich sein sollte, dann etwa, wenn es keine Probleme bereitet, sondern immer und gerade auch dann, wenn es mit Schwierigkeiten verbunden ist. Gerade in solchen Situationen zeigt es sich, ob diese Werte tatsächlich zu unseren moralischen Überzeugungen gehören.

Moralische Werte: Was unabhängig vom Eigeninteresse gut und sinnvoll ist

Moralische Wertvorstellungen und Überzeugungen können deshalb nicht auf das reduziert werden, was für mich selbst einen Vorteil bringt oder Angst und Stress vermeidet. Sie überschreiten vielmehr unsere eigenen egoistischen Interessen. Sie beinhalten eine Vorstellung von dem, was nicht nur für mich von Vorteil ist und mir dient, sondern von dem, was *an sich* und *überhaupt gut* und *sinnvoll* ist. Wir sind etwa der Auffassung, dass es nicht nur für mich in manchen Situationen besser ist, ehrlich zu sein, sondern dass dies überhaupt gut und sinnvoll ist.

Freilich bedeutet die Feststellung, dass jemand bestimmte moralische Wertvorstellungen hat, nicht schon, dass er immer entsprechend entscheidet und handelt. Aber dass man, wenn man jemanden betrogen oder angelogen hat, ein schlechtes Gefühl hat, zeigt noch einmal, dass man sein Handeln von den eigenen Wertvorstellungen her nicht billigen kann.

Wertvorstellungen beruhen auf Erziehung, Kultur, Erfahrung

2. Auf die weitere Frage, woher solche Wertvorstellungen kommen, lässt sich auf Erziehung, Vorbilder, gesellschaftliche Konventionen, kulturelle Gepflogenheiten und Traditionen verweisen, aber auch auf eigene Erfahrungen, die man in seinem Leben gemacht hat. Ob es etwa zu unseren moralischen Wertvorstellungen gehört, ehrlich zu sein, kann davon abhängen, wie man Eltern, Verwandte oder sonstige Bezugspersonen in dieser Hinsicht erlebt hat. Es kann aber auch darauf beruhen, dass man selbst Unehrlichkeit und Lüge als zerstörerisch und Ehrlichkeit als sinnvolle und Gemeinschaft erhaltende Verhaltensweise erfahren hat. Auch ästhetische Erlebnisse, Erfahrungen mit der Natur oder Kunst können moralische Wertvorstellungen vermitteln. Die Erfahrung der Schönheit und Erhabenheit der Natur kann dazu führen, dass man sich für deren Erhaltung einsetzen will; die literarische Schilderung sozialer Not oder der Demütigung von Menschen kann den Wunsch nach mehr Gerechtigkeit hervorbringen. Welche Werte es dabei sind, die für uns eine solche kategorische Bedeutung erlangen, hängt hauptsächlich damit zusammen, ob sie im biographischen Prozess unserer eigenen Identitätsbildung – also im immer wieder neu zu erbringenden Ausgleich zwischen Selbstbild und gesellschaftlicher Erwartung

– eine entscheidende Rolle spielen und deshalb zu uns selbst unverzichtbar hinzugehören.[1]

Werteüberzeugungen äußern sich in normativen Aussagen

3. Unsere Wertvorstellungen und moralischen Überzeugungen zeigen sich aber nicht nur in unseren tatsächlichen Entscheidungen und Handlungsweisen, sondern äußern sich auch in moralischen *Werturteilen*, die wir über Entscheidungen und Handlungen abgeben. In solchen Werturteilen drückt sich aus, was wir nicht nur in unserem eigenen egoistischen Interesse für wünschenswert halten, sondern was wir überhaupt als gut und sinnvoll erachten. In ihnen drückt sich aus, was nach unserer Meinung nicht nur wir selbst, sondern jeder andere an unserer Stelle auch tun sollte. Im Unterschied zu Sachaussagen oder Tatsachenurteilen beschreiben solche Werturteile nicht, was ist oder was nicht ist, sondern schreiben vor, *was sein soll und was nicht sein soll*. Sie sind nicht *deskriptiv*, sondern *präskriptiv*. Man spricht deshalb auch von *normativen Aussagen* oder einfach von moralischen *Normen*. Dabei können in solchen normativen und präskriptiven Sätzen durchaus Tatsachenaussagen mit enthalten sein; aber normative Aussagen lassen sich nicht vollständig auf deskriptive Aussagen reduzieren.

Unterschiedliche Formen normativer Aussagen

Solche normativen Aussagen können sprachlich in unterschiedlicher Form auftreten. Sie können ...

- als apodiktischer Sollens-Anspruch formuliert sein: Du sollst nicht lügen! Du sollst nach Alkoholgenuss nicht Auto fahren!
- die – scheinbar deskriptive – Form einer Feststellung haben: Es ist unverantwortlich, Kinder ohne Kontrolle am Computer spielen zu lassen. Es ist fahrlässig, gentechnisch veränderten Mais anzubauen. Es war gemein, dass du der gestressten Kassiererin das zu viel herausgegebene Geld nicht wiedergegeben hast. Es ist unfair, vor einem sportlichen Wettkampf ein Dopingmittel zu nehmen.
- eine Handlungsweise als „gut“ empfehlen oder sie als schlecht bzw. böse missbilligen: Dass du dich für deinen Mitschüler, der von der Klasse gemobbt wird, eingesetzt hast, war gut. Dass du die Katze gequält hast, war böse.

Sie können sich aber auch als Konventionen („Versprechen muss man halten!“, „Älteren Menschen muss man seinen Sitzplatz anbieten!“), als Klugheitsregeln und Sprichwörter („Eine Hand

---

[1] Vgl. dazu: JOAS, Hans: Die Entstehung der Werte, Frankfurt am Main 1999. Hans Joas hat diesen Zusammenhang so formuliert, dass unsere Wertvorstellungen und unsere Bindung an die entsprechenden Werte durch Erfahrungen der *Selbstbildung* und der *Selbsttranszendenz* entstehen.

wäscht die andere", „Lügen haben kurze Beine") oder auch als Selbstverpflichtungen (bei Ärzten etwa der Eid des Hippokrates) äußern.

Stabilisierende Funktion von Normen

4. Dass es solche Normen gibt und von möglichst vielen Menschen anerkannt und befolgt werden, hat sowohl für den Einzelnen als auch für das Gelingen des Zusammenlebens eine wichtige Bedeutung. Moralische Normen haben a) für den Einzelnen entlastende Funktion; er muss nicht ständig neu überlegen, was er tun soll, was zu tun richtig und für das Zusammenleben mit anderen förderlich ist. Sie tragen b) zur Stabilisierung der Gesellschaft bei, indem sie das Handeln der anderen vorhersehbar, erwartbar und beurteilbar werden lassen. Insgesamt haben sie damit, weil das eigene Urteilen und Verhalten durch die gesellschaftlich vermittelten Normen geprägt ist, c) die Funktion, die Identität des Einzelnen zu fördern.

5. Allerdings ist auch darauf hinzuweisen, dass sich Werte und Normen verändern können. Sie liegen nicht ein für alle Mal fest, sondern hängen von den jeweiligen Erfahrungen der Menschen mit der Wirklichkeit der Welt und der Gemeinschaft ab. Sie können sich im Lauf der Geschichte wandeln, sie können je nach Kultur unterschiedlich ausfallen.

Wandel von Werten und Normen

Dass sich Werte wandeln, dass bisher anerkannte Werte auf einmal ihre Bindungskraft verlieren, muss aber nicht schon auf einen Werteverfall hinweisen. An die Stelle früherer Wertvorstellungen können neue treten: An die Stelle von Gehorsam und Treue können Selbstbestimmung und Autonomie, Einsatz für die bedrohte Umwelt oder auch Solidarität mit den Armen und Benachteiligten treten. Weiterhin kann es sein, dass zwar die Wertbezeichnungen gleich bleiben, die Menschen aber etwas anderes darunter verstehen. So sprechen etwa Paare auch heute davon, dass für sie Treue ein hoher Wert ist, meinen aber möglicherweise etwas anderes damit als ihre Eltern. Auch muss einem Normenwandel nicht immer auch ein Wertewandel zu Grunde liegen. Es kann sein, dass man am Wert der Achtung gegenüber den Eltern festhält, aber unterschiedlicher Meinung darüber ist, wie sich dieser Wert am besten verwirklichen lässt und welche konkreten Normen sich daraus ergeben.

Dass es unterschiedliche Wertüberzeugungen in verschiedenen Kulturen und Gesellschaften, dass es einen Werte- und Normwandel gibt, muss deshalb nicht zwangsläufig ein Zeichen für einen Wert*relativismus* bzw. für einen Werte*verfall* sein. Unterschiedliche Wertüberzeugungen können ihren Grund vielmehr in unterschiedlichen Lebensverhältnissen, neuen Entdeckungen und Erfindungen haben, die traditionelle Auffassungen in Frage stellen lassen.

Zusammenfassung

Unsere alltäglichen und intuitiven moralischen Entscheidungen sind durch Wertüberzeugungen geprägt, die sich durch Erziehung, Kultur und Lebenserfahrung ausgebildet haben. Sie drücken sich in normativen bzw. präskriptiven Aussagen aus. Solche moralischen Normen können in unterschiedlicher sprachlicher Gestalt vorkommen. Sie haben eine wichtige Funktion für die Stabilisierung der Gesellschaft und des Einzelnen. Werte und Normen können sich verändern, ohne dass dies einen Wertrelativismus oder einen Werteverfall bedeutet.

2.2 Ethos und Ethik

Mit den bisherigen Überlegungen haben wir die Wertvorstellungen und moralischen Aussagen in den Blick genommen, die uns intuitiv immer schon leiten, wenn wir die Frage beantworten wollen, was zu tun verantwortlich und gut und richtig ist. Solche Wertvorstellungen können rein individuell auf einen Einzelnen beschränkt sein, sie können aber auch von einer größeren Gruppe oder auch von einer ganzen Gesellschaft geteilt werden. Möglicherweise gibt es sogar Wertvorstellungen, die universal für alle Menschen gelten, etwa Menschenrechte, Solidarität?

Ethos und Moral; faktisch herrschende Wertvorstellungen

1. Diese faktisch leitenden moralischen Wertvorstellungen und Normen werden in der Ethik auch als „Ethos“, als „Moral“ oder auch als die „Sitten“ bezeichnet. Im alltäglichen Sprachgebrauch ist die Rede vom Ethos eher unüblich, sie findet sich aber noch in Ausdrücken wie etwa dem Standesethos der Ärzte oder dem Berufsethos. Wir sprechen eher von den herrschenden Moralvorstellungen in einer Gesellschaft oder Kultur. Dennoch wird in der Ethik von Ethos als der faktisch herrschenden Moral gesprochen.

Das Wort „Ethos“ leitet sich vom griechischen *éthos* bzw. *êthos* her. Während *éthos* die in einer Gesellschaft herrschenden Gewohnheiten, üblichen Sitten und Bräuche meint, bezeichnet *êthos* die Wohnstatt, den gewohnten Aufenthalt, den Charakter und die tugendhafte Gesinnung eines Menschen oder auch eines Volkes. Während also *éthos* inhaltlich die objektiv vorhandenen Handlungsbewertungen bezeichnet, meint *êthos* auch die subjektive moralische Verfassung und Motiviertheit des Handelnden selbst. Eine vergleichbare Unterscheidung lässt sich auch in der Bedeutung des lateinischen Wortes *mos* feststellen, von dem sich „Moral" herleitet. Auch *mos* meint zum einen Gewohnheit, Brauch, Sitte, zum anderen aber auch den starken, zur Regel gewordenen Willen, der auf einer inneren Gesinnung gründet.

Grenzen der Orientierung an Ethos und Moral

2. Das Ethos oder die Moral meint also die gemeinsamen moralischen Überzeugungen und Normen, die in einer Gesellschaft faktisch anerkannt und somit in Geltung sind. Sie geben dem einzelnen Menschen Orientierung für sein Handeln und ermöglichen das sinnvolle und konfliktfreie Zusammenleben in der Gesellschaft. Allerdings kommt es immer wieder vor, dass einzelne Wertvorstellungen oder Normen, dass bestimmte Handlungsregeln, Konventionen, Verbote oder Gesetze fragwürdig werden und ihre selbstverständliche Geltung verlieren. Wir machen die Erfahrung, dass andere Menschen bestimmte Handlungsweisen intuitiv ganz anders beurteilen als wir selbst, dass sie Handlungen für gut und richtig halten, die wir selbst als schlecht und unverantwortlich bewerten würden. Dies kann unterschiedliche Gründe haben:

- Ein erster Grund liegt in der Pluralisierung der Gesellschaft. Während in der klar geordneten Gesellschaft im Mittelalter weitgehend einheitliche Wertvorstellungen galten, hat sich dies mit der zunehmenden Differenzierung der Gesellschaft, mit der Erhöhung der Mobilität sowie schließlich mit der Globalisierung grundlegend geändert. Unterschiedliche Milieus und Kulturen mit jeweils auch unterschiedlichen Wertvorstellungen (Beispiel: Bedeutung der Ehre) leben zusammen und treffen aufeinander.
- Ein zweiter Grund können Veränderungen in der Wirklichkeit sein. So hat die Umweltkrise dazu geführt, dass etwa der Wert des sorgsamen Umgangs mit der Schöpfung hohe Bedeutung erlangt hat. Der Wohlstand westlicher Gesellschaften hatte zur Folge, dass materielle Werte eher in den Hintergrund getreten sind. Aber auch die Erhöhung des durchschnittlichen Lebensalters sowie der Wandel in der Familiensituation durch die Berufstätigkeit vieler Frauen kann bisherige Wertüberzeugungen fragwürdig werden lassen.
- Einen dritten Grund stellen technische Neuerungen dar. So wird im Zuge der Intensivmedizin verstärkt die Frage laut, wie sich die Werte der Selbstbestimmung des Patienten und der Achtung vor dem menschlichen Leben zueinander verhalten.

Konflikte in Ethos lassen nach Ethik rufen

3. Eine solche Pluralität in den moralischen Wertvorstellungen bzw. im Ethos führt faktisch immer wieder zu Konkurrenz und Konflikten. Es kommt zu Auseinandersetzungen darüber, was

wirklich gut und verantwortlich ist. Diese Konflikte können in vielen Fällen bereits durch das die Gesellschaft selbst leitende Ethos – etwa die herrschende demokratische Kultur – aufgefangen und gelöst werden; man kann dann von einem „offenen" Ethos einer Gesellschaft sprechen, das dazu befähigt, verschiedene Ethosformen zu integrieren.[2] Lassen sich diese Konflikte jedoch so nicht lösen, wird zunehmend der Ruf nach „Ethik" laut. So werden im Blick auf große technische Neuerungen – wie etwa die Gentechnik – Enquêtekommissionen für die Politikberatung eingerichtet; in Krankenhäusern werden Klinische Ethikkomitees gegründet; in der Ausbildung der Mediziner wird zunehmend auch Ethik als obligatorisches Studienfach gefordert; angesichts der Finanzkrise wird nach einer umfassenden Wirtschaftsethik gerufen.

Ethik als Wissenschaft vom guten und richtigen Handeln

Die Aufgabe der Ethik besteht darin zu ermitteln und zu begründen, worin gutes und verantwortliches Handeln *in Wahrheit* besteht. Insofern sie dies methodisch-reflektiert tut und sich um allgemein nachvollziehbare und einsichtige Begründungen bemüht, lässt sich Ethik als Wissenschaft verstehen: als Wissenschaft vom guten und richtigen Handeln. Dazu muss sie zunächst 1) die vorhandenen moralischen Überzeugungen und Handlungsbewertungen erheben; 2) die Gründe für die jeweiligen Positionen ermitteln; 3) die unterschiedlichen Gründe auf ihre Tragfähigkeit hin überprüfen; 4) beurteilen, welche Position wirklich begründet als gut und verantwortlich gelten kann; 5) Handlungsoptionen und entsprechende Normen formulieren.

Ethik als Reflektion des Ethos

4. Es ist also nicht so, als würde Ethik überhaupt erst die moralischen Werte und Normen erfinden oder entdecken. Sie geht vielmehr davon aus, dass wir immer schon geleitet von solchen Werten und Normen moralisch urteilen, entscheiden und handeln. Ethik ist die *Reflexion* des immer schon gegebenen moralischen Handelns und Urteilens von Menschen. Ethik reflektiert das Ethos; das Ethos ist die Grundlage der Ethik.

In ihrer Reflexion geht die Ethik also von den moralischen Überzeugungen und Intuitionen aus und versucht die ihnen zu Grunde liegenden Prinzipien zu erheben. Diese Prinzipien bilden dann ihrerseits Kriterien, aufgrund derer sich – etwa in Konfliktfällen – das faktische Handeln und die Moralvorstellungen der Menschen ethisch bewerten lassen. In dieser zirkulären Bewe-

[2] Vgl. dazu: KLUXEN, Wolfgang: Ethik und Ethos, in: DERS.: Moral – Vernunft – Natur. Beiträge zur Ethik, hg. von W. Korff/ P. Mikat, Paderborn/München/ Wien/Zürich 1997, 3-16.

gung geht es darum, ein *Überlegungsgleichgewicht* zwischen den moralischen Überzeugungen und Intuitionen einerseits und den begründenden Prinzipien andererseits herzustellen.

Ethik vs. Sittengeschichte, Soziologie und Recht

5. Ethik unterscheidet sich also – folgt man dieser Beschreibung – zunächst wesentlich von bloßer Sittengeschichte und Verhaltenssoziologie. Während nämlich die Sittengeschichte mit historischen Methoden im Blick auf die Vergangenheit und die Verhaltenssoziologie mit Hilfe von Statistiken im Blick auf die Gegenwart deskriptive Aussagen über die faktisch vorhandenen und geltenden Wertvorstellungen und moralischen Überzeugungen macht, geht es in der Ethik darum, normative und damit präskriptive Aussagen zu formulieren und zu begründen, mit deren Hilfe sich wiederum die faktischen Moralvorstellungen bewerten lassen.

Ethik unterscheidet sich aber auch vom Recht. Zwar hat das Recht mit der Ethik gemeinsam, dass es jeweils um die Formulierung von normativen Aussagen geht. Auch sind rechtliche Normen in demokratischen Staaten zumeist aus einem gesellschaftlichen Diskussionsprozess um das richtige, humane und verantwortliche Handeln hervorgegangen. Andererseits garantiert das Recht, das auf menschlicher Festsetzung beruht, noch nicht, dass die damit gegebenen Normen wirklich humanes und verantwortliches Handeln gebieten. Es kann auch ungerechte und inhumane Gesetze geben. Die Frage der Ethik zielt dagegen nicht auf menschliche Festlegungen und Konventionen, sondern auf eine auch dem Menschen und dem positiven Recht *vorgegebene* Richtschnur, von der her es überhaupt erst möglich wird, Gesetze und rechtliche Bestimmungen gegebenfalls als ungerecht und inhuman zu kritisieren. Andernfalls wären Gesetze lediglich Ausdruck der faktischen Machtverhältnisse und würden sich mit der Machtlage ändern; es ließe sich aber nicht mehr sinnvoll fragen, ob die jeweilige Gesetzeslage auch tatsächlich gerecht und human ist.

Zusammenfassung

Während Ethos und Moral die faktisch leitenden Wertvorstellungen in einer Gesellschaft meinen, ist Ethik die – vor allem in Fällen von Dissens oder Konflikten erforderliche – Reflexion über die Geltungsansprüche dieser Wertvorstellungen, ihre Berechtigung und Wahrheit. Dabei werden die in den alltäglichen moralischen Intuitionen enthaltenen Prinzipien ermittelt, um an diesen wiederum die Praxis zu messen. In ihrem Bemühen um ethische Wahrheit unterscheidet sich Ethik als normative Wissenschaft von Sittengeschichte, Verhaltenssoziologie, aber auch vom Recht.

2.3 Normative Ethik und Fundamentalethik

Die Aufgabe der Ethik – so ist deutlich geworden – besteht darin, konkrete Handlungsnormen der faktisch gelebten Moral auf die Tragfähigkeit ihrer Begründungen hin zu überprüfen. Dabei kommt es jedoch immer wieder vor, dass man zu keinem Konsens darüber gelangt, was begründeterweise und in Wahrheit als verantwortlich und als unverantwortlich zu gelten hat. So scheint etwa in der gegenwärtigen Diskussion darüber, ob es Fälle gibt, in denen auch aktive Sterbehilfe ethisch erlaubt sein kann, kein Konsens erzielt werden zu können.

Dissens in der Begründung einzelner Normen → Frage nach Begründungsverfahren

1. Für einen solchen Dissens kann es unterschiedliche Gründe geben. Der Grund dafür kann zum Beispiel darin liegen, dass nicht alle relevanten Fakten berücksichtigt wurden, oder auch darin, dass man die Fakten unterschiedlich gewichtet. Der Grund kann aber auch darin liegen, dass man bereits in der elementaren Frage, wie moralische Normen überhaupt angemessen zu begründen sind, unterschiedlicher Auffassung ist und eine unterschiedliche Art der Normbegründung anwendet.

- So kann man sich beispielsweise auf ein grundlegendes moralisches *Prinzip* berufen, von dem her bestimmte Handlungen verboten sind. Im Blick auf die Frage der aktiven Sterbehilfe könnte man etwa sagen: Das Leben von Menschen darf nicht angetastet werden; deshalb kann eine aktive und beabsichtigte Tötung nicht erlaubt sein. Oder man argumentiert: Die Achtung der Würde des Menschen verlangt, dass man seine Autonomie und seinen Willen respektiert und erfüllt; in Situationen des unerträglichen Leids kann es daher geboten sein, einem Menschen, der es wünscht, das Leben zu nehmen. Im religiösen Kontext könnte man sagen: Nur Gott ist der Herr des menschlichen Lebens; Töten ist gegen den Willen Gottes, wie er in der Heiligen Schrift bezeugt ist.
- Man kann aber auch die *Folgen* der Handlung bedenken und als relevant für ihre ethische Bewertung ansehen. Dann könnte man sagen: Wenn man aktive Sterbehilfe erlaubt, führt das zu einem Dammbruch, und es werden auch Menschen getötet, die dies nicht wirklich oder gar nicht wollen. Oder man argumentiert: Die Möglichkeit auch der aktiven Sterbehilfe führt zu einem angstfreieren Umgang mit dem eigenen Tod und dazu, das eigene Sterben annehmen zu können.
- Schließlich könnte man auch sagen, das müsse jeder selbst entscheiden nach seinem persönlichen *Gefühl*. In solchen Fragen könne man keine allgemeinen Regeln aufstellen, sie müss-

ten vielmehr individuell und situationsgemäß entschieden werden.

Ethos, normative Ethik und Fundamentalethik

2. Bevor man sich deshalb weiter darüber streitet, welche Handlungsoption richtig ist, stellt sich die Frage, wie man Handlungsnormen überhaupt als richtig oder falsch, verantwortlich oder unverantwortlich erweisen kann. Der Diskurs bezieht sich nicht mehr auf die *inhaltliche* Frage, ob sich einzelne Handlungsnormen als begründet erweisen lassen, sondern auf die *methodische* Frage, wie man überhaupt ethische Normen begründen kann. Nicht mehr die Begründung konkreter Einzelnormen steht zur Debatte, sondern die Begründung des jeweiligen Normbegründungsverfahrens selbst. Es ist zu klären, welches Verfahren das angemessene und richtige ist.

Ausgehend von dieser Einsicht lässt sich deshalb innerhalb der Ethik die grundlegende Unterscheidung zwischen *normativer Ethik* bzw. spezieller oder auch angewandter Ethik einerseits und *Fundamentalethik* bzw. allgemeiner Ethik andererseits treffen.

Begründung des Normbegründungsverfahrens	Fundamentalethik Allgemeine Ethik
⇓	
Begründung konkreter Handlungsnormen	Normative Ethik Spezielle / angewandte Ethik
⇓	
Faktische Normen Ethos / Moral / Sitte	Moralische Wertvorstellungen

Felder der normativen Ethik

3. Normative bzw. spezielle oder auch angewandte Ethik umfasst eine Fülle von verschiedenen Feldern, auf denen sich heute normative Fragen stellen. Solche Felder sind etwa:

- Medizinische Ethik (würdiges Sterben, Organspende, Umgang mit embryonalem menschlichen Leben, Verteilung finanzieller Ressourcen ...),
- Wirtschaftsethik (Gerechtigkeit im Welthandel, Arbeit und Arbeitslosigkeit, Finanzgeschäfte ...),
- Medienethik (Wahrheit der Berichterstattung, Intimität im Fernsehen, Internet, Videospiele ...),
- Sexual- und Beziehungsethik (verantwortete Sexualität, eheliche Treue, Umgang mit Beziehungskrisen ...).

Weitere Felder der speziellen Ethik sind: Technikethik, Umweltethik bzw. ökologische Ethik, Tierethik, Wissenschaftsethik, Friedensethik ...

Aufgaben der Fundamentalethik

Die Fundamentalethik bzw. allgemeine Ethik dagegen beschäftigt sich mit den Grundlagen moralischen Urteilens und Handelns.

- Sie muss klären, ob sich moralische Normen überhaupt allgemein verbindlich und universal gültig begründen lassen. Sie muss klären, ob moralische Normen etwas dem Menschen objektiv Vorgegebenes und deshalb auch Erkennbares sind, oder ob sie lediglich auf subjektiven Gefühlen, individuellen Entscheidungen oder gesellschaftlichen Festlegungen und Konventionen beruhen und deshalb auch nicht erkennbar sind. Entsprechend lässt sich zwischen *kognitivistischen* und *non-kognitivistischen* Ansätzen in der Fundamentalethik unterscheiden.
- Im Rahmen dieser Überlegungen ist auch zu klären, was mit den Ausdrücken moralischer Sprache – also etwa mit „gut“, „böse“, „sollen“, „Pflicht“ usw. – überhaupt gemeint ist. Diese Aufgabe nimmt innerhalb der Fundamentalethik die Analytische Ethik bzw. Metaethik wahr.
- Schließlich muss die Fundamentalethik klären, ob dem Menschen überhaupt ethisches Handeln möglich ist, ob wir überhaupt nach ethischen Normen handeln können. Dazu muss sie erörtern, ob wir in unserem Handeln hinreichend frei oder durch äußere Bedingungen und Vorgaben vollständig determiniert sind. Nur wenn wir frei sind, kann sinnvollerweise davon gesprochen werden, dass wir gut und verantwortlich handeln sollen. Zugleich hängt damit auch die Frage nach der Möglichkeit moralischer Schuld zusammen. Nur wenn wir in unserem Handeln frei sind, können wir auch dafür verantwortlich gemacht und ggf. moralisch schuldig werden.

Zusammenfassung

Innerhalb der Ethik lässt sich zwischen normativer Ethik und Fundamentalethik unterscheiden. Während sich die normative Ethik um die Begründung von normativen Aussagen und Handlungsoptionen im Blick auf konkrete Fragen unserer Verantwortung bemüht, geht es in der Fundamentalethik um methodische Fragen, die der normativen Ethik zu Grunde liegen. Sie fragt danach, welches Normbegründungsverfahren angemessen ist und versucht dies zu begründen.

2.4 Non-Kognitivismus und Kognitivismus

Während kognitivistische Ansätze der Ethik davon ausgehen, dass moralische Werte und Normen etwas dem Menschen objektiv Vorgegebenes sind und als solche von ihm erkannt und damit als universal gültig ausgewiesen werden können, nehmen non-kognitivistische Ansätze eine solche Vorgegebenheit und Erkennbarkeit gerade nicht an. Für den Non-Kognitivismus lassen sich moralische Werturteile und Normen nicht als objektiv und damit als universal gültig erweisen.

Non-kognitivistische Ansätze der Ethik: – Emotivismus

1. Für den *Emotivismus* – Vertreter sind vor allem: David Hume (1711–1776), Alfred J. Ayer (1910–1989), Charles L. Stevenson (1908–1979) – sind moralische Werturteile und normative Aussagen Ausdruck eines subjektiven Gefühls bzw. einer Emotion. Aussagen wie „Du sollst nicht töten!“ oder „Das Quälen von Tieren ist böse!“ bedeuten deshalb nichts anderes als: „Ich finde töten schrecklich“ bzw. „Es missfällt mir, wenn Tiere gequält werden“. Moralische Urteile haben in diesem Verständnis die Funktion, Gefühle zu äußern, und sollen dadurch andere zu bestimmtem Tun oder Unterlassen motivieren. Sie sind Instrumente, um über das Gefühl Einfluss auf das Wollen und Handeln anderer Menschen zu nehmen. Sie haben jedoch – im Unterschied zu Tatsachenaussagen – keinen Wahrheitsanspruch, der mit Hilfe der Vernunft anhand der Wirklichkeit überprüft werden kann. Sie können lediglich in dem Sinne falsch oder unangemessen sein, dass das ihnen zu Grunde liegende Gefühl auf falschen Annahmen über Tatsachen in der Wirklichkeit beruht.

– Dezisionismus

Auch der *Dezisionismus* – Vertreter sind vor allem: Richard M. Hare (1919–2002), Hans Albert (*1921) – geht davon aus, dass sich moralische Urteile und Normen nicht als objektiv und universal gültig ausweisen lassen. Konkrete moralische Einzelurteile (z.B. „Du solltest dich nicht von deiner Frau und deinen Kindern trennen“) ließen sich nur auf letzte moralische Prinzipien („Versprechen muss man halten“) zurückführen oder daraus ableiten. Diese Prinzipien selbst aber könnten nicht mehr allgemein einsichtig gemacht werden. Es seien Grundsätze, die man in einer persönlichen Wertentscheidung (Dezision) für sich übernehme. Eine rationale Diskussion über die Angemessenheit moralischer Urteile kann lediglich darüber geführt werden, ob diese normativen Aussagen in der Wirklichkeit realisierbar, ob sie untereinander widersprüchlich und ob sie konsistent – also der herkömmlichen Wirklichkeitserfahrung nicht widersprechend – sind. Auch lässt sich darüber diskutieren, ob sich moralische Normen im gesellschaftlichen Zusammenleben bewähren oder nicht. Dies bedeutet aber nicht, dass sie selbst als objektiv richtig oder falsch erwiesen werden.

– Kontraktualismus

Der *Kontraktualismus* – Vertreter sind vor allem: John L. Mackie (1917–1981), Norbert Hoerster (*1937) – schließlich hält moralische Werturteile und Normen nur insofern für begründbar, als sie sich als Ergebnis einer Festlegung oder Vereinbarung (eines Kontraktes) der Mitglieder einer Gemeinschaft zur Wahrung ihrer elementaren Interessen verstehen lassen. Diese Festlegung wird dabei nicht als konkreter historischer Akt verstanden; dennoch lässt sich die Geltung von Normen als eine Art Vertragsschluss (Kontrakt) aller Mitglieder der Gemeinschaft rekonstruieren. So ist etwa das Tötungsverbot nicht in einer objektiven und erkennbaren Wertvorgabe für den Menschen begründet, sondern allein darin, dass die allermeisten Menschen ein größeres Interesse daran haben, dass ihr Leben und das Leben der ihnen nahestehenden Personen geschützt ist, als daran, gelegentlich einen missliebigen Menschen zu töten. Auf diese Weise kann zwar nicht die objektive Geltung einzelner Urteile und Normen erkannt, wohl aber deren faktische intersubjektive Geltung einsichtig gemacht werden.

Reine Subjektivität ethischer Urteile widerspricht unseren moralischen Intuitionen

2. Was lässt sich zu diesem Ansatz einer non-kognitivistischen Ethik, wonach moralische Wertaussagen und Normen lediglich subjektive Stellungnahmen sind, sagen? Sicher hat der Non-Kognitivismus darin recht, dass sich moralische Werte und Normen nicht auf Tatsachen, Sollens-Aussagen nicht auf Ist-Aussagen zurückführen und deshalb auch nicht nach der Art von Sachverhalten erkennen lassen. Andererseits lässt sich dagegen einwenden, dass es unseren üblichen und alltäglichen Intuitionen widerspricht, moralische Normen oder Urteile wie etwa „Du sollst nicht töten", „es ist verwerflich, Kinder zu missbrauchen" oder „Du sollst nicht lügen" lediglich in dem Sinne zu verstehen, dass sie bedeuten: „Es missfällt mir, andere Menschen zu töten", „Ich bin dafür, dass Kinder nicht missbraucht werden", „Es ist in meinem Interesse, dass man die Wahrheit sagt". Demgegenüber empfinden wir es durchaus als sinnvoll, dass wir moralische Aussagen gegenüber anderen als unbedingt gültig behaupten, dass wir zu Recht bestreiten, dass man Menschen diskriminieren oder Kinder missbrauchen darf. Wir sind intuitiv der Auffassung, dass sich solche Urteile von bloßen Geschmacksurteilen unterscheiden. Wir sind der Auffassung, dass es sich nicht nur um bloße Gefühlsäußerungen, persönliche Wertentscheidungen oder einen Akt der Interessenwahrung handelt, sondern dass es möglich ist, diese

Urteile und Normen auch in allgemein einsichtiger und objektiv gültiger Weise zu begründen.[3] Jürgen Habermas hat in diesem Sinne gegen den Non-Kognitivismus darauf hingewiesen, dass bereits die Tatsache, dass wir uns angesichts der Verletzung moralischer Normen, Gebote oder Verbote empören können, ein Indiz dafür ist, dass es hier um wahrheitsfähige und damit rational diskutierbare Aussagen geht.[4]

Kognitivistische Ansätze der Ethik:

3. Gegenüber dem Non-Kognitivismus liegt kognitivistischen Ansätzen in der Ethik die Auffassung zu Grunde, dass sich moralische Werturteile und Normen mit Hilfe der Vernunft als etwas objektiv Gültiges und dem Menschen Vorgegebenes und Erkennbares – und nicht von ihm erst Geschaffenes oder Festgelegtes – ausweisen lassen. Dabei lassen sich zwei Grundmodelle unterscheiden, wie die Vorgegebenheit und der entsprechende Erkenntnisakt gedacht werden kann. Während in einem ersten Modell bereits die konkreten *Inhalte* moralischer Werte und Normen als vorgegeben betrachtet werden, wird in einem zweiten Modell lediglich ein *Verfahren* zur Findung und Begründung moralischer Urteile und Normen als vorgegeben verstanden.

– Intuitionismus

– Als Beispiel für das erste Modell lässt sich der *Intuitionismus* anführen – Vertreter ist etwa: Max Scheler (1874–1928). Demzufolge sind moralische Werte etwas objektiv – also unabhängig vom Menschen und seinem Erkennen und Wollen – Existierendes und können durch eine spezifische Art der Erkenntnis (z.B. eine Wertschau oder Intuition) eingesehen werden. Als weiteres Beispiel kann der ethische Ansatz beim *sittlichen Naturgesetz* angeführt werden – Vertreter sind etwa: Aristoteles (384–322 v. Chr.), Thomas von Aquin (1224/25–1274), Robert Spaemann (*1927). Danach sind dem Menschen mit seiner Natur bereits bestimmte Zielausrichtungen vorgegeben, die inhaltlich bestimmen, worin moralisches und unmoralisches Handeln besteht.

---

3 Vgl. dazu ausführlich auch: RICKEN, Friedo: Allgemeine Ethik, Stuttgart [4]2003, 57-60.

4 Vgl. HABERMAS, Jürgen: Moralbewußtsein und kommunikatives Handeln, Frankfurt am Main 1983, 59: „Es besteht offenbar ein interner Zusammenhang zwischen einerseits der Autorität geltender Normen und Gebote, der Verpflichtung der Normadressaten, das Gebotene zu tun und das Verbotene zu lassen, und andererseits jenem unpersönlichen Anspruch, mit dem Handlungsnormen und Gebote auftreten: daß sie zu Recht bestehen. Die Empörung und der Vorwurf, die sich gegen die Verletzung von Normen richten, können sich letztlich nur auf einen kognitiven Gehalt stützen."

- Ein Beispiel für das zweite Modell ist der *Kategorische Imperativ* Immanuel Kants (1724–1804): „Handle nur nach der Maxime, durch die du zugleich wollen kannst, dass sie ein allgemeines Gesetz werde."[5] Dieser Kategorische Imperativ fordert dazu auf, einen bestimmten Handlungsgrundsatz (Maxime) – etwa: „Ich will mir durch Lügen einen Vorteil verschaffen" – dadurch auf seine moralische Erlaubtheit oder Unerlaubtheit hin zu überprüfen, dass man ihn dem Verfahren der Universalisierung (Verallgemeinerung) unterzieht. Auf diese Weise kann man die genannte Maxime als unerlaubt erkennen und begründen: Wenn nämlich alle so handeln würden, würde einem niemand mehr etwas glauben und man könnte sich auch durch Lügen keinen Vorteil mehr verschaffen. Das Verfahren der Universalisierung spielt auch in der *Diskursethik* – Vertreter ist vor allem: Jürgen Habermas (*1929) – die entscheidende Rolle, allerdings wird diese Universalisierung hier nicht wie bei Kant durch ein Gedankenexperiment des Einzelnen erzielt, sondern durch einen realen Diskurs aller Betroffenen, in dem sich alle als gleichberechtigte Partner anerkennen und sich auch in die Rolle aller von der jeweils zur Diskussion stehenden Norm Betroffenen hineinversetzen.

– Kants Kategorischer Imperativ

– Diskursethik

Zusammenfassung

Im Rahmen der Fundamentalethik kann man grundlegend zwischen kognitivistischen und non-kognitivistischen Ansätzen unterscheiden. Während kognitivistische Ansätze davon ausgehen, dass sich ethische Normen erkennen und mit Hilfe rationaler Argumente allgemein nachvollziehbar begründen lassen, gehen non-kognitivistische Ansätze davon aus, dass ethische Aussagen keine objektivierbare Erkenntnis, sondern ein subjektives Gefühl zum Ausdruck bringen, auf einer nicht restlos begründbaren Entscheidung beruhen oder das Ergebnis einer faktischen Einigung in der Gesellschaft darstellen.

2.5 Deontologische und teleologische Normbegründung

Innerhalb des kognitivistischen Ansatzes in der Ethik, dass sich moralische Normen mit rationalen Argumenten als objektiv gültig ausweisen lassen, können weiterhin zwei grundlegend verschiedene Begründungstheorien unterschieden werden,

[5] KANT, Immanuel: Grundlegung zur Metaphysik der Sitten, BA 51/52.

nämlich deontologische und teleologische (bzw. konsequentialistische).[6]

Bedeutung der Handlungsfolgen im ethischen Urteil

Der Unterschied besteht darin, dass teleologische (vom griech. *to télos* = Ziel, Folge) bzw. konsequentialistische (vom lat. *consequi* = folgen) Ansätze ausschließlich von den Folgen einer Handlung her begründen, ob diese Handlung moralisch gut oder schlecht, richtig oder falsch, erlaubt oder unerlaubt ist, während deontologische (vom griech. *to déon* = Pflicht) Ansätze die Gültigkeit von moralischen Normen unabhängig von den jeweiligen Folgen, die sich aus einer Handlung ergeben, begründen. Während es in einer teleologischen Theorie stets um die Abwägung von guten und schlechten Folgen, von Nutzen und Schaden einer Handlung geht, ist eine solche Abwägung in einer deontologischen Theorie nicht möglich. Hier kommt es vielmehr zur Identifizierung von bereits „in sich" schlechten Handlungen, von denen gilt, dass sie auch durch noch so gute Folgen nicht gerechtfertigt werden können (der gute Zweck heiligt nicht das schlechte Mittel).

Beispiel deontologischer Normbegründung

1. So gilt etwa im Rahmen deontologischer Ansätze der Normenbegründung die Lüge immer als ethisch unerlaubt und unter keinen Umständen zu rechtfertigen, selbst dann nicht, wenn man dadurch das Leben eines zu Unrecht Verfolgten retten könnte.

- Augustinus (354–430)[7] argumentiert dafür, dass die Lüge, also die Falschaussage mit der Absicht zu täuschen, einen Widerspruch gegen die Ausrichtung des Menschen auf die Erkenntnis der Wahrheit darstellt, die ihm durch die Schöpfung mitgegeben wurde. In jeder Einzellüge zeigt sich diese grundsätzliche Verweigerung gegenüber der eigenen, von Gott vorgegebenen Bestimmung. Sie bedeutet daher einen Verstoß gegen Gott und einen Schaden an der eigenen Seele.
- Immanuel Kant begründet diese Position damit, dass die Lüge gegen die natürliche Zwecksetzung der Sprache verstößt. Sie stellt einen Missbrauch der Sprache dar und damit letztlich einen Verstoß gegen die Würde der Menschheit in der eigenen Person.[8]

Beispiel teleologischer Normbegründung

Im Rahmen einer teleologischen Normenbegründung dagegen kann es durchaus als ethisch erlaubt angesehen werden, einen ungerecht Verfolgten durch eine Lüge zu retten, dann nämlich,

---

6 Zur Terminologie vgl. FRANKENA, William K.: Analytische Ethik, München 1972, 32-37.

7 Vgl. AUGUSTINUS, Aurelius: Die Lüge und Gegen die Lüge, übertragen und erläutert von P. Keseling, Würzburg 1953.

8 Vgl. KANT, Immanuel: Über ein vermeintliches Recht aus Menschenliebe zu lügen, A 301-314.

wenn die Folgen insgesamt positiver sind als bei der strikten Einhaltung des Lügenverbots.

- Ein prominenter teleologischer bzw. konsequentialistischer Ansatz in der Ethik ist der Utilitarismus – klassische Vertreter sind: Jeremy Bentham (1748–1832), John Stuart Mill (1806–1873), Henry Sidgwick (1838–1900), zeitgenössischer Vertreter: Dieter Birnbacher (*1946). Danach sind all diejenigen Handlungen ethisch gerechtfertigt und richtig, die sich als nützlich (utilis) erweisen im Hinblick darauf, das größtmögliche Glück der größtmöglichen Zahl von Menschen zu verwirklichen. Entscheidend sind in diesem Ansatz allein die Konsequenzen und das Ergebnis der Handlung, nicht die Art der Handlung selbst. Ob die Lebensrettung durch eine ausdrückliche Lüge oder durch das Verschweigen der Wahrheit geschieht, ist für den Utilitarismus ethisch irrelevant. Ebenso ist es in dieser Sicht zunächst grundsätzlich gleichgültig, ob Sterbehilfe durch aktives Tun oder durch passives Unterlassen verursacht ist. Allein die unterschiedlichen Folgen des Verbots oder der Erlaubnis aktiver Sterbehilfe können eine unterschiedliche Bewertung aktiver und passiver Sterbehilfe begründen.

Unrecht muss identifizierbar sein

2. Das berechtigte Anliegen des deontologischen Ansatzes besteht darin, moralisches Unrecht – etwa die Verbrechen in der Zeit der Nazi-Herrschaft oder auch einzelne Handlungen wie Kindesmissbrauch, Menschenhandel, Zwangsprostitution oder Folter – auch als Unrecht identifizieren und benennen zu können, ohne es dann doch wieder durch Hinweis auf ungünstige Umstände oder mögliche gute Folgen zu relativieren. Gerade um der Opfer solcher Verbrechen willen ist es unverzichtbar, dass sich solche Handlungen eindeutig – gegen jeden Relativierungsversuch – als Unrecht festhalten lassen.

Problem des Rigorismus

Andererseits kann dieser Ansatz auch zu ethischen Bewertungen führen, die als rigoristisch und unmenschlich empfunden werden. Außer auf das Beispiel des Lügenverbots trotz möglicher Lebensrettung lässt sich hier auf die Diskussion um die Sterbehilfe verweisen. Kann man wirklich kategorisch am Verbot der Tötung eines Menschen festhalten, auch wenn der Patient unerträglich leidet und in auswegloser Situation den dringenden Wunsch zu sterben äußert? Die Mittel, mit denen eine deontologische Ethik dazu Ausnahmen vom Tötungsverbot zu begründen versucht hat – etwa die Unterscheidung zwischen aktiver und passiver bzw. zwischen direkter und indirekter Sterbehilfe –, sind heute in der ethischen Diskussion fragwürdig geworden.

Situationsbezogenheit ethischer Urteile

3. Die Bedeutung des teleologischen Ansatzes besteht darin, dass er der Geschichtlichkeit und Wandelbarkeit von Normen sowie der Situationsbezogenheit ethischer Entscheidungen und Urteile gerecht wird. Spielen nämlich die realen Folgen einer Handlung die zentrale Rolle für deren ethische Bewertung, so ist klar, dass gleiche Handlungen entsprechend den Umständen, etwa entsprechend den gewandelten gesellschaftlichen, geschichtlichen oder kulturellen Gegebenheiten, aber auch entsprechend der jeweiligen konkreten Situation, in der man etwas tut, unterschiedlich bewertet werden können.

Dadurch kann es berechtigterweise eine geschichtliche Entwicklung von ethischen Normen geben: Wertvorstellungen, die zu einer bestimmten Zeit sinnvoll und hilfreich waren, können sich unter anderen gesellschaftlichen Gegebenheiten als destruktiv herausstellen. Das Festhalten an der Auffassung etwa, pflegebedürftige Eltern müssten immer in der Familie betreut werden und dürften nicht in einem Pflegeheim untergebracht werden, kann in der heutigen Situation vieler Familien zu hoffnungsloser Überforderung führen. Auch können sich Handlungsoptionen, die sich zunächst zu bewähren oder ethisch unproblematisch zu sein scheinen, langfristig als unverantwortlich herausstellen.

Gesinnungsethik – Verantwortungsethik

Im Rahmen dieses ethischen Ansatzes ist es allerdings auch geboten, sich so gut es geht um Kenntnis der möglichen zukünftigen Folgen des eigenen Handelns zu bemühen. Es wäre unverantwortlich, sich auf eine reine *Gesinnungsethik* zurückzuziehen. Es reicht nicht aus, eine gute Absicht zu haben, sondern es kommt auch darauf an, dass der Wert, den man durch sein Handeln zu verwirklichen beabsichtigt, unter den realen Gegebenheiten der Welt und der Gesellschaft auch tatsächlich verwirklicht und nicht gemindert oder untergraben wird. Für eine solche *Verantwortungsethik* haben deshalb auch Sachkenntnis (etwa im Blick auf Risikoabschätzung bei medizinischen Eingriffen) und konkrete Erfahrung mit den Tatsachen, also auch Empirie und Statistik, eine entscheidende Bedeutung für ein verantwortliches Urteilen und Entscheiden.

Zusammenfassung

Rationale Begründung ethischer Normen kann auf verschiedene Weise unternommen werden. Im Rahmen einer teleologischen Normbegründung wird die ethische Erlaubtheit oder Unerlaubtheit einer Handlung allein von den Folgen her begründet, im Rahmen einer deontologischen Normbegründung spielen die Folgen nicht die allein entscheidende Rolle. Vielmehr kann eine Handlung auch dann als unerlaubt gelten, wenn sie um eines guten Zieles willen geschieht. Die deontologische Normbegründung macht deutlich, dass es Verbrechen gibt, die man nicht durch Verweis auf gute Folgen wieder rechtfertigen kann. Die teleologische Normbegründung macht deutlich, dass ethische Entscheidungen in einer situationsgerechten Abwägung bestehen müssen, um nicht rigoristisch zu werden.

2.6 Pflichtethik und Tugendethik

Die bisher besprochenen kognitivistischen Normbegründungstheorien sollen ein begründetes Urteil darüber ermöglichen, was ethisch richtig und falsch, erlaubt und unerlaubt ist. Damit ist auf die Frage eingegangen, *was* man tun soll, wenn man ethisch und verantwortlich handeln will. Die Frage allerdings, *warum* man überhaupt ethisch und verantwortlich handeln soll, ist damit noch nicht in den Blick gekommen. Ausgehend von dieser Frage lässt sich auf eine weitere Unterscheidung innerhalb der fundamentalethischen Ansätze verweisen, nämlich auf die Unterscheidung zwischen *Pflichtethik* und *Tugendethik*, die die Frage, warum man ethisch handeln soll, grundlegend anders beantworten.

Pflichtethik und die Erfahrung unbedingten Sollens

1. Das Modell der Pflichtethik geht davon aus, dass der ethische Anspruch in der Form eines objektiven „Sollens" dem Menschen mit all seinen jeweiligen Bedürfnissen und Strebungen gegenübertritt und ihn über seine natürlichen Antriebe hinaus zur Erfüllung des Gesollten aufruft.

– Als Beispiel für einen solchen pflichtethischen Ansatz lässt sich die – vom preußischen Gedanken der Pflichterfüllung geprägte – Ethik Immanuel Kants anführen. Für Kant nämlich kann das moralisch Gebotene gerade nicht in solchen Handlungsoptionen (Maximen) bestehen, die sich aus den konkreten natürlichen Neigungen des Handelnden ergeben und begründen lassen, sondern nur in solchen Maximen, die der Form nach dem Anspruch der Verallgemeinerbarkeit genügen. Diese Handlungsoptionen sind dann als *kategorischer* Imperativ, also unbedingt, geboten und ohne Wenn und Aber zu erfüllen. Echte Moralität – im Gegensatz zu bloß äußerlicher Legalität – besteht für Kant darin, dass man das kategorisch Gebotene, also die Pflicht um ihrer selbst willen erfüllt und nicht bloß deshalb, weil es Vorteile bringt oder Unannehmlichkeiten vermeidet.

In diesem Ansatz bleibt allerdings zum einen das Problem offen, wie ein solches kategorisches Sollen überhaupt begründet werden kann, zum anderen die Frage unbeantwortet, wie man Menschen

Problem der Motivierung zum Tun der Pflicht

zu solcher Pflichterfüllung und zum unbedingten Gehorsam gegenüber dem kategorisch Gesollten motivieren kann. Wie kann man Menschen dazu bewegen, auch dann die Pflicht zu erfüllen, wenn man dabei Nachteile in Kauf nehmen muss? Wie kann man dazu motivieren, lieber Unrecht zu leiden als Unrecht zu tun?

Mögliche Antworten auf diese Frage sind etwa: dass man – wie Kant sagt – sich dadurch für das Glück würdig macht; dass man dadurch in den Himmel kommt; dass man dadurch seiner Bestimmung als Vernunftwesen entspricht; dass man sich so für eine künftige bessere Welt einsetzt. Bei solchen Antworten bleibt jedoch das Unbehagen, dass sie doch wieder beim Streben des Menschen und seinen Neigungen ansetzen.

Tugendethik setzt beim Glück des Menschen als Motivation an

2. Das Modell der Tugendethik geht demgegenüber von vornherein einen anderen Weg. Es setzt nicht bei einem abstrakten und dem Menschen gegenübertretenden Sollen an, sondern gerade beim Streben des Menschen nach dem, was für ihn ein Gut darstellt, beim Streben des Menschen nach seinem Glück.

– Alle Menschen streben in ihrem Handeln nach dem Guten und nach dem Glück, so macht Aristoteles am Beginn seiner Nikomachischen Ethik klar. Fragt man aber, worin dieses Glück besteht, so gibt es dazu sehr unterschiedliche Auffassungen. Die Antwort auf die Frage nach dem Glück, die Aristoteles schließlich findet, lautet, dass das Glück des Menschen in der Verwirklichung dessen zu sehen ist, was den Menschen im Wesentlichen ausmacht. Für Aristoteles beinhaltet dies zunächst sehr konkret ein Leben ohne Krankheit und materielle Sorgen, in der Gemeinschaft von Freunden und in der Polis; schließlich aber sieht er das vollkommene Glück in der Betätigung des spezifisch menschlichen Vermögens, nämlich der Vernunft: in der Betrachtung der ewigen Wahrheiten. Der Weg zu diesem Glück führt über die Vervollkommnung der natürlichen Anlagen und Fähigkeiten des Menschen, zur Ausbildung der Tugenden, etwa der Besonnenheit oder der Tapferkeit, der Gerechtigkeit und der Klugheit (Kardinaltugenden).

Mit diesem Ansatz bei dem bereits bestehenden Streben des Menschen nach Glück und Gutem vermeidet die Tugendethik von vornherein das Problem, wie man zum ethischen Handeln motivieren kann. Allerdings besteht bei diesem Ansatz die Gefahr, dass ein bestimmtes zeit- oder kulturbedingtes Idealbild des Menschen vorausgesetzt wird, das sich jedoch in anderen Zusammenhängen in Frage stellen lässt. Es kann Menschen unter Druck setzen oder auf ethisch Fragwürdiges festlegen. Auch die Berufung auf Strebungen und Güter des Menschen, auf die er von

Problem der Konkretisierung des Glücks

Natur aus hingeordnet sei, ist problematisch. Denn wie lassen sich solche natürlichen Zielsetzungen wissenschaftlich erheben, ohne ideologisch zu werden?

Sicher ist es richtig, dass das Streben des Menschen und das, was für ihn ein Gut darstellt, nicht beliebig wählbar, sondern auch biologisch vorgegeben ist. Dennoch lässt sich daraus noch nicht begründen, dass es auch ethisch richtig ist, diese Güter immer und in jedem Fall zu erstreben. Möglicherweise muss man Abwägungen vornehmen, womit sich die Frage nach dem Kriterium verantwortlicher Abwägung stellt. Diese Frage kann aber nicht wieder durch Verweis auf die natürlichen Strebungen beantwortet werden.

Unterscheidung: Gerechtigkeit und gutes Leben

3. In der gegenwärtigen Ethik wird versucht, den Gegensatz von Pflichtethik und Tugendethik durch die Unterscheidung von *Gerechtigkeit* und *gutem Leben* als zwei unterschiedlichen Bezugsfeldern der Ethik zu überbrücken. Dabei wird die Tugendethik dem Bereich des guten Lebens des Einzelnen zugewiesen, während die Pflichtethik dem Bereich der gerechten Strukturen und Bedingungen des gesellschaftlichen Zusammenlebens zugeordnet wird. Während die Herstellung und Wahrung gerechter Strukturen der Gesellschaft, die auch die möglichst ausgedehnte Entfaltung eines individuellen guten Lebens ermöglichen, – also etwa die Wahrung der Menschenrechte – für alle unbedingt verpflichtend ist, ist die Frage des guten Lebens dem Einzelnen, seinem Streben nach Glück und seiner – allerdings immer auch auf die Gemeinschaft bezogenen und sich im Kontext der Gemeinschaft herausbildenden – Identität überlassen.

4. In der Tradition der Ethik wurde eine ähnliche Unterscheidung zwischen *positiven* und *negativen* Normen getroffen. Während negativ formulierte Verbote – etwa „Du sollst nicht töten" – immer und in jedem Fall einzuhalten sind und auch eingehalten werden können, ist dies bei positiven Geboten – etwa „Du sollst dazu beitragen, die Not in der Welt zu lindern" – nicht der Fall. Sie können gar nicht vollständig erfüllt werden, ohne zur rigoristischen Überforderung zu werden, sondern lassen erheblichen Spielraum für die individuelle Gestaltung.

Zusammenfassung

Im Ansatz einer Pflichtethik wird zwar die Erfahrung der Unbedingtheit des ethischen Anspruchs und Sollens zur Geltung gebracht, es bleibt aber das Problem, wie man Menschen motivieren kann, diesen Anspruch auch zu erfüllen. Im Ansatz einer Tugendethik ist diese Frage dadurch gelöst, dass bereits vom Guten her gedacht wird, das der Mensch immer schon erstrebt. Dabei bleibt jedoch das Problem, dass das Gute entweder auf das individuell Erstrebenswerte reduziert wird und damit kein ethischer Anspruch mehr besteht, oder das Gute als Vorgegebenheit für den Menschen verstanden wird, sich damit aber das Problem der Aufweisbarkeit solcher Vorgaben stellt.

2.7 Freiheit und Schuld

Die Begründung ethischer Normen und Werte, die Rede von Pflicht und vom Guten ist freilich nur dann sinnvoll, wenn wir zugleich annehmen, dass wir uns frei zwischen Handlungsalternativen entscheiden können. Zur Fundamentalethik gehört deshalb auch die Aufgabe, die Möglichkeit der Freiheit des Menschen aufzuweisen.

Handlungsfreiheit vs. Willensfreiheit

1. Im Blick auf den Begriff der Freiheit, ist zunächst zwischen Handlungsfreiheit und Willensfreiheit zu unterscheiden.

- *Handlungsfreiheit* besteht darin, dass wir all das, was wir wollen, auch tatsächlich in die Tat umsetzen können. Solche Handlungsfreiheit kann etwa dadurch eingeschränkt sein, dass wir gefesselt oder inhaftiert sind, aber auch dadurch, dass wir unter einer Krankheit oder gar unter einer Lähmung leiden. Sie kann aber auch durch gesellschaftliche Zwänge, durch Notstandsmaßnahmen, Bespitzelung oder Sklaverei genommen werden.
- *Willensfreiheit* dagegen besteht darin, sich ohne Zwang zwischen verschiedenen zur Wahl stehenden Möglichkeiten entscheiden zu können. Wenn ich entweder den Aufzug oder die Treppe nehmen kann, um die drei Stockwerke zu meiner Wohnung zu überwinden, so besteht die Willensfreiheit darin, ohne Zwang zwischen diesen Alternativen wählen zu können. Wenn ich mich für die Treppe entscheide, ist Willensfreiheit nur unter der Voraussetzung gegeben, dass ich mich auch für den Aufzug hätte entscheiden können.

Verhalten und Handeln

2. Ausgehend von der Annahme, dass wir Menschen solche Willensfreiheit besitzen, lässt sich unser Handeln auch von bloßem Verhalten unterscheiden. Von „Verhalten" sprechen wir vor allem bei Tieren, bei denen keine innere Willensfreiheit angenommen wird, sondern deren Tun sich vollständig auf äußere Ursachen oder biologisch fundierte Reaktionsmuster zurückführen lässt. Auch beim Menschen wird im Rahmen der natur- oder sozialwissenschaftlichen Anthropologie von Verhalten gesprochen, weil das Tun des Menschen hier ebenfalls von seinen vor-

gegebenen Ursachen her verständlich gemacht werden soll. Die Möglichkeit von Willensfreiheit kommt hier nicht in den Blick, ja sie wird sogar bestritten. In der philosophischen Anthropologie wird demgegenüber beim Menschen zwischen Verhalten und Handlung unterschieden.

- Von Verhalten lässt sich bei all dem Tun sprechen, das unbewusst, instinktiv, automatisiert nach dem Reiz-Reaktions-Schema abläuft. Rein von außen, aus der Beobachterperspektive, lässt sich solches menschliches Tun wie das Verhalten von Tieren vollständig beschreiben und erklären.
- Wenn dagegen von einer Handlung im eigentlichen Sinne die Rede ist, ist im Blick, dass der Mensch bei seinem Tun nicht nur faktisch ein Ziel hat, sondern dass er auch um dieses Ziel weiß, dass er weiß, dass dieses Ziel das Ziel seines Tuns ist, und dass er zu diesem Ziel seines Tuns Stellung nehmen – es billigen oder ablehnen – und dass er sich dafür oder dagegen entscheiden kann. Diese Fähigkeit, die den Menschen vermutlich von den allermeisten Tieren unterscheidet, ist jedoch nicht von außen beobachtbar, sondern nur vom Handelnden selbst aus der Innenperspektive wahrnehmbar.

Actio hominis – actio humana

Auch aus der Innenperspektive gibt es sicher Anteile unseres Tuns, die wir dem Bereich des Verhaltens zurechnen, die automatisiert oder unbewusst ablaufen. Dies ist auch überlebenswichtig. Aber es gibt auch Anteile, die wir als unser eigenes Handeln bezeichnen würden, die auf uns selbst als Subjekt zurückzuführen sind und die auf unserer freien Entscheidung beruhen. Bereits in der Scholastik des Mittelalters wurde entsprechend zwischen der actio hominis (das Handeln des Menschen, zu dem auch alles unwillkürliche Handeln gehört) und der actio humana (spezifisch menschliches Handeln, das ihn vom Tier unterscheidet) differenziert.

3. Dass wir über Willensfreiheit verfügen, wird vielfach bestritten. Gegen die Willensfreiheit spricht, dass sich für unsere Entscheidungen immer Gründe angeben lassen, die erklären, warum wir uns so entscheiden mussten, wie wir es faktisch getan haben. Dass wir uns dabei frei fühlen, sei eine bloße Illusion. Für die Möglichkeit echter Willensfreiheit lässt sich jedoch folgendermaßen argumentieren:

Freiheit ist keine Willkür und schließt Gründe nicht aus

- Dass unsere Entscheidungen von Gründen geleitet sind, spricht noch nicht von vornherein gegen die Willensfreiheit. Würde man erst dann von Willensfreiheit sprechen wollen, wenn man sich völlig spontan und ohne jeden Grund entscheidet, würde es sich um bloße Willkür handeln, die nichts mit mir selbst als dem Handlungssubjekt zu tun hätte und von einem bloßen Zucken nicht zu unterscheiden wäre. Willensfreiheit schließt das Entscheiden nach Gründen nicht aus, sondern setzt es voraus; allerdings müssen es wirklich *meine* Gründe sein, Gründe also, für die ich mich selbst aufgrund eigener rationaler Überlegungen entscheide.

Freiheit besteht darin, bereits zu einem Gut Ja oder Nein sagen zu können

– Aber ist gerade dies bei unserem Entscheiden eben nicht der Fall? Lässt sich – auch bei unseren rationalen Überlegungen – nicht immer, wenn wir uns zwischen Alternativen entscheiden, ein Grund angeben, warum wir uns zwangsläufig für das eine und gegen das andere entschieden haben? Und lässt sich dies nicht immer weiter fortsetzen, bis man schließlich bei biologischen Anlagen oder psychologischen Prägungen angekommen ist? Dagegen lässt sich darauf verweisen, dass wir nicht erst bei Handlungsalternativen eine Wahl haben, sondern bereits im Blick auf ein und dieselbe Handlungsmöglichkeit. Alles, was uns in der Wirklichkeit begegnet, stellt nämlich einerseits immer ein Gut für uns dar, so dass wir uns dafür entscheiden können, andererseits aber auch nur ein relatives Gut mit negativen Seiten, so dass wir uns auch dagegen entscheiden können. Auf diese Weise können wir bereits im Blick auf jede Handlungsoption sagen, dass wir einen rationalen Grund haben, uns dafür zu entscheiden, und einen rationalen Grund, uns dagegen zu entscheiden. Die Entscheidung selbst aber ist durch diese Gründe jeweils nicht erzwungen, sondern frei.

Freiheit als Autonomie und Selbstbestimmung

4. Dies bedeutet nicht, dass wir in unseren faktischen Entscheidungen nicht oft von psychologischen oder biologischen Antrieben geleitet wären. Dennoch lässt sich von einer grundsätzlichen Möglichkeit zu freier Entscheidung und damit von Willensfreiheit ausgehen.

In der Ethik Immanuel Kants wird deshalb in einem weiteren Gedankengang die Verwirklichung dieser möglichen Willensfreiheit darin gesehen, dass wir uns in unserem Handeln nicht von unseren Neigungen, also unseren äußeren Antrieben, Bedürfnissen, Ängsten und Bequemlichkeiten bestimmen lassen, sondern allein vom moralisch Gebotenen, von dem also, was uns unsere eigene Vernunft und das ihr innewohnende Gesetz zu tun aufgibt. Nur dann – so Kant – handeln wir wahrhaft selbstbestimmt (autonom = selbst gesetzgebend) und nicht außengeleitet oder fremdbestimmt (heteronom).

Schuld als freies Wollen des ethisch Schlechten

5. Auf der Basis, dass Willensfreiheit möglich ist, lässt sich dann auch von Schuld im ethischen Sinne sprechen. Damit ist gemeint, dass wir uns frei gegen das entscheiden, was wir selbst als das eigentlich moralisch Gebotene und Gute einsehen.

Um von Schuld im ethischen Sinne sprechen zu können, ist also vorausgesetzt: a) dass wir das, was moralisch geboten und gut ist, klar erkannt haben und b) dass wir tatsächlich die Handlungs- und Willensfreiheit haben, uns dazu zu entscheiden. Sind diese Bedingungen nicht gegeben, kann man von Schuld im ethischen Sinne entweder nur in eingeschränktem Maße oder überhaupt nicht sprechen.

Schuld in diesem ethischen Sinne ist zu unterscheiden von: a) Schuld im *juristischen* Sinne: man hat für Schäden zu haften, die man verursacht hat, auch wenn man dies nicht wollte; b) von psychologischen Schuld*gefühlen*: man kann auch dann Schuldgefühle haben, wenn einen im ethischen Sinne keine Schuld trifft; c) von Schuld im *ontologischen* Sinne: man bleibt hinter den Möglichkeiten seiner Existenz zurück.

Zusammenfassung

Ausgehend von der Unterscheidung zwischen Handlungs- und Willensfreiheit ist für Willensfreiheit charakteristisch, dass der Handelnde um seine Ziele weiß und dazu Stellung nehmen kann. Dadurch unterscheidet sich auch eine menschliche Handlung vom bloßen Verhalten. Die Realität der Freiheit wird vielfach bestritten, lässt sich aber dadurch aufweisen, dass wir Menschen bereits zu jedem einzelnen in der Wirklichkeit begegnenden Gut sowohl Ja sagen können, weil es ein Gut ist, als auch Nein sagen können, weil es nur ein begrenztes Gut ist und auch negative Seiten hat. Für beides gibt es einen rationalen Grund, keine Alternative aber ist so, dass sie einen zwingt.

3. Was ist Theologische Ethik?

Theologische Ethik hat grundsätzlich die gleichen Aufgaben wie die philosophische Ethik. Auch sie reflektiert auf ein Ethos und bemüht sich um begründete Handlungsoptionen. Allerdings bezieht sie sich dabei auf ein Ethos, das vom christlichen Glauben geprägt ist, und bezieht in ihre normativ-ethischen Überlegungen Aussagen zum moralischen Handeln des Menschen mit ein, die sich in der Heiligen Schrift sowie in der lehramtlichen und moraltheologischen Tradition finden. Im Rahmen der theologischen Fundamentalethik gilt es dabei insbesondere die Frage zu klären, welche spezifische Bedeutung der christliche Glaube für das ethische Handeln des Menschen hat. Gibt es etwa aufgrund der christlichen Offenbarung moralische Gebote und Verbote, die über das hinaus gehen, was philosophischer Ethik zugänglich ist? Ist nicht etwa die Unauflöslichkeit der Ehe eine moralische Forderung, die sich erst aus dem christlichen Glauben und aus dem Verständnis der Ehe als Sakrament ergibt? Andererseits stellt sich die Frage, ob die christliche Ethik wirklich als ein nur für Christen einsichtiges und gültiges Sonderethos verstanden werden kann. Widerspricht dies nicht gerade dem universalen Anspruch des Christentums?

3.1 Schrift und Tradition

1. Sowohl im Alten wie im Neuen Testament ist bezeugt, dass der Glaube an den Gott Israels und Jesus von Nazareth Auswirkungen auf das moralische Handeln der Glaubenden hat. Durchgängig finden sich immer auch Weisungen für das moralische Handeln des Menschen. Weil der Glaube den ganzen Menschen betrifft und verändert, zeigt sich dies auch in seinem konkreten Handeln und Wollen, in seinen bewussten Entscheidungen und im Urteilen über sein Wollen und Handeln. Zu den bekanntesten ethischen *Weisungen der Bibel* gehören der Dekalog, die Antithesen der Bergpredigt, das Doppelgebot der Liebe und die Goldene Regel.

Dekalog – Wegweisung zur Freiheit

- Der *Dekalog* (Zehn Gebote) findet sich an zwei Stellen des AT: Ex 20,2-17 und Dtn 5,6-21. Sie unterscheiden sich vor allem in der Begründung des Sabbatgebots, das in Ex schöpfungstheologisch, in Dtn heilsgeschichtlich begründet wird. Im Dekalog finden sich zum einen Gebote, die das Verhalten Gott gegenüber betreffen und die ausschließliche und angemessene Verehrung Jahwes einfordern, zum anderen solche Gebote, die sich auf das menschliche Zusammenleben beziehen und in denen es um die Sicherung der Grundwerte menschlicher Gemeinschaft wie Leben, Eigentum, Beziehungen, Vertrauen geht. Entscheidend für das rechte Verständnis all dieser Gebote ist der Vorspruch, in dem sich Jahwe als derjenige Gott vorstellt, der Israel aus der Knechtschaft in Ägypten befreit hat. Auf der Grundlage dieser Erfahrung, ohne Vorleistung von Gott befreit worden zu sein, stellen die Gebote keine äußeren Gehorsamsforderungen dar, sondern markieren den Weg, wie das Volk Israel seine Freiheit bewahren kann.

Antithesen der Bergpredigt – Erfüllung des Gesetzes

- Die *Antithesen der Bergpredigt* (Mt 5,21-48) bieten eine Auslegung zentraler Gebote des Dekalogs und des AT. Es geht um ihre Erfüllung. Diese besteht aber nicht nur darin, die Verbote nicht zu übertreten, sondern darin, die Werte, die durch diese Verbote geschützt werden sollen – etwa das menschliche Leben, die gelungene Gemeinschaft von Mann und Frau, das Vertrauen unter den Menschen und ihr gewaltfreies Zusammenleben –, möglichst umfassend zu fördern und zu bewahren.

- Das *Doppelgebot der Liebe* (Mt 22,37-39 und Mk 12,29-31; vgl. auch Dtn 6,5f und Lev 19,18) gebietet, Gott zu lieben und den Nächsten wie sich selbst. Die Nächstenliebe umfasst dabei auch den Feind (Mt 5,34f; Lk 6,27f; vgl. auch Ex 23,4f und Spr 25,21f). Die *Goldene Regel* gebietet in ihrer positiven Form: „Alles, was ihr von anderen erwartet, das tut auch für sie!" (Mt 7,12; Lk 6,31) und in ihrer negativen Form: „Was dir selbst verhasst ist, das mute auch einem anderen nicht zu!" (Tob 4,15) Nächsten- und Feindesliebe schließt dabei nicht notwendig eine emotionale Verbundenheit ein, sondern bedeutet lediglich, dass man dem Anderen Gutes will und sich dabei nicht von persönlichen Sympathien und Antipathien beeinflussen lässt. Die Goldene Regel meint nicht, das man den Anderen nach den eigenen Maßstäben, sondern dass man sich selbst und den Anderen unparteilich und nach denselben Maßstäben behandeln soll.

Doppelgebot der Liebe und Goldene Regel

- Weitere ethische Weisungen finden sich im AT im Bundesbuch (Ex 21,1-23,19), im deuteronomischen Gesetzbuch (Dtn 12-26) und im Heiligkeitsgesetz (Lev 17-26) sowie in zahlreichen Texten der Propheten; im NT vor allem in den Tugend- und Lasterkatalogen (etwa Gal 5,19-23) und in den Haustafeln (etwa Kol 3,18-4,1). Die alttestamentlichen Weisungen enthalten dabei rechtliche, moralische und auch kultische Vorschriften. Die genannten neutestamentlichen Texte sind zumeist aus der zeitgenössischen Philosophie – etwa aus stoischem Gedankengut – übernommen.

Philosophische Ethik in der theologischen Tradition

2. Über diese Texte der Heiligen Schrift hinaus lässt sich als Quellen für die theologische Ethik weiter auf die gesamte *Tradition der theologischen Reflexion* verweisen. Aus der Zeit der Kirchenväter ist vor allem auf Clemens von Alexandrien (ca. 150–215), Lucius C. F. Lactanz (ca. 250–320), Ambrosius von Mailand (339–397) und Augustinus (354–430) zu verweisen. Hier wird ausgehend von der antiken philosophischen Tugendlehre (vor allem der Stoa) eine Transformation durch die Hinzufügung der theologischen Tugenden Glaube, Hoffnung und Liebe vorgenommen. Die philosophischen Tugenden und damit die menschlich erreichbare Sittlichkeit werden dadurch in eine neue Zielausrichtung eingebunden. Sie dienen der Erfüllung des Menschen nicht nur in der menschlichen Gemeinschaft, sondern auch in der Gemeinschaft mit Gott, eine Gemeinschaft, die Menschen nicht aufgrund ihrer Leistung verdienen können, sondern die ihnen von Gott selbst geschenkt werden muss.

Bleibend maßgebliche Bedeutung kommt vor allem der theologischen Ethik des Thomas von Aquin zu, die er im Zweiten Teil seiner „Summa theologiae" auf der Grundlage der aristotelischen Ethik entfaltet. Es kommt zu einer integrativen Konzeption, in der die philosophische Ethik in ihrer Eigenständigkeit anerkannt bleibt, zugleich aber in den umfassenderen Horizont des christlichen Glaubens und seiner Zielausrichtung auf die Gemeinschaft mit Gott einbezogen wird.

Handbücher der Moraltheologie

In der Zeit der Neuscholastik (etwa vom I. Vatikanum 1869-70 bis zum II. Vatikanum 1962-65) entstehen zahlreiche Handbücher, in denen neben den Grundlagenfragen auch alle ethischen Einzelfragen behandelt werden. Ein charakteristisches Beispiel ist das Handbuch „Katholische Moraltheologie" von Joseph Mausbach (1861–1931). Als Beispiel für die problematische juridisch-kasuistische Weiterentwicklung dieser Handbücher kann dagegen die – vor allem für Beichtväter konzipierte – „Katholische Moraltheologie" von Heribert Jone (1885–1967) dienen. Parallel zur Neuscholastik gab es aber – vor allem in der Tübinger Schule – auch eine andersartige Entwicklung. Entgegen den Tendenzen zur Verrechtlichung der Moral wurde wieder stärker der Bezug zur Bibel und zum Glauben gesucht. Als Beispiel hierfür können die Handbücher von Johann B. Hirscher (1788–1865) und von Franz X. Linsenmann (1835–1898) angesehen werden.

Für die Zeit nach dem II. Vatikanum ist vor allem der Ansatz der Autonomen Moral (vgl. Abschnitt 3.2) wirksam geworden. Ein Zeugnis dieses Neuaufbruchs ist – neben dem Handbuch „Frei in Christus" von Bernhard Häring (1912–1998) – das „Handbuch der christlichen Ethik".

Lehramtliche Äußerungen zu ethischen Fragen

3. Neben diesen Quellen der Heiligen Schrift und der theologischen Reflexion kann die theologische Ethik drittens auf *Äußerungen des Lehramts der Kirche* zu moralischen Fragen zurückgreifen. Einige zentrale Texte aus der Zeit nach dem II. Vatikanum seien exemplarisch genannt:

- *Katechismen*: Katechismus der Katholischen Kirche; – Katholischer Erwachsenenkatechismus, 2. Band: Leben aus dem Glauben, hg. von der Deutschen Bischofskonferenz.
- *Enzykliken*, z.B.: „Humanae vitae" von Papst Paul VI. zur Frage der künstlichen Empfängnisverhütung (1968). – „Veritatis splendor" von Papst Johannes Paul II. über einige grundlegende Fragen der kirchlichen Morallehre (1993). – „Evangelium vitae" von Papst Johannes Paul II. über den Wert und die Unantastbarkeit des menschlichen Lebens (1995).

- *Apostolische Schreiben*, z.B.: „Familiaris consortio“ von Johannes Paul II. über die Aufgaben der christlichen Familie in der Welt von heute (1981).
- *Instruktionen* der Kongregation für die Glaubenslehre, z.B.: „Donum vitae“ über die Achtung vor dem beginnenden menschlichen Leben und die Würde der Fortpflanzung (1987). – „Dignitas personae“ über einige Fragen der Bioethik (2008).
- *Verlautbarungen der deutschen Bischöfe*, z.B.: „Gerechtigkeit schafft Frieden“ (1983). – „Zur Sexualerziehung in Elternhaus und Schule“ (1979). – „Der Mensch: sein eigener Schöpfer?“ (2001).
- *Gemeinsame Texte* mit der Evangelischen Kirche Deutschlands und anderen christlichen Kirchen, z.B.: „Gott ist ein Freund des Lebens“ (1989) – „Organtransplantationen“ (1990) – „Wieviel Wissen tut uns gut? Chancen und Risiken der voraussagenden Medizin (1997) – „Sterbebegleitung statt aktiver Sterbehilfe“ (2003) – „Neuorientierung für eine nachhaltige Landwirtschaft“ (2003).

Zusammenfassung

Theologische Ethik bezieht in die Begründung ethischer Normen maßgeblich auch die Reflexion auf dasjenige Ethos mit ein, das sich in der jüdisch-christlichen Glaubensgeschichte angesammelt und in der Hl. Schrift niedergeschlagen hat. Darüber hinaus orientiert sie sich an den lehramtlichen Aussagen zu Fragen der Moral sowie an der Tradition der theologisch-ethischen Reflexion.

3.2 Autonome Moral und Glaubensethik

Ausgehend von diesen Quellen der Schrift und der Tradition stellt sich die Frage, worin genau ihre Bedeutung für die theologische Ethik besteht. Haben sich hier spezifisch christliche – durch Offenbarung mitgeteilte und durch die Tradition ausgelegte – Normen niedergeschlagen? Oder lassen sich die Aussagen dieser Quellen zum moralischen Handeln auch außerhalb von Offenbarung und Glauben im Rahmen einer philosophischen Ethik einsehen? Worin besteht dann aber noch die Bedeutung des christlichen Glaubens für das ethische Handeln? Diese Grundfrage theologischer Ethik ist nach dem II. Vatikanum von Vertretern einer *Autonomen Moral* einerseits und einer *Glaubensethik* andererseits kontrovers diskutiert worden. An dieser Kontroverse kann noch einmal die eingangs erwähnte unterschiedliche Akzentsetzung zwischen Moraltheologie und theologischer Ethik deutlich werden.

Autonome Moral nach Alfons Auer

1. Die Position der Autonomen Moral ist maßgeblich von *Alfons Auer* (1915–2005) zur Geltung gebracht worden.[9] Auer geht es um die Universalität und Kommunikabilität christlicher Ethik in der modernen Welt. Deshalb wendet er sich gegen eine Konzeption christlicher Ethik, die ihre Normen aus einem fest gefügten, durch Offenbarung und Metaphysik (in Gestalt eines teleologischen Naturverständnisses) begründeten Menschenbild ableitet, Normen also, die dann unwandelbar feststehen und sich bis in Detailfragen hinein deduktiv entfalten lassen und für deren vollständige Kenntnis und richtige Auslegung der Christ letztlich – über sein eigenes Gewissen hinaus – auf das Lehramt der katholischen Kirche angewiesen ist. Gegenüber diesen drei Vorgaben – Offenbarung, Natur, Lehramt – betont Auer die Autonomie und Eigenständigkeit ethischer Erkenntnis und sieht ihre Bezugspunkte eher in der philosophischen Ethik und vor allem in den Natur- und Humanwissenschaften.

Zitat

„Gott braucht dem von ihm geschaffenen Menschen nicht auf geheimnisvollen Wegen ein sittliches Gesetz hinterherzureichen. Er stellt sein Gebot auf, indem er den Menschen in die ihm natürliche Ordnung hinein freisetzt."[10]

Bleibende Bedeutung des Glaubens

Ausgehend von einer solchen Autonomie ethischer Erkenntnis liegt für Auer die Bedeutung des christlichen Glaubens und des Lehramts nicht darin, ethische Erkenntnis zu ergänzen oder zu ersetzen, sondern darin, diese autonome Sittlichkeit in den umfassenderen Sinnhorizont des christlichen Glaubens einzubeziehen. Im Blick auf die autonome ethische Erkenntnis kommen dem Glauben und dem Lehramt dabei eine integrierende, stimulierende und kritisierende Funktion zu.

- Die *integrierende* Funktion besteht darin, die autonome Sittlichkeit dieser Welt, die als solche anerkannt und gewahrt wird, in eine umfassendere Zielausrichtung und Sinnperspektive des Lebens – nämlich die Gemeinschaft mit Gott – einzuordnen.

---

9 AUER, Alfons: Autonome Moral und christlicher Glaube, 2. Auflage, mit einem Nachtrag zur Rezeption der Autonomievorstellung in der Katholisch-theologischen Ethik, Düsseldorf 1971, ²1984.

10 AUER, Alfons: Gibt es eine Ethik ohne Religiosität?, in: Fromm Forum 3 (1999) 5.

- Die *stimulierende* Funktion besteht darin, aus dem christlichen Glauben und der Vision einer geschwisterlichen Gemeinschaft heraus in der realen Geschichte immer wieder ein Mehr an Humanität anzumahnen und zur Geltung zu bringen. Der Glaube gibt sich nie mit einem real erreichten Zustand der Gesellschaft zufrieden, sondern ruft von der erhofften Zukunft Gottes her immer neu zum Einsatz für eine gerechtere und humanere Welt auf.
- Die *kritisierende* Funktion besteht darin, darauf hinzuweisen, wenn bestimmte Weltanschauungen und Gesellschaftssysteme – wie etwa Materialismus, Konsumismus, Fortschrittsglaube – den überzogenen Anspruch auf umfassende Sinnerfüllung des Menschen erheben, wenn sie innerweltliche Wirklichkeiten verabsolutieren und keine Offenheit auf Transzendenz mehr wahren.

Franz Böckle: Theonom begründete Autonomie

2. Der Ansatz der Autonomen Moral wurde von *Franz Böckle* (1921–1991) in spezifischer Weise im Blick auf den Dialog mit der modernen philosophischen Ethik weiterentwickelt.[11] Böckle sieht nämlich nicht mehr – wie Auer unter Rückgriff auf die Seinsethik des Thomas von Aquin – den ethischen Anspruch in der Wirklichkeit der Welt als Schöpfung Gottes und der damit gegebenen Zielausrichtung begründet. Er versucht vielmehr – im Rückgriff auf den deutschen Idealismus (J. G. Fichte) und die Transzendentalpragmatik (K.-O. Apel) – aufzuweisen, dass der ethische Anspruch letztlich im Subjekt selbst, und zwar als unhintergehbare Bedingung der Möglichkeit seiner Freiheit vorausgesetzt wird. Der ethische Anspruch stellt so einerseits eine Vorgegebenheit für den Menschen dar, andererseits ermöglicht diese Vorgabe gerade seine Freiheit. Theologisch gedeutet führt dies zum Gedanken einer *theonom begründeten Autonomie* ethischer Erkenntnis. Gerade der auf Gott zurückführbare Sollensanspruch setzt die praktische Vernunft des Menschen hinsichtlich der Begründung konkreter ethischer Normen frei.

Glaubensethik nach Bernhard Stoeckle

3. Gegen diese Konzeption der theologischen Ethik als einer Autonomen Moral wurde von *Bernhard Stoeckle* (1927–2009) ausdrücklich die Position einer Glaubensethik formuliert.[12] Der entscheidende Kritikpunkt an der Autonomen Moral liegt für Stoeckle darin, dass sich unter Berufung auf die Vernunftautonomie allein entscheidende Begründungsfragen der Ethik nicht lösen lassen. Der Mensch könne sich selbst, sein eigenes Sein und sei-

[11] BÖCKLE, Franz: Fundamentalmoral, München 1977, [4]1985.
[12] STOECKLE, Bernhard: Grenzen der autonomen Moral, München 1974.

ne Sinnbestimmung eben nicht allein aus sich heraus vollständig durchschauen. Deshalb könne er auch aufgrund seiner autonomen Vernunft allein nicht wirklich erkennen, was der Mensch in Wahrheit tun soll. Er sei vielmehr auf eine Offenbarung angewiesen, in der für ihn die eigentliche Sinnbestimmung des Menschen als Grundlage aller weiteren ethischen Aussagen einsichtig werde.

Darüber hinaus ist es für Stoeckle auch nicht möglich, dass sich die unbedingte Gewissheit und Verbindlichkeit, wie sie für die christliche Ethik kennzeichnend ist, allein auf menschliche Erkenntnis gründen kann. Eine solche unbedingte Verbindlichkeit lasse sich vielmehr nur aus dem Ganzen des Daseinsverständnisses gewinnen, das sich aber nicht der menschlichen Vernunft erschließt, sondern erst durch die Wirklichkeit Gottes und seiner Offenbarung zugänglich wird.

Mit dieser Kritik an der Autonomen Moral geht es Stoeckle also darum, gegen ein überzogenes Vertrauen des modernen Menschen auf seine eigene Vernunft – beispielhaft deutlich im Vertrauen auf die Machbarkeit der Erfüllung des Lebens durch die Technik oder die Wirtschaft – an deren geschichtliche Bedingtheit, Begrenztheit und interessengeleitete Voreingenommenheit zu erinnern.

Kritik der Autonomen Moral bei Klaus Demmer

4. In eine ähnliche Richtung weist auch der ausdrücklich „moraltheologische" Ansatz von *Klaus Demmer* (*1931). Auch Demmer wendet sich gegen das Projekt der Autonomen Moral mit dem Hinweis, dass hier die Vernunft des Menschen zu ungeschichtlich verstanden würde.[13] Stattdessen geht er davon aus, dass die Menschwerdung Christi als konkretes geschichtliches Ereignis das Selbstverständnis des Menschen grundlegend verändert hat. Im christlichen Glauben zeigt sich ein neuer Sinnhorizont, ein neues Menschenbild, von dem her sich dann auch das Verstehen und die Bewertung menschlichen Handelns verändern. Konkret zeige sich dies etwa im selbstlosen und unbedankten Einsatz und Zeugnishandeln des Christen, im „Ausleiden des Guten"[14].

Demmer spricht dabei aber nicht nur von einem veränderten Selbstverständnis des Menschen, sondern auch von einer Veränderung der sittlichen Vernunft selbst: „Der Glaubende besitzt nicht die

---

[13] Vgl. grundlegend: DEMMER, Klaus: Sittlich handeln aus Verstehen. Strukturen hermeneutisch orientierter Fundamentalmoral, Düsseldorf 1980. Vgl. hier bes.: DEMMER, Klaus: Die autonome Moral – eine Anfrage an die Denkform, in: HOLDEREGGER, A. (Hg.): Fundamente der Theologischen Ethik. Bilanz und Neuansätze, Freiburg (Schweiz) 1996, 261-276.

[14] Ebd., 274.

gleiche sittliche Vernunft wie der Nichtglaubende."[15] Dabei geht Demmer sogar so weit, auch alle Fortschritte der philosophischen Ethik, die deshalb immer wieder auch für die konkrete Gestalt der Moraltheologie als Korrektiv dienen kann, wieder auf das Christusereignis zurückzuführen. In der philosophischen Ethik begegne nach Auffassung von Demmer so – wenn auch in anonymer Weise – letztlich eine von der Menschwerdung Christi her ermöglichte und damit eine christliche Ethik. Doch: Wie lässt sich eine solche Annahme belegen?

Zusammenfassung

Nach dem II. Vatikanischen Konzil ist als Neuansatz in der theologischen Ethik das Konzept der „Autonomen Moral" entwickelt worden. Darin wird die Eigenständigkeit ethischer Erkenntnis gegenüber Offenbarung, Natur und Lehramt betont und die Bedeutung von Vernunft und Erfahrung für die Begründung ethischer Normen herausgestellt. Als Reaktion darauf ist im Rahmen einer „Glaubensethik" auf die Begrenztheit und Unzulänglichkeit menschlicher Vernunft hinsichtlich des für ihn Guten und Sinnvollen hingewiesen worden.

3.3 Offenbarung und ethischer Anspruch

Im Blick auf die Frage, worin die Bedeutung des christlichen Glaubens und der Offenbarung für das ethische Handeln besteht, ist heute in der theologischen Ethik vom Offenbarungsverständnis des II. Vatikanums auszugehen.

II. Vatikanum: Offenbarung als Selbstmitteilung Gottes

1. Dieses Offenbarungsverständnis ist in der Dogmatischen Konstitution über die göttliche Offenbarung „Dei Verbum" folgendermaßen formuliert:

Zitat

„Gott hat in seiner Güte und Weisheit beschlossen, sich selbst zu offenbaren und das Geheimnis seines Willens kundzutun (vgl. Eph 1,9): dass die Menschen durch Christus, das fleischgewordene Wort, im Heiligen Geist Zugang zum Vater haben und teilhaftig werden der göttlichen Natur (vgl. Eph 2,18; 2 Petr 1,4). In dieser Offenbarung redet der unsichtbare Gott (vgl. Kol 1,15; 1 Tim 1,17) aus überströmender Liebe die Menschen an wie Freunde (vgl. Ex 33,11; Joh 15,14-15) und verkehrt mit ihnen (vgl. Bar 3,38), um sie in seine Gemeinschaft einzuladen und aufzunehmen." (DV 2)

[15] Ebd., 269.

In diesem Text wird Offenbarung wesentlich als *Selbstoffenbarung* bzw. *Selbstmitteilung* Gottes verstanden. Offenbarung besteht demnach nicht in der Mitteilung einzelner Sätze und Aussagen über die Wirklichkeit Gottes, der Welt und des Menschen, deren Wahrheit der Mensch aus eigenem Vermögen nicht erkennen kann, sondern aufgrund der Autorität des mitteilenden Gottes im Glauben – verstanden als Für-wahr-Halten – annehmen muss (instruktionstheoretisches Offenbarungsmodell). Offenbarung besteht vielmehr darin, dass Gott uns Menschen lebendige Gemeinschaft mit sich selbst eröffnet (kommunikationstheoretisches Offenbarungsmodell). Durch sein Wort, Jesus Christus, und im Glauben an dieses Wort schenkt er uns Menschen Anteil an der innergöttlichen Liebe zwischen Vater und Sohn, die der Heilige Geist ist. Offenbarung besteht in der Zusage, dass wir Menschen immer schon in diese Gemeinschaft Gottes hineingehören und von Gott mit derselben ewigen Liebe angenommen sind, mit der er seinen eigenen Sohn liebt.

Gewissheit der Zuwendung Gottes gegen die Angst

Dass wir Menschen in dieser Weise immer schon in die Gemeinschaft mit Gott aufgenommen sind, ist aufgrund der Wirklichkeit der Welt und des Menschen selbst nicht zu erkennen, sondern eine die Wirklichkeit der Welt im Ganzen noch einmal übersteigende und umgreifende Aussage und Zusage. Sie muss deshalb über die dem Menschen erkennbare Wirklichkeit hinaus noch offenbar gemacht werden. Aber auch dann ist ihre Wahrheit nicht an der Welt ablesbar. Ihre Wahrheit erschließt sich allererst im Glauben, der nicht als ein distanzierter, intellektueller Akt des Für-wahr-Haltens zu verstehen ist, sondern als ein vom Geist Gottes selbst getragener und die gesamte Existenz des Menschen umfassender Akt des Vertrauens auf Gottes Zuwendung. Allein in diesem Glauben ist die Gewissheit gegeben, dass wir im Vorhinein zu all unserem Tun und Handeln von Gott unbedingt angenommen und gehalten sind. Damit aber ist im Glauben das gesamte Selbstverständnis des Menschen verwandelt. Nicht mehr die Endlichkeit, Verletzbarkeit und Sterblichkeit des Menschen und die daraus resultierende Angst des Menschen um sich selbst haben das letzte Wort und beherrschen sein Leben. Vielmehr kann er daraus leben, immer und in allen Situationen des Lebens und Sterbens von Gott gehalten zu sein. In diesem Sinne schreibt Paulus in seinem Römerbrief:

Zitat

„Was kann uns scheiden von der Liebe Christi? Bedrängnis oder Not oder Verfolgung, Hunger oder Kälte, Gefahr oder Schwert? ... all das überwinden wir durch den, der uns geliebt hat. Denn ich bin gewiss: Weder Tod noch Leben, weder Engel noch Mächte, weder Gegenwärtiges noch Zukünftiges, weder Gewalten der Höhe oder Tiefe noch irgendeine andere Kreatur können und scheiden von der Liebe Gottes, die in Christus Jesus ist, unserem Herrn." (Röm 8,35-39)

Offenbarung bedeutet nicht Mitteilung konkreter ethischer Normen

2. Ausgehend von diesem Offenbarungsverständnis des II. Vatikanums ergibt sich, dass Offenbarung nicht in der Mitteilung von einzelnen ethischen Normen und Weisungen bestehen kann, die der Mensch aus sich allein heraus nicht erkennen und in ihrer Gültigkeit begründen könnte, die vielmehr zu befolgen wären, weil Gott sie geboten hätte. Die Erkenntnis und Begründung moralischer Normen ist vielmehr allein Sache der menschlichen Vernunft und der Erfahrung, die er mit der Wirklichkeit macht. Offenbarung und Glaube fügen zu den bereits in der philosophischen Ethik erkennbaren Handlungsanweisungen keine weiteren Gebote oder Verbote hinzu. Auch erhöhen oder verschärfen sie nicht den Verpflichtungsgrad des Anspruchs, der mit moralischen Normen verbunden ist, dadurch etwa, dass die Autorität Gottes oder ewiger Lohn bzw. Höllenstrafen vor Augen gestellt werden, auch wenn dies in der Geschichte des Christentums immer wieder so aufgefasst worden ist.

Das als richtig Erkannte wollen und tun

In der Offenbarung und im Glauben ist dem Menschen vielmehr eine neue Grundlage seines Lebens und ein neues Selbstverständnis eröffnet, das es ihm überhaupt erst möglich macht, nicht mehr egoistisch zu handeln, sondern das, was er von sich her bereits als das Richtige und zu Tuende erkannt hat, auch zu erfüllen. In der Gewissheit des Glaubens, von Gott unbedingt angenommen und gehalten zu sein, kann der Mensch seine Existenzangst überwinden, die aus dem Bewusstsein der eigenen Endlichkeit, Verletzbarkeit und Sterblichkeit folgt und die ihn geradezu zwangsläufig dazu bringt, dass es ihm in seinem Wollen und Handeln letztlich immer nur um sich selbst geht. Im Glauben ist dieses Grundproblem der Angst und Sorge des Menschen um sich selbst gelöst, weil sich der Glaubende bei Gott aufgehoben wissen darf. Deshalb kann er sich vorbehaltlos dem ethischen Anspruch stellen und das, was er aufgrund seiner eigenen Vernunft und Erfahrung als richtig und verantwortlich eingesehen hat, auch wollen und in die Tat umsetzen.

Offenbarung und Glaube begründen also weder einzelne moralische Normen noch den ethischen Anspruch als solchen, sondern setzen sie bereits als gültig und begründet voraus. Sie knüpfen an diesen ethischen Anspruch an und eröffnen dem Menschen angesichts dieses Anspruchs einen Weg, wie er diesen Anspruch auch zulassen, wollen und erfüllen kann. Ohne diese Grundlage des bereits im Voraus bestehenden ethischen Anspruchs würden Offenbarung und Glaube den Bezugspunkt und damit ihre Bedeutung für den Menschen und seine Existenz verlieren. Und umgekehrt erweisen Offenbarung und Glaube gerade dadurch, dass sie wahrhaft menschliches Handeln möglich machen, ihre Relevanz für das Handeln des Menschen. Mit diesem Zusammenhang wird nun auch deutlich, dass es für eine theologische Ethik vom Universalitätsanspruch des christlichen Glaubens her unumgänglich ist, auch die Universalität des ethischen Anspruchs und damit eine kognitivistische Ethik vorauszusetzen.

Ziel der Offenbarung: Ermöglichung von mitmenschlichem Handeln

3. Dass in der Heiligen Schrift eine Fülle von ethischen Weisungen und Geboten zu finden ist, bedeutet deshalb nicht, dass auch sie Inhalt der Offenbarung im eigentlichen Sinne wären. Auch wenn wir die Heilige Schrift im Ganzen als Offenbarung und als Wort Gottes bezeichnen, bedeutet dies dennoch nicht, dass alles, was in den biblischen Büchern steht, bereits Offenbarung im strikten Sinne ist. *Als Offenbarung im strikten Sinne kann vom Verständnis des II. Vatikanums her nur die in der Bibel thematisierte unbedingte und befreiende Zuwendung Gottes zum Menschen bezeichnet werden.* Weil aber Offenbarung und Glaube ihr Ziel darin haben, wahrhaft selbstloses mitmenschliches Handeln zu ermöglichen und so den Menschen menschlich zu machen, muss der ethische Anspruch selbst auch im Rahmen der Heiligen Schrift zur Sprache gebracht werden. Ohne die Thematisierung dessen, was menschliches Handeln bedeutet, bliebe der eigentliche Inhalt der Offenbarung letztlich unverständlich und irrelevant. Als solche Voraussetzung gehören die ethischen Weisungen und Gebote mit zur Offenbarung, sind aber nicht selbst im eigentlichen Sinne Offenbarung.

Zusammenfassung

Ausgehend vom Offenbarungsverständnis des II. Vatikanischen Konzils als Selbstoffenbarung bzw. Selbstmitteilung Gottes, in der Gottes unbedingte Zuwendung zum Menschen aufgeht, lassen sich einzelne ethische Normen nicht als Offenbarung Gottes im eigentlichen Sinne verstehen. Sie sind bereits unabhängig von der Offenbarung der menschlichen Vernunft und Erfahrung zugänglich. Die Bedeutung der Offenbarung der Zuwendung Gottes besteht vielmehr darin, die Angst und Sorge des Menschen um sich selbst zu relativieren und so wahrhaft menschliches und selbstloses Handeln zu ermöglichen.

3.4 Praktische Vernunft und christlicher Glaube

1. Ausgehend vom Offenbarungsbegriff des II. Vatikanums hat sich gezeigt, dass auch eine christliche Ethik ihre normativen Aussagen nicht einfach aus der Offenbarung ableiten und durch die Autorität Gottes legitimieren kann, sondern allein mit Hilfe von Vernunft und Erfahrung begründen muss. Für die Beantwortung ethischer Fragen hat sie deshalb auch die dem jeweiligen Bereich der normativen Ethik entsprechenden Human-, Natur- und Sozialwissenschaften in die Entscheidungsfindung und Normbegründung mit einzubeziehen.

Vernunft und Erfahrung als Argumente des Lehramts

Dies gilt auch für das kirchliche Lehramt. Dass sich der Unfehlbarkeitsanspruch des Papstes nicht nur auf „Fragen des Glaubens", sondern auch auf „Fragen der Sitten" bezieht[16], ist nicht auf konkrete normative Entscheidungen zu beziehen, sondern – wie das II. Vatikanum sagt – auf diejenigen Aussagen, die die unmittelbare Anwendung des Glaubens auf das ethische Handeln betreffen[17], etwa die Aussage über die durch die Erbsünde bedingte Verfasstheit des Menschen, oder dass der Mensch nur mit Hilfe der Gnade wahrhaft selbstlos und damit vor Gott verdienstlich handeln kann. In allen anderen ethischen Fragen hat auch das Lehramt mit der Vernunft und Erfahrung zu argumentieren, wozu auch die Bereitschaft gehört, die eigene Position der Kritik durch säkulare Vernunft und Erfahrung auszusetzen.

[16] Vgl. I. Vatikanum: Erste dogmatische Konstitution *Pastor aeternus* über die Kirche Christi, Kap. 4 (DH 3074), *doctrina de fide vel moribus*.

[17] Entsprechend heißt es in der dogmatischen Konstitution des II. Vatikanums über die Kirche *Lumen gentium*, 25,1: „Denn die Bischöfe sind Glaubensboten, die Christus neue Jünger zuführen; sie sind authentische, das heißt mit der Autorität Christi ausgerüstete Lehrer. Sie verkünden dem ihnen anvertrauten Volk die Botschaft zum Glauben und zur Anwendung auf das sittliche Leben (fides credenda et moribus applicanda) und erklären sie im Licht des Heiligen Geistes".

> Als unfehlbar wahr können allein solche Aussagen gelten und verkündet werden, die die unbedingt verlässliche und gültige Zuwendung Gottes zu uns Menschen ausdrücken. Ihre Wahrheit, die Wahrheit der Zuwendung Gottes, ist dabei nicht im Vorhinein zum Glauben selbst dadurch zu erweisen, dass man sie an der Wirklichkeit der Welt misst; Gottes Zuwendung übersteigt gerade alle Wirklichkeit und lässt sich daher an dieser weder verifizieren noch falsifizieren. Ihre Wahrheit und unfehlbare Verlässlichkeit erweist sich vielmehr allein im Glauben, der seinerseits nur als Gegenwart Gottes, nämlich des Heiligen Geistes, in uns verstehbar ist. Umgekehrt lässt sich deshalb festhalten, dass Aussagen, deren Wahrheit – prinzipiell jedenfalls – auch anders als im Glauben, nämlich anhand der Wirklichkeit der Welt erweisbar ist (z.B. die biologische Jungfräulichkeit Marias) keine unfehlbaren Aussagen sein können.

Wechselseitige Beeinflussung von Erkennen und Wollen

2. Der christliche Glaube scheint also – nach diesen Überlegungen – zunächst keine Bedeutung für die Erkenntnis und Begründung ethischer Handlungsoptionen und Normen zu haben. Seine Bedeutung betrifft eher die Frage, wie man das, was man als richtig und verantwortlich erkannt hat, auch tatsächlich wollen und tun kann. Während die *Erkenntnis* des ethisch Richtigen der Vernunft und Erfahrung überlassen bleibt, betrifft die Bedeutung des Glaubens das *Wollen* des Menschen.

Andererseits zeigt die Erfahrung auch, dass sich Erkennen und Wollen des Menschen wechselseitig beeinflussen. Es ist keineswegs nur so, dass unser Wollen durch die vorhergehende Erkenntnis geleitet wird, vielmehr wird auch umgekehrt unser Erkennen von dem, was wir wollen, bestimmt. Ob wir etwas wahrnehmen oder nicht, hängt wesentlich davon ab, von welchen Interessen und Strebungen wir gerade geleitet sind. Wir können auch Tatsachen und Gründe vor uns selbst verbergen oder sie verdrängen. Wir können sie nicht wahr haben wollen, weil unsere Interessen und persönlichen Vorlieben gerade ganz anders gelagert sind.

Wenn die Glaubensethik davon spricht, dass die Vernunft des Menschen allein nicht ausreicht, um die eigentliche Sinnbestimmung des Menschen zu durchschauen und das zu erkennen, was er in Wahrheit tun soll, so lässt sich die Berechtigung dieser Aussage auf der Grundlage der wechselseitigen Beeinflussung von Erkennen und Wollen verständlich machen.

Mangelnde Erkenntnis aus Angst und Bequemlichkeit

Das zu Grunde liegende Problem nämlich scheint darin zu bestehen, dass sich Menschen aufgrund der Angst um sich selbst sowie aufgrund ihrer damit gegebenen Fixiertheit auf sich selbst und die eigenen Interessen gar nicht erst auf ihre praktische Vernunft und deren eigenes inneres Gesetz einlassen wollen. Sie lassen sich stattdessen von Ängsten und Bequemlichkeiten leiten. Weit mehr als auf vernünftige Begründungen einzugehen, warum etwas unverantwortlich ist, wollen sie ihrer eigenen Willkür folgen und ihre Vernunft für ihre eigenen Zwecke und Interessen instrumentalisieren. Sie wollen nicht der Autonomie ihrer Vernunft folgen, sondern ihre Vernunft autonom gebrauchen. So führt die Selbstbezogenheit des Menschen, die aus seiner Existenzangst resultiert, nicht nur dazu, dass man das als richtig Erkannte nicht will und tut, sondern auch dazu, dass man sich der Vernunft und damit der Einsicht in das Richtige verweigert. Aus Angst und Bequemlichkeit blendet man Handlungsmöglichkeiten oder auch Probleme, die sich langfristig aus der Handlungsweise ergeben, einfach aus.

3. Die mangelnde Erkenntnisfähigkeit der praktischen Vernunft ist damit nicht prinzipieller Art und in der Vernunft selbst begründet, sondern lediglich faktisch gegeben und hat ihren Grund im mangelnden Erkennen-Wollen.

Glaube macht es möglich, die eigene Vernunft zuzulassen

Entsprechend besteht die Bedeutung des Glaubens für die Erkenntnis der praktischen Vernunft nicht darin, das Richtige und Verantwortliche überhaupt erst mitzuteilen oder ein zusätzliches Vermögen der Erkenntnis und Begründung moralischer Normen bereitzustellen, sondern darin, eine Gewissheit zu schenken, aufgrund derer man von der Angst um sich selbst, von eigenen Interessen und Vorlieben absehen und sich so auf die Wirklichkeit der Welt und den Anspruch der Vernunft einlassen kann. Im Glauben muss man die Gründe dafür, dass etwas unverantwortlich ist, nicht mehr aus eigenen Interessen, aus Angst oder Bequemlichkeit vor sich verbergen und sie vertuschen. Der Glaube kann in diesem Sinne sehend und bereit machen, auf die Wirklichkeit einzugehen. Er kann dazu bereit machen, sich der Eigengesetzlichkeit (Autonomie) der eigenen Vernunft zu stellen und sich ethischen Fragen in der Haltung der Unparteilichkeit und Unvoreingenommenheit zu nähern.

Auch lassen sich auf der Grundlage des Glaubens Interessen, Machtverhältnisse, Ängste usw. namhaft machen, die die Menschen daran hindern, sich auf die Autonomie menschlicher Vernunft einzulassen und für das eigene Handeln sachbezogene Gründe anzugeben. Darin besteht die kritische Funktion des

Glaubens für die Ethik. Darin liegt auch die prophetische Aufgabe, die das Lehramt der Kirche ebenso wie die einzelnen Gläubigen wahrnehmen sollen.

4. In diesem Sinne lässt sich davon sprechen, dass der Glaube die ethische Vernunft zu sich selbst befreit. So schreibt etwa Papst Benedikt XVI. in seiner Enzyklika „Deus caritas est" (2005) folgendes:

Zitat

„Der Glaube hat gewiss sein eigenes Wesen als Begegnung mit dem lebendigen Gott – eine Begegnung, die uns neue Horizonte weit über den eigenen Bereich der Vernunft hinaus öffnet. Aber er ist zugleich auch eine reinigende Kraft für die Vernunft selbst. Er befreit sie von der Perspektive Gottes her von ihren Verblendungen und hilft ihr deshalb, besser sie selbst zu sein. Er ermöglicht der Vernunft, ihr eigenes Werk besser zu tun und das Eigene besser zu sehen." (Nr. 28a)

Damit ist nicht gemeint, dass die Vernunft selbst durch den Glauben verändert wird, sondern dass der christliche Glaube den einzelnen Menschen verwandelt und ihm ein neues Selbstverständnis und eine Gewissheit schenkt, die es ihm möglich macht, seine eigene Vernunft nicht bei Seite zu schieben, sondern sich ihr und ihrer Eigengesetzlichkeit zu unterstellen.

Die Idee der Menschenwürde: Genese und Gültigkeit

5. Dem widerspricht auch nicht, dass es tatsächlich moralische Einsichten und Normen gibt, die in der Geschichte faktisch durch den jüdisch-christlichen Glauben zur Geltung gebracht worden sind, etwa – ausgehend vom Gedanken der Gottebenbildlichkeit des Menschen – die Idee der unbedingt zu achtenden Menschenwürde. Dies bedeutet nämlich nicht, dass sich für die Gültigkeit dieser Überzeugung nur unter Berufung auf den jüdisch-christlichen Glauben argumentieren ließe. Vielmehr ist die Gültigkeit dieser Auffassung – auch im Rahmen einer christlichen Ethik – auf der Basis allgemeiner menschlicher Vernunft und Erfahrung zu begründen. Andernfalls müsste man, um die Forderung nach Achtung der Menschenwürde allgemein einsichtig zu machen, alle Menschen erst zum christlichen Glauben bekehren. Grundsätzlich ist deshalb zu unterscheiden zwischen der faktischen, geschichtlich bedingten *Genese* einer ethischen Einsicht und dem logischen *Erweis ihrer Wahrheit* bzw. ihrer Gültigkeit.

Zusammenfassung

Auch das kirchliche Lehramt kann sich in konkreten ethischen Fragen nicht auf eine Offenbarung berufen, sondern muss mit Hilfe von Vernunft und Erfahrung argumentuieren. Der Glaube hat freilich insofern eine Bedeutung für die Erkenntnis des ethisch Richtigen und Guten, als er mit der Relativierung der Angst des Menschen auch den Blick von eigenen Interessen, Ängsten und Bequemlichkeiten frei macht. Im Glauben kann der Mensch seine Vernunft in ihrer eigenen Gesetzlichkeit zulassen und sich der Wirklichkeit stellen.

4. Fazit

In den vorgestellten Überlegungen sollte deutlich geworden sein, dass es in der theologischen Ethik darum geht, Vernunft und christlichen Glauben in ein Verhältnis zu setzen, in dem sowohl der Autonomie ethischer Erkenntnis als auch der konstitutiven Bedeutung von Offenbarung und Glaube für die ethische Erkenntnis und das ethische Handeln Rechnung getragen ist. Beides wird in der vorgestellten Konzeption der Moraltheologie als theologischer Ethik – entsprechend dem christologischen Prinzip – *nicht getrennt* und *nicht vermischt*, wohl aber auseinander gehalten und in eine sachgemäße Beziehung gesetzt. In diesem Sinne kann sie als wahrhaft *christliche*, d.h. an Jesus Christus orientierte, nämlich *ihm entsprechend strukturierte* Ethik verstanden werden.

Literatur

Philosophische Ethik

ANZENBACHER, Arno: Einführung in die Ethik, Düsseldorf 2001.
BIRNBACHER, Dieter: Analytische Einführung in die Ethik, Berlin/New York ²2007.
FENNER, Dagmar: Ethik – Wie soll ich handeln?, Tübingen/Basel 2008.
FISCHER, Peter: Einführung in die Ethik, München 2003.
PIEPER, Annemarie: Einführung in die Ethik, Tübingen/Basel ⁵2003.
RICKEN, Friedo: Allgemeine Ethik (Grundkurs Philosophie 4), Stuttgart ⁴2003.

Theologische Ethik

ERNST, Stephan: Grundfragen theologischer Ethik. Eine Einführung, München 2009.
HILPERT, Konrad: Zentrale Fragen christlicher Ethik. Für Schule und Erwachsenenbildung, Regensburg 2009.

Hunold, Gerfried W./Laubach, Thomas/Greis, Andreas. (Hg.): Theologische Ethik. Ein Werkbuch, Tübingen/Basel 2000.
Knauer, Peter: Handlungsnetze. Über das Grundprinzip der Ethik, Frankfurt am Main 2002.
Lienemann, Wolfgang: Grundinformation Theologische Ethik, Göttingen 2008.
Müller, Wolfgang E.: Argumentationsmodelle in der Ethik. Positionen philosophischer, katholischer und evangelischer Ethik, Stuttgart 2003.
Schockenhoff, Eberhard: Grundlegung der Ethik. Ein theologischer Entwurf, Freiburg/Basel/Wien 2007.

Nachschlagewerke

Handbuch Ethik, hg. von Düwell, Marcus/Hübenthal, Christoph/Werner, Micha H., Stuttgart/Weimar 2002.
Neues Lexikon der christlichen Moral, hg. von Rotter, Hans/Virt, Günter, Innsbruck/Wien 1990.
Lexikon der christlichen Ethik, 2 Bände, hg. von Hunold, Gerfried W./Sautermeister, Jochen, Freiburg/Basel/Wien 2003.

IV. Einführung in die Christliche Sozialethik / Christliche Gesellschaftslehre

Ursula Nothelle-Wildfeuer

Beginnen wir unsere Überlegungen zur Christlichen Sozialethik mit einer christlichen Legende, die (noch) fest verankert ist im kulturellen Gedächtnis und Brauchtum unserer weltanschaulich pluralistischen und zunehmend säkularisierten Gesellschaft: mit der Legende vom heiligen Martin. Der römische Soldat begegnet im Vorüberreiten einem Bettler, der am Wegesrand sitzt und im tiefen Schnee und bei bitterer Kälte zu erfrieren droht; Martin hält sein Pferd an, teilt ohne zu Zögern seinen Mantel und gibt dem Bettler die Hälfte. – Nach wie vor *ein* Beispiel, wenn nicht *das* bekannteste Beispiel gelungener Mitmenschlichkeit und wahrer christlicher Nächstenliebe.

Diese Wertung scheint aber dem Urteil strenger moderner Ökonomik nicht mehr standhalten zu können: Denn, so kritisiert der emeritierte Wirtschaftsethiker Karl Homann, das sei eine vormoderne, also der Moderne nicht mehr angemessene Haltung und Handlung:

Zitat

„Vermutlich haben dann beide gefroren, weil der Heilige Martin den Mangel nur gleich verteilt, nicht aber beseitigt hatte. Unter Bedingungen der modernen Marktwirtschaft hätte er eine Mantelfabrik gebaut, dem Bettler und anderen Bettlern Arbeit gegeben, damit diese sich die Mäntel selbst kaufen könnten. Und er hätte dabei sogar selbst noch Gewinn erzielt“.[1]

Abgesehen von der nicht ganz unwichtigen Nachfrage, ob der Bettler das Warten bis zur Fertigstellung der Fabrik und zum Kauf des Mantels vom selbst verdienten Geld überhaupt überlebt hätte, wirft diese Aussage moderner Ökonomik sehr grundsätzliche Fra-

[1] Homann, Karl (2008): Was bringt die Wirtschaftsethik für die Ethik? Abschiedsvorlesung an der Ludwig-Maximilians-Universität München am 17. Juli 2008, Wittenberg, online verfügbar unter http://www.wcge.org/download/DP_2008-4.pdf, zuletzt geprüft am 23.11.2010, 7.

gen auf: Hat eine genuin christliche Sozialethik bzw. Gesellschaftslehre heutzutage überhaupt noch einen adäquaten Beitrag zu leisten zu einem Konzept der Bekämpfung von Armut – in unserer Gesellschaft wie auch weltweit? Oder ist eine christliche Ethik mit ihren entscheidenden Grundelementen gar nicht mehr kompatibel mit den ökonomischen und sozialen Herausforderungen moderner Gesellschaften? Ist man aber der Auffassung, dass christliche Sozialethik auch heute weder einfach kontraproduktiv noch überflüssig ist, sondern einen Beitrag zur Armutsbekämpfung, vielleicht sogar umfassender zur Gesellschaftsgestaltung leisten kann, dann muss sich dies – und das ist das Anliegen der christlichen Sozialethik – auch plausibel und differenziert begründen lassen.

Der Durchgang durch den folgenden Beitrag geht – kurz gesagt – in fünf Schritten vor: Zunächst ist zu fragen: Was ist Gegenstand der Christlichen Sozialethik? (1.), sodann (2.) Warum beschäftigen sich die Kirche und ihre Theologie mit der sozialen Problematik? Im nächsten Schritt ist zu klären, womit die Sozialethik argumentiert (3.), bevor anschließend (4.) geschaut wird, wie die Sozialethik methodisch vorgeht. Abschließend (5.) beschäftigt sich der Beitrag mit der Fragestellung, worauf die Christliche Sozialethik aufbaut.

Bevor wir uns den einzelnen inhaltlichen Schritten widmen, sollen kurz die unterschiedlichen Termini zur Bezeichnung des Faches, so wie sie im Folgenden benutzt werden, geklärt werden:

Christliche Sozialethik

Christliche Sozialethik ist der wissenschaftstheoretisch korrekte und inzwischen üblich gewordene Begriff zur Bezeichnung der ethischen Disziplin innerhalb des theologischen Fächerkanons, die die Frage nach der Gerechtigkeit der Institutionen der menschlichen Gesellschaft und nach deren Beitrag zu den Bedingungen eines gelingenden, guten Lebens für jeden einzelnen Menschen systematisch reflektiert. In der Tradition und bis heute finden wir

Christliche Gesellschaftslehre

als Synonyme die Bezeichnungen *Christliche Gesellschaftslehre* bzw. *Katholische Soziallehre*, in vielen Lehrstuhlbezeichnungen spiegelt sich das wieder. Mit diesem Terminus wird vielfach neben

Sozialverkündigung der Kirche

der wissenschaftlichen Disziplin zugleich auch noch die *Sozialverkündigung der Kirche* umfasst.

1. Das Materialobjekt: Die soziale(n) Frage(n)

Die Christliche Gesellschaftslehre ist im 19. Jahrhundert entstanden als kirchliche Beschäftigung mit der sozialen Frage, d.h. mit der Arbeiterfrage im Kontext der Industrialisierung und der damit im Zusammenhang stehenden sozialen Problematik, mit der die Kirche sich konfrontiert sah – zunächst, ohne ein fest formuliertes Sozialideal zu haben – und um deren Lösung sie gerungen hat. Auf einer abstrakteren Ebene hat der Nestor der katholischen Soziallehre Oswald von Nell-Breuning (1890-1992) den Begriff der sozialen Frage folgendermaßen umschrieben: „*Soziale Frage ist in Frageform gebrachte Sozialkritik: An welchen Mängeln krankt unsere gesellschaftliche Ordnung, was ist zu tun, um ihnen abzuhelfen und eine Ordnung herzustellen, wie sie sein soll?*“[2] Mit dieser Formel liegt dann auch bereits das gesamte Programm christlicher Sozialethik vor: Es geht darum, die gesellschaftliche Situation zu analysieren, die Werte und Normen, die eine Rolle spielen, zu bedenken und Handlungsoptionen zu entwickeln.

Oswald von Nell-Breuning (1890-1992)

Der Begriff „soziale Frage“ ist primär reserviert zur spezifischen Bezeichnung der Arbeiterfrage des 19. Jahrhunderts. Zur Bezeichnung dessen, was das Anliegen der heutigen Sozialethik ist, findet der Begriff seltener Verwendung. Dennoch scheint er der obigen Definition entsprechend sehr geeignet, das Materialobjekt der Christlichen Sozialethik zu umreißen.

Soziale Frage

Wenn es sicher zu allen Zeiten soziale Missstände, jeweils unterschiedlich ausgeprägte Missstände im Blick auf die Gerechtigkeit gegeben hat, dann fragt sich, was das Spezifische der Situation im 19. Jahrhundert ist, was dann zu der Bezeichnung *soziale Frage* und zur Entstehung der Christlichen Gesellschaftslehre geführt hat.

Der Einfluss der Philosophie der Aufklärung ist es gewesen, der im 18. Jahrhundert das individuelle und gesellschaftliche Bewusstsein derart verändert und geprägt hat, dass die gesellschaftlichen Missstände, die später als „Soziale Frage“ bezeichnet wurden, geschichtsrelevant werden konnten. Bis weit in die Neuzeit hinein war die mittelalterliche Ordnung der Gesellschaft in Ständen als unabänderlich angesehen worden, weil man sie als von Gott gewollt verstand und als Abbild der himmlischen Hierarchie ansah. Eine andere Ordnung konnten sich die meisten Menschen damals nicht denken und strebte man auch – aus theologischen Gründen – in keiner Weise an. Erst infolge der neuzeitlichen Wende zum Subjekt wurde offenkundig, dass gesellschaftliche Institutionen und Strukturen nicht notwendiges Element einer

---

[2] Dieses Zitat war nicht im Original zu verifizieren, deswegen hier zitiert nach STIEGLITZ, Hermann u.a.: Basiswissen Politik und Gesellschaft. Heft 1: Die soziale Frage im Wandel der Zeit, Bonn: Bundeszentrale für Politische Bildung, Bonn 1997, 15.

unveränderbaren göttlichen Ordnung waren, sondern auch menschlicher Gestaltung und Verantwortung offen standen. Aufgrund dieser wachsenden Erkenntnis leuchtet es auch ein, dass die Kirche erst ab dem 19. Jahrhundert ihr *magisterium pastorale* (P. Hünermann) in der Weise spezieller Sozialenzykliken wahrnimmt, also die Frage der Gestaltung einer gerechten Sozialordnung ein (quantitativ und qualitativ) beherrschendes Problem der Verlautbarungen der katholischen Kirche wird. Dass im 19. Jahrhundert die soziale Frage in Gestalt der Arbeiterfrage so breite Beachtung fand, die sich auch in vielfältigen Versuchen äußerte, die Not der Arbeiter zu beheben, hat auch mit einer höheren Sensibilität sozialen Fragen gegenüber zu tun; Victor Cathrein (1845-1931) schrieb bereits in seinem Artikel *„Sociale Frage“* von 1899, dass es auch „in der Vergangenheit ... große Uebel gegeben (hat), welche von ganzen Massen der Gesellschaft als unerträglich und ungerecht empfunden wurden; allein die Ueberzeugung von der Unhaltbarkeit der vorhandenen Zustände war fast immer auf einzelne Kreise beschränkt und jedenfalls nie so allgemein verbreitet wie heute.“[3]

Johannes Messner (1891-1984)

Johannes Messner (1891-1984), neben dem oben bereits zitierten O. von Nell-Breuning ein weiterer bedeutender Vertreter der Christlichen Gesellschaftslehre, nimmt eine weiterführende Differenzierung vor:

Zitat

„In einem ersten Stadium wurde die soziale Frage überwiegend als Arbeiterfrage empfunden. ... Tatsächlich war die soziale Frage niemals nur Arbeiterfrage. Sie wurde schon vor der Jahrhundertwende von der wirklichkeitsoffenen Sozialkritik als Frage der Wirtschafts- und Sozialordnung im Ganzen gesehen. Damit war sie in ihr zweites Stadium getreten. Von der Industriewirtschaft gingen nacheinander nachteilige Wirkungen auf fast alle Gruppen der Gesellschaft aus.“

Er nennt das Handwerk, den Mittelstand, die Familie und – umfassender – die Massengesellschaft.

[3] Alle Zitate dieses Abschnitts aus: Cathrein, Victor: Art. Sociale Frage, in: Wetzer, Heinrich-Joseph/ Welte, Benedikt (Hg.): Kirchenlexikon, Bd. 11. Freiburg ²1899, 431–465, hier 431.

Zitat

„Mit und nach dem zweiten Weltkrieg ist die soziale Frage bereits in ein weiteres drittes Stadium getreten. Sie hat eine weltumspannende, eine globale Ausweitung erfahren, denn von ihr geht der schwelende Brand aus, der über die ganze Welt hin die Völker in Unruhe, Besorgnis und Angst hält....“[4].

Sozialkritik

Mit dieser soziologischen und geographischen Ausweitung und Differenzierung ist gleichzeitig der Schritt getan zur *Systematisierung des Begriffs*: Sozialkritik wird evoziert durch die Tatsache, dass die jeweils realen gesellschaftlichen Verhältnisse in großem Gegensatz stehen zu dem Ideal einer vernünftigen, d.h. vernunftgemäßen Gesellschaftsordnung, die allen Menschen einen gerechten Anteil an den materiellen und immateriellen Gütern gibt. Damit ist eine systematische und für die sozialethische Fragestellung und Zugangsweise zur Problematik geeignete Bestimmung gefunden: Der Begriff „Soziale Frage“ bezieht sich „nicht nur auf die materiellen Lebensverhältnisse; eine offenkundige und schwerwiegende Benachteiligung besteht auch in der Beeinträchtigung oder Aufhebung von Freiheitsrechten, die mit der materiellen Unterdrückung zumeist verbunden ist oder der Menschen unabhängig davon ausgesetzt sind.“[5] Damit wird offenkundig, dass die soziale Frage also die Frage nach der sozialen Gerechtigkeit jedweder gesellschaftlicher Strukturen, Verfahren und Lebensbereiche ist, was wiederum zurückgebunden ist an den Menschen als „Träger, Schöpfer und das Ziel aller gesellschaftlichen Einrichtungen“ (*Mater et magistra* [MM] 219).

Neue soziale Frage(n)

Ganz in der Konsequenz dieser Erkenntnis liegt die in den 70-er und 80-er Jahren des letzten Jahrhunderts aufkommende Rede von der „Neuen sozialen Frage“. Ursprünglich geprägt vom damaligen Generalsekretär der CDU Heiner Geißler (*1930) und dessen Mitarbeiter Warnfried Dettling (*1943) bezeichnet dieser Begriff besonders Konflikte zwischen Gruppen auf der einen Seite, deren Interessen nicht organisiert sind (z.B. alte Menschen, Behinderte, Arbeitslose, kinderreiche Familien) bzw. die sich nicht organisieren können, und auf der anderen Seite Gruppierungen, die ihre Interessen organisiert haben in Verbänden (z.B.

---

4 Messner, Johannes: Die soziale Frage im Blickfeld der Irrwege von gestern, der Sozialkämpfe von heute, der Weltentscheidungen von morgen. Innsbruck-Wien-München, 7. Aufl. 1964, 21f.

5 Stieglitz, Hermann u.a.: Basiswissen Politik und Gesellschaft, (s. Anm. 2), 15.

Berufsverbände, Gewerkschaften, Unternehmerverbände) und durch Lobbyarbeit. Die Erfahrung lehrt, dass nichtorganisierte Interessen nur geringe Chancen haben, in der Sozialpolitik und im Wirtschaftsleben berücksichtigt zu werden. Hier liegt ein wichtiges und unaufgebbares Spezifikum der christlichen Soziallehre: Die Kirche und die Christen mit ihrer Soziallehre haben die fundamentale und unterscheidende Verpflichtung aus der Botschaft Jesu heraus, Lobby zu sein für die Menschen, deren Interessen und berechtigte Anliegen in öffentlichen Diskursen kaum oder keine Beachtung finden, weil sie sich nicht selber hinreichend organisieren und vertreten können.

Der Plural, d.h. die Rede von „den neuen sozialen Fragen" signalisiert, dass im Rahmen der äußerst komplexen und vielschichtigen, offenen Gesellschaft, in der die verschiedensten Teilbereiche der Wirklichkeit miteinander und auch noch einmal mit dem Staat vernetzt sind, im Unterschied zum 19. Jahrhundert nicht mehr nur *ein* soziales Problem besteht, sondern eine Vielzahl, wiederum nicht unabhängig voneinander zu betrachtende Facetten. Gegenwärtig diskutierte Probleme sind u.a.: Der Umbau des Sozialstaats, die Stabilisierung der sozialen Sicherungssysteme, die transparentere und gerechtere Gestaltung des Steuersystems, die Ausgestaltung der Familienpolitik, die Schaffung neuer Arbeitsplätze, die Bildungspolitik, aber auch die Frage nach dem Umgang mit den Menschen am Lebensanfang (PiD; Abtreibung) und Lebensende (Euthanasie). Die eigentliche spezifische Herausforderung für die gesellschaftlich-politische Diakonie der Kirche angesichts all dieser Problemfelder liegt nicht in arbeitsmarkttechnischen, steuerpolitischen, sozialversicherungsrechtlichen, also fachspezifischen Gesichtspunkten, diese sind Aufgabe der jeweiligen Experten. Die eigentliche Herausforderung für die gesellschaftlich-politische Diakonie der Kirche liegt vielmehr in der Sorge um den Menschen und seine Würde, in dem Bemühen, dieser Würde gemäße, also gerechte Strukturen zu schaffen.

Zusammenfassung

Materialobjekt der christlichen Sozialethik ist die soziale Frage. Als in Frageform gebrachte Sozialkritik bezeichnet sie zunächst Strukturen der Ungerechtigkeit im Umfeld der Industriearbeiterfrage des 19. Jahrhunderts, heute aber sprechen wir von vielen Facetten der sozialen Frage, es geht umfassend um materielle und immaterielle Beeinträchtigungen und daraus resultierende strukturelle Ungerechtigkeiten in globaler Perspektive.

2. Begründung und theologischer Anspruch

Ist nun die soziale Frage als das Materialobjekt christlicher Sozialethik benannt, so ist in einem nächsten Schritt zu klären, warum und mit welchem Anspruch Christen in ihrem Handeln und die Theologie in ihrer Reflexion sich mit der sozialen Frage und ihrer Lösung beschäftigen.

Gesellschaftlich-politische Diakonie

„Die Christen können nicht das Brot am Tisch des Herrn teilen, ohne auch das tägliche Brot zu teilen. Ein weltloses Heil könnte nur eine heillose Welt zur Folge haben."[6] Mit diesen markanten Sätzen artikulieren die evangelische und katholische Kirche in ihrem gemeinsamen Sozialwort von 1997 sehr pointiert ihr Selbstverständnis ihrer gesellschaftlich-politischen Diakonie: Konstitutiv und verpflichtend ist demnach für die Kirche und ihren Auftrag zur Seelsorge die Wahrnehmung der Verantwortung für eine sozial gerechte Gestaltung des menschlichen Lebensraumes, seiner Strukturen und seiner Systeme. Das alles geschieht letztlich im Dienst der großen Hinwendung Gottes zu Welt und Menschen, die in Jesus Christus, seinem Leben, seinem Kreuz und seiner Auferstehung ihren Höhepunkt findet. Diese Hinwendung zum Menschen bleibt in der Kirche nicht nur in der Verkündigung und der Liturgie, sondern auch in der gesellschaftlich-politischen Diakonie gegenwärtig. Somit lässt sich schon hier festhalten, was im Folgenden noch näher zu zeigen sein wird: Die unverzichtbare Notwendigkeit sozialen und politischen Engagements ergibt sich für den Christen aus dem Kern der christlichen Botschaft selbst.

Mit diesem genuin christlich-theologischen Anspruch steht die Christliche Sozialethik in deutlicher Spannung zu verschiedenen anderen Positionen, die sowohl im gesellschaftlichen Diskurs als auch gelegentlich im kirchlichen Diskurs um das Selbstverständnis ihres sozialen Engagements anzutreffen sind. Solche Positionen gehen davon aus, dass Glaube und Politik bzw. Gesellschaft nichts Wesentliches miteinander zu tun haben. Die kirchlich-theologische Beschäftigung mit sozialen, gesellschaftlichen, wirtschaftlichen und politischen Fragen wird als unzulässige Einmischung in „weltliche" Angelegenheiten betrachtet bzw. als – in der Sprache moderner Unternehmensberatung – außerhalb ihres „Kerngeschäfts" liegend. Letztlich steht mit dieser Anfrage nicht nur die

[6] Evangelische Kirche in Deutschland/ Deutsche Bischofskonferenz: Für eine Zukunft in Solidarität und Gerechtigkeit. Wort des Rates der Evangelischen Kirche in Deutschland und der Deutschen Bischofskonferenz zur wirtschaftlichen und sozialen Lage in Deutschland. Hannover-Bonn 1997, Nr. 101.

Begründung christlich-kirchlicher Weltverantwortung, sondern insgesamt das Selbstverständnis der Kirche auf dem Spiel.

Die Pastoralkonstitution *Gaudium et spes* (GS) des Zweiten Vatikanischen Konzils von 1965, die sich in besonderer Weise mit der Frage nach der „Kirche in der Welt von heute“ beschäftigt hat, formuliert präzise das „Dass“ kirchlich-christlicher Weltverantwortung in der Soziallehre, deren Wahrnehmung und Kundmachen in der Bedeutung auf gleicher Ebene stehen wie die Verkündigung des Glaubens (vgl. GS 76,5). Zugleich werden zwei Konditionen genannt, unter denen die Kirche politische bzw. auch andere gesellschaftliche Bereiche einer „sittlichen Beurteilung“ unterzieht: „wenn die Grundrechte der menschlichen Person oder das Heil der Seelen es verlangen.“ (GS 76,5) Bei dieser Betonung der Relevanz der Grundrechte der Person handelt es sich um eine in dieser Form und Klarheit erstmalig zu findende Formulierung.

Der Kirche kann es in ihrer gesellschaftlich-politischen Diakonie nicht um Politik gehen, bei der sie selber Akteur wäre, sondern um die Ermöglichung und sittliche Beurteilung der Politik, wobei Maßstab der Mensch in seiner personalen Würde, das Humanum ist, auf den alles zentriert ist. Die Wahrnehmung und Erfüllung dieser Aufgabe ist dann allerdings nicht irgendeine beliebige sekundäre Beigabe zum Eigentlichen des Glaubens, sondern steht in dem gerade zitierten Satz des II. Vatikanums auf gleicher Ebene mit der Glaubensverkündigung und ist darum konstitutiv für kirchliches Handeln.

Die nähere theologische Begründung dieses „Dass“ der gesellschaftlich-politischen Diakonie ist im Folgenden noch differenzierter zu untersuchen.

2.1 Schöpfungstheologische Aspekte

Dominium terrae

Dem ersten Schöpfungsbericht Gen 1,28 zufolge haben die Menschen den Herrschafts- und Kulturauftrag bekommen: „Seid fruchtbar und mehret euch und erfüllet die Erde und macht sie euch untertan! Herrschet über die Fische des Meeres und über die Vögel des Himmels und über alles Getier, das sich auf Erden reget.“ Das nennen wir das „dominium terrae“. Dem Menschen als Gottes Geschöpf und Ebenbild kommt die Verantwortung und die Verpflichtung, zugleich aber auch das Recht zu, im Geiste Gottes, des Schöpfers, über Natur und Kreatur zu herrschen: das bedeutet nicht nur in einem engen Verständnis Bewahrung der Schöpfung, sondern vielmehr ist alles, was die Menschen in diesem Sinne tun, um die Schöpfung, d.h. Natur und Kultur, Welt und Gesellschaft zu gestalten, Ausdruck der Erfüllung dieses Auftrags.

2.2 Anthropologische Aspekte

Der Mensch als Urheber, Mittelpunkt und Ziel

Der Mensch ist „Urheber, Mittelpunkt und Ziel" (GS 63,1) allen Geschehens – diese Aussage ist normative Vorgabe für alles gesellschaftliche, wirtschaftliche und politische Handeln aus christlicher Perspektive: Immer deutlicher hat sich in der konziliaren und nachkonziliaren Soziallehre die christliche Berufung des Menschen in der Welt sowie seine personale Würde als das entscheidende Argument zur Begründung kirchlicher Weltverantwortung herauskristallisiert. Das findet seinen Niederschlag auch in der Gestalt der Sozialverkündigung der Kirche, deren Spezifikum in der Verortung der Anthropologie im Kern der Theologie liegt (vgl. GS 22,1 sowie *Redemptor hominis* [RH] 22). Das entscheidende Charakteristikum der christlichen Sozialethik besteht damit in der Personzentriertheit, die sich philosophisch und theologisch gleichermaßen begründen lässt.

Dieser Personalismus als Sorge um den ganzen Menschen bedeutet für das kirchliche Selbstverständnis freilich keinen Integralismus, d.h. weltanschaulich bedingtes Außerachtlassen der Eigengesetzlichkeit und Eigenwertigkeit aller Bereiche der Wirklichkeit (vgl. GS 36). Vielmehr ist mit Personalismus ausschließlich ein integraler Ansatz bei der menschlichen Person intendiert. Wegen dieses Ansatzes, so Johannes Paul II. in *Sollicitudo rei socialis* (SRS) von 1987, hält die Kirche keine „technischen Lösungen" bereit, legt sie „keine wirtschaftlichen und politischen Systeme oder Programme vor, noch zieht sie die einen den anderen vor", wenn nur, und damit ist das entscheidende und Maßstab setzende Argument genannt, „die Würde des Menschen richtig geachtet und gefördert wird und ihr selbst der notwendige Raum gelassen wird, ihren Dienst in der Welt auszuüben" (SRS 41,1). In *Centesimus annus* (CA) von 1991 setzt sich Papst Johannes Paul II. in Betonung dieser Personorientierung deutlich ab von Verdächtigungen, die der Soziallehre Streben nach indirekter Macht in Folge des Verlustes des Kirchenstaates und der Privilegien der Kirche unterstellen: „Ihr einziges Ziel war die Sorge und die Verantwortung für den ihr von Christus anvertrauten Menschen" (CA 53,1.) Die Kompetenz der Kirche und ihr genuiner Beitrag bestehen also in ihrer personzentrierten Hermeneutik, mit der sie an alle zu lösenden Sachfragen herangeht. Bei der Kirche findet sich ein spezifisches und umfassendes Wissen über den Menschen und seine Würde. „Die heutige Soziallehre hat besonders den Menschen im Auge, insofern er in das komplizierte Beziehungsgeflecht der modernen Gesellschaft eingebunden ist. [...] Ihr Ziel ist es, unter Zuhilfenahme sämtlicher Beiträge der Wissenschaften und der Philosophie dem Menschen auf dem Weg zu seinem Heil beizustehen“ (CA 54,1). Immer dort, wo „die Würde der menschlichen Person (auf dem Spiel steht), deren Verteidigung und Förderung uns vom Schöpfer anvertraut ist“ (*Sollicitudo rei socialis* [SRS] 47,4), ist der Bereich kirchlicher Kompetenz tangiert.

Das entscheidend Christliche

Die Kirche als Trägerin ihrer Soziallehre versucht nicht, über derartige gesellschaftliche Leistungen zu missionieren, ihre gesellschaftlich-politische Diakonie ist unverzweckt: „Die Liebe ist umsonst“ (*Deus caritas est* [DCE] 31c). Sie bemüht sich vielmehr, alle beteiligten Menschen für die ethische Seite einer solchen Fragestellung zu sensibilisieren und zu entsprechenden konkreten Handlungen zu motivieren. Hier kommt dann die Frage nach dem christlichen Spezifikum der Christlichen Sozialethik ins Spiel: Oftmals assoziiert man damit etwas Exklusives oder sogar etwas Esoterisches oder Ideologisches, das nur die betrifft, die der Gemeinschaft der Christen angehören. Aber: genau da liegt der entscheidende Unterschied zwischen dem christlichen Denken und einer Ideologie oder sektenartigen Vereinigung: Das „unterscheidend“ und „entschieden“ Christliche “ lässt sich – so eine theologisch adäquate Bestimmung des Kölner Theologen Hans Joachim Höhn (*1957) – als die Überzeugung identifizieren, dass „Gott das Heil und Leben aller Menschen [will]. Dieses Heil besteht in der Zuwendung Gottes zum Menschen, die den Tod überdauert.“[7] Das Engagement der Christen, das die unbedingte Zuwendung Gottes erfahrbar werden zu lassen sucht, kann dann auch nur bezeugt werden in der Form unbedingter, absichts- und bedingungsloser Zuwendung zu jedem Menschen. Christen helfen also nicht primär, weil die Empfänger Christen sind, sondern weil die Akteure Christen sind.

2.3 Eschatologische Aspekte

„Jetzt schon“ und „Noch nicht“ Signatur des Gottesreichs

Ein weiterer Begründungsstrang setzt an bei der eschatologischen Spannung zwischen dem „Schon-Jetzt“ und „Noch-Nicht“ als Signatur des Reiches Gottes in der Gegenwart. Zwar gilt selbstver-

7 Höhn, Hans-Joachim: Soziale Diakonie – kulturelle Diakonie. Vom entscheidend Christlichen, in: Pastoralblatt 62 (2010), 300–308, hier 304.

ständlich, dass das Heil in Jesus Christus schon jetzt angebrochen, aber noch nicht vollendet ist. Einerseits wird das endgültige Heil Geschenk des Herrn bei seiner Wiederkunft, was impliziert, dass das Reich Gottes nicht durch Menschenhand und menschliches Bemühen geschaffen oder vollendet werden kann – aber auch nicht unter dem Druck einer „Leistung für das Gottesreich" von Menschen vollendet werden muss. Andererseits erweisen sich die Gestaltung dieser Welt und die Schaffung einer besseren Ordnung für das menschliche Wohl auch in keiner Weise als völlig gleichgültig und unbedeutend: „Obschon der irdische Fortschritt eindeutig vom Wachstum des Reiches Christi zu unterscheiden ist, so hat er doch große Bedeutung für das Reich Gottes, insofern er zu einer besseren Ordnung der menschlichen Gesellschaft beitragen kann" (GS 39,2). Das Konzil spricht hier von „eine(r) umrisshafte(n) Vorstellung von der künftigen Welt", lateinisch heißt es hier „adumbratio" (Schattenbild). Dem in Liebe vollbrachten Werk (GS 39,3) kommt also eine reale Bedeutung zu für das Reich Gottes – nicht in dem Sinn, dass dadurch das Heil unmittelbar gestiftet oder vermittelt würde, wohl aber in dem Sinn, dass es Ausdruck der Antwort auf die von Gott dem Menschen geschenkte Liebe ist. Menschliches Tun steht also gerade nicht unter dem Druck, sich im Sinne der „Werkgerechtigkeit" das Reich Gottes verdienen zu müssen; vielmehr – und das stellt einen fundamentalen Perspektivenwechsel dar – ist menschliches Handeln aus Liebe die Antwort auf die Erfahrung des Zuerst der Liebe Gottes. Gottes Liebe geht dem menschlichen Tun immer voraus und entgegen, sie ist das Erste.

2.4 Theologisch-ethische Aspekte

Praxis der Solidarität

Der „Einsatz für Menschenwürde und Menschenrechte, für Gerechtigkeit und Solidarität ist für die Kirche konstitutiv und eine Verpflichtung, die ihr aus ihrem Glauben an Gottes Solidarität mit den Menschen und aus ihrer Sendung, Zeichen und Werkzeug der Einheit und des Friedens in der Welt zu sein, erwächst" (EKD/DBK 1997, Nr. 101). Gottes Solidarität mit den Menschen wird Fleisch in Jesus Christus, zeigt sich in seiner Liebe zu allen Menschen, besonders zu den Armen, zu denen, die ausgestoßen sind und am Rand der Gesellschaft leben; sie wird endgültig ratifiziert in Christi Kreuzestod und Auferstehung „für alle". Diese Mensch gewordene Solidarität Gottes mit den Menschen fordert die Christen zu einer analogen Praxis der Solidarität heraus, die sich gerade nicht erschöpft und erschöpfen darf in einem Engagement nur für die Christen, sondern ausgerichtet ist auf die gesamte Menschheit. Dies artikuliert sich auch in besonderer Weise in der für die Sozialethik und ihr theologisches Spezifikum charakteristisch gewordenen Option für die Armen.

2.5 Ekklesiologische Aspekte

Stellt sich die Kirche in ihrem bisher skizzierten Selbstverständnis nicht – so ist im Anschluss an den aktuellen gesellschafts- und politikwissenschaftlichen Diskurs zu fragen – einfachhin als einen Akteur der Zivilgesellschaft dar wie viele andere auch, etwa Parteien und Gewerkschaften?

Soziologisch mag das eine zutreffende und nicht unerhebliche Bestimmung sein, doch auf dieser Ebene darf die Bestimmung des Bildes von der Kirche in ihrer gesellschaftlich-politischen Diakonie nicht stehen bleiben. Das II. Vatikanum definiert im deutlichen Unterschied dazu die Kirche theologisch als Sakrament (vgl. LG 1).

Kirche als Sakrament

Ein Sakrament ist ein wirkmächtiges Zeichen, ein Zeichen der wirksamen und spürbaren Nähe Gottes. Damit bekommt auch die gesellschaftlich-politische Diakonie der Kirche über das konkrete Einzelengagement hinaus noch einmal eine dieses transzendierende, in einem sehr weiten Sinn sakramentale Bedeutung. Die Kirche muss in der Gesellschaft auch und gerade heute vermitteln, dass die Kirche im Blick auf Gottes Heilswillen für den Menschen ein Wissen über eine andere Wirklichkeit aufbewahrt, die in einer zunehmend ökonomisierten und säkularisierten Gesellschaft möglicherweise eine neue Relevanz bekommt.

Vor dem Hintergrund eines solchen Konzeptes kann die Kirche ihrer wesentlichen Bedeutung als umfassendes (Grund-)Sakrament, das heißt als „Zeichen und Werkzeug für die innigste Vereinigung mit Gott wie für die Einheit der ganzen Menschheit" (LG 1) für die Welt gerecht werden. Nicht nur in den beiden Grundfunktionen der *liturgia* und der *martyria* geschieht kirchliches Handeln, sondern auch die *diakonia*, die Wahrnehmung der christlichen Weltverantwortung gehört als dritte Grundfunktion

Diakonia als Wesenszug der Kirche

konstitutiv hinzu, und erst im unverwechselbaren Zusammenspiel dieser drei Dimensionen vollzieht sich kirchliches Handeln als sakramentales Handeln. Die *diakonia* stellt also nicht einen Luxus dar, auf den man ohne Verlust von Wesentlichem im Bedarfsfall auch verzichten könnte, nicht das Sahnehäubchen auf dem Cappuccino. Damit erweist sich auch das theologische Bemühen um eine durch die Vernunft zu verantwortende wissenschaftliche Sozialethik für „alle Menschen guten Willens“ nicht als sekundäre, eventuell sogar nebensächliche Konsequenz aus dem eigentlich Christlichen, sondern als genuin christliche Aufgabe, die gleichwertig und gleichursprünglich zum christlichen Auftrag unter den Bedingungen der angebrochenen Gottesherrschaft gehört – und dies nicht in einer in eigener Regie aufgebauten katholischen Parallelwelt, sondern in *dieser* Welt, denn die Welt ist für alle Menschen nur eine einzige, die es allerdings mit dem Geist Christi zu durchdringen gilt!

2.6 Geschichtliche Aspekte

Bischof Ketteler

Schon Bischof Wilhelm Emmanuel von Ketteler hat in seinem Buch *Die Arbeiterfrage und das Christentum* von 1864 formuliert: „Christus ist nicht nur dadurch der Heiland der Welt, dass er unsere Seelen erlöst hat; er hat auch das Heil für alle anderen Verhältnisse der Menschen, bürgerliche, politische und soziale, gebracht.“[8] Eine Formulierung, die das Umfassende der Erlösung und des Heils in einer für die damalige Zeit neuen Präzision und Klarheit herausstellt. Ohne Zweifel gibt es eine soziale Tradition der Kirche schon seit der Apostelgeschichte; aber im 19. Jahrhundert, zur Zeit der Industriearbeiterfrage als der großen sozialen Frage, kam eine völlig neue Dimension und Qualität im Blick auf diese soziale Tradition der Kirche auf: Dies liegt begründet in der langsam wachsenden Erkenntnis der Notwendigkeit, die Strukturen und Ordnung der Gesellschaft und des Wirtschaftssystems unter der Perspektive sozialer Gerechtigkeit zu gestalten und dadurch den Menschen unter den Bedingungen der modernen, marktwirtschaftlichen Industriegesellschaft zu einem menschenwürdigen Leben zu verhelfen. Die ersten Vertreter des Katholizismus haben durchaus die Bedeutung der gesellschaftlich-politischen Diakonie erkannt, ihr Erbe ist Auftrag an die Kirche und Theologie heute.

2.7 Gesellschaftstheoretische Aspekte

Die bis hierher aufgeführten Aspekte zur Begründung der Wahrnehmung christlich-kirchlicher Weltverantwortung argumentie-

8 Iserloh, Erwin/ Stoll, Christoph: Bischof Ketteler in seinen Schriften. Mainz 1977, 75.

ren aus der Perspektive der Theologie. Es ist aber auch die Seite der Gesellschaft in den Blick zu nehmen, die ebenfalls eine Notwendigkeit dafür sieht, dass die Kirche die Gesellschaft mitgestaltet. Dies lässt sich eindrücklich verdeutlichen anhand des mittlerweile nahezu klassisch gewordenen Wortes von Ernst-Wolfgang Böckenförde (*1930), der formuliert, dass der *„freiheitliche, säkularisierte Staat* [...] *von Voraussetzungen (lebt), die er nicht selbst garantieren kann“*[9]. Da der Staat aufgrund seiner weltanschaulich-religiösen Neutralität die philosophisch-theologische Begründung für die Menschenrechte, für eine an den Grundwerten der Freiheit und Gerechtigkeit ausgerichteten Politik nicht selber leisten kann, bedarf er notwendig der an anderer Stelle grundgelegten und geprägten Moralität der Bürger und der (Zivil-)Gesellschaft; er ist angewiesen auf ein entsprechendes Wertebewusstsein, auf Tugenden, auf ein Ethos seiner Bürger. Hier sind Politik und Staat verwiesen auf zivilgesellschaftliche Institutionen, an erster Stelle auf die Familie, sodann aber auch u.a. auf die Kirchen. Dieses Angewiesen-Sein gilt allerdings nicht nur für den Bereich der politischen Grundordnung; vielmehr hat Wilhelm Röpke (1899-1966), einer der Väter der Sozialen Marktwirtschaft, dies unter dem berühmt gewordenen Titel „Jenseits von Angebot und Nachfrage“ ebenso für den Bereich der Wirtschaft herausgestellt.

Das sog. Böckenförde-Dilemma

Zusammenfassung

Die Sorge um menschenwürdige und gerechte gesellschaftliche Strukturen liegt nicht an der kirchlich-theologischen Peripherie, sondern die Wahrnehmung von christlicher Welt- und Gesellschaftsverantwortung ist gesellschaftlich-politische Diakonie und gehört damit – schöpfungstheologisch, anthropologisch, eschatologisch, ethisch, ekklesiologisch und geschichtlich begründet – zu den Wesensvollzügen der Kirche.

3. Systematische Grundlagen: Maßstäbe und Prinzipien

Christliche Sozialethik als normative Wissenschaft formuliert Maßstäbe für die Gestaltung der gesellschaftlichen Ordnung. Im Folgenden geht es darum, diese Maßstäbe zu präzisieren und zu entfalten.

9 Böckenförde, Ernst-Wolfgang: Staat, Gesellschaft, Freiheit. Studien zur Staatstheorie und zum Verfassungsrecht, Frankfurt 1976, 60.

3.1 Das christliche Menschenbild: Der Mensch als Person

Bei Oswald von Nell-Breuning finden wir die bekannt gewordene Aussage, den Inhalt der Christlichen Gesellschaftslehre könne man auf einen Fingernagel schreiben[10]. Auf diesem Fingernagel würde dann vermutlich „MM 219 f" stehen; dort heißt es:

Zitat

„Nach dem obersten Grundsatz dieser Lehre muss der Mensch der Träger, Schöpfer und das Ziel aller gesellschaftlichen Einrichtungen sein. ... Dieses oberste Prinzip trägt und schützt die unantastbare Würde der menschlichen Person."

Der Mensch als Person

Die zentrale und alles fundierende Norm, der Mensch ist Person (vgl. auch PT 9), dient als Kurzformel für das christliche Menschenbild. Dabei meint diese Kurzformel nicht ein einziges, in der Theorie dogmatisch oder ethisch in bestimmten Lehrsätzen fest gefügtes Bild vom Menschen, sondern es macht gerade das Spezifikum der Rede vom christlichen Menschenbild aus, dass es bestimmte unverzichtbare Dimensionen des christlichen Menschenbildes impliziert, dass aber zugleich der Blick auf die konkreten Menschen eine große Bandbreite von christlichen Deutungen zulässt.

Für die Intention der christlichen Sozialethik, mit „allen Menschen guten Willens" in Dialog treten zu können, ist es wichtig, festzuhalten, dass man nicht an Gott glauben muss, um anerkennen zu können, dass jeder Mensch Person mit ihr eigener unveräußerlicher Würde ist. Immanuel Kant (1724-1804) hat in seiner Grundlegung zur Metaphysik der Sitten mit der Herleitung der Selbstzwecklichkeitsformel seines kategorischen Imperativs gleichsam die säkulare Begründung dieses Menschenbildes vorgelegt:

Kants kategorischer Imperativ

Zitat

„Handle so, daß du die Menschheit sowohl in deiner Person, als in der Person eines jeden anderen jederzeit zugleich als Zweck, niemals bloß als Mittel brauchest."[11]

---

10 Vgl. Nell-Breuning, Oswald von: Gerechtigkeit und Freiheit. Grundzüge katholischer Soziallehre. Wien/München/Zürich 1980, 50.

11 Kant, Immanuel: Grundlegung zur Metaphysik der Sitten, in: Kant, Immanuel: Gesammelte Schriften, hrsg. von der Königlich Preußischen Akademie der Wissenschaften (= AA), Bd. IV. Berlin 1902 ff, 429.

Seit Kant ist diesbezüglich auch die Unterscheidung zwischen zwei Formen von Wert relevant:

Zitat

„Im Reich der Zwecke hat alles entweder einen Preis oder eine Würde. Was einen Preis hat, an dessen Stelle kann auch etwas anderes, als Äquivalent, gesetzt werden; was dagegen über allen Preis erhaben ist, mithin kein Äquivalent verstattet, hat eine Würde."[12]

Der Mensch ist es folglich, der keinen Preis, kein Äquivalent hat, sondern eine Würde, die unbedingte Anerkennung und Achtung verlangt.

3.1.1 Philosophische Elemente

Jeder Mensch erfährt sich immer wieder auf Bezugspunkte verwiesen, die außerhalb seiner selbst liegen. Das bedeutet, dass zum Menschen eine im weitesten Sinne religiöse Frage nach dem Sinn und dem Woraufhin des eigenen Lebens gehört. Der Mensch erkennt, dass er sich in seinem Handeln nicht der Normativität des Faktischen resp. erdrückenden Sachzwängen beugen muss, sondern dass er herausgefordert ist, den ihm gegebenen Spielraum seiner Freiheit auch in Verantwortung zu nutzen, seine eigenen Grenzen also auf ein je Größeres hin zu überschreiten. Dieses je Größere kann in unserer pluralistischen Gesellschaft durchaus unterschiedliche und z.T. weltliche Namen haben[13]: Fortschritt, Gemeinschaft, Solidarität mit den Schwachen, soziale Gerechtigkeit, Frieden, Toleranz, Lebensschutz, Hoffnung, Lebenssinn, wobei all diese Formen von Transzendenz auch immer Gefahr laufen, ideologisch vereinnahmt zu werden. Dass hier aber auch der Ansatzpunkt dafür liegt, dass Menschen dieses Überschreiten auf ein je Größeres hin als Momente reiner Freiheit, reiner Liebe, vollen Lebens erfahren, darf genauso wenig verschwiegen werden. Für die Christen wird darin ihr Gott als personales Gegenüber erfahrbar, als Gott, der von alters her die Menschen in ihrer Geschichte begleitet hat.

Transzendenzbezug

[12] Ebd., 434.

[13] Vgl. zum Folgenden Lehmann, Karl: Das christliche Menschenbild in Gesellschaft und Kirche, in: Gesellschaft im Test 40 (2000), 8–19.

Vernunft und Freiheit. Aus philosophischer Perspektive ist der Mensch primär als *animal rationale*, als vernunftbegabtes Lebewesen zu kennzeichnen; Vernunft wird dabei verstanden als die Einsichtsfähigkeit des Menschen, die ihn zur Fremd- und zur Selbsterfahrung befähigt. Diese Selbsterfahrung besteht darin, dass der Mensch sich nicht als bloßen Teil der Natur begreift, sondern als ein Wesen, das in dreifacher Transzendenz (auf Gott, auf die Mitwelt und auf die Umwelt hin) diese Natur überschreiten kann. Diese Vernunftbegabung, die Fähigkeit, über sich selbst und die einen jeden umgebende Welt zu reflektieren und sich dazu ins Verhältnis zu setzen, sowie die damit ebenfalls verbundene Fähigkeit (und in einem zweiten Schritt dann auch damit verbundenen Verpflichtung), für sich selbst, die Mitwelt und die Umwelt Verantwortung zu übernehmen, sich also als sittliches Lebewesen zu verstehen, ist das den Menschen von allen anderen Lebewesen unterscheidende Merkmal.

animal rationale

Die Idee der Verantwortung verweist auf die Dimension der Freiheit des Menschen als tiefster Ausdruck seines Personseins. Freiheit meint Selbstbestimmung, negativ die Unabhängigkeit von Fremdbestimmung (naturaler, sozialer oder politischer Art) und positiv, dass man selbst seinem Streben und Tun einen bestimmten Inhalt und eine bestimmte Ausrichtung gibt. Hier ist dann zwischen zwei Formen der Freiheit zu unterscheiden, nämlich der Handlungs- oder Wahlfreiheit und der Willens- oder transzendentalen Freiheit.[14]

Handlungs- und transzendentale Freiheit

Handlungsfreiheit im Blick auf den Menschen besteht bereits dort, wo jemand einen Spielraum von mehreren Möglichkeiten erkennt und sich für eine dieser Möglichkeiten entscheiden kann. Freiheit meint hier so oder anders handeln oder auch nicht handeln zu können.

Die zweite Form der Freiheit, die Willens- oder transzendentale Freiheit, bedeutet nach Kant das Vermögen, einen Zustand von selbst anzufangen. Sie besteht darin[15], dass der Wille sich letztlich nicht von etwas anderem, den Antrieben der Sinnlichkeit oder auch von sozialen Zwängen, bestimmen lässt, sondern selbst Ursprung seines So-und-nicht-anders-Wollens ist. Das bedeutet: Der Mensch wird nicht als ein Wesen außerhalb der konkreten Realität gedacht, sondern Bedingungen sind durchaus vorhanden, aber

---

[14] Vgl. WILDFEUER, Armin G.: Art. Freiheit, in: DÜWELL, Marcus u.a. (Hg.): Handbuch Ethik. 2. Aufl. , Stuttgart 2006, 352–360.

[15] Vgl. HÖFFE, Otfried: Art. Freiheit, in: Ders. (Hg.): Lexikon der Ethik, München 7. Aufl. 2008.

nicht als unabänderliche Fakten, sondern der Mensch kann sich in ein Verhältnis zu ihnen setzen: sie benennen, beurteilen, sich davon distanzieren oder sie anerkennen. Dem Willen ist also sein Gehalt nicht einfach vorgegeben, sondern der Wille öffnet sich diesem Gehalt und setzt sich in ein bejahendes Verhältnis dazu. Freiheit kann allerdings nur das bejahen, was selbst den Charakter von Freiheit hat, d.h. die Freiheit anderer. Eine Handlung erweist sich darum als moralisch frei, d.h. als sittlich, wenn sie dem Kriterium der Freiheit des anderen genügt, d.h. wenn sie dem Kriterium des kategorischen Imperativs, der Anerkennung der Würde des anderen als Person, genügt.

Dreifache Bindung der Freiheit

Freiheit ist dem zufolge nicht eine gänzlich ungebundene Freiheit, sie ist vielmehr in dreifacher Weise gebunden: (1) an die Vernunft, die allererst Entscheidung und Auswahl sowie auch den Akt der Selbstgesetzgebung ermöglicht; (2) an die Freiheit der anderen, die Grenzen also, die sich durch die soziale Gemeinschaft ergeben; (3) an die Grenzen durch den Leib, die Erfahrung der Endlichkeit und zeitlichen Begrenztheit.

Vernunft und personale Freiheit ermöglichen mithin erst Sittlichkeit, sie hängen darüber hinaus auch mit dem Gewissen des Menschen zusammen, vor dem sich jeder Mensch verantworten muss.

Würde und Einmaligkeit

Die Tatsache, dass der Mensch ein Wesen ist, das Vernunft und Freiheit besitzt und zur Sittlichkeit fähig ist, begründet die Würde des Menschen. So wendet sich das II. Vatikanum gegen die Tendenz, den Menschen „nur als Teil der Natur oder als anonymes Element in der menschlichen Gesellschaft“ (GS 14) zu betrachten. Weiter heißt es dort in der Nr. 17: „Die Würde des Menschen verlangt daher, dass er in bewusster und freier Wahl handle, das heißt personal, von innen her bewegt und geführt und nicht unter blindem inneren Drang oder unter bloßem äußeren Zwang.“

Jeder Mensch ist ein einmaliges selbstständiges Wesen, ein Individuum. Dieser Selbststand ist zum einen Grundlage der menschlichen Existenz, was eine Verantwortung des Menschen vor sich selbst und für sich selbst einschließt. Zum anderen aber ist dieser Selbststand auch Ursache der letzten menschlichen Nichtmitteilbarkeit. Der Mensch ist letztlich *ineffabile,* nicht mitteilbar, wie Richard von St. Viktor sagt.

Ursprünglicher Träger von Rechten und Pflichten

Die Idee der Menschenwürde impliziert die Anerkennung unteilbarer und unverlierbarer Menschenrechte, sie entfaltet sich in ihr. Diese Rechte (ebenso wie die damit verbundenen Pflichten) kommen dem Mensch von Anfang an qua Mensch zu. Daraus ergibt sich, dass diese menschliche Würde nicht abhängt (und im

Blick auf neue Möglichkeiten am Lebensanfang, etwa auf die Präimplantationsdiagnostik ist zu sagen: nicht abhängen darf) von der Zustimmung und dem Einverständnis anderer, was gebunden wäre an bestimmte Qualitäts- oder Leistungsmerkmale; sie kommt auch nicht erst zustande durch einen Gesellschaftsvertrag, sondern ist das jeder humanen Rechtsordnung zugrunde- und vorausliegende Fundament. Daraus ergibt sich dann notwendig, dass nicht der Mensch für die Gesellschaft, sondern die Gesellschaft für den Menschen da sein muss, der Mensch also Ursprung, Träger und Ziel aller gesellschaftlichen Einrichtungen sein muss (vgl. MM 219).

Individualität und Sozialität

Die Theorie der Person impliziert die zentrale Erkenntnis, dass der Mensch in der Spannung zwischen Individualität und Sozialität steht. Die häufige Gleichsetzung der Individualität des Menschen mit seiner Personalität erweist sich als defizient, gehört doch zur vollen Wahrheit der menschlichen personalen Existenz neben dem individuellen zugleich auch der Bereich des gemeinschaftsbezogenen und sozialen Seins. Dabei ist die Sozialität des Menschen nicht Ausdruck menschlich-individueller Unzulänglichkeit und die Gesellschaft nicht eine rein funktionale Nutzveranstaltung. Vielmehr hat Gesellschaft mit ihrem Reichtum der Ressourcen und Fähigkeiten aller Mitglieder ihren eigenen konstitutiven Stellenwert, nur so wird auch die reine Funktionalisierung der Mitmenschen verhindert.

3.1.2 Theologische Grundaxiome

Der Mensch als Geschöpf und Ebenbild Gottes

Die biblische Lehre vom Menschen nimmt ihren Ausgangspunkt und erreicht zugleich große Tiefe in dem Wort Gen 1,26 f: „Nun sprach Gott: Lasst uns Menschen machen, nach unserem Bild und uns ähnlich. Und Gott schuf den Menschen nach seinem Bilde, nach dem Bilde Gottes schuf er ihn, als Mann und Frau schuf er sie." Der unfassliche Gott schuf sich also ein Gegenüber und hat von allen seinen Kreaturen den Menschen ausersehen, um sich in ihm abzubilden. Jeder Mensch, nicht nur, wie sonst im assyrisch-ägyptischen Kontext üblich, lediglich der König, wird als Abbild Gottes bezeichnet, ist Repräsentant Gottes. Diese Gottebenbildlichkeit ist es, die dem Menschen – nur dem Menschen und jedem einzelnen – eine unendliche, unteilbare Würde verleiht. Die Gottebenbildlichkeit des Menschen besteht nach dem Zeugnis der Bibel grundlegend darin, 1. dass Gott dem Menschen seinen Lebensraum bereitet und 2. dass Gott dem Menschen im Rahmen dieses Freundschaftsverhältnisses die von Gott geschaffene Welt in die eigene Verantwortlichkeit übergibt. Kosmos und Erde werden entgöttert, die Welt wird dem Menschen überstellt. Gott erteilt dem Menschen einen Herrschafts- und Kulturauftrag: „Seid fruchtbar und mehret euch, und erfüllet die Erde und macht sie euch untertan!" (Gen 1,28; vgl. auch Gen 2,15).

Diese Herrschaft des Menschen, die sowohl für den privatpersönlichen als auch für den gesellschaftlichen Bereich gilt, ist ausdrücklich als Segen charakterisiert; Ausbeutung und Zerstörung liefen dem geradezu zuwider. Herrschaftsrecht und Herrschaftspflicht des Menschen sind nicht absolut-autonom, sondern relational-autonom zu verstehen. Diese Relation bezieht sich auf den Schöpfer, der jeden einzelnen Menschen zu seinem Partner bestimmt hat. Hieraus resultiert aber auch die Verantwortung des Menschen für sein Handeln. Der Mensch als Abbild Gottes muss also seine ihm von Gott übergebene Macht für eine menschengerechte Zukunft einsetzen und dabei Maß nehmen an Gottes Botschaft von der unendlichen Würde jedes Menschen.

Der sündige Mensch

Die Rede vom christlichen Menschenbild darf aber – theologisch gesprochen – nicht stehen bleiben bei dessen schöpfungstheologischer Betrachtung. Vielmehr gilt es, alle Dimensionen des Menschseins, wie sie in der Geschichte Gottes mit den Menschen anklingen, einzubeziehen. Will man adäquat vom Menschen sprechen, dann gehört auch dazu, die Begrenztheit, die Fehlbarkeit und Endlichkeit des Menschen, theologisch gesprochen, die Sünde mit zu benennen. Das Erkennen des eigenen Scheiternkönnens führt dann auch zu einer Relativierung dessen, was man von sich selbst und von anderen erwartet, denn nicht der Mensch ist das Maß aller Dinge.

Der Mensch kann im Blick auf die eigene Sündhaftigkeit erkennen, dass er sich vor sich selber schützen muss. Dies geschieht durch eine entsprechende rechtliche und sittliche Ordnung, die man anthropologisch als Selbstschutz ansehen kann. Das christliche Menschenbild liefert mithin eine entscheidende anthropologische und institutionssoziologische Erkenntnis, dass es nämlich gerade für das gesellschaftliche Zusammenleben einer von allen akzeptierten Ordnung, eben einer politischen Kultur bedarf, die bestimmte menschliche Probleme institutionell absichert und damit einen bestimmten Standard an Humanität festschreibt, hinter den man ohne Verlust an humaner Substanz nicht mehr zurückgehen kann.

Der Mensch in der Nachfolge Jesu Christi

Schließlich ist die Rede vom christlichen Menschenbild natürlich nicht möglich, ohne auf den zu schauen, der das Bild vom Menschen schlechthin ist – Jesus Christus. Gott macht den Menschen in Jesus Christus erst vollends deutlich, was und wer der Mensch in seiner Würde eigentlich ist (vgl. dazu GS 22 sowie RH 8 und 10). Das Evangelium predigt nicht ein theoretisches Menschenbild, sondern Jesus zeigt die letzte Größe des Menschen:

Zitat

„Vom Anfang bis zum Ende seiner öffentlichen Tätigkeit ... hat ... [er] den Armen das Evangelium vom kommenden Gottesreich gebracht .... Indem er [sc. Jesus. Anm. d. Verf.] ganz für die Menschen da ist, ohne Möglichkeit und den Willen zur Einschränkung ..., wird er schlechthin zu dem Menschen für alle ... Jesus Christus als Inbegriff der Menschheit, zum ‚letzten Menschen', nach dem kein größerer mehr gedacht werden kann."[16]

Damit wird deutlich: Selbst der verlassenste Mensch ist ein Mensch, Jesus Christus hat sein Leben „für alle" hingegeben, hat sie durch seinen Tod erlöst und wieder in ihre wahre Würde eingesetzt. In diesem Geist Gottes vorbehaltlos Mensch für die anderen sein und in der Nachfolge Jesu seine Menschlichkeit bezeugen in allen Bereichen des Lebens – das ist eine fundamentale Dimension des christlichen Menschenbildes. Das wiederum hat auch öffentliche und gesellschaftliche Konsequenzen: Die christliche Sozialethik spricht hier von der vorrangigen Option für die Armen und Benachteiligten.

Menschsein in der eschatologischen Spannung

Rekurriert man nun noch auf die Spannung zwischen dem Jetzt-Schon-Angebrochen-Sein des Reiches Gottes und dem Noch-Nicht seiner Vollendung, dann ergibt sich für den Menschen, dass er lebt in Gottes vorausgehender Heilszusage, in der Zusage seines Erbarmens, das ihm einerseits Gelassenheit und andererseits Engagement als Antwort auf Gottes vorausgehende Liebe ermöglicht.

---

16 LEHMANN, Karl: Das christliche Menschenbild (s. Anm. 13), 15f.

Zusammenfassung

Die Rede vom christlichen Menschenbild bedeutet keine Fixierung auf eine historisch begegnende und systematisch geschlossene Theorie über den Menschen, sondern sie impliziert die Begründung der Idee von der Menschenwürde und die Entfaltung der daraus resultierenden unteilbaren und unverlierbaren Menschenrechte. Genau das bringt Offenheit für Konkretheit und Vielfältigkeit mit sich. Darin liegt auch eine, wenn nicht *die* große Chance des christlichen Menschenbildes im gesellschaftlichen Zusammenleben und Dialog; es scheint geeignet zum Widerstand gegen jede Form der Erniedrigung des Menschen sowie als Leitbild und Grundorientierung ethischer Überlegungen im aktuellen Diskurs zu fungieren.

3.2 Soziale Gerechtigkeit als Grundwert christlicher Sozialethik

Im Zentrum sozialethischer Reflexion steht die Frage nach der sozialen Gerechtigkeit, d.h. nach der Gerechtigkeit von gesellschaftlichen Institutionen und Ordnungen. Damit ist die entscheidende Norm benannt, die es im Folgenden näher zu analysieren gilt – dies insbesondere vor dem Hintergrund, dass die aktuelle gesellschaftspolitische Diskussion – etwa im Blick auf Altersversorgung, Gesundheitsreform, Arbeitsmarkt, Bildungsreform, Mindestlohn etc. – sich auch in weiten Teilen um Fragen der Gerechtigkeit dreht, dass aber dabei deutlich wird, dass der Begriff der sozialen Gerechtigkeit zu einem „Containerbegriff" geworden ist.

Der Versuch, Gerechtigkeit zu definieren, stößt trotz urmenschlicher Erfahrung und trotz des offenkundig nahezu selbstverständlichen Wissens um das, was gerecht ist, immer wieder auf große Schwierigkeiten. Nicht alle gehen so weit wie der große neoliberale Ökonom und Sozialphilosoph Friedrich August von Hayek (1899-1992), der den Begriff der sozialen Gerechtigkeit für genauso sinnvoll hält wie die Rede von einem moralischen Stein[17], für den also dieser Terminus völlig sinnlos ist. Gerade vor diesem Hintergrund bleibt es für die christliche Sozialethik als philosophisch-theologische Ethik eine unerlässliche Aufgabe, diesen für ihr eigenes Selbstverständnis konstitutiven Begriff näher zu konturieren, versteht doch die modernde Sozialethik soziale Gerechtigkeit als das übergeordnete Leitprinzip in Staat und Gesellschaft, das möglichst zeit- und praxisnah

[17] Vgl. HAYEK, Friedrich August von: Recht, Gesetzgebung und Freiheit, Bd. 2: Die Illusion der sozialen Gerechtigkeit, Landsberg am Lech 1981, 112.

zu übersetzen ist[18]. Die katholische Soziallehre hat mit guten Gründen nie versucht, eine inhaltlich umfassende und abgeschlossene Gerechtigkeitstheorie zu formulieren. Vielmehr wurden und werden immer wieder gesellschaftliche Missstände kritisiert, die gegen die Menschenwürde verstoßen. Positiv ging und geht es darum, aus den Sozialprinzipien konstruktive Hinweise für eine Verbesserung der sozialen Lage zu geben.

Die landläufige Verwendungsweise des Begriffs impliziert drei Bestimmungen des Begriffs sozialer Gerechtigkeit, die aber, so viel hier schon vorab, unzureichend sind:

Engführungen des Begriffs „soziale Gerechtigkeit"

1. Subjekt, Produzent und Garant sozialer Gerechtigkeit sei primär der Staat, dessen Befugnisse ausgeweitet werden sollen mit dem Ziel, die Rechte des Individuums zu stärken. Soziale Gerechtigkeit herzustellen, ist demzufolge vorrangig Aufgabe des Staates.

2. Soziale Gerechtigkeit sei dann hergestellt, wenn die ökonomischen Verhältnisse der Staatsbürger zu einem gerechten Ausgleich gekommen sind. Mit anderen Worten: Ziel sozialer Gerechtigkeit sei primär die Herstellung der ökonomischen Absicherung bzw. Gleichheit der Bürger.

3. Dieses Ziel sei rein technisch-praktisch zu verwirklichen, d.h. allein durch entsprechende legislatorische und sozialregulierende Maßnahmen des Staates.

Diese dreifache Bestimmung der Rede von sozialer Gerechtigkeit ist zwar am alltäglichen Sprachgebrauch in Politik und Gesellschaft orientiert, kann aber unter gerechtigkeitstheoretischer Perspektive nicht befriedigen. Denn als Subjekt sozialer Gerechtigkeit allein den Staat, als deren Ziel allein ökonomische Absicherung und als Methode ihrer Herstellung allein legislatorische Maßnahmen des Staates zu nennen, lässt unangemessene Verengungen des Begriffs vermuten – und zwar eine etatistische, eine ökonomistische und eine technizistische Engführung. Aus der Auseinandersetzung mit diesen Engführungen lassen sich allerdings positiv die konstitutiven Elemente des Begriffs sozialer Gerechtigkeit entwickeln.

3.2.1 Soziale Gerechtigkeit als Aufgabe der Gesellschaft

Traditionelle Gerechtigkeitformen

Die drei traditionellen Formen der Gerechtigkeit, die *iustitia legalis* (Gesetzesgerechtigkeit), die *iustitia distributiva* (Vertei-

[18] Vgl. KÜPPERS, Arnd: Soziale Gerechtigkeit im Verständnis der Katholischen Soziallehre, in: Rauscher, Anton (Hg.): Handbuch der Katholischen Soziallehre, Berlin 2008, 165–174, hier 170f.

lungsgerechtigkeit) und die *iustitia commutativa* (Tauschgerechtigkeit), beschreiben jeweils das Verhältnis zwischen einzelnen Personen bzw. zwischen Personen und dem Staat. Erst als mit den neuzeitlichen Vertragstheorien die Gesellschaft als eigenständige Größe in den Blick kommt, kann auch die Idee der sozialen Gerechtigkeit zum Tragen kommen: Die Sozialphilosophie fragt jetzt „auch nach den Bedingungen der Möglichkeit von Gerechtigkeit in den gesellschaftlichen Verhältnissen, insbesondere den Arbeits- und Wirtschaftsbeziehungen der Bürger" (Küppers 2008, 166)[19].

Genau bei dieser eigenständigen Bedeutung der Gesellschaft setzt auch die Überlegung zur etatistischen Verengung des Begriffs ein: In der katholischen Soziallehre wird dieser Verengung allein schon durch Anbindung an die Gemeinwohlgerechtigkeit vorgebeugt, wobei Gemeinwohlgerechtigkeit der in *Quadragesimo anno* (QA) benutzte Terminus ist, der die Idee der sozialen Gerechtigkeit auf das gesellschaftliche Gemeinwohl hin ausrichtet. Zwar geht *Quadragesimo anno* noch davon aus, dass Struktur und Gestalt der Gesellschaft durch die oberste Autorität, also durch den Staat, der auch die entsprechenden rechtlichen Befugnisse hat, hergestellt werden soll. Doch wird einer ungehemmten gesellschaftlichen Machtbefugnis des Staates sogleich das Subsidiaritätsprinzip entgegengestellt, an dessen Beachtung der Staat gebunden ist. In der Enzyklika verbindet sich daher mit der Aufforderung an den Staat, die aus der Gemeinwohlgerechtigkeit heraus gestaltete gesellschaftliche Ordnung zu schützen und durchzusetzen, gleichzeitig die Ermahnung, sich aller nebensächlichen und untergeordneten Angelegenheiten wie eines Ballastes zu entledigen, um seiner eigentlichen Aufgabe gerecht zu werden. Die Realisierung sozialer Gerechtigkeit ist daher – entgegen einer etatistischen Verengung – nicht zuletzt Aufgabe der Gesellschaft selbst, in der aktuellen sozialwissenschaftlichen und sozialethischen Diskussion kommt in diesem Zusammenhang die Rede von der Zivil- oder Bürgergesellschaft ins Spiel.

Gemeinwohlgerechtigkeit

[19] Im Unterschied zur Entwicklung der *Idee* der sozialen Gerechtigkeit ist die Entstehung des *Begriffs* der sozialen Gerechtigkeit relativ schwierig zu rekonstruieren. Ohne hier darauf näher eingehen zu können, ist es interessant, dass es einen bedeutenden katholischen Anteil an der Begriffsentstehung gibt: Der sizilianische Jesuit Luigi Taparelli (1793-1862) scheint der erste zu sein, der diesen Terminus verwendet.

3.2.2 Soziale Gerechtigkeit als Beteiligungsgerechtigkeit

Die neuere Sozialverkündigung hat die Konzentration allein auf ökonomische Fragestellungen bereits deutlich als Engführung kenntlich gemacht. So interpretiert etwa der hier wegweisende amerikanische Wirtschaftshirtenbrief von 1986 die Formel von der „sozialen Gerechtigkeit" durch die Formel von der *„kontributiven Gerechtigkeit"*: Soziale Gerechtigkeit beinhaltet demnach, „dass die Menschen die Pflicht zu aktiver und produktiver Teilnahme am Gesellschaftsleben haben und dass die Gesellschaft die Verpflichtung hat, dem einzelnen diese Teilnahme zu ermöglichen."[20] Soziale bzw. kontributive Gerechtigkeit zielt also auf ein für jeden Menschen gegebenes Mindestmaß an Teilnahme und Teilhabe an Prozessen, Einrichtungen und Errungenschaften innerhalb der menschlichen Gesellschaft. Es geht also um ein Doppeltes: jedem die Realisierung seiner eigenen Freiheit zu ermöglichen, jedem aber auch seine Verantwortung für die Realisierung der eigenen Freiheit zu verdeutlichen. Gleichheit im Blick auf soziale Gerechtigkeit meint aus der Perspektive der personorientierten christlichen Sozialethik leistungsunabhängige Gleichwertigkeit, meint Anerkennung und Gelten-Lassen jedes einzelnen in seiner Personalität und Freiheit.

Soziale Gerechtigkeit als Beteiligungsgerechtigkeit

In genau diese Richtung des Verständnisses von sozialer Gerechtigkeit weist auch das Memorandum einer Expertengruppe der Deutschen Bischofskonferenz von 1998, das unter dem Titel „Mehr Beteiligungsgerechtigkeit" die damit verfolgte Intention folgendermaßen formuliert: „Es kommt darauf an, allen – je nach ihren Fähigkeiten und Möglichkeiten – Chancen auf Teilhabe und Lebensperspektive zu geben, statt sich damit zu begnügen, Menschen ohne echte Teilhabe lediglich finanziell abzusichern."[21] Die Relevanz dieser Aussage wird sofort offenkundig, bedenkt man etwa, dass in unserer Gesellschaft Partizipation an ihren Prozessen und Institutionen zu einem großen Teil Partizipation an der Erwerbsarbeit bedeutet. Menschen in

---

[20] Nationale Konferenz der Katholischen Bischöfe der Vereinigten Staaten von Amerika: Wirtschaftliche Gerechtigkeit für alle: Die Katholische Soziallehre und die amerikanische Wirtschaft, Bonn 1986. (= Stimmen der Weltkirche, Nr. 26), Nr. 71.

[21] Die deutschen Bischöfe. Kommission für gesellschaftliche und soziale Fragen: Mehr Beteiligungsgerechtigkeit. Beschäftigung erweitern, Arbeitslose integrieren, Zukunft sichern: Neun Gebote für die Wirtschafts- und Sozialpolitik. Memorandum einer Expertengruppe berufen durch die Kommission VI für gesellschaftliche und soziale Fragen der Deutschen Bischofskonferenz, Bonn 1998, Nr. 3.

Arbeitslosigkeit zu belassen, (Langzeit)Arbeitslosigkeit als unumgängliches Epiphänomen unserer freiheitlichen Wirtschaftsordnung hinzunehmen, bedeutet mithin eine große Ungerechtigkeit. Da es nicht primär der Staat ist, sondern die Gesellschaft mit ihren einzelnen Unternehmern, die die Arbeitsplätze einrichtet, leuchtet auch von daher noch einmal ein, dass soziale Gerechtigkeit auch und vor allem auch ein Anliegen der Gesellschaft ist und sein muss.

Dieses Verständnis von sozialer Gerechtigkeit als Beteiligungsgerechtigkeit beschreibt nicht nur eine Form von Gerechtigkeit neben anderen, vielmehr sind im Rahmen dieses Konzepts auch die anderen geläufigen Formen von Gerechtigkeit zu verorten wie z.B. Chancen- und Leistungsgerechtigkeit.

Dieses bei der Menschenwürde ansetzende Verständnis sozialer Gerechtigkeit in der christlichen Sozialethik weist durchaus Konvergenzen mit dem zeitgenössischen Gerechtigkeitsdiskurs auf: Auch für Amartya Sen (*1933), den Nobelpreisträger für Wirtschaftswissenschaften von 1998, ist bei der Frage nach der sozialen Gerechtigkeit nicht primär die Frage nach den materiellen Gütern entscheidend, sondern grundlegender die Frage „nach den Verwirklichungschancen eines Menschen, das heißt nach denjenigen substantiellen Freiheiten, die es ihm erlauben, ein mit Gründen erstrebtes Leben zu führen."[22] In diesem Kontext ist dann auch die Rede vom capability-approach und von der Befähigungsgerechtigkeit zu verorten[23]. Der Frankfurter Philosoph Axel Honneth (*1949) bringt den auf den deutschen Idealismus zurückgehenden Begriff der Anerkennung in die gerechtigkeitstheoretische Debatte ein: die wechselseitige Anerkennung vernünftiger und freier Mitglieder einer politischen Gemeinschaft artikuliert sich in sozial gerechten Institutionen[24].

3.2.3 Soziale Gerechtigkeit als Frage des Ethos

Wenn nun die Gesellschaft selbst und ihre Mitglieder Subjekt und Garant sozialer Gerechtigkeit sind, und wenn soziale Gerechtigkeit primär die angemessene Partizipation der Bürger am gesell-

---

22 Sen, Amartya: Ökonomie für den Menschen. Wege zu Gerechtigkeit und Solidarität in der Marktwirtschaft, München 2000, 110.

23 Vgl. ders.: Die Idee der Gerechtigkeit, München 2010, 253-343.

24 Vgl. Honneth, Axel: Gerechtigkeit und kommunikative Freiheit. Überlegungen im Anschluss an Hegel, in: Merker, Barbara u.a. (Hg.): Subjektivität und Anerkennung, Paderborn 2004, 213–227, hier 221.

schaftlichen und kulturellen Leben meint, dann lässt sich soziale Gerechtigkeit auch nicht rein technisch-praktisch, mithin legislatorisch, durch sozialregulative Maßnahmen und Institutionalisierungen herstellen. Das Bemühen um soziale Gerechtigkeit macht über diese – allerdings unverzichtbaren – institutionellen Regelungen hinaus eine angemessene Einstellung der Mitglieder einer Gesellschaft erforderlich, gleichsam die permanente Haltung und Initiative, sie verwirklichen zu wollen; sie ist eine Einstellung, eine Tugend: Das Institutionelle und das Habituelle sind zwei Dimensionen der sozialen Gerechtigkeit, die konstitutiv aufeinander verwiesen sind – hier sprach der verstorbene Papst Johannes Paul II. häufig von der „Zivilisation der Liebe und der Gerechtigkeit". Diese untrennbare Verknüpfung der beiden Termini Gerechtigkeit und Liebe hat bereits eine lange sozialethische Tradition, sowohl in der Sozialverkündigung (vgl. QA 88, *Dives in misericordia* [DM] 14, DCE 18 und 31) als auch in der Sozialethik, wo etwa Nikolaus Monzel von der „Liebe als Sehbedingung der Gerechtigkeit"[25] spricht. Dass auch in der profanen Philosophie eine ähnliche Perspektive auf die Gerechtigkeit anzutreffen ist, wird deutlich, wenn David Hume die „Gerechtigkeit" eine „argwöhnische Tugend"[26] nennt.

Institutionen- und Tugendethik

Zusammenfassung

Soziale Gerechtigkeit bedeutet also mehr als den rechnerisch-kühlen Austausch von Sachgütern mit Bezug auf vorrangig ökonomisch gedachte, weitgehend vom Staat regulierend herzustellende Gleichheit der Bürger. Bezugspunkt und Movens sozialer Gerechtigkeit ist die Anerkennung der allen Menschen gleichen „personalen Würde", die ökonomisch nicht verrechenbar ist. Soziale Gerechtigkeit meint nichts anderes als die sittliche Berücksichtigung solcher prinzipiell gleichen Freiheit bzw. das fortgesetzte sittlich-praktische Bemühen um die Schaffung der Möglichkeitsbedingungen, unter denen sich Freiheit im sozialen Raum als Partizipation an allen sie betreffenden Vorgängen verwirklichen kann, wobei diese Verwirklichung durch ein Ethos getragen werden muss, das solchen Verwirklichungen von Freiheit in Strukturen und Institutionen Form und Stabilität verleiht.

---

25 MONZEL, Nikolaus : Solidarität und Selbstverantwortung. Beiträge zur christlichen Soziallehre, München 1960, 67.

26 HUME, David: Eine Untersuchung über die Prinzipien der Moral, Stuttgart 1984, 101.

3.3 Sozialprinzipien als „ethische Baugesetzlichkeiten“

Gerade moderne Gesellschaften, die entwicklungsoffen sind, deren Strukturen und Institutionen nicht vorgegeben, sondern zur verantwortlichen Gestaltung aufgegeben sind, benötigen daraus resultierende „ethische Baugesetzlichkeiten“[27], d.h. Prinzipien, die spezifisch bezogen sind „auf das Soziale im eigentlichen Sinne, also auf den Bereich des Institutionellen, auf die zu sozialen Strukturen, Ordnungen, Verhältnissen verfestigte soziale Interaktion“[28], woraus sich dann ethisch gesehen der vorrangige Bezug auf die (soziale) Gerechtigkeit ergibt, die es zu realisieren gilt. Derartige Prinzipien geben die „Grundausrichtungen für das Handeln“ an, sind „strukturierungs- und verfahrensrelevante Grundsätze“[29], die aber noch keine Handlungsanweisung oder Normen für konkrete Situationen darstellen. Die Sozialprinzipien erlauben es, bestehende Verhältnisse und Ideologien kritisch zu betrachten, und sie sind Wegweiser in die richtige Richtung.

Die prononcierte personorientierte Ausrichtung der neueren katholischen Soziallehre – manche Sozialethiker sprechen deswegen vom Personalitätsprinzip als dem ersten Sozialprinzip – ermöglicht ihr in der aktuellen Theoriedebatte die Formulierung und Begründung der Prinzipien in einer Art und Weise, die einerseits der Tradition verpflichtet ist, die sich aber andererseits als anschlussfähig an die außertheologische Debatte erweist[30].

3.3.1 Das Gemeinwohlprinzip

In Folge von Aufklärung und Liberalismus hatte sich über fast zweieinhalb Jahrhunderte die von Adam Smith für das Marktgeschehen formulierte Einsicht verbreitet, dass die Menschen nur ihr jeweiliges Einzelwohl verfolgen müssten, das Gemeinwohl würde sich dann, wie durch eine „invisible hand“ gelenkt, von

---

[27] Baumgartner, Alois/ Korff, Wilhelm: Sozialprinzipien als ethische Baugesetzlichkeiten moderner Gesellschaft: Personalität, Solidarität und Subsidiarität, in: Korff, Wilhelm u.a. (Hg.): Handbuch der Wirtschaftsethik. Bd. 1: Verhältnisbestimmung von Wirtschaft und Ethik, Gütersloh 1999, 225–237, hier 225.

[28] Anzenbacher, Arno: Christliche Sozialethik. Einführung und Prinzipien, Paderborn 1997, 198.

[29] Baumgartner/ Korff: Sozialprinzipien als ethische Baugesetzlichkeiten moderner Gesellschaft (s. Anm. 27), hier 225, im Original z.T. kursiv gedruckt.

[30] Vgl. Nothelle-Wildfeuer, Ursula: Die Sozialprinzipien der katholischen Soziallehre. In: Rauscher, Anton (Hg.): Handbuch der Katholischen Soziallehre, Berlin 2008, 143–163.

selbst einstellen. In den letzten Jahren allerdings wurde zunehmend deutlich, dass dieser Weg zum Zerfall der Gesellschaft führt; die Bürger merken, dass es bei aller Unterschiedlichkeit ihrer individuellen Interessen eines gewissen Grundbestands an gemeinsamen Werten bedarf. Vielfältige Diskurse, so etwa über Fragen der Familienpolitik, des Sozialstaates oder der Lebenswissenschaften machen dies deutlich. Damit hat die Rede vom Gemeinwohl wieder hohe Aktualität erlangt, nachdem es lange Zeit im öffentlichen Diskurs – u. a. nach seinem ideologischen Missbrauch durch die totalitären Staaten des vergangenen Jahrhunderts – gemieden wurde.

Für die Katholische Soziallehre war das Prinzip des Gemeinwohls seit ihren Anfängen im 19. Jahrhundert von zentraler Bedeutung, in der Tradition der Katholischen Soziallehre findet sich eine außergewöhnlich intensive Auseinandersetzung mit dem Gemeinwohl-Begriff. Die aktuelle Sozialethik allerdings scheint dem Gemeinwohlprinzip eine weitaus geringere Bedeutung beizumessen; es wird häufig nicht als eigenständiges Prinzip genannt, sondern eher dem Prinzip der Solidarität subsumiert (vgl. z.B. Anzenbacher 1997 sowie Baumgartner, Korff 1999).

Instrumenteller Gemeinwohlbegriff

In der Gemeinwohltheorie werden zwei Begriffe unterschieden: (1) In seiner klassischen Definition wird das Gemeinwohl verstanden als Inbegriff der Mittel und Chancen, Strukturen, Institutionen und sozialen Systeme, die in sozialer Kooperation bereitzustellen sind, damit „die einzelnen, die Familien und gesellschaftlichen Gruppen" ihre eigenen Werte und Ziele „voller und schneller erreichen" (GS 74; 26; DH 6 sowie MM 65; PT 58) können. Es geht dabei nicht nur um die Vervollkommnung des einzelnen, sondern auch um die unterschiedlicher Gruppierungen. Das Gemeinwohl beinhaltet dabei nicht die Summe *aller* Werte, sondern nur jener Werte, die Voraussetzung dafür sind, dass alle *ihre* individuellen Werte verwirklichen können. Man spricht von einem instrumentellen Gemeinwohlbegriff (A. Anzenbacher) oder vom Gemeinwohl als Dienstwert (O. v. Nell-Breuning).

Gemeinwohl als Zielwert

(2) Im Unterschied dazu gibt es auch den Gemeinwohlbegriff, der das Gemeinwohl als Ziel der Gesellschaft als einer eigenständigen Größe formuliert. Dieser Gemeinwohlbegriff begründet das „Dass" der Gesellschaft überhaupt. Gemeinwohl meint „den durch Zusammenwirken aller Glieder zu verwirklichenden Wert oder Inbegriff von Werten oder, was sachlich dasselbe ist, das ihnen allen *gemeinsame Wohl*"[31], „also das personale Wohl aller

[31] Nell-Breuning: Gerechtigkeit und Freiheit (s. Anm. 10), 35.

Gesellschaftsglieder, sofern es nur in sozialer Kooperation erstrebt werden kann" (ebd.) und so letzten Endes für alle eine Bereicherung bzw. Vervollkommnung bedeutet.

Einerseits herrscht gegenwärtig die weit verbreitete Überzeugung, dass sich unter den Bedingungen neuzeitlich-modernen Denkens und mit Blick auf pluralistische und individualisierte Gesellschaften keine inhaltlich gefüllte und allgemein verbindlich zu machende Vorstellung des guten oder gelingenden Lebens mehr entfalten lässt. Andererseits artikuliert sich in der Rede vom Gemeinwohl die höchst aktuelle Erkenntnis, dass menschliches Zusammenleben in der Gesellschaft nur dann gelingen kann, wenn es zumindest einen Minimalkonsens im Blick auf unverzichtbare Grundlagen des Zusammenlebens der Glieder einer Gesellschaft gibt. Gerade in diesem Kontext ist das Menschenrechtsethos von großem Interesse: Es gilt als *das* ethische Projekt der Moderne und auch als Grundlage unserer demokratischen Rechtskultur. Es verdankt sich wesentlich auch den entsprechend begründenden Optionen der jüdisch-christlichen Tradition, also dem Gedanken des *Imago Dei* und der „Freiheit der Kinder Gottes" (Anzenbacher 1997, 29, 93). Verschwindet nun, wie die Theorie der Moderne es nahe legt, diese christliche Fundierungsstruktur zusehends, dann ist auch das gesamte Projekt der Moderne selbst vom Verschwinden bedroht (vgl. ebd.). Das bedeutet wiederum positiv: 1. Die christliche Sozialethik mit ihrer genuinen Betonung der Menschenwürde als fundamentalem Grundwert leistet einen entscheidenden, spezifischen und unverzichtbaren Beitrag zur Bestimmung des gesamtgesellschaftlichen Gemeinwohls. 2. Die Rede vom Gemeinwohl als Zielwert bedeutet keine Fixierung auf ein statisches Verständnis von Gesellschaft. Es geht ausschließlich darum zu zeigen, dass ohne einen Grundkonsens bezüglich der Frage, warum überhaupt Gesellschaft sein soll und welches ihr vorrangiges Ziel ist, gesellschaftliches Zusammenleben nicht gelingen kann.

Menschenrechtsethos als Projekt der Moderne

Die Erfahrung zeigt, dass die Glieder der Gemeinschaft die gemeinsamen Ziele und Werte zwar oft theoretisch bejahen, sich aber immer wieder deren praktischen Konsequenzen zu entziehen suchen – dies umso mehr, je weltanschaulich pluralistischer und zahlenmäßig umfangreicher eine Gesellschaft wird: Es geht folglich um die Notwendigkeit einer letztverbindlichen Gemeinwohlautorität, die dafür sorgt, dass das Gemeinwohl beachtet und realisiert wird. Die Gemeinwohlautorität der Gesellschaft ist der Staat, dem das Recht zukommt, „eine Gesellschaft zum Gemeinwohl zu leiten" (Johannes Messner) und zugleich die nötige

Gemeinwohlautorität

Macht, das Gemeinwohl gegen widerstreitende Einzelne oder Gruppen durchzusetzen. Dieser Auffassung zufolge ist der Staat der Diener der Gesellschaft.

Die staatliche Sorge für das Gemeinwohl muss in einer demokratischen rechtsstaatlichen Ordnung in der Verfassung grundgelegt und näher bestimmt sein. Dem Staat kommen dabei drei Aufgaben zu: (1) Hervorbringung der für alle verbindlichen Rechtsordnung; (2) Sicherung dieses Rechtsraums der staatlich geordneten Gesellschaft und dessen Schutz gegen Bedrohung von außen und innen durch militärische und polizeiliche Gewalt. (3) Ergreifung notwendiger sozialstaatlicher Maßnahmen zur Sicherstellung des materiellen Wohlergehens aller Glieder des Staates.

Wenn auch der Staat *die* zentrale Institution zur Umsetzung des Gemeinwohlgedankens ist, so ist er dennoch zunehmend nicht mehr allein dafür verantwortlich, sondern in wachsendem Maße sind es auch nicht-staatliche, gesellschaftliche Organisationen im intermediären Bereich.

Nationales und globales Gemeinwohl

Das Gemeinwohl erhält durch den zentralen Rekurs auf die menschliche Würde seine konstitutive Bestimmung, diese erweist sich aber bei weitem noch nicht als hinreichend. Vielmehr sind entscheidend sowohl gesellschaftsspezifische, insbesondere kulturell und geschichtlich gewachsene (nationale) Aspekte als auch internationale und globale Aspekte miteinzubeziehen. Bereits seit *Mater et magistra* 1961 ist dies eine Forderung der katholischen Soziallehre.

Gemeinsinn

Eine christliche Sozialethik, die ihrer Tradition gemäß sowohl die struktur- als auch die tugendethischen Aspekte bedenkt, bezieht in ihre Bestimmung des Gemeinwohlbegriffs als konstitutives Element den „Gemeinsinn“ mit ein; darunter ist jene Haltung zu verstehen, die auf das Gemeinwohl hin orientiert ist und ihm gerecht zu werden sucht, die grundlegend besteht in der Bejahung und Pflege all jener Werte und Güter, die den Inhalt des Gemeinwohls und die für seine Sicherung notwendigen Institutionen betreffen. Solcher Gemeinsinn wird z.B. dort konkret, wo Menschen sich (ehrenamtlich bzw. bürgerschaftlich) engagieren für die Gesellschaft, wo sie nicht fragen, was der Staat für sie, sondern was sie für den Staat bzw. für die Gesellschaft tun können, wo sie das Gemeinwesen zu ihrem Anliegen machen. Für die Herausbildung solchen Gemeinsinns kommt den Familien, aber auch den Schulen, Kirchen und anderen gesellschaftlichen Gruppierungen wie Parteien etc. eine wichtige Funktion im Sinne der Werteerziehung zu.

3.3.2 Das Solidaritätsprinzip

Der Begriff der Solidarität ist gegenwärtig zu einem „Containerbegriff" geworden ist, der je nach Intention und Kontext nahezu beliebig gefüllt wird. Davon zu unterscheiden ist Solidarität als Sozialprinzip, wie es im Kontext der christlichen Sozialethik Bedeutung erlangt hat.

Die neuere christliche Sozialethik leitet das Solidaritätsprinzip von seiner „Hinordnung auf den Menschen als Person"[32] ab. Es setzt an bei der daraus resultierenden wesensmäßigen Gleichheit und Gleichwertigkeit aller Menschen und bei deren gleichzeitiger realer Ungleichheit. Ausgangspunkt ist die soziale Dimension dieses menschlichen Person-Seins, also die wechselseitige Bezogenheit der Personen untereinander und auf die gesamte Gesellschaft, woraus sich dann zugleich die gegenseitige Verpflichtung zum Mit-Sein, zur wechselseitigen Achtung der Menschenwürde ergibt. Es ist gerade die Solidarität, die erst das Person-Sein zu seiner ganzen Fülle entwickelt. Den gleichen Zusammenhang verdeutlicht J. Habermas (*1929) in seiner Terminologie: „Moralische Normen", so Habermas, „können nicht eins ohne das Andere schützen: die gleichen Rechte und Freiheiten des Individuums nicht ohne das Wohl des Nächsten und der Gemeinschaft, der sie angehören."[33]

Das Solidaritätsprinzip meint nicht nur ein Handeln gemeinsam mit anderen, sondern wesentlich die Ausrichtung auf das Wohl der Gesamtheit, auf das Gemeinwohl. So definiert Johannes Paul II. in der Enzyklika *Sollicitudo rei socialis* Solidarität als „die *feste und beständige Entschlossenheit*, sich für das ‚Gemeinwohl' einzusetzen, d.h. für das Wohl aller und eines jeden, weil wir *alle für alle* verantwortlich sind" (SRS 38,6). Solidarität meint also „den aus gemeinsamen Voraussetzungen motivierten Willen, das zu tun, was man einander schuldig ist" (Korff, Baumgartner 1988, 129). Diese Definition von Solidarität zeigt wohl nicht bloß zufällig deutliche Anklänge an die klassische Definition von Gerechtigkeit, die bestimmt wird als die beständige Haltung, jedem das Seine zu geben. Die Übung von Solidarität bedeutet mithin die auf dem Menschsein beruhende Pflicht, unter Bezug auf ein als Ziel vorge-

Solidarität und Gerechtigkeit

[32] Baumgartner/Korff: Sozialprinzipien als ethische Baugesetzlichkeiten moderner Gesellschaft (s. Anm. 27), 232.

[33] Habermas, Jürgen: Gerechtigkeit und Solidarität. Eine Stellungnahme zur Diskussion über „Stufe 6", in: Edelstein, Wolfgang/ Nunner-Winkler, Gertrud (Hg.): Zur Bestimmung der Moral. Philosophische und sozialwissenschaftliche Beiträge zur Moralforschung. Frankfurt a. M. 1986, 291–318, hier 311.

gebenes Ganzes (Gemeinwohl) Gerechtigkeit zu verwirklichen. Nur in dieser untrennbaren Verknüpfung des Begriffs der Solidarität als Instrument mit dem Begriff der (sozialen) Gerechtigkeit als Ziel ist also eine adäquate inhaltliche Bestimmung möglich.

Teilsolidaritäten und Gemeinwohl

Aus der Bindung des Gemeinwohlprinzips an die menschliche Person und ihre Würde ergibt sich auch notwendig die Frage nach der universellen Geltung des Solidaritätsprinzips. Solidarisch formulierte Ziele können partikulär und in ihrer moralisch-ethischen Qualität sehr unterschiedlich sein. Solche Teilsolidaritäten etwa im Taubenzüchterverein, in Familie und Freundeskreis genauso wie mit Arbeitslosen, Globalisierungsverlierern etc. spielen für das Funktionieren der Gesellschaft durchaus eine legitime Rolle, aber das Ganze der Gesellschaft und ihr Wohl darf dabei nicht aus dem Blick geraten. Es muss sogar *das* entscheidende Kriterium sein, um die positiven Konsequenzen und die misslichen Nebenfolgen solcher Teilsolidaritäten im Falle des Konflikts abwägen zu können. Erst unter dieser Voraussetzung des Gemeinwohlbezugs wird „Solidarität als ein universelles Sozialprinzip erkennbar, das strukturell unbegrenzte Geltung beansprucht."[34]

Vorrangige Option für die Armen

Wenn diese Solidarität prinzipiell *jedem* Menschen gilt, dann ist an dieser Stelle ein für die Sozialverkündigung zentrales Theologoumenon in den Blick zu nehmen: die Rede von der „vorrangigen Option für die Armen". Sie ist nicht identisch mit der Idee der Solidarität. Die Soziallehre sieht in der Option für die Armen eine soziale Verpflichtung, Gottes in Jesus Mensch gewordene Liebe zu und Solidarität mit den Menschen für die Menschen in der Nachfolge Jesu Christi abzubilden. Dies führt zu einer spezifischen evangeliumsgemäßen Perspektive auf die Armen und Ausgeschlossenen und zielt darauf, Ausgrenzungen zu überwinden und alle am gesellschaftlichen Leben zu beteiligen. Allerdings wird gerade vor dem Hintergrund der universalen Geltung des Solidaritätsprinzips deutlich, was die Formulierung „vorrangig" bedeutet: Es geht dabei nicht um eine ausschließliche oder ausschließende Option, nicht um Parteilichkeit für die Armen *gegen* die Reichen, sondern um Parteilichkeit *für* den Menschen, für die Würde eines jeden und aller Menschen. Daraus ergibt sich die Notwendigkeit, Solidarität einzuordnen in den Kontext der Allgemeingültigkeit der Menschenwürde. Denn „1. Jede Form von Solidarisierung, die sich auf gleichzeitiger Mißachtung des Allgemeingültigkeitsanspruchs der Menschenwürde gründet, ist

---

[34] Baumgartner/ Korff: Sozialprinzipien als ethische Baugesetzlichkeiten moderner Gesellschaft (s. Anm. 25), 238.

ethisch verwerflich. 2. Jede Form von Solidarisierung, die dem Anspruch der Menschenwürde faktisch nur im Blick auf die eigene Gruppe und deren Zielsetzung Rechnung trägt, bleibt ethisch defizitär."[35] Daraus folgt dann allerdings auch, dass Solidarität, die dem Evangelium entspricht, auch „zunächst einmal mit denen [bestehen muss], die die Menschenrechte suchen, und nicht mit denen, die sie brechen"[36], denn jede Form von Solidarisierung, die den Bezug auf die Gerechtigkeit unbeachtet lässt, wird ethisch defizitär!

Das Bemühen um die Realisierung von Solidarität impliziert zwei Stoßrichtungen: Zum einen eine vertikale Ausrichtung, also die Verantwortung der Einflussreichen oder einer übergeordneten Instanz den Schwächeren gegenüber. Notwendige Kondition dieser Solidarität bleibt dabei von der Seite der Stärkeren aus die Intention, die Schwächeren zu befähigen, mit ihren eigenen Kompetenzen, Leistungen und Schätzen an Menschlichkeit und Kultur, die sonst ggf. verloren gingen oder zumindest unberücksichtigt blieben, auch selbst einen Beitrag zum Gemeinwohl zu leisten, sowie von der Seite der Schwächeren aus die Bereitschaft zum eigenständigen Beitrag.

Damit gerät dann bereits die horizontale Stoßrichtung bei der Realisierung der Idee der Solidarität in den Blick, nämlich die der Menschen untereinander und deren Initiativen gegenseitiger Hilfe. Mithin fordert und bestätigt das so verstandene Solidaritätsprinzip den unverzichtbaren spezifischen Beitrag jedes einzelnen für die Gesamtheit, es impliziert zugleich notwendig die Bedeutung des Subsidiaritätsprinzips. Nur da, wo die Menschen ermutigt werden, den Teil, den sie selber übernehmen können, auch tatsächlich selbst zu übernehmen, kann wirkliche Solidarität möglich werden und wachsen. „Jede Form von Solidarisierung, die den universellen Anspruch der Menschenwürde als Forderung zur Gleichschaltung versteht, muss zur Unterdrückung des personalen Selbstand der Menschen führen und erweist sich darin als ethisch abwegig. [...] Jede Form von Solidarisierung, die auf Schwächung oder Aufhebung der Eigenfunktion kleinerer, ihr zuzuordnender Solidarstrukturen zielt, lähmt und zerstört ihre eigenen Entfaltungskräfte."[37]

---

35 Korff, Wilhelm: Zur naturrechtlichen Grundlegung der katholischen Soziallehre, in: Baadte, Günter/ Rauscher, Anton (Hg.): Christliche Gesellschaftslehre. Eine Ortsbestimmung, Graz 1989, 31-52, hier 45.

36 Mieth, Dietmar: Die neuen Tugenden. Ein ethischer Entwurf, Düsseldorf 1984, 92.

37 Korff, Wilhelm: Zur naturrechtlichen Grundlegung (s. Anm. 35), 46 f.

3.3.3 Das Subsidiaritätsprinzip

Die Rede vom Subsidiaritätsprinzip, das erstmals angesichts sich im europäischen Kontext etablierender person- und freiheitsfeindlicher Ideologien von Papst Pius XI. in der Sozialenzyklika *Quadragesimo anno* von 1931 in Nr. 79 ausformuliert wurde, erlebt seit einigen Jahren eine Renaissance; Vertreter ganz unterschiedlicher Positionen führen es als Argument an – in der sozialpolitischen, aber auch in der europapolitischen Debatte. Oft handelt es sich dabei jedoch um eine Verkürzung des eigentlich von seiner ursprünglichen Konzeption in der katholischen Soziallehre her Gemeinten.

Zweiseitiger Gehalt

Der ursprünglichen Konzeption nach hat das Subsidiaritätsprinzip einen zweiseitigen Gehalt, dessen Reduzierung auf nur eine Seite zu einer Fehlentwicklung der gesellschaftlichen und sozialen Ordnung führt. In ihm artikulieren sich ein Kompetenzanerkennungs- sowie ein Freiheitsermöglichungsprinzip; sein entscheidendes Charakteristikum ist, dass es Zuständigkeiten in der Gesellschaft klärt. Es kann von seiner negativen und seiner positiven Seite (O. von Nell-Breuning) bzw. von seiner kritischen und seiner konstruktiven Seite (O. Höffe) gesprochen werden. Die negative bzw. kritische Seite betont – an die größere Einheit gerichtet – das Nicht-Einmischungsgebot, d.h. das Recht der Einzelnen und der sozialen Gruppen, die eigenen Angelegenheiten im Rahmen ihrer tatsächlichen Möglichkeiten selbstbestimmt zu regeln und zu ordnen. Hier artikuliert sich die Kompetenzanerkennung: Wer unmittelbar beteiligt ist, hat die Erstkompetenz: so etwa die Eltern im Blick auf das Erziehungsrecht, die Privatinitiative in der Wirtschaft, und der Staat legt nur die Rahmenordnung fest. In dieser Hinsicht ist der Subsidiaritätsgrundsatz gerichtet auf die Abwehr von beschränkenden Eingriffen der größeren Einheiten, insbesondere des Staates, in die Freiheit der kleineren Einheiten bzw. der Individuen. Diesem Recht zur Selbstbestimmung korrespondiert dann auch eine Pflicht zur Eigenverantwortung. Die positive bzw. konstruktive Seite des Subsidiaritätsprinzips hat eine die Freiheit der Einzelnen und der sozialen Gruppen stärkende bzw. deren Entfaltung ermöglichende Stoßrichtung: Wo deren Kräfte zur befriedigenden Regelung der eigenen Angelegenheiten nicht ausreichen, sind die jeweils größeren gesellschaftlichen Einheiten – wiederum in vielen Fällen letztlich der Staat – zur Hilfestellung und Förderung angehalten. Hier wird die unverzichtbare Verknüpfung des Subsidiaritätsprinzips mit dem Solidaritätsprinzip offenkundig.

Primäres Ziel dieser „subsidiären Assistenz“ (L. Schneider) ist es, im Sinne einer Hilfe zur Selbsthilfe den Individuen bzw. den kleineren Einheiten die Regelung ihrer Verhältnisse nicht dauerhaft abzunehmen, sondern sie nach Möglichkeit in die Lage zu versetzen, diese (wieder) selbst in die Hand nehmen zu können – was für die größere Einheit die Verpflichtung impliziert, sich bei erfolgreicher Assistenz wieder zurückzuziehen. Von daher kann das Subsidiaritätsprinzip auch als Freiheitsermöglichungsprinzip bezeichnet werden.

Personorientierte Vorzugsregel

Für jede konkrete Debatte (etwa um den Sozialstaat) bedeutet das, dass der Sozialethik als gesellschaftskritischer sozialphilosophischer Disziplin vor allem die Aufgabe zukommt, daran zu erinnern, dass immer *beide* Seiten des Subsidiaritätsgrundsatzes hinreichende Berücksichtigung erfahren müssen. Bei Kompetenzkonflikten verdient jene Zuständigkeitsverteilung den Vorzug, die den einzelnen Personen bzw. personnahen Einheiten (z.B. der Familie) am meisten dient. Dieser Grundsatz entspricht der Würde der menschlichen Person und bietet den Einzelnen die optimalen Voraussetzungen, um ihre selbst gesetzten Ziele erreichen zu können. D.h., es geht bei Fragen der sozialen Ordnung und Organisation nicht vorrangig um die möglichst effiziente Gestaltung gesellschaftlicher Abläufe, sondern um die bestmöglichen strukturellen Voraussetzungen für eine freie Entfaltung der menschlichen Person. „Das Subsidiaritätsprinzip ist also seiner Intention nach keine bloße organisationstechnische, sondern eine ethische Maxime.“[38]

3.3.4 Das Nachhaltigkeitsprinzip

In der christlichen Sozialethik bürgert sich zunehmend die Rede von dem Prinzip der Nachhaltigkeit als einem weiteren neuen Sozialprinzip ein. „Der methodische Schlüssel des Konzeptes nachhaltiger Entwicklung liegt in einer vernetzten Perspektive, die soziale Ausgewogenheit, ökologische Tragfähigkeit und ökonomische Effizienz als sich wechselseitig bedingende Größen versteht.“[39] Das Nachhaltigkeitsparadigma hat sich entwickelt zu einem integrativen Konzept, das davon ausgeht, dass

---

38 Isensee, Josef: Subsidiaritätsprinzip und Verfassungsrecht. Eine Studie über das Regulativ des Verhältnisses von Staat und Gesellschaft. Zweite Auflage mit Nachtrag, Berlin 2001, 339f.

39 Vogt, Markus: Das Konzept der Nachhaltigkeit, in: Rauscher, Anton (Hg.): Handbuch der Katholischen Soziallehre, Berlin 2008, 411–419, hier 411.

die gesamte Entwicklung auf Zukunft hin den Bedürfnissen der heutigen Generation entsprechen soll, ohne dabei aber die Möglichkeiten kommender Generationen zu gefährden. Der entscheidende sozialethische Ausgangspunkt ist vor allem die intergenerationelle Gerechtigkeit, die realisiert werden muss durch eine solidarische Grundausrichtung, die nicht nur die jetzt lebenden Menschen im Blick hat, sondern eine zeitliche Ausdehnung erfährt auf die kommenden Generationen hin sowie eine geographische auf alle weltweit lebenden Menschen. Aus dieser Perspektive spricht vieles dafür, das Konzept der Nachhaltigkeit als Erweiterung des Solidaritätsprinzips um eine diachrone Dimension zu verstehen und es damit in diese klassische Trias der Sozialprinzipien zu integrieren. Die Verbindung zu den anderen Prinzipien ist konstitutiv, denn nachhaltige Entwicklung als gerechte Entwicklung muss rückgebunden bleiben an die Ausrichtung auf die Person, kann sich nur vollziehen in Ausrichtung auf das universale Gemeinwohl und in Berücksichtigung individueller Freiheit und Verantwortung. Auf der anderen Seite aber scheint es durchaus angemessen zu sein, das Konzept der Nachhaltigkeit als eigenes Sozialprinzip zu implementieren, da es sicher nicht länger einfachhin als Bereichsethik zu verstehen ist, sondern als ordnungsethische Übersetzung des christlichen Schöpfungsglaubens[40] und als strukturbildendes Leitbild. Die spezielle Berücksichtigung des Naturfaktors sowie der integralen Entwicklungsdimension in allen Überlegungen zur Umsetzung von Gerechtigkeit lässt es durchaus auch als sinnvoll erscheinen, von der Nachhaltigkeit als eigenem Sozialprinzip zu sprechen.

Intergenerationelle Gerechtigkeit

Zusammenfassung

Sozialprinzipien als ethische Baugesetzlichkeiten geben in entwicklungsoffenen Gesellschaften keine Handlungsanweisung, wohl aber die Grundausrichtung für das Handeln an. Grundlage sind die Personorientierung und der Zielwert der sozialen Gerechtigkeit, dessen Realisierung die Prinzipien des Gemeinwohls, der Solidarität, der Subsidiarität und der Nachhaltigkeit dienen.

40 Vgl. ebd., 417.

4. Die Methodik

Wenn das Bemühen um die soziale Gerechtigkeit der Gesellschaft und ihrer Institutionen als Ausdruck der Sorge um die Würde und Freiheit jedes Menschen das Selbstverständnis christlicher Sozialethik zum Ausdruck bringt, dann legt sich in einem nächsten Schritt die Frage nahe, wie und mit welcher spezifischen Methodik die christliche Sozialethik vorgeht, um dieser zentralen Intention gerecht zu werden.

4.1 Die Zeichen der Zeit und das *Aggiornamento*

In der Pastoralkonstitution des II. Vatikanums *Gaudium et spes* (GS) findet sich die diesbezüglich relevante und signifikante Formel: Die Kirche, so heißt es dort, habe die Pflicht, „nach den *Zeichen der Zeit* zu forschen und sie im *Licht des Evangeliums* zu deuten" (GS 4). Mit dieser Formel knüpfte das Konzil an die Menschenrechtsenzyklika Johannes XXIII. *Pacem in terris* (PT) an. Hier findet sich in der kirchlichen Verkündigung erstmalig der Terminus der „Zeichen der Zeit", zumindest in der deutschen Übersetzung. Als solche „Zeichen der Zeit" werden in *Pacem in terris* am Ende der vier großen Kapitel jeweils positive charakteristische Entwicklungen der Zeit genannt, u.a. der wirtschaftlich-soziale Aufstieg der Arbeiterklasse, die Teilnahme der Frau am öffentlichen Leben und die wachsende Bedeutung und Erkennung der UN-Menschenrechtserklärung – Aspekte, die unter den Vorzeichen der Weiterentwicklung 50 Jahre später auf unsere Gegenwart hin zu aktualisieren sind, aber durchaus noch den Charakter von bleibenden Herausforderungen besitzen.

In *Gaudium et spes* heißt es weiter in der Nr. 11, dass das Volk Gottes „im Glauben daran, dass es vom Geist des Herrn geführt wird, der den Erdkreis erfüllt," sich darum „bemüht, in den Ereignissen, Bedürfnissen und Wünschen, die es zusammen mit den übrigen Menschen unserer Zeit teilt, zu unterscheiden, was darin wahre Zeichen der Gegenwart oder der Absicht Gottes sind." Es geht also zutiefst darum, die Welt in ihrer spezifischen Beschaffenheit, mit ihren Fakten und Ereignissen, mit ihren vielfältigen Entwicklungstendenzen, wahrzunehmen und sie dann im „Lichte des Evangeliums" zu deuten. Dabei ist natürlich mit „Evangelium" nicht im strengen Sinn der bibelwissenschaftlichen Gattungslehre ausschließlich der Text der Bibel nach den vier Evangelisten gemeint, sondern die gesamte Frohe

Welt wahrnehmen und deuten

Botschaft des Alten und Neuen Testaments wird mit dem Terminus umfasst.

Theologisch ist dieses Verständnis von Welt und dieser Umgang mit ihr, die Relevanz der „Zeichen der Zeit“, gegründet auf dem „Aggiornamento“, das eine der Leitlinien des II. Vatikanischen Konzils darstellt. „Aggiornamento“ meint in keiner Weise eine unreflektierte, pauschale Anpassung an die Welt, will auch nicht die Gegenwart zum absoluten Maßstab erheben und stellt auch nicht eine taktisch geschickte und pädagogisch kluge, letztlich jedoch oberflächlich bleibende Maßnahme dar. Es geht vielmehr um den Übergang, der sich durch ein wirkliches „Über-Setzen über den Strom der Zeiten hin“ tatsächlich so vollzieht, dass die eine unaufhebbare und unveränderlich bleibende Wahrheit und Wirklichkeit neu gesagt werden soll, dass sie als Frohe Botschaft in ihrem Ernst und in ihrer Größe wieder vollends gehört werden kann. Dass dieses „Über-Setzen“, das Deuten der Zeichen der Zeit, nicht nur ein Zugeständnis ist, sondern ein Konstitutivum für das Verständnis der Frohen Botschaft, ist die Erkenntnis in Konsequenz eines neuen, geänderten, auch in seiner theologischen und ekklesiologischen Begründung neu bedachten Verständnisses von Welt (und dies impliziert natürlich auch die Gesellschaft mit ihren Entwicklungen): Welt wird nicht länger nur in jener verengenden Sicht gedeutet, die allein das Innerweltliche meint, sofern es dem Ewigen und Göttlichen entgegensteht, nicht mehr ausschließlich als im Widerspruch zum Glauben stehende Eigenmacht, mit der sich einzulassen der gläubige Christ sich hüten sollte, sondern vielmehr sogar als „Wegbereitung für das Evangelium“ (GS 40,4). Die dominierende Ausrichtung christlicher Weltsicht besteht nicht (mehr) in der Verurteilung der modernen Welt mit all ihren Errungenschaften, sondern entwickelt sich vielmehr zu einer Öffnung auf die Welt hin und zu einem Ernstnehmen eben dieser Welt.

Neu bedachtes Verständnis von Welt

Allerdings darf bei aller positiven Sichtweise der Welt auch nicht völlig in Vergessenheit geraten, dass sich die Wirklichkeit zumindest als ambivalente präsentiert: In eben dieser Welt gibt es auch die Versuchung, theologisch gesprochen: die Sünde, das Böse und damit das aus einer entsprechend verzerrten Wertordnung resultierende Elend (vgl. GS 13; 37). Eine differenzierende Sichtweise muss in besonderer Weise zum Ausdruck bringen, dass es weder um eine Verherrlichung und Idealisierung der Welt auf der einen noch um eine Geringschätzung auf der anderen Seite geht, sondern um ein realistisches und radikales Ernstnehmen der Welt in *all* ihren Erscheinungsweisen, in ihrer Eigenständigkeit und somit letztlich um eine entsprechende Würdigung der Freiheit des Menschen. Nur so können die Zeichen der Zeit für die christliche Sozialethik ein Ort der Erkenntnis sein.

Die „Zeichen der Zeit“ stehen in ihrer wirklichen Bedeutung nicht prima vista fest; vielmehr müssen sie interpretiert werden. Darum ist es auch konsequent, dass man in dem Bemühen um eine Antwort des Glaubens auf die „Zeichen der Zeit“ „eine ‚Unterscheidung der Geister‘ [braucht], um zu einigermaßen klaren Kriterien zu kommen“[41], so dass ein differenzierter Umgang mit den Zeichen der Zeit möglich ist, dem es weder um schlichte Anpassung an die Welt noch um deren simple Ablehnung zu tun ist und der den Glauben auf humane Lösungen und Handlungsoptionen hin orientiert. Das bleibt auch 45 Jahre nach dem Konzil noch eine der dringenden Herausforderungen für die Rezeption von *Gaudium et spes*.

Damit hat sich in dieser Beschäftigung mit der Relevanz der Zeichen der Zeit der für die Methodik christlicher Sozialethik konstitutiv gewordene Dreischritt „Sehen, Urteilen, Handeln“ herauskristallisiert, der ursprünglich von Joseph Kardinal Cardijn (1882-1967), dem Gründer der Christlichen Arbeiterjugend, entwickelt wurde und bereits von Papst Johannes XXIII. in seiner ersten Sozialenzyklika *Mater et magistra* zur Verwirklichung der Grundsätze der katholischen Soziallehre aufgegriffen wurde (vgl. MM 236).

4.2 *Iusta autonomia* und der Dialog

Im Kontext einer solchen neuen, die Welt ernstnehmenden Sichtweise müssen auch die der Welt und all ihren Sachbereichen eigenen Gesetzmäßigkeiten und Werte anerkannt und geschätzt (vgl. GS 41; 42) werden: Hier ist systematisch der viel zitierte Grundsatz der Eigenständigkeit der Kultursachbereiche, die „richtige Autonomie der irdischen Wirklichkeiten“ (GS 36,1) zu verorten. Diese Aussage stellt eine der zentralen und, wie sich gerade in der gegenwärtigen theologischen Diskussion immer wieder deutlich zeigt, auch am schwierigsten zu verstehenden und umzusetzenden Formeln des II. Vatikanums dar. Der Autonomie-

---

41 Lehmann, Karl: Neue Zeichen der Zeit – Unterscheidungskriterien zur Diagnose der Situation der Kirche in der Gesellschaft und zum kirchlichen Handeln heute, in: Ders. (Hg.): Zuversicht aus dem Glauben. Die Grundsatzreferate des Vorsitzenden der Deutschen Bischofskonferenz, (2005/2006) Freiburg, 504–537, hier 2.

Autonomie-Anspruch von Welt und Mensch

Anspruch der Welt, der sich seit der Aufklärung zunehmend deutlich artikulierte, galt der Kirche lange Zeit als glaubensfeindlich. Wenn auch dieser Grundsatz in der Tradition der katholischen Soziallehre bereits verschiedene Vorläufer hat, so ist er hier erstmalig eingebettet in ein umfassendes theologisches Konzept von Welt- und Gesellschaftsverständnis formuliert.

Was bedeutet nun diese *iusta autonomia*, dieser Terminus, der im deutschen Text übersetzt wird mit richtige oder relative (das ist aber eher eine unangemessene Formulierung, denn gemeint ist relationale) Autonomie der Kultursachbereiche? Die notwendige und bleibende Anerkennung der Welt und insbesondere der Menschen in ihrer Eigenständigkeit erfolgt nicht gänzlich vorbehaltlos, wobei hier nicht ein willkürlicher Vorbehalt gesetzt wird, sondern sich im Sinne einer Rückbindung der Geschöpfe an den Schöpfer notwendig ergibt: mit der im Zentrum der Überlegungen stehenden Autonomie ist nicht gemeint, „dass die geschaffenen Dinge nicht von Gott abhängen und der Mensch sie ohne Bezug auf den Schöpfer gebrauchen könne" (GS 36,3). Die Autonomie der natürlichen Erkenntnisquelle ist von daher nicht gleichbedeutend mit einer Absolutsetzung der Welt und deren Loslösung aus dem sie letztlich umfassenden Heilshorizont – hierbei würde es sich um Säkularismus handeln, der einhergeht mit einer Vergottung von Welt und Mensch. Vielmehr, so lässt sich festhalten, resultiert das Ernstnehmen der Welt eigentlich aus einer konsequenten und bis zu Ende gedachten Schöpfungstheologie: Gerade durch die unaufgebbare Verbindung der irdischen Wirklichkeiten mit dem Schöpfer, durch „ihr Geschaffensein selber nämlich haben alle Einzelwirklichkeiten ihren festen Eigenstand, ihre eigene Wahrheit, ihre eigene Gutheit sowie ihre Eigengesetzlichkeit sowie ihre eigenen Ordnungen" (GS 36,2). Im Hintergrund steht hier das, „was man seit Max Weber die ‚Entzauberung' der Welt nennt, der Verlust des magischen Eigenstands der Natur im Zeichen der christlichen Lehre vom göttlichen Schöpfer." Gerade, weil „die Erde [...] im Christentum keine Göttin mehr (ist), sondern ein Geschöpf"[42], ist ihre Gestaltung durch Menschen möglich und ihnen vom Schöpfer verpflichtend aufgetragen. Für die Menschen resultiert aus dieser Bindung an den Schöpfer eine ganz neue Freiheit im Umgang mit dieser Welt. Diese Spannung von Autonomie und Bindung macht geradezu das Wesen des christlichen Schöpfungsbegriffs aus. Damit wurde,

42 Maier, Hans: Welt ohne Christentum – was wäre anders?, Freiburg 4. Aufl. 2009, 92.

so das Urteil von Beobachtern, endgültig der Schritt in die Moderne und in die Modernität getan.

In diesem Zusammenhang ist noch auf eine andere Textstelle zu verweisen: nämlich auf die Darstellung dieser Beziehung zwischen Kirche und Welt in *Gaudium et spes* 40-45. In dieser Ausdrücklichkeit ist hier erstmals von einem spezifisch qualifizierten Dialog (mittlerweile zu einem der entscheidenden Stichworte zur Kennzeichnung der Modernitätskompatibilität der Kirche mit der Moderne schlechthin avanciert), d.h. einer Gegenseitigkeit im Dialog die Rede. So spricht der Text durchaus von dem Beitrag, den die Kirche „durch ihre einzelnen Glieder und als ganze [...] zu einer humaneren Gestaltung der Menschenfamilie und ihrer Geschichte“ (GS 40,3; ferner GS 41-43) glaubt, leisten zu können; zugleich wird aber auch – und das ist hier als Überzeugung zum Ausdruck gebracht, dass die Kirche „von der Welt, sei es von einzelnen Menschen, sei es von der menschlichen Gesellschaft, durch deren Möglichkeiten und Bemühungen viele und mannigfache Hilfe zur Wegbereitung für das Evangelium erfahren kann“ (GS 40,4; vgl. auch GS 44).

Dialog als Ausdruck der Modernitätskompatibilität

4.3 Der methodische Dreischritt: Sehen – Urteilen – Handeln

Vor diesem theologischen Hintergrund ist noch einmal auf den bereits genannten, durch Kardinal Cardijn eingeführten methodischen Dreischritt Sehen – Urteilen – Handeln zurückzukommen:

Der erste Schritt des Sehens impliziert die Analyse der Zeichen der Zeit. Um diese der Komplexität der jeweiligen Vorgänge und Entwicklungen einer Epoche angemessen leisten zu können, bedarf es der Sachkenntnis und der Sachgemäßheit, d.h. der intensiven Beschäftigung mit den jeweils tangierten Bereichen. Hier spielen Sach-, Human-, Lebens- und Naturwissenschaften, die nicht mehr die Funktion einer ancilla theologiae einnehmen, eine wichtige Rolle; die Kirche besitzt für sie keine eigene Kompetenz. Vielmehr bedarf es hier unverzichtbar des Dialogs mit den Fachleuten. Hier kommt die Interdisziplinarität christlicher Sozialethik notwendig zum Ausdruck, denn nur, wenn man um die Sache und deren eigene Gesetzmäßigkeiten weiß, kann man auch als Ethiker und Theologe, als Kirche mitreden und erwarten, im gesellschaftlichen Dialog mit seinem Spezifikum, den ethischen und religiösen Dimensionen einer jeweiligen Problematik, ernstgenommen zu werden.

Interdisziplinarität

In einem zweiten Schritt sind die erkannten Zeichen der Zeit einer Interpretation, einer Bewertung zu unterziehen. Sie „sub luce evangelii“ zu deuten, bedeutet dann, dass sie sowohl philosophisch aus der Perspektive der Gerechtigkeit zu befragen als auch theologisch aus der Perspektive des liebenden und barmherzigen Gottes zu beurteilen sind. Nicht das Umgekehrte gilt: Nicht das Evangelium ist unter dem Maßstab der Zeichen der Zeit zu interpretieren, der dann droht, absolut gesetzt zu werden.

Schließlich ist in einem dritten Schritt – dies entspricht in der klassischen methodischen Dreiteilung dann dem Handeln – zu fragen nach den Konsequenzen, die aus den bisherigen Schritten unter den konkreten Bedingungen der jeweiligen Gegenwart für die Praxis und das Handeln der Christen und der Kirche im Blick auf die gesellschaftlichen Entwicklungen insgesamt erwachsen.

Gerade bei letzterem ist grundsätzlich zwischen zwei verschiedenen Modi zu unterscheiden, je nach Situation und Notwendigkeit auf die gesellschaftlichen Entwicklungen einzugehen: Entweder setzt die Kirche manchen „Zeichen der Zeit“ aus dem Evangelium heraus einen deutlichen Kontrapunkt entgegen: Dem eingangs bereits erwähnten Bettler vor den Toren der Stadt wäre es wahrlich schlecht gegangen, hätte der Heilige Martin, der mit ihm der Legende nach den Mantel teilte, schon damals den bekannten Werbeslogan „Geiz ist geil“ gekannt und befolgt. Einer solchen heute allenthalben weit verbreiteten Mentalität, die den Focus allein auf wirtschaftliche Effizienz- und Funktionalitätskriterien legt und dabei schnell in der Gefahr steht, den Menschen aus dem Blick zu verlieren, muss aus christlichem Geist heraus die Option für die Armen, für die Benachteiligten, für die am Rande der Gesellschaft Stehenden entgegengehalten werden. Es ist wenigstens das Bewusstsein wach zu halten für die zutiefst den Menschen tangierenden Probleme, die sich in manchen Zeichen der Zeit manifestieren und gegen deren oberflächliche oder gar menschenverachtende Lösung Christen eindeutig Position beziehen müssen, wollen sie nicht einem völlig indifferenten und gleichgültigen Relativismus verfallen. Hier sei verwiesen auf das Engagement der Christen für den Schutz des Sonntags, aber auch auf die aktuelle Debatte um die Frage nach der Zulassung der PiD. Gleichwohl ist damit auf der anderen Seite nicht gemeint, dass Kirche ausschließlich als eine von der Gesellschaft getrennte Größe, als Kontrastgesellschaft, dem Anspruch des Alten und Neuen Testamentes gerecht werden und Gemeinde Jesu realisieren kann. Und es bleibt in diesem Zusammenhang auch zu bedenken, dass es den Bettlern in unserer komplexen Gesellschaft auch

Kirchliche Position als Kontrapunkt

sehr schlecht ergehen würde, wären sie zum Überleben nur angewiesen auf Akte der Barmherzigkeit. Es braucht beides, sowohl Strukturen und Institutionen als auch ein entsprechendes Ethos.

Kirchliche Position als anwaltschaftliche Begleitung

Eine zweite grundsätzliche Handlungsoption in Konsequenz aus der Beobachtung und Bewertung der „Zeichen der Zeit" hat die Kirche, nämlich daraus eine sehr wachsame, anwaltschaftliche Begleitung der festgestellten und analysierten Entwicklungstendenzen folgen zu lassen, die sich aber immer orientiert am Menschen, seiner Würde, seiner Sehnsucht nach Freiheit und Gerechtigkeit. Diesen Weg kann man beispielhaft illustrieren an dem Engagement der Caritas der Kirche im Blick auf die Entwicklungstendenzen in Bereich von Hartz IV, also Arbeitslosengeld nach dem SGB II seit dessen Einführung.

Zusammenfassung

Der für die christliche Sozialethik höchst relevante methodische Dreischritt von Sehen – Urteilen – Handeln ist wesentlich Ausdruck der konziliaren neuen Wertschätzung der Welt und ihrer Eigenständigkeit und –wertigkeit. Das führt notwendig zur Anerkennung der iusta autonomia der Kultursachbereiche und zum gleichberechtigten Dialog zwischen Kirche und Gesellschaft. Die dabei gewonnenen Erkenntnisse sind im Lichte des Evangeliums zu deuten und in Handlungsoptionen umzusetzen.

5. Das Fundament: Die Tradition der kirchlichen Sozialverkündigung

Zur wissenschaftlichen Profilierung des im 19. Jahrhundert neu entstandenen Faches Christliche Gesellschaftslehre gehört von Beginn an in besonderer Weise die Sozialverkündigung der Kirche als ihr Fundament[43] (vgl. Roos 2008). Es handelt sich dabei um die kirchlichen Lehrschreiben seit 1891, die im engeren Sinn Fragen sozialethischer Relevanz betreffen. Im weiteren Sinn wurden selbstverständlich schon immer sozial relevante Themen in der Glaubens- und Sittenlehre der Kirche mitbedacht. Mit Blick auf die bereits skizzierte neue Qualität der sozialen Frage im 19. Jahrhundert entwickelte sich dann aber diese spezielle neue Form der kirchlichen Verkündigung, bei der es sich weder um private Meinungsäußerungen der verschiedenen Päpste noch um unfehlbare Lehrentscheidungen handelt, sondern um authentische Äu-

43 Vgl. ROOS, Lothar: Die Sozialenzykliken der Päpste. In: RAUSCHER, Anton (Hg.): Handbuch der Katholischen Soziallehre, Berlin 2008, 125–142.

ßerungen des Lehr- und Hirtenamtes. Im Wesentlichen geht es in der Sozialverkündigung um päpstliche Schreiben zu jeweils neuen sozialen Fragen; hinzukommen aber auch die kirchenamtlichen Verlautbarungen nationaler Bischofskonferenzen und Schreiben einzelner Bischöfe, die – wie z.B. der oben bereits genannte Amerikanische Wirtschaftshirtenbrief *Justice for all* von 1986 oder das auch mehrfach erwähnte gemeinsame Sozialwort der beiden Kirchen *Für eine Zukunft in Solidarität und Gerechtigkeit* von 1997 – durchaus weitreichende Bedeutung erlangen. Im Folgenden soll es aber vorrangig um die päpstlichen Texte der Sozialverkündigung gehen.

Rerum novarum

Als erstes großes Sozialrundschreiben entsteht *Rerum novarum* (RN)[44] 1891 von Papst Leo XIII., in welchem er „Über die Arbeiterfrage" spricht, da er sie als das vorherrschende Problem seiner Zeit erkennt. Das entscheidende sozialethische Anliegen sieht er darin, dass „vor allem jener unwürdigen Lage ein Ende zu machen [ist], in welche derselbe durch den Eigennutz und die Hartherzigkeit von Arbeitgebern versetzt ist, welche die Arbeiter maßlos ausbeuten und sie nicht wie Menschen, sondern als Sachen behandeln" (RN 33). Zentrale inhaltliche Aspekte in dem Zusammenhang sind die Eigentums- und die Lohnfrage. Zur Lösung der großen strukturellen und sozialen Probleme der damaligen Gesellschafts- und Wirtschaftsordnung werden in der Enzyklika drei Säulen genannt: die Selbsthilfe der Arbeiter (Gewerkschaften), die staatliche Arbeiterschutzgesetzgebung sowie ein Sozialversicherungssystem und schließlich das kirchliche Engagement in der Caritas.

Quadragesimo anno

Die kirchliche Sozialverkündigung entwickelt sich weiter, indem anlässlich der Jubiläen des Jahrestags der ersten Sozialenzyklika erneut über die jeweils aktuellen sozialen Fragen nachgedacht wird. Die Enzyklika *Quadragesimo anno* (QA), 1931, also 40 Jahre nach *Rerum novarum* von Pius XI. veröffentlicht, erweitert die thematische Fragestellung; im Mittelpunkt stehen Fragen der Gesellschaftsordnung. Wegweisend ist die Differenzierung zwischen kapitalistischer Wirtschaftsweise und kapitalistischer Klassengesellschaft: Der kapitalistischen Wirtschaftsweise kann das Lehramt unter dem Vorbehalt, dass letztlich die Idee der sozialen Gerechtigkeit und sozialen Liebe regulierend wirken können, im Blick auf den zweifellosen Nutzen von Markt und Wettbewerb (vgl. QA 88) prinzipiell zustimmen, der kapitalistischen Klassen-

---

44 Die Titel der Enzykliken leiten sich ab jeweils von den ersten Worten des lateinischen Textes.

gesellschaft aber in keiner Weise, wird doch der Wettbewerb als „zügellose Konkurrenzfreiheit“ oftmals gleichgesetzt „mit dem Überleben des Stärkeren, d.i. allzu oft des Gewalttätigeren und Gewissenloseren“ (QA 107). Damit aber wird letztlich ein menschenverachtender Sozialdarwinismus beschrieben, der dem christlichen Verständnis vom Menschen zutiefst widerspricht. Ferner findet sich unter der Überschrift „Die neue Gesellschaftsordnung“ in der Enzyklika die Formulierung des heute aus der politischen und gesellschaftlichen Debatte nicht mehr wegzudenkenden Subsidiaritätsprinzips (vgl. QA 79), das für die Ausgestaltung der gesellschaftlichen Ordnung und zur konsequenten Begrenzung staatlicher Machtfülle große Bedeutung hat.

Neue Probleme stellen sich für Johannes XXIII. mit der Suche nach einer tragfähigen Ordnung der Völkergemeinschaft nach dem 2. Weltkrieg und einem vielfach gewandelten Bewusstsein in Kirche und Gesellschaft. Als bedeutsam und neu treten in *Mater et magistra* (MM, 1961) zwei Aspekte hervor: zum einen die Rezeption der modernen Sozialwissenschaften und der Empirie, das äußert sich etwa darin, dass der Grundsatz des Bischofs Cardijn, Gründer der CAJ, „Sehen – Urteile – Handeln“ als methodischer Dreischritt aufgenommen wird; zum anderen die Betonung des sozialen Handelns neben der sozialen Lehre.

Mater et magistra

Pacem in terris

Werden schon in *Mater et magistra* „alle Menschen guten Willens“ im Blick auf die Verwirklichung der Katholischen Soziallehre angesprochen (vgl. MM 221), so werden diese von der Enzyklika *Pacem in terris* (PT, 1963) an ebenfalls zum Adressaten der kirchlichen Sozialverkündigung. Mit dieser Enzyklika, die vor dem Hintergrund der Kubakrise und damit außerhalb der Jubiläumstradition von RN entsteht, wird unterstrichen, dass die Kirche mit ihrer Sozialverkündigung nahe an den Problemen der Zeit ist. Dieser so genannten Friedensenzyklika geht es vor allem umfassend um Fragen einer Ethik des Politischen. Inhaltlich entscheidend ist, dass hier, basierend auf der vorrangig philosophisch begründeten Würde der menschlichen Person (vgl. PT 9), eine kirchliche Menschenrechtserklärung und ein entsprechender Katalog von Menschenrechten (hier verbunden mit entsprechenden Verpflichtungen) vorgelegt werden, die die unabdingbare Voraussetzung für den wahren Frieden bilden. In dieser Enzyklika werden erstmalig die „Zeichen der Zeit“ besonders hervorgehoben und damit der dynamische Charakter der katholischen Soziallehre betont.

Gaudium et spes

Zugleich wird damit das eingeleitet, was in der Pastoralkonstitution des Zweiten Vatikanischen Konzils *Gaudium et spes* (GS,

1965) umfassend angezielt ist: nämlich das Verhältnis zwischen Kirche und Welt bzw. Gesellschaft in eine neue theologische Grundlagenreflexion einzugliedern. Durch die vom Konzil geleistete spezifisch theologische Akzentuierung wird einerseits gegenüber der bisherigen, primär sozialphilosophisch-naturrechtlichen Argumentation eine neue Dimension in die klassische Struktur der Soziallehre gebracht, andererseits verfällt man nicht einem theologischen Integralismus, sondern bedenkt ausdrücklich die richtige Autonomie der Kultursachbereiche (GS 36; 41); GS betont das (entscheidend) Christliche und belässt zugleich der Welt ihren Eigenwert. Dieses Dokument, veröffentlicht am 7. Dezember 1965, einen Tag vor dem Ende des II. Vatikanums, bildet somit einen Höhepunkt dieses Konzils, das Papst Johannes XXIII. einberufen hatte unter dem Stichwort des *Aggiornamento*, der „Heutigwerdung" der Kirche, der Öffnung der Kirche auf die Welt hin. Der Begriff des *Aggiornamento* ist sehr vielschichtig, von daher begegnet man immer wieder der folgenschweren Fehlinterpretation, es ginge hierbei um eine „billige" Adaption des Zeitgeistes der modernen Welt.[45] In den in dieser Konstitution gebündelten Themen und Grundlinien der christlichen Orientierung in der Welt von heute geht es in der Tat um die fundamentale „Frage nach der Versöhnung von Christentum und Moderne"[46]. Von der Kirche und der Theologie her musste dieses Verhältnis neu ausgelotet werden angesichts der Tatsache, dass der „neuzeitliche Katholizismus ... eine feste Burg geworden [war], die im Innern der Kirche den wahren Glauben und eine organisatorische Schlagkraft bewahrte, dennoch aber von den großen kontroversen Lebensproblemen der Moderne sich eher abgeschnitten empfinden musste" (Ebd., 298). Die sicher noch nicht abgeschlossene nachkonziliare Debatte hat nun gezeigt, wie dringend notwendig eine eingehendere Reflexion dieses durchaus nicht spannungsfreien Verhältnisses zwischen Theologie und Theorie der Moderne bzw. Kirche und Gesellschaft ist, um nicht die vom Konzil intendierte Öffnung der Kirche auf die moderne Welt hin mittel- und langfristig zu gefährden und entweder in eine Identitätskrise des Christentums oder in ein Widerrufen der Öffnung abzugleiten.

---

45 Diese Kritik findet sich nicht nur in der Auseinandersetzung mit den Vertretern der sog. Piusbruderschaft, sondern artikuliert sich auch in der immer wieder geführten Debatte um den Grundoptimismus der gesamten Konstitution.

46 Lehmann, Karl: Christliche Weltverantwortung zwischen Getto und Anpassung. 40 Jahre Pastoralkonstitution „Gaudium et spes", in: ThPQ 153 (2005), 297–310, hier 299.

Die Bedeutung, die die Konzilsväter der vorher nur wenig reflektierten Frage einer theologisch adäquaten Verhältnisbestimmung von Kirche und Welt bzw. Gesellschaft beimessen, kann man schon allein an dem Genus des Dokuments ablesen, das sie für diese Frage wählen: nämlich eine Konstitution, die wichtigste Dokumentengattung, die es im II. Vatikanums gibt.[47] Ganz entscheidend ist, dass in dieser Pastoralkonstitution (und der Begriff „Pastoral" ist dabei nicht als Gegensatz zu Lehre zu verstehen) – die Kirche in ihrem Verhältnis zur Welt von *heute*, also in den verschiedenen Facetten der damals aktuellen Gegenwart bedacht wird. Im Einzelnen stehen dann im Mittelpunkt des ersten Teils die zutiefst religiösen Fragen nach der Bewertung der Welt, des Fortschritts, der Entwicklung, der Autonomie der Kultursachbereiche, aber auch und vor allem der Autonomie des Menschen – und damit im Zusammenhang sind dann auch die Frage nach der Bedeutung der Religionsfreiheit und der dazugehörigen eigenen Konzilserklärung *Dignitatis humanae* zu sehen. Letztlich geht es in der Pastoralkonstitution um die für die christliche Sozialethik zentrale und theologisch höchst relevante Aussage, dass der Mensch im Mittelpunkt steht – dies aber vor dem Hintergrund der Erkenntnis, dass vom Menschen nicht mehr gesprochen werden kann, ohne von Gott zu sprechen, und umgekehrt: dass von Gott auch nicht mehr gesprochen werden kann, ohne vom Menschen zu sprechen. Der zweite Teil der Pastoralkonstitution konkretisiert die im ersten Teil formulierten Einsichten auf verschiedene für die Sozialethik relevante Teilbereiche hin: Ehe und Familie, Kultur, Wirtschaft, Politik sowie Frieden und Entwicklung. Vor dem Hintergrund der neuen Verhältnisbestimmung von Kirche und Welt finden sich in diesem zweiten Teil dann auch wegweisende Aussagen zu klassischen Topoi christlicher Sozialethik. Damit wird die klassische Soziallehre in diesem Konzilsdokument auf eine andere Ebene transformiert, in keiner Weise aber – wie immer wieder behauptet – abgeschafft.

Populorum progressio

In Fortsetzung von GS kommt seit dem Pontifikat Pauls VI. eine enorme Erweiterung der bisherigen Fragestellungen der Sozialverkündigung in den Blick: es geht um Fragen der Weltentwicklung und einer – als „Vorläufer-Thematik" der Globalisierung – gerechteren Weltwirtschaftsordnung. Die Enzyklika *Populorum progressio* (PP, 1967) entwirft, basierend auf der Erkenntnis der

[47] Weitere Konstitutionen sind: die Liturgiekonstitution *Sacrosanctum Concilium*, die Kirchenkonstitution *Lumen gentium*, die Offenbarungskonstitution „Dei verbum". Ferner gibt es noch Dekrete und Erklärungen.

Notwendigkeit eines „integralen Humanismus" (vgl. PP 13), das Bild von einer integralen und solidarischen Entwicklung als Notwendigkeit für eine fortschreitende Einigung der Welt: „Entwicklung als neuer Name für Frieden" (vgl. PP 76) lautet das entscheidende Stichwort. Es handelt sich hier um die erste kirchliche Entwicklungsenzyklika, die – wie sich dann im weiteren Verlauf herausstellen wird – einen neuen thematischen Traditionsstrang begründen wird, den Papst Johannes Paul II. mit *Sollicitudo rei socialis* 1987 und Papst Benedikt XVI. mit *Caritas in veritate* (Civ) 2009 fortsetzen werden. Benedikt XVI. betont, dass „*Populorum progressio* (es) verdient, als die *Rerum novarum* unserer Zeit angesehen zu werden" (CiV 8). Der Papst erachtet damit also die weltweite Entwicklungs- und Globalisierungsfrage als ebenso fundamental und einschneidend wie die Arbeiterfrage 1891.

Octogesima adveniens

Der Apostolische Brief Pauls VI. an Kardinal Maurice Roy (Präsident des Laienrates und der Päpstl. Kommission Iustitia et Pax) *Octogesima adveniens* (OA, 1971) anlässlich des 80. Jahrestages von RN kommt von Inhalt und Bedeutung einer Sozialenzyklika gleich. Zentrales Thema ist hier das Aufblühen (alter und) neuer Ideologien – genannt werden hier der „bürokratische Sozialismus, der technokratische Kapitalismus und die autokratische Demokratie" (OA 37) – und die auch und gerade für Christen gegebene Notwendigkeit, sich mit diesen in adäquater Differenzierung und im Blick auf ihre weltweite Relevanz auseinanderzusetzen.

Evangelii nuntiandi

Evangelii nuntiandi (EN), apostolisches Schreiben Pauls VI. im Anschluss an die römische Bischofssynode (1975), beschäftigt sich mit der „Evangelisierung in der Welt von heute" und damit dann auch erstmals „offiziell" mit einer partiellen innerkirchlichen „Konkurrenz" der bisherigen klassischen Katholischen Soziallehre, nämlich mit Formen der „Theologie der Befreiung".

Laborem exercens

Papst Johannes Paul II. ist es, der die kirchliche Sozialverkündigung nachkonziliar entscheidend weiterentwickelt. Seine erste Sozialenzyklika *Laborem exercens* (LE, 1981), zum neunzigsten Jahrestag des Erscheinens von RN, zeigt ein deutlich erweitertes Themenfeld: Es geht um die menschliche Arbeit „als eines der Kennzeichen, die den Menschen von den anderen Geschöpfen unterscheiden" (Präambel zu LE), zugleich als „Schlüssel der sozialen Frage" (LE 3) und im Zusammenhang damit um die Rechte der arbeitenden Menschen, den Konflikt zwischen Arbeit und Kapital, die Struktur und Organisation der Arbeit, aber auch um eine Spiritualität der Arbeit. Dass hier der polnische Papst schreibt, mit all seinen Erfahrungen mit dem Kommunismus im Hintergrund, wird sehr schnell offenkundig, gleichwohl es sich aber nicht um einen lehramtlichen Text nur für die polnischen Gewerkschaftler handelt. Die zweite Sozialenzyklika Johannes Pauls II. *Sollicitudo rei socialis* (SRS, 1987) – zum zwanzigsten Jahrestag der ersten Entwicklungsenzyklika *Populorum progressio* veröffentlicht – greift ebenso wie *Laborem exercens* sowohl auf inhaltlicher als auch auf erkenntnistheoretischer Ebene die Linien auf, die als Neuakzentuierungen bereits benannt wurden, und führen sie ein entscheidendes Stück weiter: Im Blick auf die Erkenntnistheorie sind sozialphilosophisch-naturrechtliche und theologische Argumentation in neuer Weise eng miteinander verknüpft. Auf der Basis des theologischen Personalismus, der für seine Sozialverkündigung charakteristisch ist, und einer dementsprechenden theologischen Analyse der Ursachen einer nicht zu übersehenden Fehl- bzw. Unterentwicklung bedenkt der Papst die Frage nach wahrer und umfassender Entwicklung des Menschen und der Völker.

Sollicitudo rei socialis

Centesimus annus

Die dritte und letzte Sozialenzyklika von Papst Johannes Paul II. ist *Centesimus annus* von 1991, zum hundertjährigen Jubiläum von RN veröffentlicht. In dieser Enzyklika wird eine breite Palette der damals anstehenden sozialen Fragen angesprochen, alle inhaltlichen Ausführungen aber stehen unter dem Vorzeichen der Transformationsprozesse im Osten Europas. Wichtige Aussagen finden sich hier zu Fragen der Wirtschaftsethik, wobei hier besonders auffällig die Neuakzentuierung und Differenzierung in der kirchlichen Bewertung von Marktwirtschaft ist sowie auch die explizite positive Beschäftigung mit Gewinn und Unternehmen. Darüber hinaus gibt es wichtige Aspekte zu Fragen der politischen Ethik, insbesondere ist zu nennen die Auseinandersetzung mit der Demokratie sowie mit dem Verhältnis von Freiheit und Wahrheit. Auch diese Enzyklika ist ganz geprägt von dem zentralen Ansatz des Papstes bei der „Sorge und Verantwortung für den ihr von Christus anvertrauten Menschen, für diesen Menschen, der, wie das II. Vatikanische Konzil betont, das einzige von Gott um seiner selbst willen gewollte Geschöpf ist und mit dem Gott seinen Plan hat, nämlich Teilhabe am ewigen Heil“ (CA 53,1; i.O. z.T. kursiv gesetzt).

Caritas in veritate

Papst Benedikt XVI. hat Mitte 2009 seine erste Sozialenzyklika *Caritas in veritate* (CiV) zum 40. Jahrestag von *Populorum progressio* veröffentlicht und damit expressis verbis einen neuen inhaltlichen Traditionsstrang begründet. Inhaltlicher Ansatzpunkt sind die zentralen Fragen der Globalisierung im Allgemeinen, aber auch die Probleme der damals aktuellen Finanzmarkt- und Wirtschaftskrise[48]. In besonderer Weise werden diese großen sozialen Fragen der Gegenwart unter der genuin anthropologisch-ethischen Perspektive der Entwicklung rekonstruiert, dadurch bekommen sie einen neuen und genuin normativen Bezugsrahmen. Globalisierung ist „a priori weder gut noch schlecht. Sie wird das sein, was die Menschen aus ihr machen" (CiV 41). Die Globalisierung wird mithin nicht „verteufelt" als Folge eines Turbokapitalismus, sondern Benedikt XVI. wertet sie als Chance für die „zunehmend untereinander verflochtene Menschheit; diese setzt sich aus Personen und Völkern zusammen, denen dieser Prozess zum Nutzen und zur Entwicklung gereichen soll" (41). Globalisierung als *„globale[r] Integrationsprozess"* (41) soll von den Menschen gestaltet werden (vgl. 42). Als zentraler Wert der christlichen Soziallehre wird die Liebe in Wahrheit benannt, die zu ihrer Realisierung die Gerechtigkeit und das Gemeinwohl braucht. Besonders relevante Einzelaussagen finden sich etwa zu Fragen der Unternehmer bzw. Unternehmen und zum Markt, zur Logik des Schenkens, in dem Zusammenhang zur Zivilgesellschaft und – viel diskutiert – zu einer politischen Weltautorität (vgl. CiV 67). Der Ansatz Benedikts XVI. zeichnet sich aus durch eine früher bereits grundgelegte, in dieser Qualität aber neue genuin theologische Rückbindung, die gleichwohl dem notwendigen philosophischen Vernunftdiskurs nicht im Wege steht.

Zusammenfassung

Die päpstlichen Sozialenzykliken erweisen sich als Bausteine eines Gefüges von offenen Sätzen, dessen inhaltliche Grundlagen in Kontinuität bewahrt werden, das aber jeweils entsprechend den gewandelten und fortgeschrittenen Erkenntnissen einerseits und den sich ändernden historischen Gegebenheiten andererseits nicht nur in einem oberflächlichen Sinn angepasst wird, sondern sich wirklich wandelt. Es gibt zwei unterschiedliche Traditionsstränge, die ihren Ausgangspunkt bei *Rerum novarum* bzw. bei *Populorum progressio* nehmen, sowie darüber hinaus weitere Texte, die aufgrund drängender zeitgeschichtlicher (*Pacem in terris*) oder theologischer Probleme (*Evangelium nuntiandi*) entstanden sind. Seit *Pacem in terris* wendet sich die Sozialverkündigung auch explizit an alle Menschen guten Willens und betont somit ihre konstitutive Dialogbereitschaft.

[48] Die Schnelllebigkeit und die immer wieder auftauchenden neuen Facetten des Themas sind auch der von Rom genannte Grund für das Erscheinen der Enzyklika erst 2009 und nicht schon im eigentlichen Jubiläumsjahr 2007.

6. Fazit

Christliche Sozialethik ist der Bereich der *Ethik*, in dem nach der sozialen Gerechtigkeit, also der Gerechtigkeit der Institutionen der menschlichen Gesellschaft und nach deren Beitrag zu den Bedingungen eines gelingenden, guten Lebens für jeden einzelnen Menschen gefragt wird. Ihr Gegenstand ist also nicht wie in der Moraltheologie vorrangig der einzelne Mensch und sein moralisch gutes – oder eben auch böses – Handeln, sondern vielmehr geht es um die notwendigen sozialen Gebilde, in denen und durch die die Grundbeziehungen der Menschen in einer Gesellschaft gerecht geordnet und auf den Menschen und seine Würde hinaus gerichtet sind. Zweck dieser Institutionen ist es, in auf Dauer, Verlässlichkeit und Sicherheit angelegten Einrichtungen Gerechtigkeit und – damit untrennbar verbunden – Freiheit zu realisieren. Vor diesem Hintergrund wird auch deutlich, dass es der christlichen Sozialethik nicht vorrangig – wie der Caritaswissenschaft – um die Reflexion des caritativen Tuns der Kirche im engeren Sinn geht, sondern in einem weiteren Sinn um die Mitgestaltung von Welt und Gesellschaft insgesamt vor dem Hintergrund des christlichen Menschenbildes und auf der Basis der Sozialprinzipien. Schließlich versteht sich die christliche Sozialethik als eine Disziplin innerhalb der wissenschaftlichen *Theologie*. Folglich verortet sie ihre Reflexionen im Kontext der Rede von dem Gott, der jeden Menschen unendlich und ohne jede Vorbedingung liebt, dessen Sohn Jesus Christus zur Bestätigung und Vollendung dieser Zusage selbst Mensch geworden ist und durch sein Leiden, Sterben und Auferstehen diese Botschaft endgültig besiegelt hat – eine Botschaft, die dem Menschen trotz immer auch gegebenen Misserfolgs im gesellschaftlichen Handeln Zuversicht für dieses irdische Leben und Hoffnung auf ein Leben über den Tod hinaus gibt.

Literatur

Primärtexte

Die Texte der Sozialverkündigung finden sich bis einschließlich Centesimus annus (1991) in: Bundesverband der Katholischen Arbeitnehmer-Bewegung Deutschlands (KAB) (Hg.): Texte zur katholischen Soziallehre, Kevelaer 1992.

Die weiteren im Artikel benutzten lehramtlichen Texte:

Papst Benedikt XVI.: Enzyklika *Caritas in veritate*, deutscher Text nach: Verlautbarungen des Apostolischen Stuhls Nr. 186, hrsg. vom Sekretariat der Deutschen Bischofskonferenz, Bonn 2009.

Papst Benedikt XVI.: Enzyklika *Deus caritas est*, deutscher Text nach: Verlautbarungen des Heiligen Stuhls Nr. 171, hrsg. vom Sekretariat der Deutschen Bischofskonferenz Bonn 2005.
Papst Johannes Paul II.: Enzyklika *Dives in misericordia*, deutscher Text nach: Verlautbarungen des Apostolischen Stuhls Nr. 26, hrsg. vom Sekretariat der Deutschen Bischofskonferenz Bonn 1980/1981.
Papst Johannes Paul II.: Enzyklika *Redemptor hominis* 1979, deutscher Text nach: Verlautbarungen des Heiligen Stuhls Nr. 6, hrsg. vom Sekretariat der Deutschen Bischofskonferenz Bonn 1979
Vatikanum II: Dogmatische Konstitution über die Kirche Lumen gentium (1964), in: Karl Rahner und Herbert Vorgrimler (Hg.): Kleines Konzilskompendium, Freiburg, 2008, S. 123–197.

Grundlagenliteratur für das Studium der Christlichen Sozialethik

Anzenbacher, Arno: Christliche Sozialethik. Einführung und Prinzipien, Paderborn 1997.
Baumgartner, Alois/ Korff, Wilhelm: Sozialprinzipien als ethische Baugesetzlichkeiten moderner Gesellschaft: Personalität, Solidarität und Subsidiarität, in: Korff, Wilhelm u.a. (Hg.): Handbuch der Wirtschaftsethik. Bd. 1: Verhältnisbestimmung von Wirtschaft und Ethik, Gütersloh 1999, 225–237.
Höffner, Joseph: Christliche Gesellschaftslehre, hrsg., bearb. u. ergänzt von L. Roos. Kevelaer, (1962) 1997.
Küppers, Arnd: Soziale Gerechtigkeit im Verständnis der Katholischen Soziallehre, in: Rauscher, Anton (Hg.): Handbuch der Katholischen Soziallehre, Berlin 2008, 165–174.
Nell-Breuning, Oswald von: Gerechtigkeit und Freiheit. Grundzüge katholischer Soziallehre. Wien/München/Zürich 1980.
Nothelle-Wildfeuer, Ursula: Die Sozialprinzipien der katholischen Soziallehre. In: Rauscher, Anton (Hg.): Handbuch der Katholischen Soziallehre, Berlin 2008, 143–163.
Roos, Lothar: Die Sozialenzykliken der Päpste. In: Rauscher, Anton (Hg.): Handbuch der Katholischen Soziallehre, Berlin 2008, 125–142.
Wilhelms, Günter: Christliche Sozialethik, Paderborn 2010.

V. Einführung in die Religionswissenschaft

Annette Wilke

1. Religionswissenschaft heute

Wie sich Menschen die Welt als Ganze erklären, ihrem Leben Sinn und Orientierung verleihen und es in einen größeren Sinnzusammenhang einbetten, der über die alltägliche Wirklichkeit hinausgeht, gehört zu den Grundfragen der Theologie wie der Religionswissenschaft. Beide Disziplinen befassen sich mit dem Thema Religion und Religionen. Doch tun sie dies nicht in derselben Weise. Der Unterschied liegt nicht nur darin, dass sich die Religionswissenschaft über die christlichen Konfessionen hinaus mit anderen Religionen und Weltanschauungen der Vergangenheit und Gegenwart beschäftigt, vielmehr auch im Methodischen und insbesondere Methodologischen.

überkonfessionelle, kulturwissenschaftliche Disziplin

Die heutige Religionswissenschaft versteht sich als überkonfessionelle, kulturwissenschaftliche Disziplin, die auf eigene Urteile über religiöse Überzeugungen bewusst verzichtet und eine weltanschaulich neutrale Erforschung von Religion anstrebt. Sie beschäftigt sich mit dem Religionspluralismus der Vergangenheit und Gegenwart empirisch, historisch, religionsvergleichend und systematisch-theoretisch. Weit stärker als die Theologie hat sich die Religionswissenschaft sozial- und kulturwissenschaftlichen Methoden und Theorien geöffnet. Die Kenntnis, kritische Übernahme und Anwendung von Theorien und Methoden wird heute als ebenso wichtig erachtet wie historisches und komparatistisches Arbeiten. Dieses heutige Fachverständnis setzt einen radikalen Paradigmenwechsel in der Religionswissenschaft voraus, der sich seit den 1970er Jahren in Westeuropa und Amerika zunehmend etablierte und den man kurz auf den Nenner kulturelle oder kulturalistisch & kulturwissenschaftliche Wende (*cultural turn*) bringen kann.

Paradigmenwechsel „cultural turn“

Bereits die Formulierung der Eingangsfrage deutet an, dass sich die Religionswissenschaft ihrem Gegenstand anders annähert als die Theologie. Auf den Begriff Religion wurde bewusst verzichtet und eher eine funktionale Umschreibung gesucht, was Religion für Menschen bedeutet. Die Religionswissenschaft betrachtet Religionen nicht als Offenbarungswirklichkeiten, sondern als empirisch-anthropologische Gegebenheiten und als wichtigen Teil kultureller Praxis. Blendet sie damit nicht aus, dass

Religionen als Ausdruck menschlich-kultureller Praxis

Binnenperspektiven und Metareflexion

die Gläubigen selbst ihre Religion als eine Offenbarungswirklichkeit sehen? Nein keineswegs. Die Binnenperspektiven professioneller Theologien werden eben so ernst genommen wie ganz simple religiöse Alltagspraxis. Die Deskription solcher Binnenperspektiven macht einen wichtigen Teil religionswissenschaftlichen Arbeitens aus, doch sind die Daten auch auf einer abstrakteren wissenschaftlichen Metaebene zu reflektieren. Und spätestens auf dieser Ebene wird es problematisch, objektsprachliche Begrifflichkeiten aus dem christlichen Kontext wie „die Gläubigen", „Religion" und „Offenbarung" einfach unreflektiert zu übernehmen. Hinter all diesen uns wohlbekannten, scheinbar harmlosen Begriffen stecken große Probleme und gefährliche Engführungen. Unbewusst übertragen wir mit den Begrifflichkeiten unser eigenes Verständnis von Religion auf die anderen. Viele Kulturen haben gar kein Wort für Religion, obgleich sie natürlich den Alltag übersteigende heilige Universen kennen. Sie werden möglicherweise nicht von Glaube und Offenbarung sprechen, sondern von Wissen und einer weltimmanenten Wirklichkeit. Oder Glaube wird für sie gar nicht das primäre Kriterium sein, sondern Orthopraxis und Ritual.

Respekt, Hellhörigkeit und Sensibilität für solche Andersartigkeit in den Wertekategorien und der Symbolisierung von Religion machen einen kulturwissenschaftlichen Zugang nötig, der Religionen als menschliche Erfahrungswirklichkeiten und kulturelle Symbolsysteme, d.h. als kulturell variante Interpretationen der Wirklichkeit, betrachtet, aber von der Wahrheitsfrage Abstand nimmt. Man kann von einem konstruktivistischen Ansatz im Unterschied zu einem offenbarungstheologischen Ansatz sprechen und von einem methodologischen Agnostizismus im Wissenschaftstreiben im Unterschied zu einer Religionskritik oder einer Glaubenswissenschaft, wie frühere Religionswissenschaftler oft ihr Fach verstanden. So war zum Beispiel die Religionsphänomenologie, die lange Zeit das Paradigma der systematischen Religionswissenschaft darstellte, implizit oder auch explizit eine Glaubenswissenschaft, die nach dem „Wesen" und der „Wahrheit" der Religion an sich suchte. Sie war eine Art Fundamentaltheologie aller Religionen oder ein Heilsprogramm für den modernen Menschen, in die sehr stark die eigenen Vorstellungen von Transzendenz der Forscher einflossen – seien sie christlicher oder auch nicht-christlicher (latent antichristlicher) Art. Dieses Erbe wird heute schamhaft als ein höchst problematisches angesehen und die Religionsphänomenologie insgesamt oft ein wenig allzu dogmatisch als Fehlentwicklung in Bausch und Bogen abgelehnt.

Konstruktivistischer Ansatz und methodologischer Agnostizismus

Wichtiger als die Kritik war die neue Einsicht: Religion ist nicht von ihrer kulturellen Matrix zu abstrahieren und folglich sind auch die kulturellen Konstruktionsbedingungen stets mit zu reflektieren.

Kultursemiotischer Zugriff

Zentrale Forschungsansätze wurden deshalb Kultursemiotik, insbesondere die des Kulturanthropologen Clifford Geertz (1926-2006), und ein praxeologischer Zugriff, etwa die Praxistheorie des Soziologen Pierre Bourdieu (1939-2002), der große Theologien ebenso wie Alltagskultur einbezieht. Dieser Ansatz versteht Religion als kulturelles System und erarbeitet die kulturabhängige und kulturprägende Rolle religiöser Phänomenbereiche und Objektivationen (Riten, Lehren, Institutionen, ethische Normen, Gefühlswelten, Habitusformen, Verhaltensweisen, aber auch Architektur, Kleider, Speiseregeln, etc.). Religion hat viel mit Weltbildformation, Orientierung und Sinngebung für den Einzelnen und das Kollektiv zu tun. Sie bildet heilige Universen aus, d.h. umfassende Symbol- und Sinnsysteme, die zwar relativ stabil sind, jedoch nicht statisch, sondern vielmehr diskursiven Wandlungen und Bedeutungsverschiebungen unterliegen. Religionen sind immer sowohl von der sie umgebenden Kultur geprägt wie auch selbst kulturprägend und dies genau weil sie umfassende Sinnsysteme und Theodizeen, die die Alltagswelt übersteigen, bereitstellen. Man sieht, wie in diesem von Geertz inspirierten Ansatz, Religion zu betrachten, der Wahrheitsanspruch der Religionen keineswegs aufgelöst wird, sich vielmehr in einen nichttheologischen Wissenschaftsdiskurs überführt findet und in diesem Rahmen bearbeitet wird.

Institutionelle Konsequenzen

In den vergangenen Jahrzehnten war die Religionswissenschaft zumeist an Theologischen Fakultäten angesiedelt und teilweise mit der Missionswissenschaft verkoppelt. Heute findet sich das Fach oft an philosophischen Fachbereichen und dies ist sachlich gerechtfertigt. Die Religionswissenschaft der vergangenen dreißig-vierzig Jahre hat einen großen Selbstreformierungsprozess durchgemacht und dabei ein Fachprofil etabliert, das sich von früheren Paradigmen religionswissenschaftlicher Forschung (Religionsphänomenologie und philologische Religionsgeschichte) ebenso unterscheidet wie von der Theologie. Hinzu kommt, dass die Ansiedlung an theologischen Fakultäten dazu führte, die Religionswissenschaft zu marginalisieren und sozusagen unsichtbar zu machen. Die institutionelle Emanzipation von der Theologie rechtfertigt sich ferner durch die theologischen Auflagen wie Theologiestudium und *nihil obstat* etc., die an Lehrstuhlinhaber gestellt werden, und dem heutigen Wissenschaftsverständnis der

Religionswissenschaft als einer theologieunabhängigen Disziplin zuwiderlaufen.

Die jahrzehntelange institutionelle Unsichtbarkeit hat dazu geführt, dass die Religionswissenschaft in der Öffentlichkeit immer noch wenig bekannt ist und Studierende in der Regel erst beim Einschreiben merken, dass es eigenständige religionswissenschaftliche Studiengänge gibt. Als Religionswissenschaftler/-in (fortan immer auch in der weiblichen Form zu verstehen) muss man immer wieder feststellen, dass das eigene Fach eine weithin unbekannte Größe ist. Selbst unter Kollegen ist wenig bekannt, was in diesem Fach genau getrieben wird. So wurde auch in der Theologie der Wandel der Religionswissenschaft der letzten Jahre und Jahrzehnte noch ungenügend wahrgenommen. Ein Ziel dieses Artikels ist es deshalb, eine wenig bekannte Disziplin von beträchtlicher Wichtigkeit in der heutigen Zeit in ihrem zeitgenössischen Selbstverständnis vorzustellen. An theologischen Fakultäten wird die Religionswissenschaft gerne nur als Materiallieferantin religionshistorischer und gegenwartsbezogener Informationen zu den „Weltreligionen“ wahrgenommen. Dies ist gut verständlich, weil in heutigen multikulturell und multireligiös zusammengesetzten Gesellschaften auch in Europa vertieftes und sachgerechtes Wissen über andere Kulturen und Religionen so wichtig geworden ist wie noch kaum zuvor. Tatsächlich liefert die Religionswissenschaft hierzu fundierte Beschreibungen. Aber was sie tatsächlich zu bieten hat, geht darüber hinaus. Sie bietet auch Theorien und Methoden zur Einordnung des Materials und problematisiert Begrifflichkeiten, angefangen mit dem Religionsbegriff selbst, der weit weniger durchsichtig ist, als wir es normalerweise annehmen, und dem Begriff „Weltreligionen“, der weniger harmlos ist als man denkt. Auch im Theoretischen und Methodischen hat sie deshalb manches zu bieten, was für interkulturelles Lernen nützlich ist. Gerade in den neueren Einsichten und Zugängen der kulturwissenschaftlichen Religionswissenschaft ist das Fach eine wichtige Partnerdisziplin der Theologie geblieben bzw. es erst richtig geworden. Ich habe wiederholt wahrgenommen, dass die religionswissenschaftlichen Impulse von Theologiestudierenden mit Interesse aufgegriffen und als bereichernd empfunden wurden, wie dies in der Wissenschaft immer geschieht, wenn sich neue Perspektiven auftun. Selbst der in der Religionswissenschaft bewusst kultivierten Wertfreiheit und dem methodologischen Agnostizismus konnten Theologiestudierende etwas abgewinnen. Dieser Orientierungsrahmen ist nicht nur für anderskulturelle Systeme sinnvoll, sondern auch fruchtbar, um

Relevanz der Religionswissenschaft für die Theologie

unsere eigene Tradition, in die wir hineinsozialisiert wurden, unter einem anderen Blickwinkel zu sehen.

Programm des Artikels

Im Folgenden soll die kulturwissenschaftliche Religionswissenschaft vertiefter vorgestellt werden. Es ist nicht der einzige Ansatz der neueren Religionsforschung. Notwendigerweise kann auch im Rahmen eines langen Artikels kein erschöpfender Überblick über das ganze Spektrum neuerer religionswissenschaftlicher Zugänge und Fragestellungen geboten werden. Die im anglophonen Raum derzeit sehr populäre kognitionswissenschaftliche Religionswissenschaft, die naturwissenschaftliche Paradigmen auf das Studium von Religionen überträgt, wird beispielsweise nicht behandelt. Ich halte dies für legitim, da diese Richtung in Vielem hinter die Einsichten zurückfällt, die in der kulturwissenschaftlichen Religionswissenschaft erarbeitet wurden und im deutschsprachigen Raum deshalb auf große Widerstände stößt. Auch die kulturwissenschaftliche Richtung, die im deutschsprachigen Raum deutlich vorherrscht, und das Selbstverständnis der nationalen und internationalen Fachverbände weithin bestimmt, ist in sich natürlich ebenfalls nicht homogen, so wenig wie es „die" Theologie selbst innerhalb der konfessionellen Grenzen ist. Neben einer eher allgemeinen Einführung, die wiedergibt, was weitestgehend „common sense" im Fach geworden ist, möchte ich Religionswissenschaft als Kulturhermeneutik besonders stark machen, d.h. als hermeneutische und interpretative Disziplin.

Ein erster Teil widmet sich ausführlicher den Unterschieden im Zugriff auf Religion, die die Religionswissenschaft von der Theologie absetzen und gibt einen Einblick in die „religionswissenschaftliche Forschungswerkstatt". Ein zweiter Teil vertieft die kulturwissenschaftliche Wende wissenschaftsgeschichtlich und metatheoretisch und verdeutlicht die kritischen Potentiale der neueren Religionswissenschaft. Ein dritter Teil ist der Religionswissenschaft als Kulturhermeneutik und ausgewählten Theorieansätzen gewidmet, die ich als besonders hilfreich erachte, religiöse Phänomene einzuordnen und wissenschaftlich zu bearbeiten. Diese drei Teile sind stark theoretisch ausgerichtet, aber mit vielen Beispielen unterlegt und bezwecken, einen Einblick in das zu geben, was ich „religionswissenschaftlich denken lernen" nennen würde. Sie sollen zeigen, was unter dem multimethodischen und polyfokalen Arbeiten, das für die heutige Religionswissenschaft typisch geworden ist, zu verstehen ist. Ein kurzer vierter und letzter Teil unterbreitet Thesen der Religionswissenschaftler Michael Pye und Edith Franke zur gesellschaftspolitischen Relevanz überkonfessioneller Religionsforschung – ein Aspekt, der mir wichtig scheint, da der Religionswissenschaft theologischerseits häufig vorgeworfen wird, sie habe keine soziale Wirkmacht und sei für den Religionsunterricht ungeeignet, da sie aufgrund ihres Anspruchs auf Wertneutralität keine Werte und Normen vorgeben kann.

2. Religionswissenschaft als kulturwissenschaftliche Disziplin

Was die kulturwissenschaftliche Religionswissenschaft und die Theologie unterscheidet, sind nur partiell Gegenstandsbereich und Methoden. Fundamental anders jedoch ist der methodologische Zugriff. Diesem ist zuerst nachzugehen, da er die Basis für das konkrete religionswissenschaftliche Arbeiten darstellt. Religionswissenschaftliche Methodik, Theoriebildung, Arbeitsgebiete und Metatheorie werden im Anschluss vorgestellt.

2.1 Methodologie

Forschungsleitende Haltungen

Die Religionswissenschaft befasst sich historisch und analytisch-systematisch mit Theologien und religiösen Alltagskulturen und widerstreitenden Ontologien, ohne sich eine bestimmte Position zu Eigen zu machen. Dem überkonfessionellen Selbstverständnis entsprechend kennzeichnet sie das Bestreben einer weltanschaulich neutralen Religionsforschung, die nicht an bestimmte religiöse oder ideologische Perspektiven und Intentionen gebunden ist. Positiv ausgedrückt ist die Religionswissenschaft um eine Gleichbehandlung verschiedenster religiöser Optionen und Weltansichten bemüht, ohne eine zu bevorzugen oder abzulehnen. Man kann deshalb von einem methodologischen Agnostizismus sprechen. Damit ist eine forschungsleitende Orientierung gemeint, die sich sehr bewusst der Urteile, Wahrheitsfragen und normativen Bewertungen enthält. Das Studium der Religionen geschieht in einer Haltung der Offenheit und Wertfreiheit. Auch wenn dies im strengen Sinne nie ganz erreicht werden kann, sollte der Versuch, eine wertfreie Haltung einzunehmen, wissenschaftsleitend sein.

Forschungspraktische Konsequenzen

Dies hat sehr konkrete Konsequenzen. So wird z.B. das Wort Aberglaube in der Religionswissenschaft nicht verwendet, aber es wird von großem Interesse sein, was in unterschiedlichen Kulturen, Gesellschaften und Milieus als Glaube und was als Aberglaube interpretiert wird. Eine Weltsicht, in der Geister so real sind wie Handys wird genau so ernst genommen wie eine, die jegliche Religion und übersinnliche Wirklichkeiten ablehnt. Professionelle Theologien werden nicht als höherstehend betrachtet als simple Alltagsfrömmigkeit oder postmoderne Religionsmischungen. Neue religiöse Bewegungen und alternative Spiritualität werden die Religionswissenschaft nicht weniger interessieren als die neue religiöse Bewegung des Jesus von Nazareth. Selbst religiöse Gewalt wird vom Forscher nicht verurteilt, vielmehr wird nach den historischen Wurzeln, der Handlungsrationalität, dem subjektiven Sinn und der „Inszenierung" gefragt, die die Gewalttat, den Terrorakt oder Krieg mit der Sphäre des Sakralen ausstatten und damit die motivationalen Kräfte der Akteure verstärken.

Erkenntnisinteresse und Zielsetzungen

Weder ist somit die Reflexion des eigenen Glaubens in Auseinandersetzung mit anderen Weltanschauungen das Ziel, wie etwa in der Fundamentaltheologie, noch ist eine Normensetzung und -begründung das Ziel, wie etwa in einer theologischen Ethik. Es geht vielmehr darum, die Wert- und Handlungsrationalität und Vielfalt möglicher Weltbilder und Sinnoptionen zu erfassen und die untersuchten Religionskulturen in ihrem eigenen Kontext darzustellen und zu analysieren. Anstatt Normen zu setzen, widmet sich die Religionswissenschaft der Frage, wie und warum in unterschiedlichen religiösen Symbolsystemen welche Normen gesetzt und akzentuiert werden, wie sie das Gemeinschaftsleben und das individuelle Leben kanalisieren und wie sie sich im Laufe der Geschichte verändern.

cultural turn

Dieses Fachverständnis setzt den bereits angesprochenen radikalen Selbstreformierungsprozess voraus, den man auf den kurzen Nenner „cultural turn" bringen kann. In diesem Prozess öffnete sich die Religionswissenschaft nicht nur einer interdisziplinären Entgrenzung, insbesondere den Sozialwissenschaften und der Kulturanthropologie, sondern bestimmte auch ihren Gegenstand neu, indem sie ein offenbarungstheologisches, an der Innenwelt orientiertes oder institutionelles Religionsverständnis durch ein konstruktivistisches, semiotisches und diskursives ersetzte und empirische Überprüfbarkeit einforderte. Was immer in kulturellen Systemen als Gott, Götter, absolutes Sein, sakraler Kosmos konzeptualisiert wird, als eine Alltag übersteigende Sinnwelt, die sich zugleich fundamental auf die vorfindliche Welt und den Alltag bezieht, muss in irgendeiner Form objektiviert zugänglich geworden sein, um zum Gegenstand religionswissenschaftlicher Forschung zu werden, d.h. sie muss sich in Texten, Bildern, oralen Aussagen und beobachtbaren Praktiken empirisch erhebbar repräsentiert und kommuniziert finden.

Zwei Leitsätze

Zwei Leitsätze sind in der neueren Religionswissenschaft fundamental geworden: zum Einen die Forderung einer strengen Kontextualisierung religiöser Aussagen und Handlungsformen, und zum Anderen die Devise, dass Religionswissenschaft zwar religiöse Sätze als Forschungsgegenstand hat, aber nicht selbst religiöse Sätze bildet. Beide Leitsätze waren eminent wichtig, Probleme früherer Religionsforschung zu korrigieren und eine eigenständige religionswissenschaftliche Profilbildung und Fachidentität auszubilden.

Einbettung in kulturelle Kontexte

Der erste Leitsatz nimmt die Tatsache ernst, dass es in der Empirie Religion nie im Singular und abstrahiert von kulturellen Einbettungen gibt, sondern immer nur in bestimmten, dem steten Wandel unterliegenden historischen und gesellschaftlichen Kontexten. Religionen aus ihren kulturellen und lokalen Kontexten heraus verstehen zu wollen, macht aus der Religionswissenschaft eine hermeneutische Disziplin, die nicht nur Religionen untersucht, sondern die ganze kulturelle Matrix in den Blick nimmt und nicht nur Textforschung betreibt, sondern die große Bandbreite religiöser Medien und Ausdrucksformen ins Auge fasst (neben Ritualen auch Bilder, Bauwerke, Musik, usw.).

Religionswissenschaft trifft keine religiösen Aussagen

Der zweite Leitsatz, dass Religionswissenschaft keine religiösen Aussagen bildet, diese vielmehr ihr Untersuchungsgegenstand sind, richtet sich unmittelbar gegen die ältere Religionsphänomenologie, die religiöse Aussagen machen wollte. Im Unterschied hierzu wird die neuere Religionswissenschaft nie selbst Aussagen machen wie „Gott ist die Liebe“ oder „Es gibt keine Götter“, aber sehr wohl erforschen, in welchen Handlungs- und Verstehenszusammenhängen und mit welchen Interessen solche Aussagen gemacht werden. Dieser zweite Leitsatz tangiert somit auch die Verhältnisbestimmung von Theologie und Religionswissenschaft und etabliert ein asymmetrisches Verhältnis. Auch die Theologie gehört zu den religionswissenschaftlichen Gegenständen, die beschreibend dargestellt und auf einer abstrakteren Ebene anhand systematischer Fragestellungen und sozial- und kulturwissenschaftlicher Methoden und Theorien reflektiert werden.

Verhältnis von Religionswissenschaft und Theologie

Der Unterschied von Religionswissenschaft und Theologie wurde in den letzten Jahren häufig als ein Durchdenken der Religion(en) von „Außen“ und von „Innen“ charakterisiert. Aber dies wird im Grunde beiden Disziplinen nicht gerecht. Etwas weniger missverständlich ist Gavin Floods Vorschlag, den Unterschied vom mentalen Raum auf die Ebene der Zeichen zu heben und von zwei Diskursen zu sprechen (Flood 2007: 18-20). Nach Flood drückt die Sprache der Theologie Religion aus („a language which *expresses* religion") im Sinne eines Diskurses über sich selbst und einer reflexiven Selbstbeschreibung, während die Sprache der Religionswissenschaft eine Sprache über die Religion ist („a language *about* religion") im Sinne einer „dialogischen Reflexivität", die in erster Linie Differenz klärt. Religionswissenschaft ist hiernach ein stets situativer „Dialog" des Forschers mit dem untersuchten Gegenstand, in welchem Gegenstandskontext und Forscherkontexte sich zur wechselseitigen Matrix werden, innerhalb welcher Verstehen und Erklären stattfindet. Zentrale Aufgabe ist, eine kontextsensitive Methodik zu entwickeln, die für mögliche radikale Andersheit offen ist und die der interkulturellen und intrakulturellen Vielstimmigkeit gerecht wird, d.h. der „Sprache" vieler verschiedener (dominanter und untergeordneter, offener und verdeckter, offizieller und nicht-offizieller) Diskurse zum Thema Religion.

2.2 Religionswissenschaftliche Forschungswerkstatt

Was die Religionswissenschaft in der neueren Fachprofilierung auszeichnet, ist multimethodisches Arbeiten und ein polyfokaler, d.h. mehrperspektivischer, Zugang zu Religion und Religionen, in welchem sich historische und gegenwartsbezogene Forschung mit analytischen Fragestellungen verbindet. Die folgende praxisbezogene Übersicht soll einige Grundzüge umreißen, was religionswissenschaftliches Arbeiten konkret beinhaltet.

Methodik der Deskription und Analyse

Die beiden grundsätzlichsten Methoden religionswissenschaftlichen Arbeitens sind Deskription im Sinne einer „dichten Beschreibung" religiöser Objektivierungen (in Texten, Theologien, Riten, Bildern, Institutionsformen, Selbstaussagen religiöser Akteure, aktuellen Diskursen, etc.) und Analyse im Sinne einer wissenschaftlichen Metareflexion.

Dichte Beschreibung

Die Deskription sollte möglichst „dicht" sein,[1] d.h. die kulturellen, historischen und sozialen Kontexte und Diskurszusammenhänge genauestens beachten. Hierzu gehört es, den Gegenstand polyfokal in den Blick zu nehmen, die Vielfalt der Funktionen von Religion für den Einzelnen und das Kollektiv, aber auch die Stimmenvielfalt und unterschiedlichen Interessenlagen der Akteure zu beachten und hellhörig für diskursive

[1] Der Ausdruck „dichte Beschreibung" (*thick description*) stammt von GEERTZ, Clifford: Dichte Beschreibung. Beiträge zum Verstehen kultureller Systeme, Frankfurt [5]1997 (engl. The Interpretation of Cultures 1973).

Verschiebungen zu sein. Religion wird dabei nicht abgetrennt von anderen Segmenten der Kultur verstanden, auch wenn sie als eigenständiges Symbolsystem gewürdigt wird. Man kann von einem kulturhermeneutischen Verfahren sprechen, das sich wesentlich durch einen verstehenden und interpretativen Zugang auszeichnet – interpretativ, weil Bedeutung nicht einfach naturgegeben festliegt, sondern immer gesellschafts- und kulturabhängig konstruiert wird und weil jede Aussage (die der Kulturteilnehmer wie die des Wissenschaftlers) immer zugleich ein Signifikationsprozess ist. So werden zum Beispiel die Grenzen von profan und sakral in unterschiedlichen Religionen und Kulturräumen sehr unterschiedlich gezogen. Selbst innerhalb der Traditionslinien und Gruppierungen ein und derselben Religion können sie stark variieren. Und sie können sich historisch verändern. Die indigenen Konstrukträume und die Repräsentation des Forschers werden kaum je vollkommen deckungsgleich gleich sein und zwei Wissenschaftler werden unter Umständen denselben Aspekt „der Wirklichkeit“ (der geteilten Bedeutungen innerhalb der untersuchten Kultur) konträr wahrnehmen bzw. deuten. Doch gibt es adäquatere und weniger adäquate Repräsentationen und „dichtere“ und „undichtere“ Beschreibungen.

Kulturhermeneutisches Verfahren

Wissenschaftliche Analyse

Systematische Fragestellung und multimethodisches Arbeiten

Eine gute Deskription enthält selbst bereits ein hohes Maß an analytischer Kraft. Wissenschaftliche Analyse bedeutet jedoch auch einen Metastandpunkt zu erarbeiten. Dies beginnt damit, über die Deskription hinaus eine systematische Fragestellung zu entwickeln und die Deskription auf diese theoretische Fragestellung zu beziehen, mit anderen Worten, keine bloße Beschreibung zu bieten, sondern das Material auch nochmals auf einer abstrakteren Ebene zu reflektieren. Eine besondere Typik der Religionswissenschaft besteht in einem multimethodischen Arbeiten. Sie schöpft dabei aus einem reichen kultur- und sozialwissenschaftlichen Theorie- und Methodenarsenal und wendet es kritisch und gegenstandsbezogen an. Nicht für jede Fragestellung ist derselbe methodische Zugang geeignet und die Anwendung unterschiedlicher Methoden und Theorien produziert je unterschiedliches Wissen. Als Studierender lernt man bereits in den Proseminaren, sich einen Überblick über die maßgeblichen Theorien der Vergangenheit und Gegenwart zu verschaffen und sie sachlich und kritisch zu überprüfen. In den letzten Jahrzehnten hat sich die inter- und transdisziplinäre Ausrichtung fest in der Religionswissenschaft etabliert. Einen Überblick über die wichtigsten religionswissenschaftlichen Teildisziplinen (Religionssoziologie, -ethnologie, -psychologie, -ästhetik, usw.) bieten der erste Band des *Handbuchs religionswissenschaftlicher Grundbegriffe* und Einführungen in die Religionswissenschaft.[2] Diese Darstellungen sind, gerade für Anfänger im Fach, ausgesprochen hilfreich, aber nicht ganz unproblematisch, denn die eigentliche Kunst besteht ja darin, die Theorien mit den eigenen Fragestellungen zu verknüpfen und integrativ in das religionswissenschaftliche Arbeiten einfließen zu lassen. Typischerweise ist deshalb eine neuere Einführung in die Religionswissenschaft problemzentriert und die Theorien finden sich auf konkrete Beispiele angewendet.[3] Ähnlich integrativ kann vorgegangen werden, wenn die Darstellung vorwiegend theoriezentriert ist.[4] Hier wird deutlich, wie stark sich Theoriezentriertheit und Themenzentriertheit – sei es auf ausgewählte Grundbegriffe der Religionswissenschaft oder auf bestimmte religionshistorische Fragestellungen – nahtlos ergänzen. Anschaulichkeit gewinnt die Darstellung, je konkreter die empirischen (historischen oder zeitgenössischen) Beispiele und je dichter die Beschreibungen ausfallen. Analytische Stärke gewinnt sie, je mehr es gelingt, den Einzelfall auf einer allgemeineren Abstraktionsebene zu reflektieren und damit die idealtypische Signifikanz der Deskription über den Einzelfall hinaus zu verdeutlichen.

Wissenschaftliche Metasprache

Auf dieser abstrakt-analytischen Ebene angesiedelt sind auch metasprachliche Termini wie „Symbolsystem", „Technologien des Selbst" oder „Habitus", die nur in der Wissenschaftsterminologie existieren und sich nicht mit den in einer bestimmten Kultur verwendeten objektsprachlichen Termini decken (z.B. „Religion", „Meditation" und „Verhaltensmuster"). Sie haben immer einen Bedeutungsüberschuss über die Objektsprache hinaus. Religion selbst ist solch ein metasprachlicher Terminus, wenn wir über die Grenzen Europas und des Christentums hinaus gehen oder ist dort erst in der Neuzeit durch Import und Re-Definition der indigenen Tradition zu einem objektsprachlichen geworden, d.h. zu einem Terminus, der in die Alltagssprache übergegangen ist und ohne große Reflexion verwendet wird. Wenn ein Terminus wie Religion unbekannt ist, ist dies natürlich nicht gleichbedeutend damit, dass es auch das Phänomen nicht gibt, aber ein Indikator,

2 So z. B. Hock, Klaus: Einführung in die Religionswissenschaft, Darmstadt 2002.

3 Kippenberg, Hans G./ Stuckrad, Kocku von: Einführung in die Religionswissenschaft, München 2003.

4 Vgl. Gladigow, Burkhard: Religionswissenschaft als Kulturwissenschaft, Stuttgart 2005.

dass das Phänomen möglicherweise ganz anders objektiviert und repräsentiert wird. Werden in Europa entstandene oder im Christentum gebräuchliche objektsprachliche Begriffe wie „Religion" oder „Gebet" verwendet, ist deshalb darzulegen, welche inhaltlichen und sprachlichen Äquivalente, Homonyme oder Homologien in der anderen Kultur zu finden sind und welche semantischen Felder und Bedeutungsverschiebungen sich damit verbinden. Strenggenommen sollte man eigentlich nur mit den jeweiligen indigenen Termini arbeiten. Es ist immer damit zu rechnen und sogar die Regel, dass es keine ganz unmittelbaren Äquivalente zu unseren gewohnten Ausdrücken gibt, geschweige denn Synonyme, sodass die Konvertierbarkeit nicht wirklich gegeben ist, was wiederum auf die Sinnhaftigkeit metasprachlicher Termini verweist.

Auf die Schwierigkeit, Religion universalgültig zu definieren und diverse Lösungsversuche werde ich noch eingehen. An dieser Stelle genügt es, darauf hinzuweisen, dass es sich aufgrund der angesprochenen objektsprachlichen Asymmetrie (hier existiert das Wort, dort existiert es nicht) anbietet, abstraktere Termini zu verwenden (z.B. „kulturelles Symbolsystem" anstelle von „Religion"), deren Metasprachlichkeit für sämtliche untersuchten Phänomene gilt. Dies zeigt schon, dass die metasprachliche Wissenschaftssprache nicht einfach eine esoterische Geheimsprache ist, in die man in Proseminaren „initiiert" werden muss und die sonst keiner versteht, sondern verobjektivierte Codes darstellt, die größere Zusammenhänge und empirisch vielfältige Sachverhalte auf eine abstraktere Kurzformel bringen und synthetisieren zum Zweck gedanklicher Strukturierung und erhöhter Operationalisierbarkeit. Metasprachliche Begriffe sind wissenschaftliche Symbole und haben in erster Linie Klassifikationsfunktion.

Religionswissenschaftliche Theoriebildung

Die religionswissenschaftliche Terminologie kann somit aus unterschiedlichen kulturellen Kontexten entstammen oder metasprachlich sein, d.h. aus rein wissenschaftlichen Fachtermini bestehen. Entscheidend ist jedoch, dass die Termini unabhängig von einer bestimmten Religion oder ideologischen Annahmen verwendet werden. Zur religionswissenschaftlichen Theoriebildung gehört es generell, Begrifflichkeiten und Theorieansätze kritisch zu beleuchten und auf der Basis empirischer Daten spezielle Fachtermini und eigene Theorien über religiöse Tatbestände und Prozesse zu entwickeln. Gerade im Theoretischen bringt die Religionswissenschaft kritisches Potential ein. So ist zum Beispiel Jack Goodys imposante universalgeschichtliche Theorie zu den Auswirkungen der Schriftkultur für Europa weitgehend zutreffend, während sie auf Indien nicht ohne weiteres übertragbar ist.[5]

Metatheorie

In der neueren Religionswissenschaft ist Metatheorie zu einem wichtigen Standbein geworden. Metatheorie bedeutet zum einen das systematische Studium der zugrundeliegenden Struktur der mit den Theorien verbundenen Wissenschaftsprogramme und die kritische Reflexion der Wissenschaftsparadigmen und der Vorannahmen in der Theorieformation, und zum anderen die selbstkritische Reflexion des eigenen Standorts.[6] Dies begann mit der kritischen Aufarbeitung der eigenen Fachgeschichte und ihrer zeitgeschichtlichen Situiertheit – ein sehr spannendes Arbeitsfeld, das zeigte, dass Religionstheorien nicht harmlos sind, sondern selbst Wirklichkeit generieren. So wurde zum Beispiel die Religionsproduktivität der frühen Religionsforschung herausgearbeitet[7] und auf die Einwirkung der Wissenschaftler auf ihr Forschungsobjekt aufmerksam gemacht.[8]

Komparatistisches Arbeiten

Seit den Anfängen des Fachs im 19. Jahrhundert gehörte religionsvergleichendes Arbeiten zu den genuinen Arbeitsgebieten der Religionswissenschaft. Mit dem Bewusstsein der Kulturgeprägtheit von Religion hat sich religionsgeschichtliches Arbeiten jedoch primär der Erforschung von Lokalgeschichten zugewandt, etwa der Entstehung ganz unterschiedlicher „Buddhismen" in unterschiedlichen geographischen Regionen, während die Komparatistik in den Hintergrund gerückt ist, da die sichere Vergleichsbasis (die Prämisse einer letzten Einheit aller Religionen) verschwand und die Problematik des Vergleichens bewusst wurde. Bei Religionsvergleichen ist es wichtig, wirklich Gleiches mit Gleichem zu vergleichen und das ist gar nicht so einfach, weil sich Religionen aus vielen „Dimensionen" oder Komponenten zusammensetzen (intellektuell-ideologischen, rituellen, ethisch-sozialen, institutionellen, psychologisch-emotionalen, ästhetischen)[9]

---

5 Vgl. Wilke, Annette/ Moebus, Oliver: Sound and Communication. An Aesthetic Cultural History of Sanskrit Hinduism, Berlin/ New York, 2011, 158–225.

6 Flood, Gavin: Beyond Phenomenology. Rethinking the Study of Religion, London, (1999) 2007, 2–8.

7 Kippenberg, Hans G.: Die Entdeckung der Religionsgeschichte. Religionswissenschaft und Moderne, München 1997.

8 Vgl. Stuckrad, Kocku von: Schamanismus und Esoterik. Kultur- und wissenschaftsgeschichtliche Betrachtungen, Leuven 2003, 123–135.

9 Das ursprünglich von den Religionssoziologen Charles Glock und Rodney Stark entwickelte Dimensionsmodell wurde in der Soziologie wie auch in der Religionswissenschaft aufgegriffen und weiterentwickelt. Die oben aufgeführten Dimensionskategorien entstammen Auffarth, Christoph/ Mohr, Hubert: Art. Religion, in: Metzler Lexikon Religion 3 (2000), 164–165.

und diese unterschiedlich zentrieren und gewichten. Das Dimensionsmodell macht deutlich, dass Religionsvergleiche extrem schwierig und komplex sind und sehr viel Wissen und Umsichtigkeit voraus setzen, um überhaupt sinnvoll zu sein und richtige Aussage zu produzieren.

So steht z.B. im Christentum die ideologische Dimension (Glaube an Gott) als Religionsdefinition im Zentrum und die institutionelle Dimension (Kirche) ist überdurchschnittlich stark ausgeprägt, während in vielen anderen Religionstraditionen die rituelle Dimension in der Religionsdefinition sehr viel zentraler und die institutionelle Dimension oft nur schwach ausgeprägt ist.[10] Hinzu kommt immer, dass es „das" Christentum oder „das" Judentum und „den" Islam eigentlich nicht gibt und noch weniger „den" Hinduismus und „den" Buddhismus. Diese innere Pluralität wird durch zeitliche und räumliche Faktoren dynamisiert, wie auch durch die ständigen Aushandlungsprozesse zwischen dominanten und marginalen/devianten/alternativen Strömungen.

Arbeitsbereiche und wechselseitige Verzahnung

Man kann drei Arbeitsgebiete der Religionswissenschaft unterscheiden, die sich aber so stark wechselseitig überlappen, dass ihre Auseinanderdividierung im Grunde einen falschen Eindruck vermittelt, auch wenn sie rein klassifikatorisch richtig ist: a) *systematische Religionswissenschaft*, d.h. die kritische Aufarbeitung und Neuentwicklung von Theorien und Methoden; b) *Religionsgeschichte*, d.h. historische Religionsforschung in unterschiedlichen kulturellen Kontexten bis in die Gegenwart hinein, und c) *empirisch-rekonstruktive Religionsforschung* zur religiösen Gegenwartskultur mittels eigener Methoden, die für historische Forschung nicht möglich sind, nämlich teilnehmende Beobachtung, Interviewführung, qualitative und quantitative Erhebungs- und Auswertungsverfahren. Es versteht sich jedoch, dass auch Gegenwartsforschung nicht ohne historisches Wissen möglich ist und verkürzende Darstellungen produziert, wenn die historische Tiefendimension ausgeklammert wird – wie dies bei soziologischen Modernetheorien und rein sozialwissenschaftlichen empirischen Studien häufig der Fall ist.

In der konkreten Forschung wird zumeist einer der drei Themenbereiche überwiegen. Dennoch macht aber auch da, wo praktisch ausschließlich theoretisch, historisch oder gegenwartsbezo-

---

10 Das Dimensionsmodell eignet sich klassischerweise aber auch gut, die soziale Dynamik und innere Komplexität des Wahrnehmungsraums ein und derselben Religion darzustellen. Schön zum Christentum Auffarth/ Mohr, Art. Religion, 164.

gen gearbeitet wird, die wechselseitige Verzahnung die Güte religionswissenschaftlichen Arbeitens aus. Theorien müssen sich am historischen Material bewahrheiten und mit ihm fundiert werden. Umgekehrt ist keine religionsgeschichtliche Darstellung theoriefrei, enthält vielmehr immer eine implizite Theorie. Diese ist keineswegs harmlos: Sie bestimmt vielmehr, welche Dinge hervorgehoben und welche weggelassen werden und prägt dergestalt nicht nur die Art der Darstellung, sondern produziert auch ein bestimmtes Wissen. Gutes historisches Arbeiten macht die zugrundeliegende Theorie explizit und enthält eine klare theoretische Fragestellung, unter welchen Aspekten das Datenmaterial untersucht wird.

Zusammenfassung

In diesem Kapitel wurde ein Einblick in Methodologie, Erkenntnisinteresse, Methodenarsenal, Theoriebildung und Arbeitsgebiete der Religionswissenschaft vermittelt und praxisbezogen ihr konkretes Arbeiten vorgestellt. Das heutige Selbstverständnis des Fachs unterscheidet sich von der Theologie primär in der Methodologie, aber auch in der Beschränkung auf empirische Quellen und der Art der Theoriebildung, die einen Metastandpunkt jenseits bestimmter religiöser Binnenperspektiven erarbeiten will. Die folgenden neun Merksätze, die die wissenschaftsleitenden Paradigmen gut auf den Punkt bringen, fassen eine längere, englischsprachige Fassung von Edith Franke und Michael Pye (2004) zusammen[11]:

1. Bei der Religionswissenschaft (RW) handelt es sich um eine konfessionsunabhängige und weltanschaulich neutrale Erforschung von Religion. Die RW ist eine empirische, historische, systematisch-theoretische und komparatistische Disziplin. Sie arbeitet multimethodisch und streng kontextuell in Einbezug kultureller, historischer und sozialer Bedingungen.
2. Gegenstand der RW ist das, was im kulturellen System als Gott, Götter, das Absolute oder das Heilige konzipiert wird, das sich zugleich aber ganz auf die vorfindliche Welt und den Alltag bezieht. Auch das Alltagsverhalten gehört wesentlich zum Studium der RW.
3. Die RW ist nicht interessiert am Finden religiöser Wahrheiten und ihrer Bewertungen, vielmehr nur an Deskription und wissenschaftlicher Analyse, in welcher die erhobenen empirischen Daten auf einer „Metaebene“ (*meta-level*) reflektiert werden. Dabei sucht die RW, Christozentrik und Eurozentrik zu vermeiden.
4. Die RW sucht historische und theoretische Aussagen über Religionen zu erarbeiten, die empirisch nachprüfbar sind. Empirisch nicht nachprüfbar wären

11 Franke, Edith/ Pye, Michael, The study of religions and its contribution to problem-solving in a plural world, in: Marburg Journal of Religion 9,2 (2004), 9-11. Aufgrund des zusammenfassenden Charakters stimmt die folgende Nummerierung nicht mit dem Original überein.

z.B. Aussagen wie „Gott ist allmächtig" oder „Gott ist die Liebe", aber auch „Es gibt keine Götter".
5. Weder muss man religiös sein, um RW zu betreiben (wie R. Otto meinte), noch muss man eine religionskritische und antireligiöse Haltung haben (wie etwa Feuerbach, Freud u.a.).
6. Zentral und wissenschaftsleitend ist vielmehr ein „methodologischer Agnostizismus" während der Forschung.
7. Die RW begegnet jeder Religion oder jedem religiösen Phänomen der Vergangenheit und Gegenwart mit der gleichen Haltung – einerlei, ob es sich um Buddhismus, Islam, Christentum, neue religiöse Bewegungen oder andere handelt.
8. Da die RW nicht dem Interesse einer (bestimmten) Religion dient, ist sie von einer Theologie der Religionen, Apologetik und Missionswissenschaft zu unterscheiden.
9. Das Studium der Religionen geschieht in einer Haltung der Offenheit und Wertfreiheit. Auf jegliche Wahrheitsansprüche wird verzichtet. Auch wenn Wertfreiheit im strengen Sinne nie ganz erreicht werden kann, sollte der Versuch, diese Haltung einzunehmen, wissenschaftsleitend sein.

3. Geschichte des Fachs

Zitat

„Die systematische Gegenposition zu der traditionellen Forderung, das ‚Wesen' der Religion zu bestimmen, ihre ‚Wahrheit' zu enthüllen, ihren ‚Ursprung' oder Offenbarungscharakter zu erkennen, liegt in der konsequenten Einbettung in einen ‚kulturellen Kontext'." (Gladigow, *Religionswissenschaft als Kulturwissenschaft*, 2005, 34).

Will man sich selbst einen guten Einblick zum Wandel im Fachverständnis der Religionswissenschaft verschaffen, empfiehlt es sich nicht nur, neuere Einführungen in die Religionswissenschaft zu lesen. Vielmehr ist es auch lohnenswert, das enzyklopädische Werk *Erscheinungsformen und Wesen der Religion* (1961, verbesserte Auflage 1979) des Religionsphänomenologen Friedrich Heiler (1892-1967) mit neueren religionswissenschaftlichen Lexika und Handbüchern und deren Vorworte und Einleitungen zu vergleichen. Dieser Vergleich enthüllt fundamental unterschiedliche Programmatiken und verdeutlicht die Gründe, warum sich die Religionswissenschaft von der Religionsphänomenologie distanzierte und einen anderen Kurs einschlug bereits zur Zeit, als die zweite, verbesserte Auflage von Heilers Werk erschien. Zuerst soll dieses ältere Paradigma, also das „Woher“ – die „Wesensschau“ der phänomenologischen Methode – ein wenig detaillierter als bislang vorgestellt werden. Im Anschluss wird auch auf die Problematik der älteren Religionsgeschichte und der neuzeitlichen Konstrukte Hinduismus und Buddhismus einzugehen sein, um darauf das „Wohin“ – den Neuaufbruch in Form einer Verwissenschaftlichung, Kontextualisierung und interdisziplinären Entgrenzung – näher zu erläutern.

3.1 Die Religionsphänomenologie und die Mystik als Gegenstand und als Methode

Friedrich Heiler (1892-1967),

Schon der Titel *Erscheinungsformen und Wesen der Religion* von Heilers Hauptwerk zeigt, dass hier etwas Grundlegendes und Universelles über „die“ Religion (ihr „Wesen“, d.h. die wichtigsten Merkmale) ausgesagt werden soll. Die Monographie enthält ein Diagramm, das gut zusammenfasst, was bis dahin unter systematische Religionswissenschaft verstanden wurde. Das Diagramm will explizit die religionsphänomenologische Methode abbilden. Diese Methode war eine des Sammelns, Typologisierens und Theologisierens. Besonders beachtenswert ist, dass im Diagramm implizit und von Heiler explizit erläutert, die mystische Gotteswahrnehmung nicht nur als Kern und Wesen aller Religion dargestellt wird, sondern auch die religionsphänomenologische Methode mit einem mystischen Weg ins Innere korreliert wird. Mystik wird hier somit als Gegenstand und Methode der Religionswissenschaft präsentiert.

Sammeln, Typologisieren und Theologisieren

Religionswissenschaft als mystischer Weg

Das Diagramm ist deutlich eine „Sprache“, die Theologie ausdrückt und nicht nur ein Diskurs „über“ Religion. Es ist Mandalaartig in konzentrischen Kreisen angelegt, in deren innerstem Zentrum der *Deus absconditus* steht. Heiler wollte mit dieser Darstellung „die Religion der Menschheit als Ganzes“ erfassen und ließ sich für seine Methode, von „äußeren Erscheinungen“ in den „eigentlichen Gegenstand“ vorzudringen, explizit von der Mystik des Dionysius Arcopagita inspirieren.[12] Zu diesem eigentlichen Gegenstand bemerkt er:

---

[12] Heiler, Friedrich: Erscheinungsformen und Wesen der Religion, Stuttgart, 1979, 19.

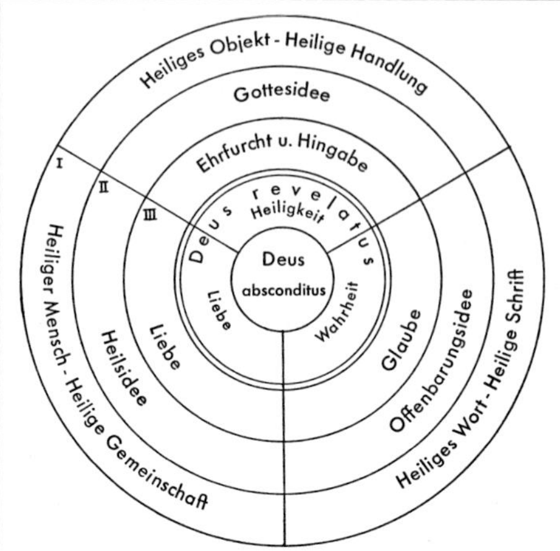

I. Kreis von außen: Erscheinungswelt der Religion. II. Kreis: Vorstellungswelt der Religion. III. Kreis: Erlebniswelt der Religion. Innerer Kreis: Gegenstandswelt der Religion

Abb. 1: Diagramm „Die phänomenologische Methode“ aus Heiler, *Erscheinungsformen und Wesen der Religion*, 1979, 20

Zitat

„Die *Gegenstandswelt der Religion*, der Mittelpunkt der Kreise, ist die göttliche Wirklichkeit, welche durch alle äußeren Erscheinungsformen, innere Vorstellungsformen und seelische Erlebnisweisen hindurch erfasst wird, und zwar in einem doppelten Aspekt: 1) als der *Deus revelatus*, der dem Menschen zugekehrte Gott, als absolute Heiligkeit, Wahrheit, Gerechtigkeit, Liebe, Barmherzigkeit und Seligkeit, der persönliche Gott, erfahren als ‚Du‘ und als Gemeinschaftswesen (Trinität), 2) als der *Deus ipse* oder *absconditus*, das göttliche Mysterium, die ‚lichte Finsternis‘, die überpersönliche Gottheit, erfahren als ‚Es‘, als absolute Einheit... Die vollkommenste Religion ist diejenige, in welcher das institutionell-kultische, das rationale und das mystische Element vereint sind und die größtmögliche Annäherung des endlichen Seins an das unendliche Mysterium erfolgt.“ (Heiler, *Erscheinungsformen*,1979, S. 21)

Man sieht, wie stark hier – sogar ganz explizit – christliches Gedankengut aufgenommen wird, obgleich es um alle Religionen der Welt gehen soll und auch ein eigenes theologisches Urteil (zur „vollkommensten Religion“) gefällt wird. Von ebenso großem Interesse ist, wie schon erwähnt, dass die Mystik sowohl als Kerndimension der Religion behauptet wird, wie auch als Vorlage für den wissenschaftlichen Weg dient: Auch die religionsphänomenologische Methode bezweckt nach Heiler, von Außen nach Innen, ins ineffable Geheimnis Gottes, vorzustoßen. Für den Religionsforscher ist es nach Heiler unabdingbar, dass er persönliche religiöse Erfahrung mitbringt und an „Gottes Offenbarung in allen Religionen der Menschheit" glaubt.[13]

Heiler stand mit diesen Ansichten in den Fußstapfen Rudolf Ottos (1869-1936), dem berühmten Pionier der Religionsphänomenologie in Deutschland. Otto hatte in seinem Bestseller *Das Heilige. Über das Irrationale in der Idee des Göttlichen und sein Verhältnis zum Rationalen* (1917) den Leser aufgefordert, sich auf Gefühle starker religiöser Erregung zu besinnen: „Wer das nicht kann oder solche Momente nicht hat, ist gebeten, nicht weiter zu lesen. Denn wer sich zwar auf seine Pubertätsgefühle, Verdauungsstockungen oder auch Sozialgefühle besinnen kann, auf eigentümlich religiöse Gefühle aber nicht, mit dem ist es schwierig, Religionskunde zu betreiben."[14] Der phänomenologische Weg, den Otto beschrieb, war eine Gefühlsanalyse, die unmittelbar ins Geheimnis Gottes führte und in die er den Leser miteinbinden wollte. Er bestimmte das Heilige in seiner reinsten Form als eine vorsprachliche, vorethische und vorrationale Wirklichkeit, als das Numinose, „ganz Andere" schlechthin, das nur dem Gefühl unmittelbar zugänglich ist. Das Numinose erregt einerseits heilige „Schauer", Furcht und Ehrfurcht und zieht andererseits auch unwiderstehlich an. In dieser „Kontrastharmonie" des überwältigenden *Tremendum* und *Fascinans* sah Otto nicht nur das „religiöse Urgefühl" schlechthin, sondern auch das Wesen des Heiligen. Schon früh wurde ihm vorgeworfen, er sei nicht bei der Gefühlsanalyse stehen geblieben, sondern habe mit ihr einen psychologischen Gottesbeweis entwickelt. So wenig wie Heiler war Otto allerdings an der Psychologie interessiert, vielmehr intensiv an der Mystik. Ottos mystische innerliche Spiritualität war von dem dreimal „Heilig, heilig, heilig" in der Thronvision Jesajas, Luther und Meister Eckhart inspiriert, knüpfte aber auch an indisches Gedankengut an.

Rudolf Otto (1869-1936)

Die einzelnen religionsphänomenologischen Entwürfe sind keineswegs über einen Kamm zu scheren. So war Mircea Eliade (1907-1986), der berühmteste Religionsphänomenologe neben Otto, stark von indischem Gedankengut und dem sibirischen Schamanismus inspiriert in seiner Hierophanie-Theorie der Selbstoffenbarungen des Heiligen, seiner Mythos-Theorie der ewigen Wiederkehr und des Nacherlebens des mythischen *illud tempus* im Ritual und seiner Theorie der Ekstase als archaisch-

Mircea Eliade (1907-1986)

[13] Heiler, Erscheinungsformen, 17. Ähnlich auch Gustav Mensching.

[14] Otto, Rudolf: Das Heilige, München [22]1932, 8.

zeitlose Form unmittelbarer Erfahrung von Transzendenz, die auch noch dem modernen Menschen zugänglich ist und ihn aus dem „Terror der Geschichte" befreit. Eliade sah die Aufgabe der Religionswissenschaft nicht zuletzt in dieser Heilsbotschaft, die profane Seinsweise wieder in die sakrale zurückzuführen.

Trotz solcher Unterschiede haben die religionsphänomenologischen Entwürfe in maßgeblichen Zügen Konsistenz. So geht es auch nach Heiler in aller Religion um „eine letzte Wirklichkeit, die dem Menschen sich offenbart und ihn beseligt".[15] Er ging sogar so weit zu postulieren: „Alle Religionswissenschaft ist letztlich *Theologie*, insofern sie es nicht nur mit psychologischen und geschichtlichen Erscheinungen, sondern mit dem Erlebnis jenseitiger Realitäten zu tun hat".[16] Der protestantische Theologe Otto wiederum wollte mystische, innerliche Gefühlsreligiosität in einer verrationalisierten, gefühlskalten Welt stark machen und die protestantische Theologie reformieren, die er zu einer reinen Sittenlehre verkommen sah. Allen gemeinsam ist, dass sie der Religion ein Aufenthaltsrecht in der Moderne geben wollten.[17]

Transzendente Einheit aller Religionen

Allen gemeinsam war vor allem aber auch die Frage nach einer letzten transzendenten Wirklichkeit. Damit verbunden war die Prämisse, dass eine solche letzte metaphysische Einheit sämtlichen Religionen in derselben ontologischen Form zugrunde liege – näherhin bestimmt als „Macht" (de la Saussaye), „das Heilige" (Otto), „Deus absconditus" (Heiler) oder als zeitlos-wiederkehrende „Hierophanien des Heiligen" (Eliade). Man kann übergreifend von einem substantialistisch-essentialistischen Religionsbegriff sprechen, der zugleich stark individuumszentriert war und gegen funktionalistische Religionsbegriffe geltend gemacht wurde, die Religion auf Soziales oder rein Psychologisches reduzierten. All den religionsphänomenologischen Entwürfen gemeinsam war eine starke Orientierung an religiösem Erleben und Innerlichkeit als anthropologische Konstanten – sei es in Form besonderer Machterfahrung (de la Saussaye), einem spezifischen „religiösen Urgefühl" des Tremendum und Fascinans (Otto), der Mystik als innerstem Kern des Religiösen (Otto und Heiler) oder der Ekstase als Grunddatum menschlicher Transzendenzerfahrung (Eliade). Bei den meisten Religionsphänomenologen – zumal den genann-

---

15 Heiler: Erscheinungsformen, 17.

16 Heiler: ebd.

17 Siehe auch Kippenberg, Hans G.: Was sucht die Religionswissenschaft unter den Kulturwissenschaften?, in: Applesmeyer, Heide/ Billmann-Mahecha, Elfriede (Hg.): Kulturwissenschaft. Felder einer prozessorientierten wissenschaftlichen Praxis, Weilerswist 2001, 240-275.

ten – unschwer zu erkennen ist, dass ihre Religionstheorien stark von ihrer eigenen Spiritualität geprägt waren und sie mehr oder weniger bewusst ihre eigenen Vorstellungen von Transzendenz auf die reale Pluralität der Religionen übertrugen. So favorisierte zum Beispiel Heiler nicht nur die negative Theologie des Pseudo-Dionysos und den christlichen *Deus revelatus*, sondern machte in seinem anderen monumentalen Werk *Das Gebet* (1923) auch unmissverständlich deutlich, dass er das private, persönlich-innige, frei formulierte Gebet für die höchste und letztlich einzig wahre Gebetsform hielt und wahre Religion in der Innerlichkeit des Herzens suchte und den Glauben an einen persönlichen Gott favorisierte.[18] Formelhaftes Gebet, Ritus und Hymnik sind nach ihm „rituell versteinert", „erstarrt" und „stereotyp". Nur das individuelle, persönliche Gebet ist „lebendiges Leben".

Weitere Kritikpunkte

Solche persönlichen Vorlieben und die Christianisierung der gesamten Religionsgeschichte sind offensichtlich sehr problematisch und religionsphänomenologische Typologie gab dem eine wissenschaftliche Verbrämung. Oft kritisiert wurde auch das ahistorische Vorgehen und das geringe Interesse am öffentlichen und sozialen Charakter von Religion, ohne den sie gar nicht Religion im strengen Sinne wäre, sondern nur eine Privatoffenbarung. Bei Otto erscheint Soziales und Öffentliches praktisch überhaupt nicht, bei Heiler nur angedeutet als peripheres Phänomen am Rande. Es finden sich zwar auch viele wichtige und gute Gedanken, etwa Heilers Postulat, man könne der Religion nicht bloß mit rationalen, philologischen und psychologischen Maßstäben beikommen, es brauche ein Ernstnehmen der Wahrheitsansprüche und man könne Religion nicht verstehen, wenn man sie als Aberglaube, Illusion oder Popanz abtue.[19] Sein Fazit, dass auch der Forscher Ehrfurcht und persönliche Religiosität mitbringen müsse und alle Religionswissenschaft letztlich Theologie sei und als höchste Aufgabe habe, eine Metaphysik der Religionen zu entwickeln, kann man aber nicht so ohne weiteres teilen.

3.2 Probleme der älteren Religionsgeschichte am Beispiel Hinduismus und Buddhismus

Die kulturelle Wende löste nicht zuletzt aus, dass man die Problematik der Religionsphänomenologie erkannte. Mit einiger Er-

---

18 Heiler, Friedrich: Das Gebet, München 1923, insbesondere 488-490 und für das Folgende auch 436.

19 Heiler, Erscheinungsformen, 17.

nüchterung musste man feststellen, dass das Heilige strenggenommen nirgends zu finden war. Was sich in der Empirie fand, waren immer nur unterschiedliche, oft sogar widersprüchliche Objektivationen und Aussagen zum Heiligen, aber nie ein Heiliges „an sich".

Problematisch war auch die Religionsgeschichte, wie sie früher praktiziert wurde. Sie stellte neben der Religionsphänomenologie das zweite Paradigma dar, Religionswissenschaft zu verstehen. Die Religionsgeschichte war eine philologisch-historische und partiell auch komparatistische Disziplin, die sich nur mit der Vergangenheit beschäftigte, vornehmlich den Lehren und Texten der außerchristlichen „Weltreligionen". Diese starke Textzentriertheit brachte es mit sich, dass nicht nur orale Traditionen aus dem Blickfeld verschwanden, sondern auch die Narrationen hochprofessioneller Gebildeten- und Theologenschichten bevorzugt behandelt wurden, während Populärkultur, Alltagsreligiosität und das ganze Spektrum der Laien und der Frauen praktisch ausgeklammert blieb und Riten und Institutionen als zweitrangig präsentiert wurden. Mit der kulturwissenschaftlichen Wende ist der praxeologische Aspekt wichtig geworden und es wurde erkannt, wie stark die mit der Textforschung einhergehende ideologisch-intellektuelle Dimension und die Konzeption der Weltreligionen als „Buchreligionen" eine unbewusste Orientierung an protestantischer Theologie beinhalteten. Konsequenterweise fanden sich nun rituelle Praktiken (Kultus, Übergangsriten, Feste, Rezitationen, Tänze, meditative Techniken usw.) aufgewertet. Neben Texten und Handlungsformen werden auch andere Kommunikationskanäle untersucht, z.B. visuelle (Bilder, Bauten, usw) und oral-aurale (Musik, Rezitierweisen, usw.). Für die religiösen Akteure „wirken" sie immer multimedial zusammen, d.h. Texte, Riten, Bilder, Speiseordnungen, Kleidervorschriften, Bauwerke, etc. bilden ein kulturelles Kontinuum und ein sich wechselseitig erklärendes Ensemble.

Modell „Buchreligionen" und Orientierung an protestantischer Theologie

Als besonders fatal erwies sich die starke Text- und Lehrezentriertheit der älteren Religionsgeschichte hinsichtlich der Bilder der asiatischen Religionen, die sie produzierte. Ganze Kulturkreise wie der indische – insbesondere der Hinduismus als ausgeprägte Performanzkultur – fanden sich mit dem Fokus Schrift, Lehre und älteste Quellen missrepräsentiert. Im Hinduismus wurden und werden Sakralliteraturen (und davon gibt es sehr viele, einen regelrechten „Kanonfundus", und nicht nur den Veda und die Upanishaden) eigentlich nie still gelesen, sondern rezitiert, gesungen, getanzt und dramatisch aufgeführt. Der Hinduismus ist ferner ein

Hinduismus-Bild

Beispiel dafür, wie regionale Bezüge für die Gläubigen oftmals eine wichtigere Rolle spielen als die großen theologischen Systementwürfe. Die Begriffsbildungen Hinduismus und Buddhismus sind Produkte der Kolonialzeit, wo diese großen Wissenskulturen vereinheitlicht und dem Schriftprinzip angepasst wurden. Der Hinduismus ist ein Kollektivsingular, der erst im frühen 19. Jahrhundert geprägt wurde, allerdings nicht von den Briten, wie lange in der neueren Forschung angenommen, sondern vom Hindu-Reformer Rammohan Roy. In dieser Zeit entstand auch das Konstrukt des „mystischen Ostens", ein Bild, das vor allem in der westlichen Welt sehr wirkmächtig wurde und auf das ich nochmals zurückkomme, denn es beruht auf komplexen interaktionalen Austauschprozessen westlicher und östlicher Ideen, die nicht von den politischen und kulturellen Kontexten des 19. und frühen 20. Jahrhunderts (sowohl Indiens wie auch Europas) zu trennen sind. Viele Stimmen haben am Bild des mystischen Ostens mitgewirkt, und es wurde zu Gunsten und zu Ungunsten von Hinduismus und Buddhismus funktionalisiert.

Eines der Negativklischees oder Zerrbilder, das ebenfalls ein Produkt aus dieser Zeit darstellt, ist die Hinduismusrepräsentation, die in unseren Schulbüchern für Religionsunterricht zählebig weitertradiert wurde, auch nachdem die Forschung schon Meilensteine weiter war, z.B. die Vorstellung von der Kastenhierarchie. Die Schulbuch-Kaste ist ein britisches Konstrukt, das der weit komplexeren Wirklichkeit nur sehr partiell entspricht. Man wünschte sich, dass Religionslehrer neuere Werke zum Hinduismus konsultieren[20] und ähnliches gilt für den Buddhismus.[21]

Buddhismus-Bild

Auch die vereinheitlichende Begriffsprägung Buddhismus hatte wirkmächtige Folgen. Unser Buddhismusbild ist sehr stark an Buddhas Reden orientiert (deren stilisierende Niederschrift wohlgemerkt erst drei–vierhundert Jahre nach Buddhas Tod geschah), die für viele Formen des Buddhismus gar nicht repräsentativ sind. Dass der Buddhismus in den unterschiedlichen Ländern Zentral-, Südost- und Ostasiens ganz unterschiedliche Formen entwickelte, wurde mit dem vereinheitlichenden Begriff und Buddhismusbild unsichtbar gemacht. Das wissenschaftliche Konstrukt des Bud-

---

20 Empfehlenswert sind zum Beispiel Michaels, Axel: Der Hinduismus. Geschichte und Gegenwart, München 1998, und Malinar, Angelika: Hinduismus, Göttingen 2009.

21 Zum Beispiel Faure, Bernard: Buddhismus, Bergisch Gladbach 1998; Bechert, Heinz / Gombrich, Richard (Hg.): Der Buddhismus. Geschichte und Gegenwart, München 2000; Freiberger, Oliver/ Kleine, Christoph: Buddhismus. Handbuch und kritische Einführung, Göttingen 2010.

dhismus als eine rein rationale, sittliche, kontemplative und angeblich atheistische Religion war derart übermächtig, dass einfach ausgeblendet bzw. gar nicht erkannt wurde, wie wichtig Reliquienkult, Mythologisches und Rituelles in den gelebten Buddhismen war, wie eng der Buddhismus in den Theravada-Ländern mit dem Königtum verbunden war, und wie stark er sich auf Lokalreligionen einließ, etwa auf Taoismus und Volksreligiosität in China und Taiwan. Das saubere Label „Buddhismus" oder „Zen-Buddhismus" war ein Kästchendenken, das praktisch nur in den Köpfen der Wissenschaftler existierte und ganz ähnlich wie das Bild Indiens als Land der Alleinheitsmystik von indigenen Reformern unterstützt wurde. Auch unsere Vorstellung „eine Person, eine Religion" ist auf asiatische Kulturen überhaupt nicht anwendbar (zumindest vor dem 19. Jahrhundert, wo wir unsere christliche Religionsvorstellung noch nicht so durchschlagskräftig exportiert hatten, wie dies durch die Kolonialisierung asiatischer Länder erst möglich wurde).

3.3 Der kulturwissenschaftliche Paradigmenwechsel

Bereits an der IAHR-Konferenz in Marburg 1960 – am Ort wo Otto und Heiler wirkten – bahnte sich ein Kurswechsel an. Die 1970er Jahre waren noch eine Zeit des Umbruchs. Dass in den späten 1970ern Heilers Erscheinungsformen in erweiterter Fassung neu aufgelegt wurde, zeigt, wie prominent die Religionsphänomenologie damals noch war. Zu dieser Zeit war jedoch bereits

HrwG (1988-2004)

auch die Arbeit am *Handbuch religionswissenschaftlicher Grundbegriffe* (HrwG) im Gange, das einen völligen Kurswechsel anzeigt und auf vielen Jahren Vorarbeit beruht. Der erste, sehr programmatische Band erschien erst 1988 und der letzte fünfte Band im Jahr 2001. Man findet in diesem neuen, wichtigen Standardwerk nicht nur erstmalig eine umfassende Übersicht zu Systematik, Teildisziplinen und zentralen Grundbegriffen der Religionswissenschaft, sondern auch eine programmatische Selbstdarstellung als historisch-empirische und kulturwissenschaftliche Disziplin, während die Religionsphänomenologie mit großer Vehemenz verabschiedet wird. Sie wird harsch als „unwissenschaftlich" und „verkappte, privat betriebene Theologie"[22] eingeschätzt, als „Prophetie" und „Erlösungslehre", aufgrund derer die Religionswissenschaft in ein Konkurrenzverhältnis zu Religion und Theologie

22 Zinser, Hartmut: „Religionsphänomenologie", in: HrwG I (1988), 308.

getreten sei,[23] anstatt nach dem Zeichenvorrat und den Zeichenebenen religiöser Sinnsysteme, der Pluralität der Wahlmöglichkeiten, den Formen der Vergesellschaftung und Normierung zu fragen und der Art und Weise, wie Religionen „Wirklichkeit" konstituieren und deuten. Die Suche nach dem „Wesen" wich also der Sicht der Religion als „Kommunikations-, Deutungs- und Symbolsystem" und Burkhard Gladigow (*1939) forderte damit zugleich, den Religionsbegriff als „Terminus religionswissenschaftlicher Theoriesprache" wahrzunehmen und die konkreten Phänomene konsequent in die kulturellen Kontexte einzubinden, was auf der Beschreibungsebene nur noch zuließ, von Religionen im Plural zu sprechen.[24] Der kulturwissenschaftliche Ansatz lässt sich nach Gladigow in der Formel zusammenfassen, dass „die ‚Gegenstände' von Religion(en) nicht die Gegenstände von Religionswissenschaft" sind; Religionswissenschaft sei eine historisch-empirische Disziplin.[25] Dies ist ein Leitmotiv im ganzen Werk.

Zwar wollte das HrwG nach dem Mitherausgeber Hubert Cancik (*1937) „kein Lehrbuch" sein und „keine widerspruchsfreie Theorie des wissenschaftlichen Umgangs mit Religion" bieten,[26] doch spiegeln die Grundsatzartikel im ersten Band ein klares Lehr- und Forschungsprogramm. So stellt bereits Canciks Leitartikel fest:

Zitat

„Die Sätze der Religionswissenschaft beziehen sich – im Unterschied zu religiösen Sätzen – immer auf (a) empirisch gegebene Sachverhalte (Gegenstände; Personen, Handlungen; Zeichen, Texte, Laute) oder auf (b) die rationale Analyse der Beschreibungen der genannten Sachverhalte und ihre Verbindung mit anderen Gebieten der Human-, Gesellschafts- und Kulturwissenschaften. Sätze der Religionswissenschaft sind nicht selbst religiöse Sätze, sondern diese sind ihr Gegenstand" (Cancik, *HrwG* I (1988), 22).

Die Religionsphänomenologie schied als Anknüpfungspunkt völlig aus. Kontrapunktisch stellte man fest, dass die entscheidenden

---

[23] Gladigow, Burkhard: „Gegenstände und wissenschaftlicher Kontext von Religionswissenschaft", in: HrwG I, 26, 27, 30.

[24] Ebd., 26, 32.

[25] Ebd., 32.

[26] Cancik, Hubert: „Feststellung und Festsetzung religionswissenschaftlicher Grundbegriffe", in: HrwG I, 19.

Anstöße „von Außen“ kamen, vornehmlich der Soziologie, aber auch der Ethnologie, Psychologie, Altertumswissenschaft, etc., in denen man eine von religiösen und antireligiösen Werturteilen freie Untersuchung religiöser Sachverhalte zu finden glaubte.[27] Es fällt auf, dass die Grundbegriffe des Handbuchs kaum objektsprachliche Begriffe aus nicht-christlichen Religionen enthalten oder Referenzen auf diese (besonders auffällig hinsichtlich östlicher Religionen). Religiöses Vokabular ist minimiert zugunsten einer Maximierung metasprachlicher Begrifflichkeiten wie „Kommunikation“ (einer der längsten Artikel des Werkes), zuweilen auch Anglismen wie „Committment“ und „Pattern“ – Begriffe der angelsächsischen Kulturanthropologie. Man wird selbstredend vergeblich Eliades ontologisierend verwendeten Begriff „Hierophanien“ suchen, aber auch konkrete Beispiele aus der Religionsgeschichte sind nicht gerade breit gestreut. Bei einigen der Artikel fragt man sich, was dies nun genau mit Religion zu tun habe. Religiöse Binnenperspektiven wurden fast völlig ausgeschaltet und nicht einmal beispielhaft erwähnt.

Abstraktionscharakter und theoretisches Potential des HrwG sind hoch. Mit dem HrwG wurden wichtige neue Standards gesetzt. Die intensive Befassung mit Theorien und Methoden und die Unterscheidung von Objektsprache (Begrifflichkeiten unterschiedlicher Religionstraditionen) und Metasprache (wissenschaftliche Terminologien und Abstraktionen) gehören heute zum festen Bestandteil religionswissenschaftlichen Arbeitens. Voraussetzung war offensichtlich ein kritisches und rigoroses sich Absetzen von der früheren Religionsphänomenologie, der man Theoriearmut, Gebundenheit an christlich-theologische und abendländische Denkvoraussetzungen, Erlebnishermeneutik und Schlimmeres vorwirft, nämlich dass die Vertreter ihre Rolle als Religionswissenschaftler mit der eines Religionskünders verwechselt und die Religionswissenschaft auf einen unwissenschaftlichen Kurs geführt hätten. Auch wenn das HrwG insgesamt durch große Sachkenntnis und ein hohes Theoriebewusstsein besticht, wirken manche der Aussagen unnötig plakativ und polarisierend. Gerade die von verschiedenen Autoren wiederholten, sehr harten Schläge gegen die Religionsphänomenologie konnten ebenso leicht als theologiefeindlich ausgelegt werden und waren es partiell wohl auch. Zum einen ist das HrwG ein Standardwerk von hoher wissenschaftlicher Güte, das inhaltsreiche Sachartikel bietet und von unschätzbarem Wert für theoretische Zugänge zu

[27] Kohl, Karl-Heinz: „Geschichte der Religionswissenschaft“, in: HrwG I, 217 f.

religiösen Themen und kulturwissenschaftliches Arbeiten ist. Zum anderen muss man es in mancher Hinsicht heute bereits als ein historisches Dokument lesen, das in zuweilen allzu krasser Polemik und übertriebener Schärfe die neue Kursrichtung festlegte und sich einer wissenschaftlichen Rationalität verpflichtete, die jeden Hauch von Erlebnishermeneutik, Religionsphänomenologie oder Theologie bannen wollte. Der Begriff „Erleben/Erfahrung" taucht nicht einmal als Lemma auf. Die Betonung der eigenen Wissenschaftlichkeit und der reinen Außenperspektive (als ob es diese gäbe) wirkt überzogen. Man kann sich des Eindrucks nicht ganz erwehren, dass im HrwG ein ideologisches Gegenprogramm zu den Religionsphänomenologen inszeniert wurde, das nicht weniger „dogmatisch" ausgefallen ist.

Metzler Lexikon Religion (1999-2002)

Anders verhält es sich bereits beim *Metzler Lexikon Religion*, dessen vier Bände zwischen 1999 und 2002 erschienen und eine wichtige Ergänzung zum HrwG darstellen. Hier findet man viel Konkretes zu gelebter Religion und eine etwas veränderte Programmatik. Das Nachschlagewerk will, wie schon der erste Satz der Einleitung feststellt, „Religion als eine formierende Kraft menschlicher Gesellschaften" begreifen und „in ihren positiven und negativen Erscheinungsformen" darstellen.[28] Hierfür sollen neue Forschungsergebnisse aus Religionswissenschaft, Kulturwissenschaften und Theologie (sic!) einem breiteren Publikum vermittelt und Religion und Religionen reflexiv und problembewusst aufgearbeitet werden. Dabei wurde die Gegenwart der Religionen zum Ausgangspunkt gemacht, um von hier aus die Geschichte zu erschließen. Nicht nur die guten Artikel, die durch Bildmaterial ergänzt sind, lesen sich mit Gewinn, sondern auch die ganze Einleitung. Sie bietet anhand süffiger Stichworte einen Programmentwurf und anschaulichen Eindruck, wie Religionswissenschaft heute verstanden und in der Lehre praktiziert wird: Religion ist spannend, u. a. da Religionen ein erstrangiges Feld sozialer Auseinandersetzung, kollektiver Bildproduktion, Integration, aber auch Subversion und Erneuerung sind; Religion ist menschlich, d.h. ein Teil von Mensch, Gesellschaft und Kultur; Religion ist vielfältig – ein pluralistischer Gegenstand, der in pluralistischer Sicht studiert wird; Religion ist sinnlich, wird medial vermittelt und ist sichtbar; und Religion hat ihren Ort ebenso wie umgekehrt Orte ihre Religionen haben. Man sieht, wie hier mit

---

28 „Leitgedanken" der Einleitung, in: Metzler Lexikon Religion 1 (1999), hg. Auffarth, Christoph/ Bernard, Jutta/ Mohr, Hubert, S. v. Siehe auch für das Folgende die „Leitgedanken", v-xi.

der Betonung von Öffentlichkeit, Wandelbarkeit, Pluralität, Sinnlichkeit und Lokalität ein Gegenentwurf zur älteren Religionsphänomenologie präsentiert wird, ohne sie als Prügelknaben aufbauen zu müssen.

Entgegen dem Objektivitätsanspruch und der Betonung der reinen Außenperspektive im HrwG, betont das *Metzler Lexikon Religion*, dass Religionen immer nur perspektivisch erfasst werden können und auch die Forscher nicht standortslos sind. Es wird festgehalten, das Lexikon präsentiere die Religionen der Welt „durch die Brille Europas" und als Ideal wird ein „reflektierter Eurozentrismus" eingeklagt.[29] Hierzu wiederum bietet die vollständig überarbeitete Neuauflage des *Wörterbuch der Religionen* von 2006 (ehemals Bertholet, Erstauflage 1956, neu bearb. 4. Auflage 1985) eine wichtige Korrektur. Religionswissenschaft muss nicht notgedrungen eurozentrisch sein, wie im *Metzler Lexikon* suggeriert. Man *kann* anderen Religionen auf gleicher Augenhöhe begegnen, sie vor Ort „im Feld" studieren, mit Menschen sprechen, die dort aufgewachsen sind, und ihren Selbstbeschreibungen und Selbstbezeichnungen ebenso große Wichtigkeit einräumen wie dem europäischen und christlichen Begriffssystem, d. h. sie diesem nicht unterwerfen. Genau dieses Prinzip der „Eigensprachlichkeit" war das Programm des neu bearbeiteten *Wörterbuch der Religionen*. So finden wir hier z. B. nicht nur die Begriffe „Gottesdienst" und „Liturgie", sondern auch den Sanskritbegriff „*Puja*", der die Verehrung von Gottheiten in Hinduismus und Jainismus bezeichnet.

Wörterbuch der Religionen (⁵2006)

Typisch für die Fachentwicklung war, dass sich Begriffsarbeit und methodologisches Bewusstsein fortlaufend geschärft und vertieft haben. Auf die Auswirkungen hinsichtlich Religionsbegriff und Metatheorie werde ich im nächsten Kapitel noch eingehender zu sprechen kommen. Hier sei auf eine weitere Typik der Fachentwicklung aufmerksam gemacht, die sich auch im *Metzler Lexikon*-Programm abbildet. Sie betrifft die Art, Religionsgeschichte zu betreiben. Deutlich war das ältere Paradigma auf die Vergangenheit und außereuropäische Kulturen fokussiert, während wir ab den 1990er Jahren – also relativ spät – einen dafür aber umso stärkeren „Drift" finden, sich mit religiöser Gegenwartskultur und europäischer Religionsgeschichte auseinanderzusetzen. Diese beiden neuen Forschungszweige spiegeln sowohl ein erstarktes Selbstbewusstsein des Fachs wie auch die aktuelle gesellschaftspolitische Situation. In der ersten Dokumentation

29 „Leitgedanken" in: Metzler Lexikon Religion I, x.

zur Religionswissenschaft in Deutschland von 2001 war nachzulesen,[30] welche weltpolitische Brisanz plötzlich das kleine Orchideenfach Religionswissenschaft erlangt habe angesichts von Samuel P. Huntingtons *Clash of Civilizations* (1993), seiner vieldiskutierten These vom *Kampf der Kulturen* (deutsche Ausgabe 1996), der bekanntlich an der zivilisationsprägenden Kraft der Religionen festgemacht wurde, aber auch angesichts der öffentlichen Debatten zu Kopftuch, Moscheebau und Muezzinruf und zu neuen religiösen Bewegungen („Sektendebatte"). Auffallend war hier, wie stark das Thema Religion nun unter den Aspekten von Öffentlichkeit, Konflikt und religiöse Vielfalt Europas unter die Lupe kam. Zu letzterer gehörten nicht nur die multikulturelle Gesellschaft, die neue Pluralisierung durch Migrantenreligionen und die moderne Individualisierung von Religion, alternative Spiritualität und neue religiöse Bewegungen, sondern auch der europäische Religionspluralismus der Vergangenheit. Man entriss sozusagen die modernen neuen Bewegungen den kirchlichen Sektenexperten ebenso wie man die Vergangenheit der alleinigen Kompetenz der Kirchengeschichtsschreibung entriss und machte gegen die Imagination einer europäischen Einheitskultur einen durchgehenden Religionspluralismus geltend.

Programmentwurf „Europäische Religionsgeschichte"

In einem vielrezipierten Vortrag auf der Jahresversammlung 1993 der deutschen Vereinigung für Religionsgeschichte (DVRG, unterdessen umbenannt in deutsche Vereinigung für Religionswissenschaft, DVRW) hatte Burkhard Gladigow zum ersten Mal den Begriff „Europäische Religionsgeschichte" eingeführt und die These aufgestellt, Europa sei „die Region der Erde mit der höchsten ‚Religionsdichte', Dichte an unterschiedlichen Religionen"[31]. Wenn man an die asiatischen Kulturen denkt und ihren großen Religionspluralismus seit alter Zeit oder an Amerika als wohl einwanderungsstärkstes Land der Welt, mit den meisten kirchlichen Denominationen und der blühendsten Landschaft alternativer Spiritualität, kann man nicht umhin, Gladigows These ein wenig verwegen zu finden. Sein Argument war aber ein interessantes und innovatives und war erst mit der kulturwissenschaftlichen Wende möglich geworden, mit der man auch Dinge als

---

30 Vgl. Kippenberg, Hans/ Gladigow, Burkhard, Herausforderung Religion, in: Religionswissenschaft. Forschung und Lehre an den Hochschulen in Deutschland: Eine Dokumentation, hg. DVRW, Marburg 2001, 7-15.

31 Veröffentlicht in Gladigow, Burkhard: Europäische Religionsgeschichte, in: Kippenberg, Hans G./ Luchesi, Brigitte: Lokale Religionsgeschichte, Marburg 1995, 21-42, vgl. 22; ausführlicher in Gladigow: Religionswissenschaft als Kulturwissenschaft, Stuttgart 2005, 247-273.

Religion ins Auge fassen konnte, die mit einem traditionellen Religionsbegriff gar nicht als Religion fassbar waren, nämlich nicht-institutionalisierte Religiosität, unsichtbare Religionen, Esoterik, die Wissenschaften als umfassende Sinngeber, etc. Spätestens seit der Renaissance, so Gladigow, hätten sich die Wahlmöglichkeiten an Sinnoptionen in Europa massiv erweitert, vor allem über die (Natur-)Wissenschaften, Philosophie und Philologien als Sinnproduzenten. Nicht wenige von ihnen hätten Religion im Medium der Wissenschaft transportiert – angefangen mit einem wiederbelebten Platonismus, gnostischen Schemata, antiker Naturmystik, Monismus, Pantheismus, Magie, über die sprachwissenschaftliche Wiederbelebung alter Religionen Europas und Entdeckung östlicher Religionen, bis hin zu modernen „Physikotheologien" und Odo Marquards *Lob des Polytheismus*. Insbesondere die Entdeckung von Elektrizität und Magnetismus im 17. und 18. Jahrhundert und ihr Transfer in den religiösen Bereich war nach Gladigow ausgesprochen religionsproduktiv und ein fortlaufendes Muster, mit welchem neue Plausibilitätsstrukturen, z.B. für die Magie und eine pantheistische Weltsicht, geschaffen wurden. Die Physik wurde in vielerlei Kontexten zu einem Trägerorgan, Religion und wissenschaftliches Weltbild zu koordinieren. Auch wenn man bei besserer Kenntnis z.B. Indiens nicht mit Gladigows These einverstanden sein wird, „Dieser ‚vertikale Transfer' von Ergebnissen der Geistes- und Naturwissenschaften in den Bereich von ‚Religion' scheint ein Charakteristikum der europäischen Religionsgeschichte"[32], so war sein Anstoß doch immens wichtig für eine breite neue Forschungsausrichtung. Angefangen mit der Vielfalt nicht nur antiker Religionen, sondern auch des europäischen Christentums der Vergangenheit, dem Islam und Judentum als ebenso eng zur europäischen Religionsgeschichte gehörend, der zeitlich stark unterschiedlichen Christianisierung Europas, der durchgängigen Existenz alternativer und devianter Strömungen („Häresien") und einer Geschichte europäischer Esoterik als untergründiger Strom und Diskursfeld quer über Christentum, Islam und Judentum hinweg, wurde von verschiedenen Forschern der „europäische Religionspluralismus" erforscht. Das Programm, eine „integrative Religionsgeschichte Europas" jenseits der klassischen Kirchengeschichte zu bieten, bestimmt die heutige Religionswissenschaft sehr stark. Dieses Programm ist nur insofern ein Gegenentwurf zu kirchenhistorischer Forschung (die heute oft ebenfalls stark sozial- und

32 Gladigow, Europäische Religionsgeschichte, op. cit. 1995, 21.

kulturwissenschaftlich ausgerichtet ist), als „blinde Flecke" aufgearbeitet werden sollen und ein *gemeinsames* religiöses Feld von Kirche, „Häresien" und „Ideologien" betont wird, in welchem vielerlei Aushandlungsprozesse stattfanden und religiöse Pluralität die Normalität war. Im Jahr 2008 wurde das *Journal of Religion in Europe* ins Leben gerufen. Im Jahr 2009 erschien das große zweibändige Sammelwerk *Europäische Religionsgeschichte: Ein mehrfacher Pluralismus*[33], das allerdings nicht, wie der Titel suggeriert, ein umfassendes Geschichtswerk zum Thema darstellt, sondern unterschiedliche (zumeist sehr gehaltvolle) Aufsätze versammelt, die eher der exemplarischen Veranschaulichung unterschiedlicher historischer Themen- und Betrachtungsfelder dienen als einer durchgehenden „integrativen" Geschichtsschreibung.

Sammelwerk Europäische Religionsgeschichte (2009)

Forschungsfragen reagieren immer auch auf aktuelle Ereignisse. So wurden in der Religionswissenschaft (wie in anderen Fächern) in den letzten zwei Jahrzehnten auch die Verflechtungen von Religion und Politik und nach dem 11. September 2001 religiöse Gewalt zu wissenschaftlichen Themen – religionsübergreifend, vergleichend, historisch und zeitgenössisch. Da der Religion eine besonders starke motivationale und identitätsstiftende Kraft eignet, kann sie nicht nur zu Frieden, gesellschaftlicher Integration und Harmonie beitragen, sondern unter bestimmten historischen und ökonomischen Konstellationen und politischen und territorialen Machtansprüchen auch maßgeblicher Verstärker von Gewalt sein. Dies belegen Beispiele aus Christentum, Judentum, Islam, Sikhismus und Shinto, aber auch die rezente Geschichte des Buddhismus auf Sri Lanka.

Religion und Politik

Viele religionsethnographische und qualitativ-empirische Forschungen entstanden in der Zwischenzeit zur religiösen Gegenwartskultur in Deutschland: neuen religiösen Bewegungen, dem Wandel religiöser Frömmigkeitsmuster in moderner Spiritualität, dem Islam in Deutschland und anderen Migrantenreligionen, dem Religionspluralismus in einzelnen Städten, Religion in den Medien, etc. Teilnehmende Beobachtung, Befragungen und andere qualitative Erhebungen sind sehr wichtig, da sie Dinge ans Licht fördern, die über ein reines Schriftstudium oder eine quantitative Forschung nicht erhebbar sind, nämlich die Motivationen und den subjektiven Sinn, den die Akteure selbst mit ihren Praktiken verbinden. Zentral war dies etwa hinsichtlich der Kopftuchdebatte, da sich das Selbstbild der Frauen, die ein Kopftuch tragen, in der Regel erheblich unterscheidet vom Fremdbild in der Presse

Religiöse Gegenwartskultur

[33] Hg. Kippenberg, Hans G./ Rüpke, Jörg/ Stuckrad, Kocku von, Göttingen 2009.

und unseren Köpfen. Für sie ist es kein diskriminierendes Symbol, sondern im Gegenteil eines der Selbstbefreiung und einem bewussten Bekenntnis zu religiöser Lebensführung. Der nichtwertende Zugang förderte auch anderes Wissen zu Tage zu neuen religiösen Bewegungen als jenes der öffentlichen Meinung oder Studien kirchlicher und theologischer Autoren, die lange alleine das Feld beherrschten. Zugleich veränderten sich die Bewegungen selbst, wie etwa die Hare Krishna (ISKCON) in den letzten zwei Jahrzehnten. Der weit größere Teil alternativer Spiritualität ist aber nicht in Bewegungen organisiert und findet sich bis hinein in die christlichen Kirchen, wie u.a. eine rezente Studie in Oberfranken zum postmodernen Typus des „spirituellen Wanderers“ deutlich macht.[34]

Man sieht, wie weit sich die heutige Religionswissenschaft von der religionsphänomenologischen Methode entfernt hat und wie wenig diese imstande gewesen wäre, diese Fragekomplexe zu erfassen und zu bearbeiten. Angesichts der modernen Pluralisierung des religiösen Feldes wirkt Heilers Schema bereits sehr antiquiert. Viele Fragen wurden gar nicht gestellt und sind auch nicht zu beantworten mit der religionsphänomenologischen Methode. Zugleich war sie selber bereits Teil moderner subjektivierter Religion und hat partiell sogar auf alternative Spiritualität eingewirkt. Nachweislich gilt dies für Eliade, der auf Neo-Paganismus und Neo-Schamanismus maßgeblichen Einfluss hat(te).[35]

Es ist immer lohnenswert, sich die Vorworte, Einleitungen und Artikel neuer oder überarbeiteter Lexika und Sammelwerke anzuschauen und die jeweils neuen Programmatiken zu verfolgen. Auch wo Theologen die Herausgeber von Lexika zum generellen Thema Religion waren, sind Wandlungsprozesse feststellbar.

RGG ([4]1998–2007)

Spannend ist es zum Beispiel, die nun bereits vier Auflagen der *(Die) Religion in Geschichte und Gegenwart* (RGG) zu verfolgen, die immer mit Überarbeitungen verbunden waren. Dieses monumentale Werk war in der ersten Auflage (1909-1913) nicht zuletzt ein Produkt der religionsgeschichtlichen Schule und einer liberalen protestantischen Theologie und umfasste auch außereuropäische Religionsgeschichte, Kunst, Musik und Sozialwissenschaften. Die zweite und dritte Auflage wurden theologisch-christlicher und klerikaler, aber noch die zweite Auflage war viel gerühmt für ihre Offenheit gegenüber anderen Religionen. Die vierte Auflage

34 Bochinger, Christoph/ Engelbrecht, Martin/ Gebhart, Winfred: Die unsichtbare Religion in der sichtbaren Religion, Stuttgart 2010.

35 Vgl. Stuckrad, K. von: Schamanismus, 2003, 123-135.

(1998-2007) hat zu dieser Offenheit zurückgefunden und partizipiert deutlich ebenfalls an der kulturwissenschaftlichen Wende – bis in die Titelei hinein: Der Artikel „die" Religion ist nun fallengelassen

Lexikon neureligiöser Gruppen und Weltanschauungen ([2]2005, [3]2009)

Vielleicht noch interessanter ist das primär von katholischen Theologen initiierte, aber erklärtermaßen ökumenisch ausgerichtete Herder-Lexikon zu neuen religiösen Bewegungen, dessen wandelnde Titeleien bereits auf einen Wandel in der Einschätzung dieser Bewegungen hinweisen. Hieß die erste Auflage von 1990 noch *Lexikon der Sekten, Sondergruppen und Weltanschauungen*, änderte sich der Titel in der Neuauflage von 2005 zu *Lexikon neureligiöser Gruppen, Szenen und Weltanschauungen*. Auffallend ist die Tilgung des Sektenbegriffs aus dem Titel, was sich nicht zuletzt durch die Ergebnisse der staatlichen Enquete-Kommission (1996-98) erklärt, die die Gefährlichkeit neuer „(Jugend-)Sekten" und „Psychogruppen" v.a. östlicher, esoterischer und therapeutischer Provenienz, untersuchen sollte, aber die angeblichen Gefahren von „Gehirnwäsche" usw. nicht nachweisen konnte. In dieser Kommission waren auch Religionswissenschaftler tätig, die auf die Problematik der Begrifflichkeiten aufmerksam machten. Im Vorwort der Neuauflage des Lexikon 2005 wurde der Begriff „Sekten" durch „neureligiöse Gruppen" ausgewechselt, um anschlussfähiger an religionswissenschaftliche und religionssoziologische Diskussionen zu sein. Auch sachlich konnte von Jugendsekten nicht mehr die Rede sein, da die New Age-Spiritualität sich verfestigt und verbreitert hatte und die Akteure längst keine Jugendlichen mehr waren. Dementsprechend wird im Vorwort des Lexikon auf die veränderte religiöse Situation und den Schwund kirchlicher Bindungen aufmerksam gemacht. Das dominante Thema seien nicht Konflikte, sondern die Pluralisierung des religiösen Feldes und das gleichzeitige Nebeneinanderher vielfältiger religiöser Angebote aus allen Religionen und esoterischen Traditionen der Welt und deren Neukompositionen („Mischformen"). Dies schlug sich auch im Untertitel *Orientierungen im religiösen Pluralismus* nieder. Dem steten Anwachsen alternativer Spiritualität, Therapie und Wellness entspricht die erweiterte dreibändige Ausgabe, die 2009 unter dem neuen Titel *Lexikon neureligiöser Bewegungen und Weltanschauungen* erschien. Die drei Bände tragen je eigene Titel, die nun auch nicht mehr das Wort „Szenen" beinhalten, nämlich *Lexikon nichtchristlicher Religionsgemeinschaften* (darunter fällt u.a. die Transzendentale Meditation und die Vereinigungskirche, die ehemals zu den schlimmsten Sekten und Gehirnwäschern gezählt wurden), *Lexi-*

kon christlicher Kirchen und Sondergruppen und *Lexikon neureligiöser Bewegungen, esoterischer Gruppen und alternativer Lebenshilfen* (darunter z.B. Channeling, Satanismus, Scientology und moderner Engelsglaube). Es ist beachtlich, wie stark ein Bemühen um Wertneutralität und größere Objektivität und sozialwissenschaftliche Sprache auch in dieses Lexikon eingeflossen ist, obgleich ihm natürlich bei aller Respektierung religiöser Vielfalt die christliche Perspektive und Beurteilung ein zentrales Anliegen bleibt. Wie schon die zweite Auflage[36] vermerkte, will das Lexikon nicht nur über den Glauben und die Praxis „der anderen" informieren, sondern auch über den eigenen Glauben Auskunft geben – durchaus im Sinne klassischer Apologetik (1 Petr 3.15). Diese Perspektive findet sich in der dritten Auflage in den separaten Einleitungsessays zu jedem Band und eigenen Artikeln zu Religion, Glaube und Kirche.

Die RGG und das Herder Lexikon vereinen somit ein Sprechen *über* Religion und *als* Religion und zeigen, wie falsch es wäre, einen unüberwindlichen Gegensatz zu konstruieren. Die kulturwissenschaftliche Wende, die sich in allen geistes- und humanwissenschaftlichen Fächern seit den 1970er Jahren mehr oder weniger stark etablierte, hat auch klare Spuren in der Theologie hinterlassen. Die Theologie der letzten Jahre hat sich sozial-, kultur-, geschichts- und literaturwissenschaftlichen Methoden und Theorien und der Judaistik geöffnet, ohne freilich den genuin christlich-theologischen Blick preiszugeben. Hier bleibt ein maßgeblicher Unterschied zur Religionswissenschaft bestehen (und zwar der primär maßgebliche sogar), auch wenn man in anderer Hinsicht von einer Annäherung sprechen kann. Wenn beide Fächer Binnen- und Außenperspektiven verschränken, so tun sie dies dennoch auf unterschiedliche Weise. Anstelle der theologischen Reflexion steht in der Religionswissenschaft eine kulturwissenschaftliche Metareflexion des Gegenstands. Das heißt nicht, dass die Religionswissenschaft objektiver wäre, es handelt sich lediglich um einen anderen Zugriff mit eigenen Potentialen und Problemkreisen.

Situiertheit jeder Forschung

Die Lexika bilden ab, was meiner persönlichen Wahrnehmung entspricht: Die Religionswissenschaft der letzten Jahre hat sich „entdogmatisiert". Man darf religiös sein und man darf auch areligiös sein. Die eigenen religiösen oder areligiösen Voraussetzungen sollten gleichermaßen so wenig wie möglich die wissenschaftlichen Aussagen tangieren. Dass Empathie nur zu unwis-

36 Vorwort, vii.

senschaftlichem Arbeiten führen könne, ist ebenso abwegig, wie die Behauptung, Distanz zu den eigenen Glaubensvoraussetzungen und absolute Offenheit für ganz andere Prämissen sei schlechterdings nicht möglich. Es wird aber sicher die Art des Arbeitens, der Fragestellungen und der Erkenntnisinteressen beeinflussen, je nachdem, ob der Religionswissenschaftler religiös ist oder nicht, ob er ein christliches Bekenntnis lebt oder eher moderner Spiritualität zugeneigt ist, ob er mit dem Gegenstand, der bearbeitet wird, auch persönlich verbunden ist oder nicht, etc. In jedem Fall aber ist gutes (gegenstandsgerechtes) wissenschaftliches Arbeiten möglich – ebenso wie in jedem Fall ein Insider- und Outsider-Problem steckt und damit auch ein Problem von Nähe und Distanz. Bei der empirischen Erforschung religiöser Gegenwartskultur wird dies lediglich besonders deutlich. Im Unterschied hierzu haben Theologen immer eine Insider-Rolle und ihre apologetische Grundposition führt notwendigerweise zu Bewertungen. Ein Religionswissenschaftler muss keinerlei Wahrheitsansprüche verteidigen oder sich einer Kirche verantworten. Er muss sich nur der Wissenschaft verantworten. Als Wissenschaftler muss er immer fähig sein, eine Outsider-Position einzunehmen. Gleichwohl ist auch er nicht interesselos und vollkommen wertfrei. Dies beginnt mit der Selektion des Themas, des Datenmaterials und der wissenschaftlichen Fragestellung und wird besonders virulent bei der Auswertung. Objektivität ist für die Religionswissenschaft ein unaufgebbares Ideal, auch wenn bekannt ist, dass es die reine Objektivität gar nie geben kann. Jedes wissenschaftliche Arbeiten ist situiert und von Interessen geleitet, z.B. vom Interesse, „das andere“ auf „gleicher Augenhöhe“ zu repräsentieren. Wissenschaftliche Verantwortlichkeit liegt in der Repräsentation und Analyse der Rollen, Meinungen und Positionen innerhalb eines kulturellen Diskursfeldes Religion, aber auch in der kritischen Reflexion der Art der Repräsentation durch Religionsforscher und ihrer Wirkung auf den Forschungsgegenstand. Die Interaktion der Kontextualität des Forschers und des Gegenstands werden immer Auswirkungen auf die Repräsentation haben und damit auch Rückwirkungen auf den Gegenstand, je bekannter die Forschung wird. Im Bedenken dieser fundamentalen methodologischen Aspekte ist die Religionswissenschaft der letzten Jahre auch zu einer „Meta-Disziplin“ geworden.

3.4 Das Problem mit dem Religionsbegriff und andere metatheoretische Beobachtungen

Europäische, christliche Herkunft des Religionsbegriffs

Wie wohl keine andere Wissenschaft (auch nicht die Fundamentaltheologie) hat sich die Religionswissenschaft mit dem Religionsbegriff auseinandergesetzt und mit den impliziten Voranannahmen und Weltbildern, die in ihn einfließen. Dies wurde besonders virulent, als man sich bewusst wurde, wie stark der Terminus Religion mit der europäischen Geschichte, seiner Umkodierung im Christentum und seiner verinnerlichten Deutung im neuzeitlichen Protestantismus verhängt ist und keineswegs in allen Kulturen vorkommt. Die Universalisierung des Religionsbegriffs ist eng mit rechtlichen und politischen Konstellationen verbunden, nicht zuletzt der europäischen Kolonialisierung der Welt seit dem 16. Jahrhundert, infolge derer alle Religionen, die nicht dem Christentum, Islam oder Judentum angehörten, zunächst einmal pauschal unter das Label „Idolatrie" und „Heiden" kamen, bevor sie bestenfalls als „natürliche" Religionen im Unterschied zur „übernatürlichen" des Christentums erschienen.[37] Die Taxonomien änderten sich anfangs des 19. Jahrhundert mit der Explosion der Übersetzung asiatischer Sakralliteraturen. Erstmals finden wir nun die uns bekannten Namen Buddhismus, Hinduismus, Taoismus, Konfuzianismus, die die vormaligen abwertenden Pauschalbezeichnungen wenigstens nominal ersetzten, und Ende des 19. Jahrhunderts wurde der Begriff Weltreligionen geprägt vom protestantischen Theologen Cornelius Petrus Tiele (1830-1902) in einem Lexikonartikel der *Encyclopedia Britannica* (1884). „Weltreligionen" bezeichnete bei Tiele wohlgemerkt aber nur Christentum, Islam und Buddhismus, denen allein er Universalität und Höherwertigkeit zugestand, da sie *missionierende* Religionen waren. Freilich war das Christentum den beiden „Rivalen" unendlich überlegen, war der Islam doch bloß ein inferiorer Spross und der Buddhismus im Ursprung atheistisch und später mythologisch und „abergläubisch" noch vollends verseucht. Eine prinzipielle Gleichwertigkeit finden wir erst, als sich die Kriteriologie für Weltreligionen änderte und ein erweiterter Kreis von Weltreligionen auf Basis ihrer sehr alten Sakralliteraturen dank des protestantischen Schriftprinzips dem Christentum angeglichen werden

Problembegriff „Weltreligionen"

---

[37] SMITH, Jonathan Z.: Religion, Religions, Religious, in: TAYLOR, Mark C.: Critical Terms for Religious Studies, Chicago 1998, 269-284, insb. 270. Für eine kurze Begriffsgeschichte und Sammlung europäischer Texte zu Religion vgl. auch SCHLIETER, Jens: Was ist Religion? Texte von Cicero bis Luhmann, Stuttgart 2010.

konnten. Dies ist dem Sprachwissenschaftler F. Max Müller (1823-1900) zu verdanken. Für Müller gab es acht „heilige Schriften" von beträchtlichem Alter und folglich acht universale oder Weltreligionen (Judentum, Christentum, Islam, Buddhismus, Brahmanismus – heute Hinduismus genannt –, Zoroastrismus, Konfuzianismus, Taoismus). Je nach Kriterium sollte sich die Zahl weiter verschieben, wieder minimieren, oder leicht erweitern. Im heutigen England z. B. gehört auch der Sikhismus zum Kreis der Weltreligionen aufgrund einer großen Anzahl von Migranten, während der deutsche Religionswissenschaftler Manfred Hutter[38] (*1957) stattdessen die Bahaireligion zu den Weltreligionen zählt, da er das Kriterium „universaler Anspruch" (und sekundär weltweite Verbreitung heute noch lebendiger Religionen) als Hauptkriterium bestimmt. Der Begriff „Weltreligionen" ist bis heute kein klar definierter und streng genommen ein „politischer Akt", welcher je nach sozio-religiösen und Forschungsinteressen unterschiedliche Kriterien akzentuiert, um die einen aus- und die anderen einzuschließen. Für Religionswissenschaftler ist es deshalb ein problematischer Begriff, wird er nicht metatheoretisch gut begründet wie bei Hutter. Man kann sogar sagen: Es sind immer nur die öffentlichen Diskurse und Forscherentscheide, die die Weltreligionen klassifikatorisch imaginieren und konstruieren. Afro-amerikanische Religionen zum Beispiel gehörten bislang nicht dazu, obgleich sie nicht nur auf einen Kulturraum beschränkt sind.

Kollektivsingular Religion und die Religionswissenschaft

Die Arbeit am Begriff hat die Religionswissenschaft beständig begleitet und ohne große Übertreibung kann man sogar sagen, dass der moderne neutrale Kollektivsingular Religion erst ein Produkt des 19. Jahrhundert ist, also zeitgleich mit der Religionswissenschaft entstand.

Verglichen mit der Theologie, die auf eine altehrwürdige Geschichte zurückblickt, die bis zu den ersten Universitäten im Mittelalter zurückreicht, ist die Religionswissenschaft eine noch relativ junge akademische Disziplin, die sich erst in der zweiten Hälfte des 19. Jahrhunderts formierte. Die Religionswissenschaft hat unterschiedliche Wurzeln: den Toleranzgedanken der Aufklärung, die Religionskritik, die romantische Kulturkritik, eine liberale Theologie, aufgeschlossene Missionare und die religionsgeschichtliche Schule und wesentlich auch die neuen wissenschaftlichen Disziplinen, die sich im 19. oder frühen 20. Jahrhundert etablierten, angefangen mit der britischen Anthropologie, der amerikanischen Reli-

38 Hutter, Manfred: Die Weltreligionen, München 2005, 9-17.

gionspsychologie, der Religionssoziologie Max Webers (1864-1920) und Émile Durkheims (1858-1917) und insbesondere der vergleichenden Sprachwissenschaft. Nicht zuletzt verdankt sich die Religionswissenschaft der Erweiterung des religiösen Diskursuniversums durch das Kennenlernen asiatischer Religionskulturen in der zweiten Hälfte des 19. Jahrhunderts, weshalb gerade die Philologie eine der zentralen „Wurzeln" des Fachs darstellt. Der deutsche Sprachwissenschaftler F. Max Müller (1823-1900), der in Oxford lebte und lehrte, gilt nicht ganz zufällig als „Vater der Religionswissenschaft". Dank seines großen Übersetzungsprojekts *The Sacred Books of the East* machte er erstmals heilige Texte Asiens in europäischer Sprache greifbar und setzte sie den heiligen Schriften des Christentums gleich, indem er sie „Bibeln der Menschheit" nannte. Dies war eine Art subversiver und auf jeden Fall humanistisch-tolerant gesinnter Akt, nicht nur im Vergleich zu Tiele, sondern auch angesichts der anglikanischen Lobby, die es verhindern konnte, dass die Bibel in die *Sacred Books of the East* aufgenommen wurde, wie es Müller eigentlich geplant hatte. Mit der Titulierung „Bibeln" stellte er aber dennoch die prinzipielle Gleichwertigkeit heraus, die christlich verhindert werden sollte. Müller wollte echte Übersetzungsarbeit leisten, die über das rein Philologische hinausging und verteidigte die östlichen Sakralliteraturen als bibelanaloge Offenbarungsschriften.

F. Max Müller (1823-1900)

Diese Analogiebildung hatte aber ihre Probleme, wie weiter oben schon angedeutet. Der Buddha wurde von Müller als ein indischer Luther dargestellt, der den brahmanischen Opferritualismus überwand und mit seinen Predigten (im Pali-Kanon als buddhistischer „Bibel") eine rationale, rein ethische Religion einführte. Im Rigveda fand der Sprachforscher den *dyaus pitar* („Himmelsvater"), der zur selben indoeuropäischen Sprachfamilie gehörte wie der griechische Zeus und der lateinische Jupiter. Für Müller war dies *der* Jahrhundertfund und machte den vergleichenden Sprachforscher zu einem vergleichenden Religionswissenschaftler, der meinte, den christlichen Vater im Himmel schon im Veda zu entdecken. Enthusiastisch glaubte er, den „roten Faden" gefunden zu haben, der sich durch die ganze Menschheitsgeschichte durchzieht und maß der vergleichenden Religionswissenschaft die Rolle einer Religionserneuerin zu, einer letzten großen Wissenschaft der Menschheit, die die Welt verändere und dem Christentum neues Leben einflöße.[39] Der liberale Protestant und Sprachexperte Müller war an den ältesten Quellen der Reli-

39 Müller, F. Max: Chips from a German Workshop I, 1867: xix; „Vorrede" in: Ders., Essays I, Leipzig 1879.

gionen interessiert und favorisierte deshalb den archaischen Rigveda, den er erstmals überhaupt editierte und übersetzte und in dem er zwar viele Kindereien, aber doch auch ein paar echte Perlen fand, die er der Geistigkeit, Frömmigkeit und Ethik des Christentums unmittelbar verwandt vorstellte. Den Gottheiten des klassischen und gelebten Hinduismus andererseits konnte er wenig abgewinnen. Er wertete sie als „Kinderkrankheiten der Sprache", als Nomen, die zu Numen geworden waren.

Der *orale* Veda wurde dergestalt zur heiligen *Schrift* Indiens, die Performanzkultur des Hinduismus wurde zur Buchreligion, und die Einheitslehre des Vedanta und der spätvedischen Upanishaden, die den ersten Band der *Sacred Books* ausmachten, wurde zum Markenzeichen des Hinduismus. Das alles war nicht nur Müllers „Verdienst", hat vielmehr ebenso stark mit indischen Reformern wie Rammohan Roy (1772-1833) und Swami Vivekananda (1863-1902) zu tun, die einer neuen, englisch gebildeten Intellektuellenschicht angehörten, und reaktiv und offensiv auf den Vorwurf von britischen Missionaren, Administratoren und Orientalisten am „Aberglauben" der Kultbildverehrung reagierten, als *sie* den Vedanta als rationale, indische Religion stark machten. Nach Richard King[40] diente die westliche Konstruktion von Hinduismus und Buddhismus als mystische Religionen primär dazu, orientalistische Stereotypen östlicher Kulturen als weltverneinend und amoralisch (ethisch desinteressiert) zu schaffen, als Gesellschaften, die keinen Impuls besaßen, die Gesellschaft zu verbessern, und keine Kraft die Welt zu erobern. Mit diesem Klischee, Indien die höhere Zivilisation zu bringen, konnten imperiale Interessen gestützt werden und sich der Westen zugleich selbst bestätigen: Er war fortschrittlich, wissenschaftlich und liberal im Unterschied zum „Aberglauben", der Traditionsgebundenheit und „Unterentwickeltheit" der asiatischen Nationen. In diesem Diskursfeld trat Vivekananda den stolzen „Gegenbeweis" an: In seiner Rede auf dem Weltparlament der Religionen im Jahr 1893 präsentierte er den Hinduismus anhand des Vedanta, seiner „Idee der spirituellen Einheit des ganzen Universums" und der upanishadischen Formel *tat tvam asi* („Das bist Du") und betrieb damit auch Westkritik. Der Westen habe nur Fortschritte in Materialismus, Technologie und Kriegshandwerk gemacht, während in Indien jeder Bauer mehr Spiritualität und Moralität besitze. Vivekananda erntete großen Zuspruch von seinen amerikanischen

Interaktionale Religionsgeschichte und „mystischer Osten"

40 King, Richard: Orientalism and Religion. Postcolonial Theory, India and ‚The Mystic East', London 1999.

Zuhörern. Man sieht hier die vielschichtigen Austauschprozesse und realen Bedingungen, innerhalb derer sich die Sammelbegriffe Religion, Mystik und Spiritualität entwickelten.

Mystik und Religion

Nicht nur fachgeschichtlich, sondern auch religionsgeschichtlich ist dieses Interaktionsfeld europäischer und indischer Ideen, das unter den kolonialen Bedingungen entstand, ausgesprochen interessant und spannend. Es gebar nicht nur den Hinduismus als Alleinheitsmystik und das Bild des mystischen Ostens, sondern hatte auch entscheidenden Anteil an der Formation des heute gebräuchlichen zeit- und raumüberschreitenden Mystikbegriffs und seinen Konnotationen und an moderner Spiritualität, und inspirierte zudem ein Nachdenken, was universalgeschichtlich gesehen Religion überhaupt sei. Der moderne Mystik- und Spiritualitätsbegriff setzt eine Subjektivierung der Religion und Ablösung von kirchlichen Bindungen voraus, aber auch eine Suche nach religiöser Erneuerung und Wegen nach Innen in einer Zeit der Industrialisierung und Mechanisierung der Welt, die man als „krisenhaft" empfand. Anfang des 20. Jahrhunderts wurde Mystik richtiggehend Mode und findet sich in praktisch allen akademischen allgemeinen Religionsdefinitionen, die in dieser Zeit überhaupt erst entstanden – beim Psychologen William James (1842-1910), beim Religionsphänomenologen Rudolf Otto (1869-1936) und bei den Soziologen Georg Simmel (1858-1918), Max Weber (1864-1920) und Ernst Troeltsch (1865-1923) auf je unterschiedliche Weise. In Ottos *Das Heilige* taucht der Begriff Mystik auf Schritt und Tritt auf und sein zweites berühmtes Werk *West-Östliche Mystik* (1926) war einem Vergleich Meister Eckharts mit dem indischen Vedanta-Meister Shankara gewidmet.[41] Nachdem er zunächst erstaunliche Übereinstimmungen festgestellt hat, betont er die Unterschiede umso mehr. Der indische Meister mit seiner „abstrakten", „grauen", „kühlen" Mystik wird zur Negativfolie, auf der Meister Eckharts „warme" und „gefühlvolle", „aufwärtsstrebende" Mystik in einem umso helleren Bild erscheint. Diese asymmetrische Bewertung setzte sich bis in die 1970er Jahre fort, als die Indienbegeisterung neue Wellen schlug, sich dann aber schnell ins New Age transformierte. Aber schon zu Ottos Zeiten gab es eine Schicht von Menschen, die sich von christlich-kirchlichen Bindungen gelöst hatten und in der „indischen Mystik" und im Yoga subjektive Wege nach Innen suchten. Otto bot die christliche Variante. Und dies ist gut verständlich, war er doch nicht nur Religionsphänomenologe, sondern auch ein

41 Otto, Rudolf, West-Östliche Mystik, Gotha 1926.

liberaler evangelischer Theologe, der sich intensiv für die Mystik, religiöses Erleben, indische Religionsgeschichte und Religion *sui generis* interessierte. Er regte auch zur Gründung eines „religiösen Menschheitsbundes" an.

Max Müller und Rudolf Otto haben heute keine guten Karten und dies hat viele gewichtige Gründe. Man muss jedoch auch mitbedenken, dass sie zu Pionieren der Religionsforschung zählten, die sich mit einer Vielfalt fremder Religionen konfrontiert fanden, die einzuordnen war. Diese Materialfülle war zunächst einmal zu sammeln. Wie war sie zu bearbeiten und zu systematisieren? Müllers und Ottos Verdienst war, die anderen Religionen nicht mehr als die „Heiden" zu begreifen. Die Suche nach Gemeinsamkeiten war ein aufklärerisches Anliegen. Doch war die scheinbare Gemeinsamkeit, der vedische Himmelsvater Müllers und die Gefühlsmystik Ottos mit einem protestantisch-christlichen Bias belastet, der sich da besonders zeigte, wo Differenzen festgestellt wurden – der indischen Götterwelt und beim als Prototypen indischer Mystik stilisierten Vedanta-Philosophen Shankara. Man kann von „Kinderkrankheiten der Religionswissenschaft" sprechen oder milder auch von Engführungen und extremen Selbstbeschneidungen durch die Fokussierung auf philologische Textforschung (die Müller ganz grandios beherrschte), Innerlichkeit und mystische Religiosität.

Max Weber und die Durkheim-Schule

Im Zuge der Umorientierung wurden Max Webers verstehende Soziologie und die französische Durkheimschule als anschlussfähigeres Erbe entdeckt, hatten diese doch bereits Anfang des Jahrhunderts den kulturwissenschaftlichen Zugang in vieler Hinsicht vorweggenommen und Religion soziologisch in universalgeschichtlicher Perspektive bearbeitet. Im religionsphänomenologischen Fachdiskurs spielten sie keine Rolle. Das Verhältnis war eher eines der wechselseitigen Ablehnung. Ottos Bemerkung, dass jemand, der sich nur an Magenleiden und Ähnliches erinnern könne, aber nicht an religiöse Gefühle, besser die Finger von Religionsforschung lassen solle, war vermutlich gegen Durkheim gemünzt. Webers Spitze gegen die mystische Intellektuellenreligiosität, die sich derzeit in Deutschland ausbreite, hatte umgekehrt vermutlich Otto im Visier. Weber selbst verstand sich als „religiös unmusikalisch" – hat aber gleichwohl erstaunlich differenzierte religionsgeschichtliche Analysen vorgelegt, auch wenn sich einiges Grundsätzliches an seiner Hinduismus- und Buddhismus-Darstellung als weltentsagende magische und mystische Hinterwelten und am Islam als Kriegerreligion kritisieren lässt und sein Hang zum Protestantismus unübersehbar ist.

Substantialistische und funktionalistische Religionsdefinitionen

Was mit Otto und Durkheim aufeinander prallte, waren individualistische und kollektivistische Religionsauffassungen und substantialistische und funktionalistische Religionsdefinitionen. Verkürzt gesagt lief es darauf hinaus, Gott gibt es, Gott gibt es nicht (nur die gottgleiche Gesellschaft). Beide Ansätze sind kritisierbar aus heutiger Sicht. Ein wenig allzu dogmatisch und rigoros hat die neuere Religionswissenschaft Otto häufig abgelehnt und bei Durkheim stillschweigend übergangen, was tatsächlich nicht ganz koscher war. Ohne die problematische Ontologisierung bleibt Ottos „Kontrastharmonie" ein wertvolles Analyseinstrument, das sich auf vielerlei Seiten hin anwenden lässt, und man kann auch nicht umhin, Otto ein wenig recht zu geben, wenn er dafür warb, die Religion als eigenständiges Kultursegment ernst zu nehmen und protestierte, sie nur als Abbild der Gesellschaft wahrzunehmen und auf Soziales zu reduzieren. Hierin war Durkheims Theorie in der Tat eine Engführung, die in der neueren Religionswissenschaft nicht übernommen wurde, auch wenn seine Einsicht der Religion als „soziale Tatsache" bleibend wichtig blieb.

Clifford Geertz (1926-2006)

Der Kulturanthropologe Clifford Geertz (1926-2006) war für die Religionswissenschaft deshalb so wichtig, weil sein 1973 erstmals vorgestelltes Konzept von Religion als kulturelles Symbolsystem die phänomenologische Innenschau wie auch den soziologischen Funktionalismus überwand.[42] Er machte geltend, dass Bedeutung etwas Öffentliches ist und nicht nur in der Innenwelt eingeschlossen, dass Religionen kulturellen Konstruktionsbedingungen unterliegen und nicht erfassbar sind ohne kulturelle Kontexte. Er betonte insbesondere, dass Religionen nicht nur ein Abbild der Gesellschaft seien, sondern die Gesellschaft, ihr Ethos und den ganzen kulturellen Sinn maßgeblich prägen (wie auch schon Max Weber argumentierte) und das individuelle Leben mit Sinn ausstatten. Die Religionsdefinition von Geertz war sehr komplex. Sie verband kollektive und individualistische Aspekte und inkludierte auch die Gefühlsdimension.[43]

Ich unterlasse es hier, auf Geertz' konkrete Definition näher einzugehen. Sie wird sehr ausführlich von ihm selbst besprochen. Doch sei nicht unterschlagen, dass Geertz auch Kritiker fand, z.B. Talal Asad, der ihm vorwarf, zu stark an Bedeutungen zu hängen

[42] Vgl. Geertz' zentrale Beiträge „Dichte Beschreibung" (zum Kulturbegriff) und „Religion als kulturelles System" in Geertz, Clifford, Dichte Beschreibung, Frankfurt [5]1997, 7-43, 44-95.

[43] Geertz, Dichte Beschreibung, 48.

und zu wenig wahrzunehmen, dass Religion eng mit Machtfragen, dem sozialen Leben und der Politik verknüpft ist.[44] In Geertz' Religionsbegriff spiegle sich die kulturelle Hegemonie des Westens und der private Glaube des Christentums. So sehr ein Körnchen Wahrheit bezüglich der Religionsdefinition an dieser Kritik ist, so wenig trifft sie insgesamt auf Geertz' Konzeption von Kultur zu. Religion auf Politik zu reduzieren, fällt andererseits in alte funktionalistische Probleme zurück.

Alternative Lösungen der Definitionsproblematik

Geertz' Verständnis von Religion als kulturelles Symbol-, Deutungs- und Sinnsystem war auch deshalb wichtig für die Religionswissenschaft, weil es weit abstrakter und allgemeiner war als alle bisherigen Religionsdefinitionen und den Religionsbegriff im Metasprachlichen, d.h. als Terminus wissenschaftlicher Theoriesprache verankerte. Es war nicht die einzige Lösung der Religionsbegriffsproblematik, die sich als notorisch schwierig erwies, zu einer universellen Definition zu kommen. Da derart mit europäischen und christlichen Vorstellungen vorbelastet und in anderen Teilen der Welt die Trennung von Kultur und Religion überhaupt nicht so zu finden war und auch der Religionsbegriff selbst fehlte, wurde zum Beispiel vorgeschlagen, den Religionsbegriff ganz fallen zu lassen. Ein anderer Vorschlag war, aufgrund der Unmöglichkeit, eine wirklich universalgültige allgemeine Definition zu finden, von jeglichen Definitionsversuchen im Vorab Abstand zu nehmen bzw. nur eine rudimentäre zu unterlegen, von der man annahm, sie werde in der Forschung geteilt, nämlich „Akte der Erzeugung von Gewissheit und Sinn sowohl in intellektueller als auch in moralischer Hinsicht“[45] und im Übrigen Religion als Diskurs zu verstehen, d.h. als Art und Weise, wie die jeweilige Gesellschaft oder Gruppierung – aber auch die Wissenschaftler selbst – den Gegenstand verhandeln und konstruieren. Ein anderer, an der Soziologie Niklas Luhmanns (1927-1998) und Thomas Luckmanns (*1927) orientierter Vorschlag war, Religion als Kommunikation zu verstehen,[46] was generell der religionswissenschaftlichen Überzeugung entspricht, dass Glaubensanschauungen und Handlungen nicht isoliert von der öffentlichen Kommunikation über sie Gegen-

44 Asad, Talal: Anthropological Conceptions of Religion. Reflections on Geertz, in: Man 18 (1983), 237-259, und Ders., Genealogies of Religion. Discipline and Reasons of Power in Christianity and Islam, Baltimore 1993, 24, 53 ff.

45 Kippenberg/ Stuckrad: Einführung in die Religionswissenschaft, S 14.

46 Tyrell, Hartmann/ Krech, Volkhard/ Knoblauch, Hubert (Hg.): Religion als Kommunikation, Würzburg 1998.

stand der Religionswissenschaft werden können.[47] Wiederum eine andere, konkretere und griffigere Lösung war, mit Wittgensteins Familienähnlichkeiten zu arbeiten und ein Cluster von notwendigen Voraussetzungen zusammenzustellen, die zusammen eine „prototypische Definition" ergeben, die klar und doch flexibel ist. So bestimmte zum Beispiel Bruce Lincoln[48] Religion als a) einen Diskurs, der das Menschliche, Zeitliche, Zufällige transzendiert und für sich selbst transzendenten Status beansprucht, b) als System von Praktiken dazu, c) als eine Gemeinschaft, die auf den selben religiösen Diskurs und die begleitenden Praktiken referiert, und d) als eine Institution, die den Diskurs, die Praxis und Gemeinschaft regelt.

Generell lässt sich feststellen, dass die Kluft zwischen substantieller und funktionaler Religionsbestimmung heute eigentlich weithin aufgelöst ist. Wenn sich z.B. der Soziologe Thomas Luckmann in *Die unsichtbare Religion*[49] für eine funktionale und gegen eine substantielle Religionsdefinition ausspricht, dann meinte er mit substantiell eine institutionelle Religionsdefinition (die der damaligen Kirchensoziologie), während funktional bedeutet, danach zu fragen, worin die Werte einer Gesellschaft und des Einzelnen bestehen und was als Heiliger Kosmos gilt (und sei es die bürgerliche Familie). Obgleich sich Luckmann in der Nachfolge Durkheims sah, begründete er Religion mit der soziologischen Phänomenologie von Alfred Schütz anthropologisch (individualistisch) im menschlichen Vermögen, die reine Biologie und die Alltagsroutine überschreiten zu können und viele Formen von Transzendenzen zu erleben. Menschen können ihre Vergangenheit mit Zukunftsvisionen verknüpfen („kleine Transzendenzen"), sich in andere hineindenken („mittlere Transzendenzen") und völlige Brüche mit der normalen Alltagswelt erleben, z.B. in Träumen, der Hingegebenheit an Musik, Ekstasen etc. („große Transzendenzen"). Dass daraus Religion wird, benötigt vorgegebene Deutungsschemata, Kommunikation und soziale Interaktion. Dieses soziologische Verständnis von Transzendenz und großer Transzendenzerfahrung (selbst noch nicht Religion!) in Form eines Überschreitens des rein Biologischen und außerordentlicher Erfahrungen als

---

47 Kippenberg/ Stuckrad: Einführung in die Religionswissenschaft, S 11.

48 Lincoln, Bruce: Holy Terrors: Thinking about Religion after September 11, Chicago ²2006, 5-8.

49 Die englische Erstausgabe 1969 wurde in der ersten deutschen Auflage 1991 um ein Vorwort von Hubert Knoblauch und einen Nachtrag von Thomas Luckmann erweitert.

anthropologisches Potential hat der Luckmannschüler Hubert Knoblauch[50] (*1955) aufgegriffen, um moderne Spiritualität zu erklären. Er meinte, für diese reiche der Religionsbegriff nicht aus. Man kann dies religionswissenschaftlich bestreiten. Als heuristische Religionsdefinition im Sinne eines Arbeitsinstrumentes schlage ich die folgende vor:

Zitat

a) Religion kann als ein Akt der Transzendierung der diesseitig-alltäglichen Lebenswelt bei gleichzeitiger Bezugnahme auf sie charakterisiert werden.
b) Solche Transzendierungen sind veränderbar und unterliegen öffentlichen Diskursen, aber auch persönlichen und gruppenbezogenen Vorlieben. Was jedoch durchgängig bleibt ist, dass Religion das individuelle und kollektive menschliche Leben in einen größeren Zusammenhang stellt und durch ihre Bezugnahme auf überweltliche Ressourcen über besondere Autorität und Effektivität verfügt und kollektive Handlungsmuster, ein gemeinsames Ethos und persönliche Motivationen, Kontingenzbewältigung und Orientierung schafft, indem sie sinnstiftende Symbolsysteme bereitstellt.
c) Wichtig ist hierbei, dass religiöse Symbolsysteme nicht nur normativ gesetzt und lehrhaft verbreitet, sondern auch sinnlich inszeniert werden. Die Wirksamkeit von Religion rührt nicht zuletzt daher, dass ein Beziehungsgeflecht zwischen Welt und weltübersteigenden Autoritäten statuiert und sinnlich wahrnehmbar veranschaulicht wird und als solches auch real erlebt wird.

Teil a) dieser „Definition" ist an Schütz, Luckmann und Knoblauch angelehnt, b) nimmt Gedanken von Durkheim, Weber und Geertz auf, der mit seinem Verständnis von Religion als kulturellem System Durkheim und Weber vereinte, und c) ist inspiriert von der neuen religionswissenschaftlichen Disziplin Religionsästhetik.

---

50 Knoblauch, Hubert: Populäre Religion. Auf dem Weg in eine spirituelle Gesellschaft, Frankfurt 2009, 53-80.

Zusammenfassung

Hundert Jahre nach ihrer „Erfindung" hat die Religionswissenschaft einen radikalen Transformationsprozess durchgemacht, der einer vollkommenen Neubestimmung der Fachidentität gleichkommt. Die kulturwissenschaftliche Wende der 1970er Jahre etablierte ein Selbstverständnis als historische und empirische Disziplin und brach insbesondere mit der a-historischen und spekulativen, am (eigenen) Erleben orientierten Religionsphänomenologie und ihren theologischen und religiösen Programmen. Die Wende betraf zwei Hauptaspekte: 1) kulturelle Kontextualisierung und 2) disziplinäre Entgrenzung. Damit korrelieren die beiden Leitsätze: 1) Religion ist nicht abgetrennt von ihrer kulturellen Matrix zu studieren. 2) Die Religionswissenschaft bildet keine religiösen Sätze, diese sind vielmehr ihr Gegenstand. In rigoroser Selbstanalyse und -kritik hat sich die neuere Religionswissenschaft an der eigenen Fachgeschichte abgearbeitet und deren Euro- und Christozentrismen aufgedeckt. Ein starkes methodologisches Bewusstsein und die Arbeit am Begriff, angefangen mit dem der Religion, gehören seither zum festen Bestandteil religionswissenschaftlichen Arbeitens. Zunehmend hat sich der Blick für die Situiertheit jeder Forschung geschärft und Metatheorie wurde zu einem wichtigen Arbeitsfeld. Schematisch lässt sich der Paradigmenwechsel im Fachverständnis wie folgt umreißen, wobei die letzten beiden Punkte noch näher auszuführen sind:

„Woher" *ältere Paradigmen*	„Wohin" *Paradigmen nach dem „cultural turn"*
Einheit, Religion im Singular, Gleichheit des „Wesens"	Vielheit, Religion im Plural, kulturelle Differenz
Innenwelt	Öffentlichkeit
eigenes Erleben	agnostizistische Untersuchung der Religion als Kommunkations-, Deutungs- und Symbolsystem
Metaphysik	Empirie
Religiöses A-priori	Kulturalität religiöser Wahrnehmung und Kontextualisierung
Theologie	Sozialwissenschaften, Kulturanthropologie, Philologie, Psychologie, etc.
Mystik	Sensualität und Materialität

Harmonie	Konflikte, Aushandlungsprozesse, Machtkonstellationen
„Theoriearmut“, Mangel an methodologischem Bewusstsein, theologisierende „phänomenologische Methode“	Theorie- und Methodologiebewusstheit, vielfältige neue Methoden und multimethodisches Arbeiten, in welchem die Theologie zum Forschungsgegenstand wird
eine (Zentral-)Perspektive	Multiperspektivität
Vergangenheit	religiöse Gegenwart
außereuropäische Kulturen	europäische Religionsgeschichte
Weltreligionen	Lokale Religionsgeschichten
Textzentriertheit	Blick auf multimediale religiöse Kommunikation
substantieller oder funktionaler Religionsbegriff	semiotischer, konstruktivistischer und diskursiver Religionsbegriff
Sakralliteraturen	Kultur als Text
Religion als unabhängige Größe *sui generis*	Religion als kulturelles System

4. Religionswissenschaft als Kulturhermeneutik

In den vergangenen Jahren und Jahrzehnten war oft von der Religionswissenschaft als kulturwissenschaftlicher Disziplin die Rede, ohne die Begriffe „Kultur“ und „Kulturwissenschaft“ näher zu erläutern und zu klären. Meine Studenten der Religionswissenschaft haben mich auf diesen blinden Fleck aufmerksam gemacht und in der Tat einen guten Punkt aufgeworfen. Tatsächlich ist der Kulturbegriff ähnlich schwer zu bestimmen wie der Begriff Religion und auch Kulturwissenschaft ein mehrdeutiger Begriff, der vieles beinhalten kann und aus der Perspektive unterschiedlicher Fachdisziplinen anders gefüllt wird. Man spricht deshalb auch von Kulturwissenschaften im Plural. Aber als gemeinsamer Konsens hat sich ein *semiotischer Kulturbegriff* durchgesetzt, d.h. ein Verständnis von Kultur als ein Zeichen-, Symbol-, Sinn- und

Semiotischer und bedeutungsorientierter Kulturbegriff

Deutungssystem.[51] Dieser Kulturbegriff liegt auch meinen Ausführungen zugrunde und er lässt sich noch weiter ausdifferenzieren. Verschiedene Autoren haben unterschiedliche Aspekte fokussiert, die alle mitzuhören sind:

So verstand zum Beispiel Clifford Geertz Kultur als Bedeutungsgewebe, als „Text“ und symbolische Ordnung. Er griff hier den weiten Symbolbegriff von Ernst Cassirer und Susanne Langers Version „diskursiver“ (sprachlich-argumentativer) und „präsentativer“ (sinnlich-bildhafter, klanglicher, ritueller) symbolischer Formen auf. Menschen gebrauchen Symbole oder Zeichen nicht nur, um auf Dinge hinzuweisen, sondern auch, um sie zu repräsentieren. Symbolische Formen sind danach Vehikel für die Konzeption von Gegenständen. Auch Geertz verstand die kulturellen Symbole als Ausdruckscharaktere / Bedeutungsträger wie auch als Rahmenprogramme, wie wir die Dinge wahrnehmen und deuten, welche Gefühle wir mit ihnen verbinden, etc. Ähnlich bestimmte Stuart Hall Kultur als einen Kreislauf (*circuit*) geteilter Bedeutungen und Set von Praktiken, konkret als ein System von Repräsentationen, in welchem durch Sprache die Bedeutungen abgebildet, produziert, zirkuliert und ausgetauscht werden. Hall versteht Sprache im weitesten Sinne – als gesprochene und geschriebene Worte, Gesten, Verhaltensformen, Bilder, Klänge, Bauten, aber auch Gefühle. Was Geertz „Symbole“ nannte (im Anschluss an Ernst Cassirers „symbolische Formen“) heißt bei Hall „Sprache“ und „Repräsentationen“. Peter L. Berger (*1929) und Thomas Luckmann (*1927) sprechen von „Objektivationen“ in ihrer Wissenssoziologie der *gesellschaftlichen Konstruktion von Wirklichkeit*[52], wiederum andere sprechen von „Kodierungsformen“[53]. Wichtig bei all diesen Autoren ist die soziale Interaktion und Kommunikation. Kultur ist etwas Öffentliches nach Geertz, weil die Bedeutungen öffentlich sind. Menschen, die zur selben Kultur gehören, verstehen einander, weil sie dieselbe „Sprache“ sprechen und dieselben kulturellen Codes teilen. In eine ähnliche Richtung, aber systemtheoretisch

---

51 Vgl. neben Geertz: Dichte Beschreibung, 7-43, Hall, Stuart: Representation. Cultural Representations and Signifying Practices, London 1997; Nünning, Ansgar und Vera: Konzepte der Kulturwissenschaften, Stuttgart 2003; Fauser, Markus: Einführung in die Kulturwissenschaft, Darmstadt [4]2008; Reckwitz, Andreas: Unscharfe Grenzen. Perspektiven der Kultursoziologie, Bielefeld 2008.

52 Dieses bereits 1966 in Englisch erschienene Werk (dt. 1969, [23]2010) fügt sich gut in die späteren Kulturtheorien ein.

53 Vgl. Stolz, Fritz: Die religiöse Botschaft und ihre Darstellung, in: Ders.: Grundzüge der Religionswissenschaft, Göttingen 1988, 79-147.

ausgerichtet, geht Luhmanns Fassung des Kulturbegriffs als „autopoietische Kommunikation“. Michel Foucault (1927-1984) wiederum betont die Ungleichheiten, Machtkonstellationen und Aushandlungsprozesse, wenn er Kultur als „Diskurs“ bestimmt. Auch Gavin Flood nimmt die Vielstimmigkeit der Kulturteilnehmer in den Blick, wenn er Kultur als ein „Konglomerat von Narrativen“ bezeichnet. Pierre Bourdieu und andere ersetzen den textualen Ansatz durch ein Konzept von Kultur als „sozialer Praxis“. Die soziale Praxis ist ein in Raum und Zeit erstrecktes Set von Handlungen und Aussagen, das geformt und strukturiert wird von impliziten Interpretationsformen, Know-how-Wissen und kulturell geformten emotional-motivationalen Zuständen. Auch hier hat Kultur somit mit Bedeutungen zu tun, geht aber über den mentalen Raum weit hinaus in Form von Handlungs- und Habitusformen, Körperwissen und „*embodiment*“. Kultur manifestiert sich auf der Ebene körperlich verankerter, öffentlich wahrnehmbarer Praktiken. Um die Offenheit und Dynamik des Kulturbegriffs und kultureller Erscheinungsformen stärker zu gewichten und die Tatsache, dass die symbolischen Formen „etwas tun“, wurde in den letzten Jahren auch der Begriff „Performativität“ ein zentraler.

Religionswissenschaft als hermeneutische Disziplin

Ich möchte im Folgenden Religionswissenschaft als eine notwendigerweise hermeneutische Wissenschaft, näherhin als Kulturhermeneutik, diskutieren – ein Verständnis, das sich meiner Meinung notwendigerweise aus dem kulturwissenschaftlichen Ansatz ergibt.

Empirie existiert nicht einfach „an sich“. Dies gilt nicht nur für die religiösen Symbole, vielmehr verhält es sich so mit allen Dingen. Empirische Fakten sind immer auch mit Bedeutungen belegt. Wir nehmen Dinge immer „als“ ein bestimmtes Etwas wahr. Selbst scheinbar ganz natürliche Dinge wie der Körper und die Sexualität oder Krankheit und Gesundheit sind mit kulturell ganz unterschiedlichen Bedeutungen codiert, werden also immer „als“ etwas Bestimmtes interpretiert. Diese „Codes“ müssen wir kennen, um angemessen zu deuten. Hier zeigt sich die Unhintergehbarkeit eines hermeneutischen Zugriffs, der den Forscher und den Gegenstand in einen intensiven Dialog bringt. Dies ist wichtig, weil das, was uns als empirische „Fakten“ erscheint, präziser gesprochen soziale Repräsentationen, Objektivationen, Zeichen oder symbolische Formen sind. Symbolisch sind sie, weil sie *immer* Bedeutungen haben, die aus dem Handeln ein sinnvolles Handeln machen. Religionswissenschaft ist deshalb nicht nur eine empirische Disziplin, die die empirischen „Zeichen“ oder „Objektivationen“ studiert, d.h. die greifbaren Riten, Geschichten und ikonografischen Codes, etc., vielmehr ist Religionswissenschaft unumgänglicher Weise auch eine Kulturhermeneutik, die den kulturellen Sinn ermittelt.

4.1 Symbolische Formen und kultureller Sinn am Beispiel der Göttin Kali

Religion und Kultur

Im kulturellen Bedeutungsgewebe nimmt Religion einen interessanten und ganz besonderen Platz ein. Sie ist einerseits ein Segment der Kultur und von der sie umgebenden Kultur geprägt. Andererseits ist sie aber auch selbst kulturprägend. Sie spiegelt nicht nur die sozialen Ordnungen, sondern formt sie auch. Sie durchdringt mehr oder minder stark praktisch sämtliche Sphären der gegebenen Kultur und ist deshalb nicht nur „ablesbar" an ihren Texten, Riten, etc., sondern auch in Kultursegmenten und Diskursfeldern, die gar nichts mit Religion zu tun zu haben scheinen. Religion ist somit auch in der Intersektion mit Kunst, Politik, Ökonomie etc. zu studieren. Aufgrund dieser Interdependenzen – oder metonymisch gesprochen aufgrund dieser „Intertextualität" – im kulturellen Bedeutungsgewebe spricht Geertz von der Religion als einem „kulturellen System". Er meint damit, dass die Religionen als umfassende Symbolsysteme und Welterklärungsmodelle das Leben über die reine Biologie und Alltagswirklichkeit hinaus mit Sinn und Orientierung ausstatten und es in einen größeren Nexus als die empirisch vorfindliche Welt einbetten. Hierbei haben religiöse Symbole nicht nur im Kognitiven und Ethischen prägende Kraft, sondern auch im Affektiven: Sie machen nach Geertz die Weltauffassung zu etwas emotional Überzeugenden, schaffen besondere Motivationen, dauerhafte Stimmungen und eine „Aura von Faktizität".

Wird Kultur als Bedeutungsgewebe oder symbolische Ordnung verstanden, wird die Empirie für den Forscher brüchiger und undurchsichtiger, als uns dies im Allgemeinen bewusst ist. Sie ist nicht mehr so einfach erhebbar und nachprüfbar, da es sie in Reinform gar nicht gibt. Vielmehr nehmen wir Dinge immer „als" etwas wahr und dieser Signifikationsprozess ist von den soziokulturellen „Codes" und Weltbildern abhängig. Das heißt, die breitere kulturelle Einbettung und Kosmologie muss immer mitbeachtet werden, und hier wiederum spielen Religionen eine herausragende Rolle, da sie zu den Hauptlieferanten von Kosmologien und Weltbildformationen gehören.

Kollektiv geteiltes Wissen

Die sozio-kulturellen Codes und symbolischen Ordnungen sind den Kulturteilnehmern so sehr in Fleisch und Blut übergegangen, dass sie gar nicht unbedingt empirisch wahrnehmbar präsent sein müssen oder subjektiv geglaubt werden müssen, vielmehr athematisch als kulturelles Wissen vorhanden sind und *implizit* ihr Handeln und Denken prägen. Kulturwissenschaftliches Arbeiten wird deshalb nicht nur auf das empirisch Vorfindliche achten müssen, sondern auch auf diese „Logik der Impliziertheit“[54]. Man muss die Zeichen deuten können. Zentral hierbei ist nun, dass diese impliziten Bedeutungen nur für den Außenstehenden verborgen und undurchsichtig sind, für die indigenen (einheimischen) Akteure jedoch *öffentlich*, d.h. ein intersubjektiv geteiltes kollektives Alltagswissen – oder auch rituelles und theologisches Spezialistenwissen, das innerhalb professioneller und gebildeter Milieus nicht minder durch öffentliche Kommunikation zirkuliert wird. Symbolische Formen und kultureller Sinn sind immer von der konkreten sozio-kulturellen Praxis abhängig. Subjektives Empfinden und subjektiver Sinn andererseits sind für die kollektiv geteilten Bedeutungen vollkommen irrelevant.

Um ein einfaches Beispiel zu geben: jeder Hindu, und selbst jede in Indien lebende Person ob Hindu oder nicht, wird im extrem farbenfrohen Bild einer nackten Frau mit herausgestreckter Zunge, weit aufgerissenen Augen und wilder Mähne, die nur mit einer Schädelkette und einem Hüftgürtel aus Totengebeinen bekleidet auf einem ausgestreckten (selig dreinblickenden) Leichnam tanzt und dabei ein Schwert und einen just abgeschlagenen bluttriefenden Kopf schwingt, sofort die Göttin Kali erkennen, gleichgültig, ob er ein Kali-Verehrer ist oder nicht und gleichgültig, was das Bild subjektiv für ihn bedeutet. Er wird auch wissen, dass der Leichnam kein gewöhnlicher ist, sondern der große Gott Shiva. Ähnlich wird ein Christ – und sogar jeder Kulturteilnehmer in Deutschland zumindest bis in die 1950/60er Jahre – in einem Bild in süßlichem Malstil und eher hellen Farben, das einen androgyn wirkenden Mann mit sanften blauen Augen und einem Schaf auf dem Arm darstellt, sofort ein Gottesbild, den „guten Hirten“ Jesus erkennen, einerlei ob er an Jesus glaubt oder nicht oder die Abbildung als kitschig empfindet oder nicht.

---

[54] Reckwitz: Unscharfe Grenzen, op. cit., 164, führte diesen Begriff ein, um das athematisch gegebene Know-How-Wissen, das die Kulturteilnehmer teilen, und den gleichsam vorbewussten Routinecharakter der Verwendung symbolischer Ordnungen zu charakterisieren.

Abb. 2: Zwei Kali-Darstellungen, links eine typisch bengalische, auf die sich Otto bezog, rechts ein für ganz Indien typisches modernes „dharmic picture" (devotionales Bild) der Göttin Kali, wie sie jeder kennt.

Der „Code" ist somit in beiden Fällen das übergreifende Symbolsystem Religion, doch gehen die kulturspezifischen Repräsentationen, Deutungsmuster, Bewertungen und Wissensbestände auseinander. Hier werden kulturelles Wissen, die „Logik der Impliziertheit" und auch subjektiver Sinn relevant.

Die symbolische Form Kali und kulturelle Wahrnehmungsräume

Was den christlichen Missionaren als eines der grausigsten Götzenbilder und selbst noch Rudolf Otto als „Teufelsfratze" (ein Tremendum in primitiver Gestalt) erschien, ist für Hindus keine Schreckensgestalt, sondern eine große Göttin, eine gewaltige göttliche Macht (*sakti*), die vor Unheil und Verderben schützt, alles Übel besiegt und Erlösung schenkt. Die Bildsemantik „erzählt" den puranischen Mythos, worin Kali die Welt vor dem Verderben rettet, indem sie das Blut immer neu entstehender Dämonen mit ihrer Zunge aufleckt. Kali-VerehrerInnen sehen im Bild ihre geliebte göttliche „Mutter", die Urmacht (*adi-sakti*) allen Seins. Die philosophische Interpretation schließlich nimmt gar kein anthropomorphes Bild mehr wahr, sondern findet in jedem Bilddetail eine hoch abstrakte, sublime Theologie metaphorisch kommuniziert. Diese vielschichtige Bildsemantik ist durch Kommunikation bekannt. Ihre „Skripte“ finden sich in den Puranas und Tantras. Bild, Bildwissen und Bildbetrachtung verbinden sich mit Ritualen, Meditations- und Rezitationspraktiken und haben Auswirkungen auf religiöses Erleben. Ein extremes Beispiel für die physische Materialität und Körperlichkeit solchen Erlebens ist das Folgende:

Eine Frau aus Kerala berichtet, wie sie nach dem Besuch einer religiösen Veranstaltung, nachts auf einsamer Strasse von Männern umringt wurde, die sie vergewaltigen wollten. Als sie in höchster Verzweiflung die göttliche Mutter anrief, sei die strahlende Gestalt Kalis am Himmel erschienen, und sie sei in Trance gefallen, wie von selbst seien ihre Augen aus den Höhlen und ihre Zunge herausgetreten und aus ihrem Innern drang ein dröhnend lautes Gelächter. Da hätten die Männer solche Angst bekommen, dass sie sofort flüchteten.[55] Nach dieser Selbstbeschreibung wird die Frau selber zu Kali, genau wie sie die Göttin vom Bild und vom puranischen Mythos her kennt.

Wahrnehmung und sozio-kulturelle Praxis

Nur für *uns* ist dies phantastische Erzählung. Im indigenen Kontext ist sie in ein religiöses Plausibilitätssystem eingebunden. Gottbesessenheit gehört im ländlichen Südindien zum religiösen Leben, besonders während der Festzeiten. Zum kulturellen Symbolsystem gehört ebenso, dass man die Gottheit und ihre Macht vollkommen absorbieren kann durch die Repetition ihres Mantra oder ihres Namens, der ebenso als Mantra gilt, d.h. als eine heilige Formel, in der die Gottheit selbst präsent ist. Aber auch die normale tägliche rituelle Verehrung am Hausaltar und im Tempel vor dem Kali-Bild machen die Göttin präsent. Die Götterbilder in den Tempeln wurden durch komplexe Weiherituale „verlebendigt“ (*pranapratistha*) und Tempelbesucher kommen für die „Schau“ (*darsana*) der Gottheit. Man sieht, wie ein komplexes Gewebe semiotischer Bezüge konkreter Praktiken zusammenwirkt und eine „Aura von Faktizität“ für die Erfahrung der Frau aus Kerala schafft.

Realitätsgehalt symbolischer Formen und religiöse Erfahrung

Für die Menschen, die sie verehren, ist Kali selbstverständlich eine Realität. Sie lässt sich nicht auf Soziales reduzieren. Hierin haben die Religionsphänomenologen schon recht gehabt. Gerade Kali oder genereller gesprochen indische Gottheiten und ihre Verehrung sind ein gutes Beispiel dafür, dass Ottos Tremendum und Fascinans und Eliades Hierophanien durchaus brauchbare

55 VOGELSANGER, Cornelia: Kali. Visionen der Schwarzen Mutter. Eine Ausstellung im Völkerkundemuseum Zürich, Zürich 1993 (ohne Seitenzahlen).

Deutungspotentiale bieten. Interessanterweise ist auch in Indien die Klassifikation von wilden-furchterregenden (*ugra, raudra*) und anziehend-schönen (*saumya*) Gottheiten bekannt und keine der großen Gottheiten ist nur das eine oder andere, vielmehr genau die „Kontrastharmonie", die Otto als so religionstypisch empfand. Dies wird in unterschiedlichen Götterbildern visualisiert. Diesen liegen nach dem klassischen ikonographischen Kanon geometrische Raster zugrunde, die je nach Gottheit die vertikalen, horizontalen oder diagonalen Linien betonen, um Ruhe oder Bewegung etc. auszudrücken und entsprechende Stimmungen und Gefühle hervorzurufen. In Indien finden wir somit bewusste Konstruktionen und Objektivationen des Heiligen, die recht gut in Ottos Schema passen, aber dennoch wenig mit seiner von Luther und Eckhart inspirierten Innerlichkeit zu tun haben. Sie sind physisch wahrnehmbar und mit rituellen Handlungen verbunden. Kali ist sowohl innen wie außen, im Kultbild und im Mantraklang und wird durch Riten sehr real präsent. Näher kommen hier Eliades Hierophanien, die zweifellos selbst von Indien inspiriert waren, wenn Eliade etwa feststellte, dass religiöse Menschen nicht den Stein verehren, sondern die Gottheit, welche die Menschen in und hinter diesem Stein wahrnehmen. Für indische Feste gilt auch Eliades Gedanke, dass die zeitlose Wirklichkeit des Mythos immer wieder neu im Ritus erlebt wird, in hohem Maß. Aber der Umkehrschluss gilt natürlich nicht, dass jeder Ritus einen Mythos als Skript hat, wie Eliade postulierte. Ottos und Eliades Interpretationsschemen sind weder für sämtliche Religionen, Transzendenzvorstellungen und Riten der Welt gültig, noch erfassen sie das ganze religiöse Spektrum des Hinduismus oder einer anderen Religionskultur. Sie treffen manchmal zu und manchmal nicht. Die kontextuelle Verortung ist deshalb das A und O, um diese Pluralität überhaupt zu erfassen. Dies gilt für unterschiedliche Kulturen, wie auch die intrakulturelle Vielfalt.

Diskursive Vielfalt

So stammt beispielsweise in Indien das Verständnis der Mantras als Träger der Gottheit ursprünglich aus dem Tantrismus, einem anderen diskursiven Feld als der normale Götterdienst und die öffentlichen Feste oder als die Dorfgöttin Kali, die Besitz von menschlichen Medien ergreift, und auch anders als die puranische mainstream-Kali, die als mächtige Retterin der Welt und der Menschen auftritt. Tantrische Ritualexperten und Initiierte werden die Göttin nicht nur im Klang wahrnehmen, sondern auch ein sehr philosophisches und energetisches Verständnis des Kali-Bildes haben und es metaphorisch non-dualistisch deuten.

Jedes Bildelement hat eine esoterische Bedeutung. Die Schädelkette zum Beispiel steht für die fünfzig Silben des Sanskritalphabets und repräsentiert die schöpferische Macht der Sprache und des Klangs, die der materiellen Welt als „feinstofflichere" Wirklichkeit zugrunde liegt. Für die höchste transzendente Wirklichkeit, die nicht mehr stofflich und dennoch allem immanent ist, steht das göttliche Paar: Der ausgestreckte Shiva ist das unendliche, allgegenwärtige Licht des Bewusstseins und die auf ihm tanzende Kali die Energie, die den ganzen Kosmos durchdringt. In Form von Bewusstsein und Energie sind Gott und Göttin auch im Menschen gegenwärtig und werden im tantrischen Ritus durch Visualisation und Mantrapraxis, partiell auch in heterodoxen Praktiken wie Weingenuss und rituellem Geschlechtsverkehr, im eigenen Körper und Geist erweckt.

Das Beispiel illustriert die Vielfalt der Kali-Diskurse, die Mehrdeutigkeit der Symbole und die Polysemantik von kulturellem Sinn. Nicht allen Kulturteilnehmern sind die esoterischen Deutungen und Praktiken bekannt, die eine spezielle Einweihung benötigen. Je nach sozialem Milieu, Verehrer(gruppe) und Ritualpraxis ist es somit eine andere Kali, die im selben Bild wahrgenommen wird. Dies ist eine generelle Typik von symbolischen Formen und kulturellem Sinn. Wie alle Symbole ist auch die symbolische Form Kali mehrdeutig und nimmt in der Vielstimmigkeit der intrakulturellen Diskurse je neue Semantiken und je anderen subjektiven Sinn an. Aber dennoch gehören sämtliche Deutungen zum „kulturellen Archiv". Ähnliches könnte man zur Jesusgestalt sagen, aber auch zum Kopftuch, das muslimische Frauen tragen.

Raum- und Zeitabhängigkeit

Jede Deutung hat ihren konkreten Ort in Zeit und Raum und ist historischen Verschiebungen und Wandlungsprozessen unterlegen. So war zum Beispiel Kali ursprünglich vermutlich eine wilde Dorfgöttin, die Unglück und Segen bringen konnte und ist es in regional unterschiedlichen Formen auch bis heute geblieben. Panindisch bekannt wurde sie jedoch in der Version des puranischen Hinduismus, wo sie als zornvolle, dämonenbesiegende Emanation der großen Göttin Durga erscheint. Diese Form hat das oben beschriebene Kali-Bild unmittelbar geprägt und in dieser Form wird Kali auch im Tempel und am Hausaltar in der Regel verehrt. Zeitgleich finden wir jedoch ebenso die tantrische Kali überregional bekannt, mit zusätzlichen esoterischen Riten verehrt und mystisch-esoterischer Bedeutung belegt. In der devotionalen Hymnik des 18. und 19. Jahrhundert nahm Kali eine neuerliche Gestalt an, die die dominante wurde. Sie verlor jegliche

Wildheit und Liminalität und wurde ganz einfach die liebe, schützende Mutter. Rachel Fell McDermott[56] hat gezeigt, dass dieser Wandel wiederum auf die Bildproduktion zurückwirkte. Kali wurde immer schöner und jünger und ihre Zunge immer kleiner. Kulturelle Symbole sind nicht einfach statisch. Es gibt auch einen Wandel der Symbole, historische Neucodierungen und sogar Entgrenzungen des kulturellen Sinns. So ist Kali heute auch eine Göttin für manche westliche Frauen. Aber trotz dieser scheinbaren Auflösung der kulturellen Grenzen, bleibt dennoch Religion als kulturelles System intakt. Typischerweise ist die Kali der westlichen Frauen eine andere als die Kali in Indien. Für westliche Frauen ist die zornige und auf ihrem Mann herumtrampelnde Kali ein Symbol weiblicher Selbstermächtigung und sie wird gerne als holistisches Symbol des Selbst im Sinne der Archetypenlehre Jungs gedeutet[57]. Diese für moderne Spiritualität typische „Selbstreligion“ unterscheidet sich nicht nur von der indischen Kali, sondern auch von der Kali der Missionare und Rudolf Ottos am Anfang des 20. Jahrhunderts. Kultureller und religiöser Wandel gehen eng zusammen und verändern das religiöse Symbolsystem, aber dennoch selten vollständig den kulturellen Sinn, denn in der modernen Spiritualität wird gerne was vorher als Stigma und als heidnisch galt positiv umgewertet.

Kulturelle Entgrenzungen und Persistenz kultureller Prägungen

4.2 Implikationen für Methodologie und Methodik

Das Kali-Beispiel hat bestätigt, dass Glaubensanschauungen und Handlungen nicht isoliert von ihren kulturellen, historischen und sozialen Kontexten betrachtet werden können. Nur eine konsequente Einbettung in die kulturellen Kontexte und ein mehrperspektivisches Sehen – zum Beispiel professionell-theologischer und populärer Vorstellungen – werden der realen Situation wirklich gerecht. Aus dem kulturwissenschaftlichen Ansatz folgt eigentlich automatisch, dass es Religion in der Empirie oder vorfindlichen Welt nie im Singular, sondern immer nur im Plural gibt. Ferner folgt daraus, dass der Religionsbegriff dynamisch zu konzipieren ist und dass sich kultureller und religiöser Wandel wechselseitig bedingen.

---

56 McDermott, Rachel Fell: Evidence for the Transformation of the Goddess Kali: Kamalakanta Bhattacarya and the Bengali Sakta Padavali Tradition, PhD-Dissertation, Harvard Universität 1993.

57 McDermott, Rachel Fell: The Western Kali, in: Hawley, John Stratton/ Wulff, Donna Marie: Devi. Goddesses of India,Berkeley 1996, 281-313.

Bei näherem Hinsehen werden die Grenzen von heilig und profan derart dehnbar, dass je nach kulturellem Kontext alles heilig oder profan sein kann. Mit der Feststellung der Pluralität wird nicht schlechthin ausgeschlossen, dass es auch kulturübergreifende gemeinsame Strukturmuster, Äquivalenzerscheinungen und möglicherweise sogar dieselben oder ähnliche Vorstellungen, Ethiken, Praxisformen und Ideale der Selbsttranszendenz in unterschiedlichen Kulturen gibt. Ausgeschlossen werden jedoch eine unreflektierte Übertragung der eigenen Religion auf die andere und eine Nivellierung der Kontingenz und realen religiösen Vielfalt. Eine Theorie der Einheit der Religionen mag ein humanistisches Anliegen sein, hat aber da, wo sie in der Religionsforschung vertreten wurde, eigentlich immer zu Nivellierungen und unsachgemäßen Vorannahmen, Verallgemeinerungen und Vergleichen geführt. Die Aufgabe der Religionswissenschaft wurde deshalb zu Recht auf historische und empirische Erhebungen beschränkt und auf die der kritischen Prüfung, ob und wie sich die kulturellen Codes bis in die möglichen realen oder imaginierten Gemeinsamkeiten zwischen den Religionen auswirken.

Aus dem Kali-Beispiel lassen sich einige weitere methodologische und methodische Schlüsse ziehen:

Verstehen ist unabhängig von Miterleben

a) Der Forscher muss nicht miterleben und religiöse Gefühle aufbringen, sondern nur genau beschreiben und seine Daten kontextsensitiv reflektieren. Kulturelles Verstehen hat nichts mit Glauben zu tun. Im Gegenteil, ein Glaubensbekenntnis könnte unter Umständen sogar eher stören, zu unsachgemäßen Aussagen führen und interkulturelle Kompetenz verhindern. Was für ein „Verstehen" und sachgemäßes Deuten hingegen unabdingbar ist, ist eine unvoreingenommene Untersuchung und gute Kenntnis des indigenen Zeichensystems, d.h. des Sinn- und Deutungssystems, das sich objektiviert im sichtbaren Kali-Bild, in Texten, Riten, Erlebnis- und Verhaltensformen findet und wiederum anders objektiviert oder vergegenständlicht in den Vorstellungen, Riten und Erlebniswelten westlicher Frauen. Oder umgekehrt formuliert: Wir müssen die Praxisformen studieren, die *immer* ein symbolisches Handeln sind. Die reine Empirie – im Beispiel das sinnlich wahrnehmbare Kali-Bild – sagt selbst noch nichts über religiöse und kulturelle Bedeutungen aus. Wir müssen vielmehr auch die Relevanzsysteme kennen, die mit den Vergegenständlichungen verbunden werden und diese finden wir nur in den kulturellen Praktiken. Die Notwendigkeit des Rückgriffs auf die empirischen „Repräsentationen" ist unbestritten, aber ebenso unhintergehbar ist ein hermeneutisches Verfahren, das den Forscher und den Gegenstand in einen intensiven Dialog bringt. Kulturhermeneutik und ein praxeologischer Zugriff, der große Theologien ebenso wie Alltagskultur einbezieht, sollten sich hierbei verbinden.

Religion ist nie rein innerlich

b) Aus dem kulturwissenschaftlichen Ansatz folgt in der Tat, dass Religion nie nur etwas rein Innerliches ist. Innerlichkeit selbst wird kulturell kontingent verstanden. Der subjektive Sinn ist immer von kulturellen Bedeutungen geprägt und dem, was in den vorherrschenden Diskursen als Religion verstanden wird. Religion ist, wie Emile Durkheim geltend machte, eine „soziale Tatsache" (*fait social*) – wenn auch nicht nur ein Abbild der Gesellschaft, wie Durkheim meinte, oft sogar ein Gegenbild. In Indien finden wir zum Beispiel Religion schon sehr früh subjektiviert und selbst der Tempelgang ist hoch individualisiert im Unterschied zu den rigorosen Normen des Gesellschaftssystems. Obgleich die kulturellen Codes nicht der Wahrnehmung zugänglich sind wie ein Baum oder Tisch, sind sie doch immer öffentlich und kollektives Gut. Sie sind kulturelles Gedächtnis, das sich in wahrnehmbaren Objektivationen, in Sprache, in Kommunikation, äußert. Dies gilt auch für moderne Spiritualität, in der sich eine ungeheure Expansion der Deutungsrahmen und Semantiken zeigt, weil die ganze Religionsgeschichte zur Disposition freier Kombinierbarkeit steht. Aber selbst noch moderne Spiritualität ist restringiert durch kulturelle Codes, wie andeutungsweise am Kali-Beispiel deutlich wurde. Zugleich zeigt dieses Beispiel aber, dass religiöse Horizonterweiterungen durch Kulturkontakte eine Erweiterung im indigenen Zeichensystem herbeiführen können und neue Erfahrungen und Deutungen möglich machen.

Notwendigkeit eines hermeneutischen Zugangs

c) Methodisch folgt aus dem kulturwissenschaftlichen Ansatz ein spezifisch kulturhermeneutischer Zugang. Denn an den Texten, Riten, Bauten, Verhaltensweisen und anderen Kulturgütern und Praktiken „ablesbar" wird Religion erst, wenn die (engeren und erweiterten) kulturellen Codes vom Forscher/der Forscherin verstanden werden. Genau deshalb ist dem Forscher eine rigorose Einbettung seiner Gegenstände in den jeweiligen kulturellen Kontext abverlangt. Dies bedingt ein sensibles hermeneutisches Bewusstsein für womöglich totale Andersheit – einschließlich des „Fremden" in der eigenen Kultur. Der Forscher kann deshalb nur bedingt auf eigenes Vorwissen zurückgreifen. Er muss sich vielmehr in einem beständigen „Dialog" auf die kulturellen Semantiken, Codierungen, symbolischen Formen und Kommunikationen einlassen und sozusagen eine zweite Sozialisation durchmachen, die ihn das erkennen lässt, was oben „Logik der

Impliziertheit“ genannt wurde. Dieser hermeneutische Prozess ist prinzipiell unabgeschlossen.

Soziale Tatsachen sind symbolische Formen

d) Mit dem vorausgehenden Punkt eng verbunden ist eine weitere hermeneutische Schwierigkeit und methodische Implikation. Religion ist nie „an sich“ greifbar. In dieser Einsicht geht der kulturwissenschaftliche Ansatz mit dem sozialwissenschaftlichen ganz überein. Doch ist das, was empirische und soziale Tatbestände sind, unter kulturwissenschaftlicher und wissenssoziologischer Perspektive besser als symbolische Formen, Objektivationen oder Repräsentationen zu charakterisieren. Übereinstimmend ist die Ansicht, dass Religion immer nur über ihre Objektivationen erforschbar wird, d.h. sie muss in irgend einer Weise kommuniziert und der öffentlichen Wahrnehmung zugänglich geworden sein, um religionswissenschaftlich studierbar zu werden. Diese Objektivationen leiten und restringieren den Forscher und zugleich muss es ihm gelingen, eine abstraktere Ebene einzunehmen, d.h. vom objektsprachlichen in den metasprachlichen Bereich überzuwechseln, damit aus der Narration Wissenschaft wird. Zum Verstehen tritt das analysierende Erklären.

Kritikpotenzial der Kulturhermeneutischen Religionswissenschaft

e) Die Ersetzung von Objektsprachlichkeit und Empirie durch metasprachliche Begrifflichkeiten wie Objektivationen, ist mehr als eine komplizierte Begriffsklauberei und für die Forschungspraxis nicht ganz harmlos, vielmehr folgenreich. Sie macht das wissenschaftliche Arbeiten ein Stück komplexer, aber auch ein Stück reflektierter und praxisnaher, und sie hat unter Umständen weitreichende theoretische und methodische Implikationen, genau weil kulturell adäquate oder nicht-adäquate „Zeichendeutung“ auf dem Spiel steht, und die Deutung und Analyse fehlgehen, wo der kulturelle Sinn nicht erfasst wird. Nicht nur unser Vorverständnis vom Göttlichen und Dämonischen kann hier hinderlich werden, sondern auch sozialwissenschaftliche und psychologische Theorien. So wurden z. B. Kali und ihre Verehrungspraktiken von westlichen Wissenschaftlern mittels psychoanalytischer Methoden in extremer Weise sexualisiert, was (wie ich meine zu Recht) einen Proteststurm unter Hindus auslöste und hinduistische Wissenschaftler zu Wissenschaftskritik an der angeblich objektiven westlichen Wissenschaft anstachelte. Selbst gute philologische Textarbeit ist kein Garant für eine adäquate Repräsentation kultureller Systeme, kultureller Praxis und kulturellen Sinns und dies nicht nur deshalb, weil jede Übersetzung immer schon eine Interpretation darstellt. Die Zentralität von Sprachkenntnissen und Philologie für fundiertes religionsgeschichtliches Arbeiten bleibt unbestritten. Aber wo es gar nicht nur und oft nicht einmal primär um semantische Bedeutungen geht, sondern um Performanz, rezitierte Texte, heilige Klänge, Riten und eine Vielfalt sensueller Medien, wie z. B. im Hinduismus, ist die Philologie ungenügend und sogar eine erweiterte Texthermeneutik gefragt, die auch Klänge mit einbezieht.[58] Das heißt für religionswissenschaftliches Arbeiten, dass nicht nur das christliche Weltbild, sondern auch unser ganzes wissenschaftliches Instrumentarium unter Umständen auf eine falsche Fährte führen kann. Auch hier wiederum wird die zentrale Rolle einer metatheoretischen Reflexion der Theorien und Methoden und der ihnen unterlegten Prämissen deutlich, wie auch das kritische Potential kulturhermeneutischen Arbeitens.

4.3 Religionsästhetik und Ritualstudien als exemplarische methodische Zugänge

Meine Kali-Diskussion bezweckte zum einen ein konkretes Beispiel zu geben für symbolische Formen und kulturellen Sinn, für die Mehrdeutigkeit der Symbole und die Polysemantik des kulturellen Sinns und für den Wandel der Symbole und die Dynamik und fluiden Grenzen des Kulturbegriffs. Zum anderen sollte ein Einblick in religionswissenschaftliche Deskription und Analyse vermittelt werden. Implizit und nur rudimentär sind religionsästhetische, ritualtheoretische, semiotische, diskursanalytische, literatur-, sprach- und geschichtswissenschaftliche methodische Zugänge in die Darstellung eingeflossen. Genau in einem solchen multimethodischen und polyfokalen Arbeiten, das den Gegenstand von mehreren Seiten beleuchtet, sehe ich das große Potential religionswissenschaftlicher Analyse. Es fehlt im Rahmen dieses Artikel der Raum, auf jeden dieser methodischen Ansätze näher einzugehen, aber wenigstens die beiden ersten seien kurz umrissen.

Die *Religionsästhetik* (anknüpfend an griech. *aísthêsis*, die Lehre der sinnlichen „Wahrnehmung") ist in den letzten Jahren zu einem wichtigen theoretischen und empirisch-angewandten Forschungsgebiet in der deutschen Religionswissenschaft geworden.[59] Sie beschäftigt sich mit der sinnlichen Wahrnehmung von

58 Näher ausgeführt bei Wilke/ Moebus, Sound and Communication, 2001, op. cit.

59 Die Initialzündung gaben bereits Cancik, Hubert/ Mohr, Hubert: Religionsästhetik in HrwG I (1988), 121-156, doch kam der Durchbruch dieser „Teildisziplin" erst ca. fünfzehn Jahre später. Ein erster Forschungsüberblick findet

Religion, mit „embodiment", mit den religiösen Medien und Symbolisierungen und mit den unterschiedlichen kulturellen Wahrnehmungshierarchien – kurzum mit religiösen Wahrnehmungsräumen. Religionen haben immer auch etwas mit dem Körper und den Sinnen zu tun haben. Sie bedürfen der Materialisierung, Verkörperung und Versinnlichung, um anschaulich zu sein, zu überzeugen, emotional zu berühren und kollektive Wirkungen zu entfalten. Sie drücken sich in greifbarer Symbolik aus, in Kultbildern, Klängen, rituellen Formen, Gewändern, Sakralarchitektur etc.

Typischerweise habe ich keinen Text ins Zentrum gestellt, sondern ein Bild aus der religiösen Alltagskultur, das etwas „erzählt", die Sinne und Emotionen anregt und aufgrund seiner Extremität sogar beim Kulturfremden sofort eine Reaktion hervorruft und ein interaktives Verhältnis zwischen Betrachter und Darstellung auslöst. Im indigenen Kontext ist es ein Bildnis, das nicht nur als Wandschmuck dient, sondern als Götterbild verehrt wird, die Göttin anwesend macht, ihre Macht und ihren Schutz kommuniziert, kurzum die ganze „Kali-Atmosphäre" präsent werden lässt und in den Alltag hinein verlängert. Der devotionale Blick auf das Bild etabliert eine sehr persönliche Beziehung zur Göttin und verbindet sich mit Gebet und sensuell-rituellen Handlungen, dem Salben des Kultbilds, der Darbringung von Gaben, dem Schwenken von Räucherwerk und Licht etc. Das „Sehen" (*darshana*) der Gottheit ist nach indigener Auffassung immer ein intimer wechselseitiger Akt, ein Sehen und Gesehenwerden. David Morgan hat zu recht von „visueller Frömmigkeit" (*visual piety*) und vom „heiligen Blick" (*sacred gaze*) gesprochen.[60] Was er in seinem Werk *Visual Piety* (1998) untersuchte, war aber keine indische Göttin, sondern Warner Sallmans populäre Jesus-Bilder im präraffaelitischen Stil, die auf uns möglicherweise ähnlich kitschig wirken mögen wie das devotionale Kali-Bild, im amerikanischen Protestantismus und Katholizismus aber in der Alltagsfrömmigkeit eine große Rolle spielen und wie das Kali-Bild in Massenproduktion reproduziert werden. Der künstlerische Wert ist vollkommen irrelevant und christlich-theologischen Ansichten steht es sogar entgegen, dass

sich in Wilke, Annette: Religion/en, Sinne und Medien. Forschungsfeld Religionsästhetik und das *Museum of World Religions* (Taipeh), in: Dies./ Guggenmos, Esther-Maria: Im Netz des Indra. Das Museum of World Religions, sein buddhistisches Dialogkonzept und die neue Disziplin Religionsästhetik, Münster u. a. 2008, 206-244.

60 Morgan, David: Visual Piety. A History and Theory of Popular Religious Images, Berkeley1998; Ders.: The Sacred Gaze. Religious Visual Culture in Theory and Practice, Berkeley 2005.

Menschen die Abbildungen als „reale“ Verkörperungen des Geistes Christi empfinden, mit ihnen sprechen, sie küssen, ihre Bitten und Nöte vortragen etc., also durch Bild und Blickkontakt in intensive Interaktion mit Jesus treten, den sie als ihren persönlichen Retter empfinden – strukturell sehr ähnlich wie die Kali-Verehrer ihre göttliche Mutter. Das devotionale Sehen ist nach Morgan nie ein bloß passives oder rein ästhetisch-interesseloses Sehen, sondern interessiert, engagiert, funktional und zweckgebunden. Es ist ein physischer Akt, der Körper und Geist involviert. Morgan betont ferner, dass die Bilder und visuellen Praktiken unsere Wahrnehmung kanalisieren und mehrere Dinge *tun*: sie ordnen Zeit und Raum, etablieren imaginäre konfessionelle und nationale Gemeinschaften, lassen mit dem Göttlichen und Transzendenten kommunizieren, wirken mit anderen Repräsentationsformen zusammen, haben persuasiven und magischen Einfluss auf Leben, Denken und Verhalten, verdrängen andere Bilder und Ideologien.[61]

Zum Gegenstandsfeld der Religionsästhetik gehören auch Rituale. Spezifischerweise nur diesen gewidmet sind die *Ritual Studies*. Ritualforschung ist ein typisch kulturwissenschaftlicher eigener Forschungszweig, an dem viele Disziplinen mitwirken. Sie beschäftigt sich nicht nur mit konkreten Ritualen, sondern auch mit theoretischen Fragestellungen, angefangen damit, was ein Ritual überhaupt ist. Gehört auch routiniertes Alltagshandeln wie Zähneputzen dazu? Gibt es nur in der Religion Rituale oder auch in der Politik und anderen Kulturbereichen? Haben Rituale überhaupt eine Bedeutung oder ist nur die Orthopraxis wichtig, das reine Handeln, das genau so und nicht anders auszuführen ist? Was macht ein Ritual effektiv? Und was sind seine Wirkungen eigentlich genau? Liegen sie eher im Sozialen, im Psychologischen, im Sinnlichen oder in der Kommunikation mit einer transzendenten Wirklichkeit? Was macht aus dem normalen Wasser Weihwasser? Kann man von einer „Grammatik“ der Rituale sprechen oder ist die Sprachmetapher unangemessen? Ist ein Ritual noch ein Ritual ohne Öffentlichkeit? Dieser Fragenkatalog ließe sich noch verlängern und unterschiedliche Autoren haben je andere Antworten gegeben. Den wohl besten Überblick darüber liefert Catherine Bells *Ritual: Perspectives and Dimensions* (1997), das auch eine eigene Theorie der Autorin enthält zu den Faktoren, die eine Handlung zu einem Ritual machen. Dies sind nach Bell[62]: *Formalismus, Traditionalismus, Unveränderlichkeit* (wenigstens der

61 Morgan: Sacred Gaze, 55-74.
62 Bell, Catherine: Ritual. Perspectives and Dimensions, Oxford 1997, 138-169.

Behauptung nach), *Regel-Gebundenheit, sakraler Symbolismus* (Sakralisierungsfunktion) und *Performanz*. Performanz bedeutet nicht nur, dass etwas getan wird, sondern auch, dass das Ritual im Vollzug etwas *tut*, nämlich, dass im Handeln selbst die Wirkung stattfindet, z.B. aus dem Brot der Leib Christi wird in der katholischen Eucharistie, aus dem Alkoholrausch die Göttin Kali im eigenen Körper und Geist im tantrischen Ritual oder aus dem Kind ein Erwachsener mit fortan sozialen Pflichten in traditionellen Pubertätsriten.

Zusammenfassung

Als Hauptaufgabe der Religionswissenschaft erachte ich, die Wert- und Handlungsrationalität und Vielfalt möglicher Weltbilder und Sinnoptionen zu erfassen und die untersuchten Religionskulturen in ihrem eigenen Kontext darzustellen und zu analysieren. Ein kulturhermeneutischer Zugriff gehört deshalb fundamental zum religionswissenschaftlichen Arbeiten, wie im vorausgehenden Kapitel theoretisch und anhand eines empirischen Beispiels näher erläutert. Die kontextsensitive Herausarbeitung außerchristlichen kulturellen Sinns ist nicht nur für religionshistorisches Arbeiten zentral. Sie bietet auch wichtigen Stoff für religionswissenschaftliche Theoriebildung und metatheoretische Prüfung existenter Erklärungsmodelle. In diesem Kapitel standen die Klärung des Kulturbegriffs und eine anwendungsbezogene Erläuterung des Theoriemodells „Religion als kulturelles System“ im Vordergrund. Am Kali-Beispiel wurde Religionswissenschaft als Kulturhermeneutik dargelegt und ein Arbeiten demonstriert, das praxeologisch und multimethodisch ausgerichtet große Theologien ebenso wie Alltagskultur einbezieht. Religionsästhetik und Ritualtheorie als Untersuchungsmethoden wurden vertiefter vorgestellt. Sie sind nicht nur für eine stark sensuelle und rituelle Performanzkultur wie die hinduistische ein wichtiges Instrumentarium, den kulturellen Sinn in seiner Mehrdimensionalität besser zu erfassen als reine Textstudien. Sie bringen auch neue Einsichten für die eigene christliche Kultur, selbst für den nicht als riten- und bildfreundlich bekannten Protestantismus, wie David Morgan zeigte. Religiöse Alltagskulturen sind häufig nicht deckungsgleich mit den großen theologischen Entwürfen.

5. Thesen zum interkulturellen Lernen

Religionen sind dynamische Systeme mit offenen Enden, ähnlich wie die Kulturen, in denen sie sich entwickeln. Historische Transformationen sind u.a. auf den Ausdifferenzierungsgrad der Gesellschaft, neue kulturelle Eliten, neue Medientechnologien und neue Kulturkontakte rückführbar. Religionsgeschichte ist deshalb nicht nur etwas, was der Vergangenheit angehört. So finden wir heute z. B. individuelle Religionskompositionen. Was zur Verfügung steht, ist das ganze imaginäre Theater vergangener und gegenwärtiger Heiliger Universen. Deutlich hat sich in der Gegenwart Religion pluralisiert aufgrund religiöser Individualisierung, der erhöhten Präsenz von Migrantenreligionen, der Entwicklung der Kommunikationsmedien, der ökonomischen, politischen und kognitiven Globalisierung und der sehr unterschiedlichen, teilweise konträren religiösen Reaktionsmuster auf die Bedingungen der Moderne, die von einer weltweiten neuen Fundamentalisierung von Religion (gerade christlich-charismatischer Religion) bis zu einer Explosion synkretistischer „Privatkirchen" und transreligiöser Identitäten reichen. Für die Erforschung der Pluralisierung von Religion in der Gegenwart und die „multiplen Modernen" ist deshalb ein möglichst umfassendes religionshistorisches Wissen fundamental. Es wird zu einem besonders potenten Analyseinstrument, wenn es sich mit empirischen Methoden verbindet. Gerade für die religiöse Gegenwartskultur ist aber auch der Einbezug von Kultur- und Religionstheorien von besonderer Relevanz, u. a. weil die Empirie traditionelle Religionsbegriffe sprengt und die Säkularisierungstheorie in Frage stellt, und sich kulturelle Grenzen neu formieren, verschieben, „entterritorialisieren" und teilweise auflösen, teilweise aber auch verstärken.

In der Religionsforschung haben sich nicht nur die Religionsphänomenologie und die Religionsgeschichte der Vergangenheit als problematisch erwiesen, religiöser Vielfalt und Komplexität gerecht zu werden, sondern auch ein szientistischer Blick auf Religion. Auch dieser führte zu einem einseitigen Bild (etwa des Buddhismus), das den komplexen Lebenszusammenhängen nicht gerecht wurde und unterlag häufig der Gefahr, aufgrund von unbewussten Eurozentrismen (säkularistisch-religionskritischen Ideologien, Christozentrismen, Orientalismen, Exotismen) Zerrbilder von Religionen zu schaffen. Auch neuere Forschungen waren nicht davor gefeit. So fanden sich zum Beispiel in den 1970er Jahren bis Mitte der 1990-Jahre hinein wissenschaftliche Zerrbilder der angeblichen Agressivität des Islam, dem Rückfall ins Mittelalter des sogenannten islamischen Fundamentalismus, der frauendiskriminierenden Rolle des Kopftuchs und der angeblichen Destruktivität neuer „Sekten". Das hier produzierte „Wissen" wurde von den Medien aufgegriffen und popularisiert. Als sich in dieser Zeit auch die Religionswissenschaft intensiv mit der religiösen Gegenwart zu beschäftigen begann, tat sie dies hellhörig für Klischeebildungen, ideologische Vorannahmen und die Repräsentationsproblematik. Sie entwickelte ein hohes kritisches Potential, genau weil sie sich nicht mit einer bestimmten Ideologie oder Weltanschauung identifizierte. Dank der intensiven Aufarbeitung ihrer Fachgeschichte und der kulturwissenschaftlichen Wende hat sie große Sensibilität für plurale Weltsichten entwickelt.

Im theologischen Fächerkanon nimmt die Religionswissenschaft als kulturwissenschaftliche, konfessionsungebundene Religionsforschung und theologieunabhängige eigenständige Disziplin eine Sonderrolle ein. Ein maßgeblicher Unterschied zum Theologiestudium liegt präzise im Verzicht auf die Wahrheitsfrage und normative Wertungen. Obgleich vollkommene Objektivität nie möglich ist, ist der Orientierungsrahmen eines methodologischen Agnostizismus und eines angestrebten bewussten Verzichts auf religiöse Urteile und Wahrheitspositionen eine hilfreiche wissenschaftsleitende Haltung, Objektivität so weit als möglich zu gewährleisten und ganz unterschiedliche (z.T. sich widerstreitende) religiöse Sinnorientierungen mehrperspektivisch und in der notwendigen Komplexität darzulegen, die allen Seiten Genüge tut. Edith Franke und Michael Pye betonen zu Recht die angestrebte Symmetrie („*balance*“).[63] Die beiden Autoren akzentuieren die gesellschaftspolitische Relevanz der religionswissenschaftlichen Religionsforschung. Sie haben thesenhaft Grundsätze zusammengestellt, um das Fach Religionswissenschaft (*academic study of religions*) an mehreren Universitäten Indonesiens vorzustellen und sprachen diesem wissenschaftlichen Austausch gerade im dortigen hoch aufgeladenen religiösen Klima schlichtende und vermittelnde Kraft zu. Sie unterstreichen, dass die Forschenden soziale Verantwortung tragen und eine wichtige gesellschaftspolitische und friedensfördernde Rolle spielen können, die unmittelbar aus religionswissenschaftlicher Distanznahme von eigenen Glaubensbekenntnissen und einer nicht-wertenden Haltung erwachse. Ich übernehme im Folgenden die Originalnummerierung, gebe jedoch die ursprünglich englischen Thesen in gekürzter Fassung und auf deutsch wieder[64]:

---

[63] FRANKE/ PYE: The Study of Religions and its contribution to problem-solving in a plural world, in: Marburg Journal of Religion 9/2 (2004), 8–15, hier 11 ff.

[64] FRANKE/ PYE: The Study of Religions, op. cit., S 12-15.

Zitat

Soziale Verantwortung

7.1 Die Religionswissenschaft enthält sich normativer Bewertungen. Als akademische Disziplin kann sie deshalb keine normativen Standards und Werte setzen, etwa bezüglich wahr oder falsch, gut oder schlecht. Dennoch trägt sie soziale Verantwortung, zum einen, weil sie verlässliche Analysen zu religiösen Systemen bietet, zum andern weil sie auch zeigt, wie Religionen durch ihre Symbolbildungen und Verhaltensmuster zu sozialer Harmonie und Integrationen beitragen, wie sie soziale Ungleichheit legitimieren oder sogar Gewalt fördern können. Kriterien einer kritischen Untersuchung sind die Menschenrechte und das internationale Recht.

7.2 Durch die objektiven Klärungen und die wissenschaftlichen Analysen kann die RW zu öffentlichen Diskussionen und Konfliktvermeidungen beitragen.

8. *Die Religionswissenschaft als Vermittlerin im Dialog*

8.1 Wie schon deutlich wurde, kann die Religionswissenschaft nicht einer bestimmten Tradition oder Theologie zugeordnet werden, weder der christlichen, muslimischen oder einer anderen. Ihr Wert liegt vielmehr darin, dass sie von religiösen Positionen unabhängig ist, auch wenn sie diese zu verstehen sucht. Sie verfolgt weder ein missionarisches Programm noch eine Theorie der „Einheit" der Religionen. Gleichwohl kann sie zu wechselseitigem Verstehen und Respekt beitragen, in nicht-polemischer Weise vermitteln, Missverständnisse aus dem Weg räumen, Tatsachen klären, etc. Gerade durch diese neutrale Rahmenbedingung und eine Haltung, die im Dialog nicht nur auf einer Seite steht, können Fachvertreter eine Mediatorenrolle im interreligiösen Dialog einnehmen.

9. *Religiöse Erziehung und Religionspolitik*

9.1 Da die Religionswissenschaft dem Religionspluralismus, der für moderne Gesellschaften einen so wichtigen Faktor darstellt, spezifischerweise gewidmet ist, ist sie ein wichtiger Partner in der Erstellung von Programmen religiöser Erziehung. Ihr Ideal ist ein „integrativer religiöser Unterricht".

9.2 Aus den oben schon ausgeführten Gründen kann die Religionswissenschaft auch im politischen Diskurs verlässliche Informationen und einen transparenten und stabilen interpretativen Rahmen bereit stellen, der selbst keiner religiösen Autorität unterstellt ist. Sie kann damit zur Wahrung der Menschenrechte und zivilgesellschaftlicher Harmonie beitragen.

9.3 Probleme von Krieg und Frieden, die die heutige Zeit so stark beherrschen, können nicht durch das akademische Studium der

Religion gelöst werden. Aber die vermittelnde Rolle im Religionspluralismus und die Kritik und Vermeidung von Klischeebildungen sind für Jugendliche wie für Erzieher von hohem Wert und einer Haltung förderlich, die fundamentalistischen „Kreuzzügen" und Gewalt entgegensteht. Solche Gefahren sind in den unterschiedlichsten Religionen immer wieder aufgetaucht.
9.4 Dergestalt vermögen auch das religionswissenschaftliche Studium verschiedener Religionen und die wertfreie Haltung des Forschers einen positiven Beitrag zu leisten zur Reduktion von Konflikten und zur Entwicklung des Friedens auf der Basis von wechselseitigem Respekt.

Die bewusst kultivierte Wertfreiheit der Religionswissenschaft und der Verzicht auf Wahrheitsfragen werden oft als Schwäche ausgelegt, aber in diesen Thesen zeigt sich, dass diese Haltung große Stärken hat und nicht einfach Standpunktlosigkeit bedeutet. Ganz neutral und wertfrei sind auch Franke und Pye nicht. Sie setzen die Menschenrechte als Basis voraus. Diese Basis ist „säkular" und nicht kontextfrei. Sie wird von manchen Religionsvertretern als eurozentrisch angesehen, angefangen damit, dass es „Menschenrechte" und nicht „-pflichten" heißt – und warum nur die Menschen? ist eine weitere Frage. Diese Diskrepanz scheint zu beweisen, dass auch die Religionswissenschaftler ihrer Arbeit ein bestimmtes (wie immer geartetes) Wertesystem unterlegen. Im vorliegenden Fall ist mitzubedenken, dass es kein reiner Forschungskontext ist und eine politische Aussage gemacht werden soll.

Ich meine wie Franke und Pye, dass die Religionswissenschaft manches gesellschaftlich Relevante zu bieten hat – gerade auch für interreligiöses Lernen. Hierfür stellt die Religionswissenschaft nicht nur religionshistorisches und gegenwartsbezogenes Wissen hinsichtlich traditioneller Religionen und neuer religiöser Strömungen bereit, die mit traditionellen Religionsdefinitionen gar nicht mehr recht fassbar sind, sondern auch methodische Zugänge und Theorien zur Einordnung des Materials. Sie vermittelt Dinge, die in der modernen Gesellschaft besonders wichtig geworden sind: interkulturelle Kompetenz, Offenheit, Mehrperspektivität, Pluralität als Wert und einen reflektierten Umgang mit der religiösen Vielfalt, sowie einen kritischen Blick auf Eurozentrismen (einschließlich Christozentrismen) und auf Begriffe, die nur scheinbar durchsichtig sind, wie jener der Religion und der „Weltreligionen".

6. Fazit

In diesem Artikel wurde die Religionswissenschaft vorgestellt als:

a) *eine historische, empirisch-kulturwissenschaftliche, komparatistische und systematische Disziplin,* die den Gegenstand Religion und Religionen (was Kulturen als Gott, Heiliges, sakralen Kosmos konzipieren) aus einer überkonfessionellen Perspektive erforscht;

b) *eine systematisch kritische Disziplin,* die um ihre Situiertheit weiß und Definitionen, Theorien und Klassifikationsraster als Werkzeuge oder Analyseinstrumente betrachtet, die zum Zweck wissenschaftlicher Fragestellungen das Gegenstandsfeld festlegen;

c) *eine metatheoretische Disziplin,* die Begriffe und Theorien überprüft und erarbeitet und nach der zugrundeliegenden Struktur von Wissenschaftsprogrammen und Vorannahmen fragt

d) *eine kulturhermeneutische und interpretative Disziplin,* die Kultur als ein System geteilter Bedeutungen versteht, welche in vielfältigen Repräsentationen (Objektivationen, symbolischen Formen) kommuniziert und mit einer Vielfalt von Methoden studiert werden;

e) *eine gesellschaftspolitisch relevante Disziplin,* die in allen von a) bis d) genannten Aspekten für interkulturelles Lernen viel zu bieten hat. Gerade aufgrund der neutralen Rahmenbedingungen, keiner religiösen Autorität unterstellt zu sein und sich in der Forschung keine religiöse Position zu eigen zu machen, vielmehr um eine Gleichbehandlung der unterschiedlichen Positionen bemüht zu sein, bringt die Religionswissenschaft einen nützlichen Standpunkt ein, sich mit religiöser Vielfalt in der eigenen Gesellschaft und in anderen Kulturen sachlich auseinanderzusetzen, eigene Vorannahmen zu hinterfragen, Klischeebildungen und Fundamentalismen zu durchschauen und kosmopolitische Offenheit für unterschiedliche Sinnoptionen zu kultivieren – was in der heutigen „geschrumpften Welt" notwendiger denn je geworden ist und zu friedlicher Koexistenz beitragen kann.

Literatur

Einführende Literatur

BECHERT, Heinz/ GOMBRICH, Richard (Hg.): Der Buddhismus. Geschichte und Gegenwart, München 2000.

BELL, Catherine: Ritual. Perspectives and Dimensions, Oxford 1997, 138-169.

FAURE, Bernard: Buddhismus, Bergisch Gladbach 1998.

FRANKE, Edith/ PYE, Michael, The study of religions and its contribution to problem-solving in a plural world, in: Marburg Journal of Religion 9,2 (2004), 8-15.

GEERTZ, Clifford: Dichte Beschreibung. Beiträge zum Verstehen kultureller Systeme, Frankfurt [5]1997.

GLADIGOW, Burkhard: Religionswissenschaft als Kulturwissenschaft, Stuttgart 2005.

HOCK, Klaus: Einführung in die Religionswissenschaft, Darmstadt 2002

KIPPENBERG, Hans G./ STUCKRAD, Kocku von: Einführung in die Religionswissenschaft, München 2003.

MALINAR, Angelika: Hinduismus, Göttingen 2009.

MICHAELS, Axel: Der Hinduismus. Geschichte und Gegenwart, München 1998.

MORGAN, David: Visual Piety. A History and Theory of Popular Religious Images, Berkeley1998.

SMITH, Jonathan Z.: Religion, Religions, Religious, in: TAYLOR, Mark C.: Critical Terms for Religious Studies, Chicago 1998, 269-284.

Weitere Literatur

ASAD, Talal: Anthropological Conceptions of Religion. Reflections on Geertz, in: Man 18 (1983), 237-259-

– Genealogies of Religion. Discipline and Reasons of Power in Christianity and Islam, Baltimore 1993.

AUFFARTH, Christoph/ MOHR, Hubert: Art. Religion, in: Metzler Lexikon Religion 3 (2000), 160–172.

BECHERT, Heinz/ GOMBRICH, Richard (Hg.): Der Buddhismus. Geschichte und Gegenwart, München 2000.

BELL, Catherine: Ritual. Perspectives and Dimensions, Oxford 1997, 138-169.

BERGER, Peter L./ LUCKMANN, Thomas: Die gesellschaftliche Konstruktion der Wirklichkeit, Frankfurt [23]2010.

BOCHINGER, Christoph/ ENGELBRECHT, Martin/ GEBHART, Winfred: Die unsichtbare Religion in der sichtbaren Religion. Formen spiritueller Orientierung in der religiösen Gegenwartskultur, Stuttgart 2010.

CANCIK, Hubert: Feststellung und Festsetzung religionswissenschaftlicher Grundbegriffe, in: HrwG I (1988), 19-25.

– / MOHR, Hubert: Religionsästhetik, in: HrwG I (1988), 121-156.

FAURE, Bernard: Buddhismus, Bergisch Gladbach 1998.

FAUSER, Markus: Einführung in die Kulturwissenschaft, Darmstadt [4]2008.

Flood, Gavin: Beyond Phenomenology. Rethinking the Study of Religion, London, ²2007.
Franke, Edith/ Pye, Michael, The study of religions and its contribution to problem-solving in a plural world, in: Marburg Journal of Religion 9,2 (2004), 8-15.
Freiberger, Oliver/ Kleine, Christoph: Buddhismus. Handbuch und kritische Einführung, Göttingen 2010.
Geertz, Clifford: Dichte Beschreibung. Beiträge zum Verstehen kultureller Systeme, Frankfurt ⁵1997 (engl. The Interpretation of Cultures 1973).
– Dichte Beschreibung, in: Ders.: Dichte Beschreibung, Frankfurt 1997, 7-43.
– Religion als kulturelles System, in: Ders.: Dichte Beschreibung, Frankfurt 1997, 44-95.
Gladigow, Burkhard: Gegenstände und wissenschaftlicher Kontext von Religionswissenschaft, in: HrwG I (1988), 26-40.
– Europäische Religionsgeschichte, in: Kippenberg, Hans G./ Luchesi, Brigitte: Lokale Religionsgeschichte, Marburg 1995, 21-42
– Religionswissenschaft als Kulturwissenschaft, Stuttgart 2005.
Handbuch religionswissenschaftlicher Grundbegriffe, 5 Bde., hg. Cancik, Hubert u. a., Stuttgart 1988/ 1990/ 1993/ 1998/ 2001.
Hall, Stuart: Representation. Cultural Representations and Signifying Practices, London 1997.
Heiler, Friedrich: Erscheinungsformen und Wesen der Religion, Stuttgart, 1979.
– Das Gebet, München 1923.
Hock, Klaus: Einführung in die Religionswissenschaft, Darmstadt 2002.
Hutter, Manfred: Die Weltreligionen, München 2005.
Kehrer, Günter: Art. Religion, Definition der, in: HrwG IV (1998), 418-425.
King, Richard: Orientalism and Religion. Postcolonial Theory, India and ,The Mystic East', London 1999.
Kippenberg, Hans G.: Die Entdeckung der Religionsgeschichte. Religionswissenschaft und Moderne, München 1997.
– Was sucht die Religionswissenschaft unter den Kulturwissenschaften?, in: Applesmeyer, Heide/ Billmann-Mahecha, Elfriede (Hg.): Kulturwissenschaft. Felder einer prozessorientierten wissenschaftlichen Praxis, Weilerswist 2001, 240-275.
– / Gladigow, Burkhard, Herausforderung Religion, in: Religionswissenschaft. Forschung und Lehre an den Hochschulen in Deutschland: Eine Dokumentation, hg. DVRW, Marburg 2001, 7-15.
– / Stuckrad, Kocku von: Einführung in die Religionswissenschaft, München 2003.
– / Rüpke, Jörg/ Stuckrad, Kocku von (Hg.): Europäische Religionsgeschichte. Ein mehrfacher Pluralismus, 2 Bde., Göttingen 2009.
Kohl, Karl-Heinz, Geschichte der Religionswissenschaft, in: HrwG I (1988), 217-262.
Knoblauch, Hubert: Populäre Religion. Auf dem Weg in eine spirituelle Gesellschaft, Frankfurt 2009.

Lexikon neureligiöser Bewegungen und Weltanschauungen, hg. SINABELL, Johannes u. a., überarbeitete Auflage Freiburg 2009 (vormals Lexikon der Sekten, Sondergruppen und Weltanschauungen, 1990, völlige Neubearbeitung Lexikon neureligiöser Gruppen, Szenen und Weltanschauungen, 2005).

LINCOLN, Bruce: Holy Terrors: Thinking about Religion after September 11, Chicago ²2006.

LUCKMANN, Thomas: Die unsichtbare Religion. Mit einem Vorwort von Hubert Knoblauch, Frankfurt ³1996.

MALINAR, Angelika: Hinduismus, Göttingen 2009.

MCDERMOTT, Rachel Fell: Evidence for the Transformation of the Goddess Kali: Kamalakanta Bhattacarya and the Bengali Sakta Padavali Tradition, PhD-Dissertation, Harvard Universität 1993.

– The Western Kali, in: HAWLEY, John Stratton/ WULFF, Donna Marie: Devi. Goddesses of India, Berkeley 1996, 281-313.

Metzler Lexikon Religion, 4 Bde., hg. AUFFARTH, Christoph/ BERNARD, Jutta/ MOHR, Hubert, Stuttgart 1999/ 2000/ 2002.

MICHAELS, Axel: Der Hinduismus. Geschichte und Gegenwart, München 1998.

MORGAN, David: Visual Piety. A History and Theory of Popular Religious Images, Berkeley1998.

– The Sacred Gaze. Religious Visual Culture in Theory and Practice, Berkeley 2005.

MÜLLER, F. Max: Chips from a German Workshop I, 1867, xix.

– Vorrede, in: Essays I, Leipzig 1879.

NÜNNING, Ansgar und Vera: Konzepte der Kulturwissenschaften, Stuttgart 2003.

OTTO, Rudolf: Das Heilige, München 1917, ²²1932.

– West-Östliche Mystik, Gotha 1926.

RECKWITZ, Andreas: Unscharfe Grenzen. Perspektiven der Kultursoziologie, Bielefeld 2008.

Religion in Geschichte und Gegenwart, 8 Bde. +. Registerband, hg. BETZ, Hans Dieter, u. a., völlig neu überarbeitete Auflage, Tübingen ⁴1998-2005 (vormals Die Religion in Geschichte und Gegenwart ¹1909-13, ²1927-32, ³1957-1965).

SCHLIETER, Jens: Was ist Religion? Texte von Cicero bis Luhmann, Stuttgart 2010.

SMITH, Jonathan Z.: Religion, Religions, Religious, in: TAYLOR, Mark C.: Critical Terms for Religious Studies, Chicago 1998, 269-284.

STOLZ, Fritz: Grundzüge der Religionswissenschaft, Göttingen 1988.

STUCKRAD, Kocku von: Schamanismus und Esoterik. Kultur- und wissenschaftsgeschichtliche Betrachtungen, Leuven 2003.

TYRELL, Hartmann/ KRECH, Volkhard/ KNOBLAUCH, Hubert (Hg.): Religion als Kommunikation, Würzburg 1998.

VOGELSANGER, Cornelia: Kali. Visionen der Schwarzen Mutter. Eine Ausstellung im Völkerkundemuseum Zürich, Zürich 1993.

WILKE, Annette: Religion/en, Sinne und Medien. Forschungsfeld Religionsästhetik und das *Museum of World Religions* (Taipeh), in: DIES./ GUGGENMOS, Esther-Maria: Im Netz des Indra. Das Museum of World Religions, sein buddhistisches Dia-

logkonzept und die neue Disziplin Religionsästhetik, Münster u. a. 2008, 206-244.
/–MOEBUS, Oliver: Sound and Communication. An Aesthetic Cultural History of Sanskrit Hinduism, Berlin/ New York, 2011.
Wörterbuch der Religionen, hg. AUFFARTH, Christoph/ KIPPENBERG, Hans G./ MICHAELS, Axel, Stuttgart 2006.
ZINSER, Hartmut: Religionsphänomenologie, in: HrwG I, 306-309.

Übersicht über die gesamte Reihe

Grundlegung

Modul 1: Biblische Theologie, hg. v. Dominik Burkard

1. Exegetische Methoden
2. Altes Testament und Geschichte Israels
3. Neues Testament und biblische Zeitgeschichte
4. Bibelkunde

Modul 2: Historische Theologie, hg. v. Dominik Burkard

1. Kirchengeschichte zwischen Geschichte, Theologie und Religionswissenschaft
2. Methoden der Kirchengeschichtsschreibung
3. Alte Kirchengeschichte in Grundzügen
4. Patrologie in Grundzügen
5. Mittelalterliche Kirchengeschichte in Grundzügen
6. Neuzeitliche Kirchengeschichte in Grundzügen

Modul 3: Systematische Theologie, hg. v. Karlheinz Ruhstorfer

1. Einführung in die Theologische Erkenntnislehre
2. Theologischer Grundkurs: Einführung in die katholische Glaubenslehre
3. Einführung in die Moraltheologie
4. Einführung in die Christliche Sozialethik
5. Einführung in die Religionswissenschaften

Modul 4: Praktische Theologie, hg. v. Claußs Peter Sajak

1. Einführung in die Pastoraltheologie
2. Einführung in die Religionspädagogik
3. Einführung in das Kirchenrecht
4. Einführung in die Liturgiewissenschaft
5. Einführung in die Missionswissenschaft

Modul 5: Philosophische Grundfragen der Theologie, hg. v. Karlheinz Ruhstorfer

1. Philosophie der Antike
2. Philosophie des Mittelalters
3. Philosophie der Neuzeit
4. Philosophie der Moderne und Postmoderne
5. Aktuelle Fragestellungen
6. Einführung in die Religionsphilosophie

Modul 6: Welt und Mensch als Schöpfung Gottes, hg. v. Karlheinz Ruhstorfer

1. Schöpfung im Alten und Neuen Testament
2. Naturphilosophie und Philosophische Anthropologie
3. Alleinheitsdenken und Schöpfungsdifferenz
4. Theologische Anthropologie

Modul 7: Gotteslehre, hg. v. Karlheinz Ruhstorfer

1. Zentrale Gottesbilder im Alten Testament
2. Der Gott Jesu und der christlichen Gemeinden
3. Die Entwicklung der Gotteslehre in der Frühen Kirche
4. Philosophische Gotteslehre
5. Theodizee
6. Trinitätslehre

Modul 8: Jesus Christus, hg. v. Karlheinz Ruhstorfer

1. Königtum Gottes und messianische Erwartungen im Alten Testament
2. Von der Verkündigung Jesu zum verkündigten Christus
3. Entwicklung der Christologie bis Chalkedon
4. Grundlagen der Christologie und Soteriologie
5. Jesus in Philosophie und Kultur

Modul 9: Wege christlichen Denkens und Lebens, hg. v. Dominik Burkard

1. Taufe, Eucharistie, Buße in der frühen Kirche
2. Christliches Denken und Leben in Mittelalter und Neuzeit
3. Sakramentenlehre
4. Verkündigungsrecht und Sakramentenrecht
5. Die Feier der Sakramente
6. Sakramentenkatechese
7. Bild und Religion

Modul 10: Kirche. Mysterium und Volk Gottes, hg. v. Dominik Burkard

1. Kirche im Neuen Testament und in frühchristlicher Zeit
2. Historische Ekklesiologie
3. Reich Gottes und Kirche als Institution
4. Dogmatische Ekklesiologie
5. Verfassungsrecht der lateinischen Kirche
6. Pastorale Konkretionen

Modul 11: Dimensionen und Vollzüge des Glaubens, hg. v. Dominik Burkard

1. Gebet, Gottesdienst und Feste im biblischen Israel
2. Glaubensvollzüge in Urgemeinde und frühchristlicher Zeit
3. Historische Ausprägungen christlicher Spiritualität
4. Gebet und Zeit in der Liturgie
5. Formen der außersakramentalen Glaubenspraxis
6. Homiletik
7. Christliche Sexualethik

Modul 12: Christliches Handeln in Verantwortung für die Welt, hg. v. Clauß Peter Sajak

1. Politische Philosophie
2. Philosophische Ethik
3. Theologische Fundamentalethik – Grundlagen
4. Geschichte der Sozialen Frage
5. Politische Ethik
6. Wirtschaftsethik
7. Bioethik

Modul 13: Christwerden in Kultur und Gesellschaft, hg. v. Clauß Peter Sajak

1. Brennpunkte im Verhältnis Staat und Kirche in der Neuzeit
2. Kirche und Staat im Kirchenrecht
3. Politische Ethik
4. Personaler Glaube im Kontext der Zeit
5. Religionsdidaktik als Theorie religiösen Lehrens und Lernens
6. Religion in Kultur und Medien

Modul 14: Christentum und andere Religionen, hg. v. Clauß Peter Sajak

1. Religionsphilosophie
2. Theologie der Religionen
3. Das Judentum
4. Der Islam
5. Buddhismus und Hinduismus
6. Religiöse Bildung im Kontext der Pluralität

Details zu den bislang erschienenen Bänden unter www.utb.de

Personenregister

K

L

M

N

O

T

V

W

Z

Sachregister

Die Autorinnen und Autoren

Stephan Ernst, geb. 1956, Professor für Moraltheologie an der Universität Würzburg

Ursula Nothelle-Wildfeuer, geb. 1960, Professorin für Christliche Gesellschaftslehre an der Universität Freiburg

Karlheinz Ruhstorfer, geb. 1963, Professor für Systematische Dogmatik und Fundamentaltheologie an der Universität Koblenz-Landau, Campus Landau

Peter Walter, geb. 1950, Professor für Dogmatik und Ökumenische Theologe an der Universität Freiburg

Annette Wilke, geb 1953, Professorin für Allgemeine Religionswissenschaft an der Universität Münster